lonely planet

Kreta

Chania
S. 43

Rethymnon
S. 90

Iraklion
S. 129

Lassithi
S. 176

Ryan Ver Berkmoes

Rethymnon (S. 94)

INHALT

Reiseplanung

Reiseziele

Praktisches

Storybook

Höhle am Strand von Agios Pavlos (S. 126)

Die Straße von Ziros nach Xerokambos (S. 216)

WILLKOMMEN AUF KRETA

Ich liebe Kreta, weil es so groß ist und doch so klein. Tatsächlich ist es eine riesige kleine Insel voller natürlicher Schönheit, uralter Geschichte, herrlicher Strände, dramatischer Landschaften, Fährpassagen, faszinierender Orte und Dörfer, fabelhafter Wanderwege – habe ich die Strände schon erwähnt? Ich könnte noch ewig so weitermachen, doch dann wäre kein Platz mehr für das Essen und den Wein. Du kannst eine Woche mit dem Auto die wechselnden Landschaften erkunden und innerhalb einer Viertelstunde von hohen Bergen ans Meer gelangen. Und nachdem du soviel Sehenswertes entdeckt hast wie auf einem ganzen Kontinent, stellst du fest, dass du nur 100 km zurückgelegt hast. An einem Tag bewunderst du an der Südküste vom Deck einer Fähre aus bunte Felsen, am nächsten staunst du über die minoischen Wunder von Festos.

Ryan Ver Berkmoes

@ryanverberkmoes

Ryan ist Journalist und Autor und hat über 150 Reiseführer verfasst.

Mein Lieblingserlebnis ist die Fahrt hinab über die Korkenzieher-**Straße von Ziros nach Xerokambos** (S. 216) in Kretas abgelegenem Südosten, wo man mit Ausblicken auf einsame Strände belohnt wird.

Festos (S. 160)

Archäologisches Museum Chania

Minoische Sarkophage und viele weitere Schätze in beeindruckender Umgebung bestaunen (S. 51)

Altstadt von Rethymnon

Im Gewirr der Renaissance-Gassen die Orientierung verlieren (S. 104)

Amari-Tal

Kretas grünes Becken im Schatten des Psiloritis birgt jede Menge Überraschungen (S. 120)

Strand von Elafonisi

Einfach traumhaft: Der Sand ist rosa und das Wasser türkis (S. 81)

Aradena-Schlucht

Inmitten ungezähmter Pracht zum Libyschen Meer kraxeln (S. 65)

Samaria-Schlucht

Von den Bergen bis zur Küste hinabwandern (S. 74)

Palast von Knossos
An der berühmtesten archäologischen Stätte Kretas den Geistern der Minoer begegnen (S. 144)

Insel Spinalonga
Die dramatische Insel mit venezianischer Festung blickt auf eine erschütternde jüngere Geschichte zurück (S. 190)

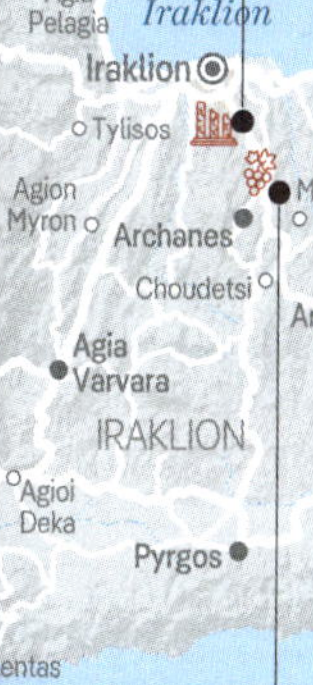

Iraklions Weinregion
Auf Verkostungs-touren feine Tröpf-chen genießen (S. 150)

Kritsa
Nicht versäumen: ein klassisches kretisches Dorf (S. 186)

Kato Zakros
Ein herrlich abgelegener Badeort mit minoischem Palast (S. 214)

STRAND-FREUDEN

Im Norden und Süden langgestreckt, im Osten und Westen kurz – doch die Küsten Kretas sind allesamt gesäumt von großen und kleinen Stränden. Da ist für jeden Geschmack und jede Urlaubsstimmung etwas dabei. Einige präsentieren sich als echte Ferienstrände mit touristischer Infrastruktur und Wassersportaktivitäten. Andere sind ruhiger und haben nur ein paar Liegestühle und Tavernen zu bieten. Und wieder andere sind wunderbar abgeschieden und beinahe unberührt.

Strandausrüstung

Einige kretische Strände sind von Tavernen und Liegestühlen gesäumt. Andere sind wunderbar wild, sodass man alles Nötige selbst mitbringen muss.

Einsame Strände

An der Südwestküste Kretas sind einige Strände nur per Boot zu erreichen, von Orten wie **Paleochora** (S. 78), **Sougia** (S. 70) und **Chora Sfakion** (S. 64; Foto oben).

Badesaison

Die beste Zeit für Kretas Strände sind die Monate Mai bis September, aber auch im März, April, Oktober und sogar im November gibt's milde Tage.

Strand von Elafonisi (S. 81)

TOP-ERLEBNISSE: STRÄNDE

Am ❶ **Strand von Elafonisi** (S. 81) ist der Sand rosa und das Wasser türkis – der zauberhafteste Strand Kretas.

Am ❷ **Strand von Vai** (S. 211) kann man sich im Schatten des größten Palmenwalds Europas räkeln – auf herabfallende Datteln achten!

Der ❸ **Preveli-Strand** (S. 124), der „andere" berühmte Palmenstrand Kretas, liegt an einer Flussmündung und bietet Felsen voller Höhlen und ein Kloster aus dem 17. Jh.

Sonnenbaden ohne Besuchermassen im Schatten der großen Sanddünen von ❹ **Agios Pavlos** (S. 126), einem einsamen Strand an der Südwestküste.

Am langen ❺ **Sandstrand von Falasarna** (S. 84) am westlichen Ende Kretas genießt man erst die Wellen, dann schauen alle der Sonne beim Untergehen zu.

WUNDER DER ANTIKE

Kretas bewegte Geschichte reicht 5000 Jahre zurück – davon zeugen überall auf der Insel uralte Paläste und römische Städte. Kretas herausragende Rolle in der Weltgeschichte begann mit den berühmten Minoern, die schon in opulenten Palästen residierten, als man anderswo in Europa noch in primitiven Hütten hauste. Die strategisch günstige Lage Kretas mitten im Mittelmeer wurde von vielen antiken Kulturen geschätzt. Sie hinterließen spektakuläre Stätten, die Archäolog:innen noch heute in Begeisterung versetzen.

VON LINKS: ECSTK22/SHUTTERSTOCK ©, ANDREI NEKRASSOV/SHUTTERSTOCK ©, IMAGEBROKER/RALF ADLER/GETTY IMAGES ©

Geschichte – in Farbe

Die meisten archäologischen Stätten bestehen aus verwittertem weißen Stein. Der bunte **Palast von Knossos** (S. 144, Foto) zeigt, wie sie einst ausgesehen haben könnten.

Sich schützen

In der sommerlichen Hitze kann einem beim Kraxeln in den antiken Stätten leicht zu heiß werden. Unterirdische Gänge bieten Schatten. Wasser mitnehmen!

Bronze

In den Museen der Insel sind wunderschöne, ca. 3000 Jahre alte Schöpfungen aus Bronze zu sehen. In der Bronzezeit florierte Kreta ganz besonders.

TOP-ERLEBNISSE: ANTIKE

Auf keinen Fall versäumen: den ❶ **Palast von Knossos** (S. 144), Kretas berühmteste archäologische Stätte. Über die außergewöhnliche Ansammlung antiker Schätze wacht der Geist der Minoer.

Kretas zweitwichtigster Komplex der Minoer ist ❷ **Festos** (S. 160) – mit tollem Blick auf die Messara-Ebene und den Psiloritis.

In ❸ **Aptera** (S. 60), einer griechischen und römischen Stadt, in der immer noch Schätze entdeckt werden, erinnert das Amphitheater an antike Spektakel.

Die Ruinen des alten befestigten dorischen Stadtstaats ❹ **Lato** (S. 187) in traumhafter Lage auf einem Hügel zählen zu den besterhaltenen nichtminoischen Stätten.

Durch die ❺ **Zakros-Schlucht** (S. 214) geht's vorbei an minoischen Grabhöhlen zu den Ruinen des kleinen Küstenpalasts von Kato Zakros.

Samaria-Schlucht (S. 74)

BERGE & SCHLUCHTEN

Die Landschaft Kretas hat zweifellos etwas Dramatisches an sich, von den langen Stränden im Norden bis zu den Schluchten, die zur Südküste mit ihren vielen Buchten und Felsen hin auslaufen. Dazwischen schmiegen sich Dörfer in einsame Täler und sanfte Hügel bilden die Ouvertüre zu oft schneebedeckten Bergen – ein Wanderparadies.

Keine Sandalen

Kretas turbulentes Terrain ist nichts für Schlappen – Flipflops und locker sitzende Sandalen lässt man besser in der Strandtasche.

Stürmisches Wetter

Sogar im Sommer können in den höheren Lagen Stürme mit Regen toben. Nach dem Zwiebelprinzip kleiden und Regensachen mitnehmen.

TOP-ERLEBNISSE: BERGE & SCHLUCHTEN

In der ❶ **Samaria-Schlucht** (S. 74), die von den Bergen bis ans Libysche Meer verläuft, kommt man aus dem Staunen nicht mehr heraus.

In der ❷ **Dikti-Höhle** (S. 192), einer kathedralenartigen Grotte voller fantastischer Kalksteinformationen, auf den Spuren des Zeus wandeln.

Den ❸ **Psiloritis** (S. 116) erklimmen, den mit 2456 m höchsten Gipfel Kretas. Alte Steinhütten laden während der Wanderung zu Pausen ein.

Einem trockenen Flussbett durch die stille ❹ **Aradena-Schlucht** bis zum Libyschen Meer (S. 65) folgen.

Über immer steilere Serpentinen geht's hinauf zu einer grünen, von Gipfeln gesäumten Landschaft auf der ❺ **Lassithi-Hochebene** (S. 192).

ZAUBERHAFTE DÖRFER

Die vom Massentourismus unberührten Dörfer in den Bergen der Insel bilden das Rückgrat der kretischen Kultur und Identität. Hier werden die einzigartigen kretischen Traditionen noch gepflegt und sind Bestandteil des Alltags: Dorfbewohner:innen halten im *kafeneia* (Café) ein Schwätzchen, kümmern sich um ihre Schafe oder feiern die zahlreichen traditionellen Feste der Insel.

VON LINKS: KONSTANTIN TRONIN/SHUTTERSTOCK ©, BYLENA/SHUTTERSTOCK ©

Das Auto stehenlassen

In den meisten Dörfern kann man bequem am Ortsrand parken. Das ist viel angenehmer, als durch die überfüllten schmalen Gassen zu kurven – nichts für schwache Nerven!

Pausen einlegen

Um in den Ortschaften das Dorfleben zu genießen, steuert man am besten den Hauptplatz an, sucht sich ein schattiges Plätzchen in einem Café und lässt es ganz ruhig angehen.

Ein Boot nehmen

Der reizende Küstenort Agia Roumeli (S. 75) zählt zur kleinen Gruppe der kretischen Dörfer, die nur zu Fuß oder mit dem Boot erreichbar sind – ein autofreies Refugium.

5 4 2 1 3

TOP-ERLEBNISSE: DÖRFER

Das typische kretische Dorf ❶ **Kritsa** (S. 186) bietet tolle Geschäfte, ein stimmungsvolles historisches Zentrum und eine byzantinische Kirche.

Beim Spaziergang durch ❷ **Agios Georgios** (S. 195) mit seinen familiären Tavernen und Museen gibt's viele Windmühlen entdecken.

In ❸ **Mochlos** (S. 208) trifft die Kultur der Minoer auf Küstenflair; das Seafood zählt zu den besten Kretas.

Von ❹ **Zaros** (S. 152) aus, das sich an einen Berg hoch über dem Libyschen Meer klammert, lässt sich Afrika erspähen.

❺ **Amari** (S. 121) bezaubert seine Gäste mit seinen venezianischen Häusern und einem von Cafés gesäumten Platz voller Blumen.

BEWEGTE GESCHICHTE

Jahrhundertelang bestimmten Minoer, Griechen und Römer die antike Geschichte Kretas. Seine Lage am Schnittpunkt dreier Kontinente hat es immer wieder zum Ziel von Angreifern gemacht. Das historische Erbe ist vor allem in Chania und Rethymnon sichtbar: Verschlungene Gassen führen zu venezianischen Festungen, Renaissance-Villen und osmanische Moscheen und Bäder konkurrieren mit der Schönheit byzantinischer Kirchen und Klöster voller Fresken.

TOP-ERLEBNISSE: GESCHICHTE

Es macht Spaß, in der ❶ **Altstadt von Rethymnon** (S. 104) mit ihren Renaissance-Bauten die Orientierung zu verlieren. Einen Überblick bietet die venezianische Festung.

Im ❷ **Moni Arkadiou** (S. 105) lockt ein Blick in die kretische Seele.

In der venezianischen Wehranlage auf ❸ **Spinalonga** (S. 190) erfährt man mehr über die düstere jüngere Geschichte dieser Insel, die auch im Roman *Insel der Vergessenen* erzählt wird.

Im ❹ **Hafen von Chania** (S. 46) säumen historische Stadthäuser die Promenade und eine gewaltige Mole ragt in die Ägäis.

Gegen die Wehranlagen des einsamen befestigten Klosters ❺ **Moni Toplou** (S. 209) aus dem 15. Jh. rannten u. a. Piraten und Kreuzritter an.

Sich Zeit lassen

Im Gewirr der Altstädte von Chania und Rethymnon ist nichts für eilige Besucher:innen. Für beide benötigt man mindestens einen Tag.

Den Massen entfliehen

In der Hochsaison werden die historischen Stätten Kretas erneut Opfer einer Invasion. Stille findet man dann in kleinen Gassen und Ecken.

Echt kretische Mitbringsel

Statt die üblichen Souvenirs zu kaufen, besser nach Läden mit Lebensmitteln, Wein und Kunstgewerbe Ausschau halten. Gut sind oft kleine Shops bei den historischen Stätten.

Strand von Balos (S. 86)

TOP-ERLEBNISSE: AKTIVITÄTEN

Durch die baumgesäumte ❶ **Aradena-Schlucht** (S. 65) geht's nach Süden zum Libyschen Meer.

Eine Radtour über die üppige ❷ **Lassithi-Hochebene** (S. 192) führt vorbei an Obstgärten, Feldern und Windmühlen. Helm nicht vergessen!

Einen Adrenalin-Kick gibt's beim Klettern durch die Felsen und Spalten von ❸ **Kapetaniana** (S. 167), einem abgelegenen Dorf im Asterousia-Gebirge.

Die wildesten Winde wehen am ❹ **Strand von Kouremenos** (S. 210). In der Windsurfhochburg der Insel wird hochwertige Ausrüstung verliehen.

In ❺ **Balos** (S. 86), einer entspannten Oase am westlichen Rand der Gramvousa-Halbinsel lockt ein Bad in einer zauberhaften Lagune.

KRETA AKTIV

Wer den ganzen Zauber dieser Insel erleben möchte, muss raus in die Natur. Kretas zerklüftetes Terrain, mächtige Berge, dramatische Schluchten und ungezähmte Küsten jenseits der Urlaubsorte sind ein Paradies für Outdoorfans. Die relativ leichte Erreichbarkeit all dieser Orte macht es möglich, alle erdenklichen Abenteuer zu erleben.

Ausrüstung leihen

Auf Kreta herrscht kein Mangel an Ausrüstungsvermietungen und Guides für anspruchsvollere Unternehmungen.

Outdoorsaison

April bis Oktober sind am besten für Aktivitäten. Im Winter haben Verleihe meist zu und das Wetter ist unberechenbar.

Kretisches Schifffahrtsmuseum (S. 51)

SPANNENDE MUSEEN

Kretas Museen erwecken die dramatische Geschichte und besondere Kultur der Insel zum Leben. Hier erfährt man, wer die Minoer waren, staunt über archäologische Funde, sieht die Spuren der zahlreichen Eroberer, erkundet die kretische Seele und erkennt, was diese Insel so einzigartig macht.

Winzige Schatzkisten

Auch in Dörfern lohnt es sich, kleine Museen zu besuchen wie das Museum des Nationalen Widerstands in Theriso (S. 76).

Kirchen als Museen

Kretas Kirchen sind oftmals wahre Kunst- und Geschichtsmuseen mit byzantinischen Schätzen.

TOP-ERLEBNISSE: MUSEEN

Ein Muss für alle Kretabesucher:innen ist das ❶ **Archäologische Museum Heraklion** (S. 140).

Minoische Sarkophage, eine Hadriansstatue aus Marmor und Miniatur-Tontiere warten im fantastischen ❷ **Archäologischen Museum Chania** (S. 51).

Kretische Seefahrtsgeschichte von der Bronzezeit über die Ära der Venezianer bis heute bietet das ❸ **Kretische Schifffahrtsmuseum** (S. 51).

Im ❹ **Nikos-Kazantzakis-Museum** (S. 151) erfährt man, was der berühmte Autor von *Alexis Sorbas* noch so trieb.

Kretische Alltagskultur im Wandel der Jahrhunderte präsentiert das ❺ **Museum für kretische Ethnologie** (S. 165).

FABELHAFTE SPEISEN & GETRÄNKE

Foodies sind auf Kreta im siebten Himmel: Regionale Küche ist hier kein Trend, sondern Alltag. Tavernen produzieren Fleisch, Käse, Olivenöl, Raki und Wein oft selbst. Auf einem persönlichen Gourmettrail kann man gesammelte Kräuter aus den Bergen, frisch hergestellten Käse, lokalen Blütenhonig und den vor den kretischen Küsten gefangenen Fisch schlemmen.

VON LINKS: JAROSLAV GIROVSKY/SHUTTERSTOCK, SWEET MARSHMALLOW/SHUTTERSTOCKCREDIT ©

Süße Leckereien

Lust auf einen Snack? Dann halte nach *zacharoplasteia* Ausschau, den kretischen Bäckereien, die auf Gebäck, Kuchen und Leckereien mit Honig spezialisiert sind.

Kretisches Gold

Kreta ist in Griechenland der größte Erzeuger von extranativem Olivenöl. Überall an den Hängen der Insel sind die silbrigen Blätter der Bäume zu sehen.

Kretischer Schlummertrunk

Am Ende einer Mahlzeit werden meist gratis eine Süßigkeit und ein Raki (kretischer Tresterbrand) gereicht.

TOP-ERLEBNISSE: ESSEN & TRINKEN

Bei einer Tour durch ❶ **Iraklions Weinregion** (S. 150) mit mehr als zwei Dutzend Weingütern warten viele gute Tropfen.

Unter den traditionellen Restaurants in den Bergen Kretas ist das ❷ **Elaias Thea** (S. 82) besonders beliebt für seine Fleischgerichte vom Grill.

Auf der ❸ **Agreco Farm** (S. 108), dem Nachbau eines Gutshofs aus dem 17. Jh., genießen Gäste Früchte aus traditionellem Landbau.

Auf den Hügeln Kretas gedeihen Salbei, Thymian und andere Kräuter. In ❹ **Maroulas** (S. 108) kann man sich in einem Kräuterladen über ihre Nutzung informieren.

Im ❺ **To Stachi** (S. 57), das die kretische Küche mit einer kreativen Karte und exzellenten Gerichten feiert, werden die Erzeugnisse des Hofs der Familie Michelakis genutzt.

STÄDTE & REGIONEN

Entdecke dein ganz persönliches Lieblingsziel auf Kreta.

Rethymnon

BERGSTRASSEN, LEBENDIGES ERBE UND EINE DYNAMISCHE STADT

Rethymnon ist mit historischen Stätten und Naturwundern gepflastert. Durchs zeitlose Landesinnere mit minoischen Gräbern, venezianischen Bollwerken und Klöstern wie dem Moni Arkadiou, einem Kleinod der kretischen Seele, winden sich Bergstraßen. Die trubelige Hauptstadt der Provinz bietet stimmungsvolle Gassen, über denen eine stattliche Festung thront. Die Südküste hingegen lockt mit zauberhaften, verführerisch einsamen Stränden.

S. 90

Chania
S. 43

Rethymnon
S. 90

Chania

KÜSTE, BERGE & GESCHICHTE

Das Zentrum Westkretas bildet die ansprechende Hafenstadt Chania, einst venezianisches Juwel und heute ein Ort, den Urlaubende wie Einheimische gleichermaßen genießen. Die Region beeindruckt mit der majestätischsten Schlucht Europas, idyllischen Stränden, zeitlosen Bergdörfern und dramatischem Terrain, in dem man tatsächlich verloren gehen kann.

S. 43

Lassithi

NATURLANDSCHAFTEN UND ANTIKE STÄTTEN

Die östlichste Region Kretas beherbergt die betriebsamen Ferienorte Agios Nikolaos und Elounda. Doch gleichzeitig ist dies auch der wildeste Teil der Insel, mit der größten Artenvielfalt und den stillsten Bergen – eine Region für Neugierige und Abenteuerlustige, die hier prima Rad fahren, anspruchsvolle Wanderungen unternehmen und historische Stätten erkunden können, vom Moni Toplou bis zur Leprainsel Spinalonga. Strandfreuden bieten etwa Vai oder Xerokambos.

S. 176

Iraklion
S. 129

Lassithi
S. 176

Iraklion

MINOISCHE SCHÄTZE, GRANDIOSE STRÄNDE UND EINLADENDE WEINGÜTER

Iraklion ist Kretas dynamischste Region, hier lebt fast die Hälfte der Inselbevölkerung. Nur ein paar Kilometer landeinwärts von der trubeligen Küste locken der bedeutende Minoerpalast von Knossos sowie Dörfer, in denen die Zeit stehengeblieben zu sein schein. Probiere unbedingt die köstlichen Tropfen aus dem Weinbaugebiet von Iraklion. Matala ist der einzige richtige Ferienort an der stillen Südküste; von hier aus führen Wanderwege zu unberührten Stränden.

S. 129

REISEROUTEN

Highlights Westkretas

Dauer: 7 Tage **Strecke:** 350 km

Dieser Trip bietet eine bunte Palette von Attraktionen, darunter die unberührte Südküste, traumhafte Bergdörfer und einige der besten Strände Kretas. Hinzu kommen die beiden reizvollsten Städte der Insel, Rethymnon und Chania, mit einzigartiger Kultur und erstklassiger Gastronomie. Unterwegs warten sogar ein paar aussichtsreiche Fährfahrten.

1 CHANIA 2 TAGE

Von der Mole in **Chania** (S. 46) bieten sich herrliche Ausblicke auf die pastellfarbene Altstadt. Besonders das Schifffahrts- und das neue Archäologische Museum sind einen Besuch wert, und im Labyrinth des venezianischen Viertels kannst du stundenlang herumbummeln. Zudem lockt Chania mit Kretas bestem Seafood.

Abstecher: *Den Massen entfliehst du am besten im Kloster* **Moni Agias Triadas** *(S. 60) aus dem 17. Jh. auf der Halbinsel Akrotiri. 2 Std.*

2 PALEOCHORA 1 TAG

Nach einem Abstecher zu den beiden Hauptstränden von **Paleochora** (S. 78) erkundest du die Umgebung. Los geht's mit dem rosa schimmernden Sand von **Elafonisi** (S. 81). Entlang der schmalen Straßen in dieser Gegend laden winzige Bergdörfer wie Elos und Kefali zu Zwischenstopps ein. Mit der Fähre schipperst du Richtung Osten vorbei an Felsen, Buchten und Stränden bis nach Agia Roumeli – eine wunderschöne Überfahrt.

3 AGIA ROUMELI 1 TAG

Agia Roumeli (S. 75) ist vom restlichen Kreta aus nicht mit dem Auto zu erreichen, doch zu den wenigen kurzen Straßen des Hafenorts kommt man mit der Autofähre. Das Städtchen markiert den Endpunkt der herrlichen Wanderung durch die Samaria-Schlucht. Wer vom Wasser aus 2 km in die Schlucht hineinläuft, kommt in den Genuss ihrer Highlights. Mit der Autofähre geht's dann weiter nach Chora Sfakion und zurück zum Straßennetz Kretas.

4

AMARI-TAL ⏱ 1 TAG

Eine der schönsten Gegenden im Westen ist das **Amari-Tal** (S. 120) mit seinen traditionellen Dörfern, Olivenhainen und Obstgärten. Die Kirche Agia Panagia in Thronos bezaubert mit Fresken aus dem 14. und Mosaiken aus dem 4. Jh. Durch bunte Obstgärten führt eine Route in den Ort Amari mit seinen sehenswerten venezianischen Bauten. Zu einer Erfrischungspause lädt dort der hübsch bepflanzte Hauptplatz mit Cafés ein.

5

MONI ARKADIOU ⏱ 1 TAG

Das Kloster **Moni Arkadiou** (S. 105) auf einer einsamen, von Bergen gesäumten Ebene ist von großer Symbolkraft. Lass dir Zeit und beginne die Erkundung der Anlage mit der venezianischen Kirche aus dem 16. Jh. Weiter geht's mit dem schaurigen Schauplatz, an dem sich 1866 Hunderte Kreter:innen aus Furcht vor der türkischen Armee in die Luft sprengten.

Abstecher: *Das Künstlerdorf* **Margarites** *(S. 107) lockt mit Töpfereien und niedlichen Cafés. 3 Std.*

6

RETHYMNON ⏱ 1 TAG

Nur Chania ist noch reizvoller als **Rethymnon** (S. 94) mit seinem hübschen venezianisch-osmanischen Viertel und einem reizvollen Hafen. Über der Altstadt thront die riesige Fortezza mit weitem Ausblick aufs Umland.

Abstecher: *Wer über die Küstenstraße nach Chania zurückfährt, kann einen Stopp bei den Ruinen der antiken Stadt* **Aptera** *aus dem 7. Jh. v. Chr. einlegen. 2 Std.*

REISEROUTEN

Ostkreta für Genießer

Dauer: 6 Tage **Strecke:** 360 km

Diese Tour startet in der größten Stadt Kretas, Iraklion, und führt nach Knossos, der wichtigsten antiken Stätte der Insel. Es geht durch Täler und zu den Stränden im Osten. Nach Weinproben und weiteren antiken Schätzen warten ruhige Bergdörfer. Eine berüchtigte Insel und einer der besten Strände Kretas bilden die Schlusspunkte der Reise.

1 IRAKLION 1 TAG

In **Iraklion** (S. 132) erzählt das **Archäologische Museum Heraklion** (S. 140) von der alten Kultur der Minoer in all ihrer Eleganz und Schönheit. Der Palast von Knossos (S. 144) gleich südlich der Stadt ist die Hauptattraktion Kretas. Der einst prachtvolle Palast ist heute eine weitläufige archäologische Stätte mit Kammern, Fresken und Geheimgängen.

2 IRAKLIONS WEINREGION 1 TAG

Mehr als zwei Dutzend Weingüter bauen in den sanften Hügeln von **Iraklions Weinregion** (S. 147) ihre Reben an. Hier kannst du Wein verkosten, durch hübsche Dörfer wie Archanes bummeln und in vornehmen Tavernen pausieren. Interessant ist auch die minoische Weinpresse in Vathypetro.

Abstecher: *Vom Berg* **Giouchtas** *(S. 149) bieten sich Ausblicke auf die Region. 4 Std.*

3 FESTOS 1 TAG

Rund um **Festos** (S. 160) warten drei sehenswerte antike Ruinenstätten. Los geht's am gleichnamigen Palast, der zweitwichtigsten minoischen Stätte nach Knossos. Das nahe Agia Triada wartet mit den Ruinen eines Palasts und eines Dorfs von 1550 v. Chr. auf. Den Endpunkt bildet Gortys, römische Hauptstadt von 67 v. Chr. bis 824 n. Chr.

Abstecher: Matala *(S. 156) hat einen belebten Strand; ruhigere Abschnitte in der Nähe sind zu Fuß erreichbar. 4 Std.*

4

KRITSA 1 TAG

Kritsa (S. 186) ist ein zauberhaftes altes Bergdorf in Ostkreta. Besonders viel Atmosphäre hat das Oberdorf mit seinen schmalen autofreien Gassen, einladenden Cafés, Läden mit lokalen Produkten und Luxusboutiquen. Ganz in der Nähe befinden sich die dorischen Ruinen des antiken Lato und die byzantinische Kirche Panagia Kera.

Abstecher: *Die spektakuläre grüne* **Kritsa-Schlucht** *(S. 188) zählt zu den schönsten Kretas. 1 Std.*

5

SPINALONGA 1 TAG

Die weitläufige Festung auf der **Insel Spinalonga** (S. 190) vor Kretas Ostküste lädt zu Entdeckungstouren ein. Von den Venezianern zum Schutz vor Piraten erbaut, diente sie später als Quarantänestation für leprakranke Griech:innen, wie Victoria Hislop in ihrem Roman *Insel der Vergessenen* erzählt. Fähren zur Insel verkehren ab Elounda und Plaka, Tagesausflüge starten in Agios Nikolaos.

6

VAI 1 TAG

Vorsicht vor herabfallenden Datteln! Am **Strand von Vai** (S. 211) gedeiht der größte natürliche Palmenwald Europas. Bei den Pflanzen handelt es sich wohl um eine Unterart, die es nur auf Kreta gibt. Der kleine Strand in einer Bucht mit türkisfarbenem Wasser ist ein traumhaftes Stück Natur. Wege führen von hier aus zu Küstenpfaden, Aussichtspunkten und abgeschiedeneren Buchten, wo man auch textilfrei baden kann.

REISEROUTEN

Das Beste von Kreta

Dauer: 6 Tage **Strecke:** 445 km

Diese Route von einer sehenswerten Stadt Kretas zur anderen bietet eine Art Achterbahnfahrt, vorbei an den Naturwundern der Berge und des Meeres und zu den schönsten historischen Schätzen der Insel. Unterwegs genießt man venezianische Architektur, schöne Strände sowie die lokale Küche des Hinterlands und der Küste.

1 IRAKLION 1 TAG

Iraklion (S. 132), Kretas größte Stadt, hat erstklassige Museen zu bieten, in denen du in das kulturelle Erbe der Insel eintauchen kannst. Ein Stück weiter südlich befinden sich die weltberühmten Ruinen von Knossos: Hier herrschten vor rund 4000 Jahren die geheimnisumrankten Minoer.

Abstecher: *Unternimm eine Tour durch* **Iraklions Weinregion** *(S. 150), deren Winzer:innen 70 % des auf Kreta erzeugten Weins keltern. 4 Std.*

2 MATALA 1 TAG

Am besten von Matala aus lässt sich **Gortys** (S. 162) erkunden, die einstige Hauptstadt des römischen Kreta, sowie der Minoerpalast von **Festos** (S. 144), das nach Knossos zweitwichtigste minoische Relikt. Toll ist auch das Museum für kretische Kultur in **Vori** (S. 165). Der Tag endet am Strand mit einem Sonnenuntergang an den Felsen von Matala.

Abstecher: *Badeausflug zum weiten Sandstrand von* **Kommos** *(S. 163). 1 Std.*

3 RETHYMNON 1 TAG

Auf dem Weg nach Westen geht's in die Berge, wo der würzige Duft traditioneller kretischer Küche aus den Tavernen strömt. Das urige Dorf Spili bildet das Tor zum Amari-Tal. Stopps lohnen am Moni Arkadiou und bei den Ruinen von Eleftherna. Übernachte nach einem Bummel durch die türkische und venezianische Altstadt in **Rethymnon** (S. 94).

Abstecher: Margarites *(S. 107) ist ein Dorf, in dem viele kunstfertige Töpfer:innen arbeiten. 1 Std.*

4 PALEOCHORA ⏱1 TAG

Richtung Westen und über die Berge führt ein Abstecher zum Hafenort Chora Sfakion. Weiter geht's per Fähre: Eine Fahrt vorbei an den seltsam geformten und kontrastreich gefärbten Felsen ist eine wunderbare Art, ein paar Stunden auf dem Wasser zu verbringen. Im relaxten Strandort **Paleochora** (S. 78) geht's wieder an Land.

Abstecher: *Steige entweder in* **Loutro, Agia Roumeli** *oder* **Sougia**, *aus, um am Strand zu relaxen oder ein Mittagessen zu genießen. 2 Std.*

5 FALASARNA ⏱1 TAG

In **Elafonisi** (S. 81) bestaunst du den rosafarbenen Sand und suchst dir am schönsten Strand Kretas ein hübsches Fleckchen. Entlang der Küstenstraße geht's dann gen Norden zu den faszinierenden **Innachorion-Dörfern** (S. 82). Zum Sonnenuntergang lockt der Strand von **Falasarna** (S. 84) mit seinen rauschenden Wellen.

Abstecher: *Ein Tagestrip per Boot ab Kissamos zur* **Gramvousa-Halbinsel** *(S. 86) mit dem lagunenartigen Strand von Balos. 6 Std.*

6 CHANIA ⏱1 TAG

Den Abschluss der Tour bildet **Chania** (S. 46), eine muntere moderne Stadt mit einem hinreißenden venezianischen Hafen und stimmungsvollen Altstadtvierteln. Chania besitzt unter den Städten Kretas das meiste Flair und bietet fabelhaftes Essen und Nachtleben sowie jede Menge venezianische und türkische Architektur.

Abstecher: *Ab 700 v. Chr. gedieh das* **antike Aptera** *(S. 60) 1400 Jahre lang. Besuche die Ruinen, an denen noch immer gegraben wird. 2 Std.*

REISEROUTEN

Die besten Strände

Dauer: 10 Tage **Strecke**: 245 km

Auf dieser gemächlichen Tour entlang der Südküste stehen einige der schönsten Strände der Insel auf dem Programm. Hier geht's ums Relaxen, also keine Eile! Wer zwischendurch aktiv werden will, kann z. B. durch Kretas tiefste Schlucht wandern. Von Ort zu Ort geht's meist per Fähre, mit nur wenigen Autostrecken.

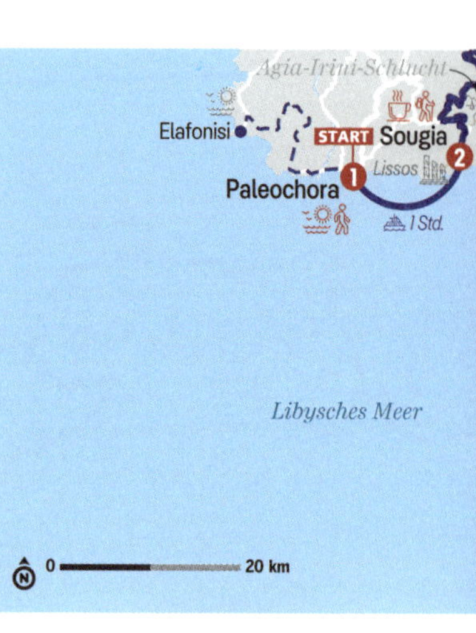

1 PALEOCHORA 1 TAG

Das geruhsame und hübsche **Paleochora** (S. 78) liegt auf einer schmalen, von zwei Stränden flankierten Halbinsel. Dank seichtem Wasser und viel Ruhe ist dieser Ort eine gute Wahl für Familien. Auf einfachen, interessanten Pfaden kannst du weitere Strände zu Fuß erreichen.

Abstecher: *Rosa Sand und warmes Wasser machen den Strand von* **Elafonisi** *(S. 81) zum zauberhaftesten auf ganz Kreta, zu erreichen mit dem Mietwagen oder im Rahmen von Touren.*

2 SOUGIA 2 TAGE

Sougia (S. 70) ist ein entzückender und nur mäßig erschlossener Strandort. Cafés und Tavernen säumen eine Strandpromenade, an der Tamarisken Schatten spenden – perfekt zum Entspannen. Neben dem langen und meist leeren Strand locken allerlei Aktivitäten: Du kannst zur Bucht des **antiken Lissos** (S. 72) mit römischen Ruinen in abgeschiedener Lage wandern oder die **Agia-Irini-Schlucht** (S. 71) in Angriff nehmen.

3 AGIA ROUMELI 1 TAG

Von Sougia geht's zunächst in die Berge zum Startpunkt der herrlichen Wanderung durch die Samaria-Schlucht. Der 18 km lange Weg endet im autofreien Hafenstädtchen **Agia Roumeli** (S. 75). Von hier fahren die meisten Reisenden mit der Fähre weiter. Aber du kannst auch bleiben und die entspannte Atmosphäre und die familiengeführten Tavernen genießen.

Abstecher: *Wandere entlang der unberührten Küste 21 km Richtung Osten nach Chora Sfakion.*

4

GAVDOS 3 TAGE

Per Fähre (oder zu Fuß) geht's zum Hafenort Chora Sfakion und dann weiter zur **Insel Gavdos** (S. 69). Der südlichste Punkt Europas präsentiert sich meist herrlich einsam, nur im August wird es voller. Die Insel wirkt idyllisch, mit nur ein paar Privatzimmern, Tavernen und unberührten Stränden, die teils nur zu Fuß oder per Boot erreichbar sind. Hier gibt's nicht viel zu tun außer baden, wandern und relaxen.

5

PLAKIAS 2 TAGE

Mit der Fähre schipperst du weiter nach **Plakias** (S. 122), beliebt bei Sonnenanbetern und Strandfans. Doch es gibt auch jede Menge Wassersportmöglichkeiten. Die Gegend hat unterschiedlichste Strände zu bieten, von rappelvoll bis einsam und idyllisch. Der **Preveli-Strand** (S. 124) lockt an einer Flussmündung mit seltenen Dattelpalmen.

Abstecher: Agios Pavlos *(S. 126) ist einer der charmantesten Strandorte an der Südküste.*

6

MATALA 1 TAG

An Sommertagen erinnert in **Matala** (S. 156) wenig an seine Hippie-Vergangenheit, doch an den anderen Stränden in der Nähe kannst du dem alten Geist noch nachspüren. Abends verlassen dann die Tagesgäste den Ort – dann hast du die herrlichen Sonnenuntergänge ganz für dich allein.

Abstecher: *Die Wanderung durch die Agiofarango-Schlucht, eine der einfachsten Kretas, wird am Ende mit dem kristallklaren Wasser am* ***Agiofarango-Strand*** *(S. 166) belohnt.*

BESTE REISEZEIT

Im Sommer ist Kreta fest in der Hand des Massentourismus. im Winter dagegen kann man die melancholische Stille genießen.

Wer sich unter einem Urlaub auf Kreta Strände voller schwitzender Körper vorstellt, die an heißen Tagen in der Sonne braten, liegt in den Sommermonaten damit durchaus richtig. Im Winter dagegen ist es oft ruhig, kühl und nass – aber toll für Gäste, die mehr wollen als Sonnenbräune. Viele Attraktionen und Geschäfte sind in den warmen Sommermonaten länger (oder nur dann) geöffnet: In dieser Zeit genießt man Feste und lange Abende auf den Terrassen der Tavernen. In der Zwischensaison (April/Mai und Sept./Okt.) haben die meisten touristischen Angebote geöffnet, das Wetter ist angenehm und der Besucherandrang moderat. Und Feste gibt's das ganze Jahr über.

Kleines Budget?

Auch von Juni bis September sind auf der Insel exzellente Unterkünfte zu finden. Am besten bucht man so früh wie möglich, aber in Bergdörfern oder wenig bekannten Küstenorten wie Plakias, Sougia und Ierapetra gibt's auch auf den letzten Drücker Unterkünfte zu vernünftigen Preisen.

LOCAL TIPP

SOMMERPARTY

Kostas Aloupis lebt in Rethymnon und ist Mitinhaber vom Anbieter EcoEvents, der Aktivitäten zur kretischen Kultur organisiert. *@ecoevents_crete*

„Jeden Juli und August ist Kreta eine einzige große Party. Der Höhepunkt ist Mariä Himmelfahrt am 15. August: Dann veranstalten die meisten Dörfer riesige Feste mit viel Wein, traditionellen Speisen und natürlich Livemusik mit Tanz. Ich besuche gerne Mylopotamos oder die Dörfer im Amari-Tal, denn hier gibt's die lebhaftesten *panigyria* (Feste) und das Essen ist großartig!"

VON LINKS: RICHARD WHITCOMBE/SHUTTERSTOCK ©, GEORGIOS TSICHLIS/SHUTTERSTOCK ©

Strand von Marathi (S. 59)

BADEN GEHEN

Im Sommer ist das Wasser an Kretas Stränden warm, im Schnitt 26 °C. Im Winter sinkt die Wassertemperatur auf kühle 16 °C. Doch die abgehärteten Kreter:innen haben nur ein müdes Lächeln übrig für Gäste, die meinen, das sei zu kalt für ein Bad.

Reisewetter

JANUAR	FEBRUAR	MÄRZ	APRIL	MAI	JUNI
ø-Temp. Max: 16°C	ø-Temp. Max: 16°C	ø-Temp. Max: 17°C	ø-Temp. Max: 20°C	ø-Temp. Max: 24°C	ø-Temp. Max: 28°C
Regentage: 14	Regentage: 11	Regentage: 8	Regentage: 6	Regentage: 3	Regentage: 1

WINTER AUF KRETA

Der kretische Winter ist keine Zeit für faule Strandtage, doch auch dann kann eine Reise auf die Insel sehr lohnend sein. Dann sind historische Orte wie Knossos und Rethymnon wenig besucht und in den traditionellen Landtavernen knistern wärmende Kaminfeuer.

Große Feste & Feiern

Die Vorfastenzeit wird mit Kretas eigenem **Karneval** gefeiert, mit drei Wochen Tanz, Maskenbällen, Spielen und Schatzsuchen. Den Abschluss bildet ein großer Straßenumzug am letzten Sonntag. Die größte Party steigt in Rethymnon (S. 102). **Februar**

Am 25. März wird doppelt gefeiert: Mit Militärparaden und Tanz wird an den Beginn des **Unabhängigkeitskriegs 1821** erinnert (z. B. in Chania, S. 45, mit seinem bedeutenden Marineerbe). Zugleich wird mit **Mariä Verkündigung** der Tag begangen, an dem Maria feststellte, dass sie schwanger war. **März**

Ostern ist das wichtigste religiöse Fest Griechenlands, gefeiert auf der ganzen Insel mit Gottesdiensten, Kerzenprozessionen am Karfreitag und mitternächtlichem Feuerwerk am Ostersamstag. Sonntags schmausen die Locals Lammbraten. **April oder Mai**

Ein wichtiges Fest ist auch **Mariä Himmelfahrt** (15. August): Dann sind alle zu Familientreffen in ihren Dörfern unterwegs. **August**

LOCAL TIPP

HERBSTSONNE

Eugenia Sivitou betreibt Yoga on Crete in Chora Sfakion und wandert gern an Chanias Südküste. *@yogaoncrete*

„Um im Herbst den Sonnenuntergang zu genießen, wandere ich gerne hinauf zur Kirche Agia Aikaterini auf 600 m Höhe am Rand der Anopolis-Hochebene, wo das antike Anopolis lag. Oben auf einem fast senkrechten Fels oberhalb der herrlichen Loutro-Bucht hat man einen 180-Grad-Blick aufs Meer und die majestätischen Weißen Berge."

Loutro (S. 66)

Kleine & originelle Feste

In der letzten Maiwoche wird mit Zeremonien, Reenactments, Sportwettkämpfen und Volkstanz an die **Schlacht um Kreta im Zweiten Weltkrieg** erinnert. Die größten Feierlichkeiten finden in **Chania** (S. 45) und Rethymnon statt. **Mai**

Im Juli ist es brütend heiß – egal, ob am Strand oder in den Bergen. Ein Sommerhighlight ist das **Sommerfestival** (S. 131) in Iraklion mit klassischer Musik, Tanz, Kunst und Film. **Juli bis Mitte September**

Beim **Renaissance-Festival Rethymnon** (S. 102) wird das kulturelle Erbe der Stadt gefeiert, u. a. mit Konzerten von kretischen Top-Musiker:innen. **Anfang Oktober**

Der **Moni-Arkadiou-Jahrestag** (S. 102) vom 7. bis 9. November erinnert an das Jahr 1866, als sich im Klosterkomplex aus dem 16. Jh. die kretischen Verteidiger in die Luft sprengten und zahlreiche türkische Eroberer mit in den Tod rissen. **November**

MELTEMI

Die Provence hat den Mistral, Kreta den Meltemi. Dieser Wind bläst im Sommer über die Ägäis, wenn hohe Temperaturen für Tiefdruckgebiete sorgen, die kühlere Luftmassen aus dem Norden anziehen. Winde aus Afrika können rosafarbenen Staub übers Meer wehen.

JULI	AUGUST	SEPTEMBER	OKTOBER	NOVEMBER	DEZEMBER
ø-Temp. Max: **29°C**	ø-Temp. Max: **29°C**	ø-Temp. Max: **27°C**	ø-Temp. Max: **24°C**	ø-Temp. Max: **21°C**	ø-Temp. Max: **17°C**
Regentage: 1	Regentage: **1**	Regentage: **2**	Regentage: **6**	Regentage: **8**	Regentage: **9**

VON LINKS: SOLSTOCK/GETTY IMAGES ©, ALBUM/ALAMY STOCK PHOTO ©

BESTENS VORBEREITET AUF KRETA

Nützliches zum Vorbereiten und Einstimmen.

Kleidung

Leger kleiden Auf Kreta ist einfache Kleidung angesagt. Im Sommer für die Hitze schnell trocknende Tops und kühlende Kleider mitnehmen! Die meisten Reisenden kommen mit einfachen Baumwoll-T-Shirts und Shorts bzw. Röcken aus.

Mit mehr Stil Für Clubs und angesagte Restaurants braucht's etwas mehr – hier geht's eher stylish als elegant zu, z. B. mit Tops und Hosen statt T-Shirts und Shorts.

Gut vorbereitet Festes Schuhwerk ist wichtig für Wanderungen sowie zum Erkunden der Schluchten und Ruinen.

Respekt zeigen Abseits vom Strand, z. B. in Läden und Tavernen, sollte man nicht einfach Badebekleidung tragen, sondern auch etwas darüber. Kreter:innen sind keine FKK-Fans; nackt baden sollte man daher nur diskret und an FKK-Stränden. In Kirchen ist respektvolle Kleidung ein Muss.

Etikette

Körpersprache: Eine seitliche Kopfbewegung bedeutet „Ja", ein kurzes Heben des Kopfes oder der Augenbrauen heißt „Nein".

In Kirchen sollte man ein Schultertuch oder ein Oberteil mit langen Ärmeln, einen langen Rock bzw. eine lange Hose tragen.

Einladungen: Die Kreter:innen legen viel Wert auf Gastfreundschaft. Ein Getränk abzulehnen gilt als sehr unhöflich.

LESEN

Das Leben des Ismail Ferik Pascha (Rhea Galanaki; 1989) Roman über den Konflikt zwischen Christentum und Islam auf Kreta.

Insel der Vergessenen (Victoria Hislop; 2007) Der preisgekrönte historische Roman spielt auf der Insel Spinalonga, als diese eine Zuflucht für Leprakranke war.

The Girl Under the Olive Tree (Leah Fleming; 2013) Der Roman verknüpft die Ereignisse auf Kreta im Zweiten Weltkrieg mit der Gegenwart.

Alexis Sorbas (Nikos Kazantzakis; 1946) Das berühmteste Werk des berühmtesten Schriftstellers Kretas.

Sprechen

Γειά σας (*jas*·sas) Der gebräuchlichste Gruß bedeutet sowohl „hallo" als auch „tschüss".

Καλημέρα (ka·li·*me*·ra) Heißt „Guten Morgen" und kann in der ersten Tageshälfte zur Begrüßung benutzt werden.

Καλησπέρα (ka·li·*spe*·ra) Heißt „Schönen Nachmittag/Abend" und wird ab dem späten Nachmittag verwendet.

Παρακαλώ (pa·ra·ka·*lo*) „Bitte" – bitte großzügig verwenden!

Ευχαριστώ (ef·cha·ri·*sto*) „Danke".

Ναι (nä) Hört sich nach „nein" an, heißt aber „ja".

Οχι (*o*·chi) Heißt „nein" und ist oft begleitet von einem leichten Heben des Kopfes.

Συγγνώμη (ßig·*no*·mi) Ein einfaches „Entschuldigung" wirkt oft Wunder.

Μιλάτε αγγλικά (mi·*la*·te an·gli·*ka*) „Sprechen Sie Englisch?" – eine gern gehörte Frage.

Δεν καταλαβαίνω (dhen ka·ta·la·*wä*·no) Das wichtige „Ich verstehe nicht".

Καταλαβαίνω (ka·ta·la·*wä*·no) „Ich verstehe" löst immer ein Lächeln aus.

ANSCHAUEN

Alexis Sorbas (Michael Cacoyannis; 1964) Der dreifache Oscargewinner ist immer noch der wichtigste auf Kreta gedrehte Film.

Night Ambush (Michael Powell; 1957) Spannende Nacherzählung der Entführung von Nazi-Kommandeur Heinrich Kreipe durch das britische Militär 1944.

El Greco (Yannis Smaragdis; 2007) Griechische Filmbiografie über den auf Kreta geborenen Renaissance-Maler El Greco (alias Doménikos Theotokópoulos).

Anthony Bourdain: No Reservations (2008) Der beliebte Food-Abenteurer erkundet auf dem Markt von Iraklion die Küche der griechischen Inseln.

REINHÖREN

Tis Kritis Ta Politima (Verschiedene; 2009) Gute Einführung in die Musik Kretas; am besten während der Erkundung der Insel streamen.

Dimotiki Anthologia (Nikos Xylouris; 1976) Mit diesem Volksmusikalbum wurde der legendäre kretische Musiker zum Star.

Anastorimata (Psarantonis; 1982) Wichtiges Album von Psarantonis: Er spielt die kretische Lyra, ein mit dem Bogen gestrichenes Saiteninstrument.

To Stelaki apo tin Kriti (Stelios Foustalieris; 2007) Der Meister der *bulgari* (kretisches Saiteninstrument) spielt beliebte Volkslieder.

TOMS AUZINS/SHUTTERSTOCK ©

Traditionell kretisch: Fisch und Salat, Kissamos (S. 87)

ESSEN WIE DIE LOCALS

Natürlicher Reichtum und uralte Traditionen sorgen dafür, dass Kretas Speiseplan zu den besten in ganz Griechenland zählt.

Die rustikale kretische Küche unterscheidet sich deutlich von der Kulinarik im übrigen Griechenland. Sie nutzt das ganze Füllhorn der sonnenverwöhnten, fruchtbaren Insel, um aus saisonalen Zutaten ausgewogene Aromen zu kreieren. Regionale Unterschiede bieten vielfältige Gelegenheiten zu kulinarischen Abenteuern.

Ein Highlight sind die familiengeführten Tavernen: Hier werden traditionelle Gerichte nach uralten Rezepten mit frischen, meist selbst angebauten Zutaten zubereitet. Oft werden duftende Wildkräuter selbst in den Bergen gepflückt, Öl und Käse stammen häufig aus eigener Produktion; das zarte Lamm kommt vom Dorfhirten und der Fisch wurde vom Wirt selbst gefangen.

Die kretische Küche verdankt ihren Ruhm auch einer wissenschaftlichen Untersuchung aus den 1960er-Jahren: Demnach wiesen die Kreter:innen die niedrigste Rate an Herz-Kreislauf-Erkrankungen und anderen chronischen Leiden auf. Dies wurde vor allem auf die ausgewogene lokale Ernährung mit Obst, Gemüse, Hülsenfrüchten, Vollkorn, Olivenöl und Wein zurückgeführt.

Kretische Küche

Die kretische Kost hat sich aus der Fülle regionaler Erzeugnisse und großem Erfindungsreichtum entwickelt. Neben den griechischen Klassikern wird eine Vielzahl von Inselspezialitäten aufgetischt, darunter Dutzende leckere Käsesorten. Die kretische Küche wurzelt in der Antike und wurde seitdem von diversen Kulturen beeinflusst.

Hervorragend ist der kretische Käse. Neben dem allgegenwärtigen Feta (den frischen aus

Unbedingt probieren!

ARNI ME STAMNAGATHI
Mit *stamnagathi* (Wildgemüse) geschmortes Lammfleisch.

GAMOPILAFO
Edles Risotto, zubereitet mit Fleischbrühe und Ziegenmilch-Mehlschwitze.

CHIRINA APAKIA
Über Tage reift dieses köstliche marinierte und geräucherte Schweinefleisch.

OFTO ODER ANTIKRISTO
Große Fleischstücke langsam an heißen Kohlen geröstet.

dem Fass kaufen, nicht den abgepackten) produziert Kreta viele weitere Käsesorten, meist aus Ziegen- und/oder Schafsmilch. Viele Dörfer erzeugen ihre eigenen Käsespezialitäten.

Eine Besonderheit der kretischen Küche sind Zutaten, die an den Berghängen und in den Dörfern gedeihen. Seit Jahrhunderten sammeln die Kreter:innen nährstoffreiche *chorta* (Wildgemüse), die gekocht als warmer Salat serviert oder in Pastetenfüllungen und Eintöpfen mitgegart werden.

In den Bergen servieren Dorftavernen verschiedene Gerichte mit Fleisch vom Grill.

Kleine Speisen

Die Kreter:innen teilen sich gern verschiedene *mezedhes* (kleine Gerichte), kurz *mezes* genannt. Lokale wie *mezedhopoleia*, *ouzeri* und *rakadhika* servieren nur diese griechischen Tapas – meist zu Raki oder Ouzo.

Beliebte *mezedhes* sind Dips wie *taramasalata* (Fischrogencreme) und Tsatsiki. Warme *mezedhes* sind z. B. *keftedhes* (leckere kleine Frikadellen, oft aus Lamm-, Schweine- oder Kalbshack), *loukanika* (Würstchen aus Schweinefleisch), *saganaki* (gebratener Käse) und *apaki* (geräuchertes Schweinefleisch) sowie alle möglichen Meeresfrüchte im Häppchenformat. Typisch sind auch *dolmadhes* (Weinblätter) mit Reisfüllung sowie frittierte Zucchini- oder Auberginenscheiben.

KARL ALLGAEUER/SHUTTERSTOCK ©

Mezedhes

Kretisches Gold

Die Minoer waren wohl die Ersten, die mit Oliven reich wurden. Kreta ist bis heute eine bedeutende Olivenregion und produziert die größte Menge an „extra nativem Olivenöl" in Griechenland. Man schätzt, dass auf der Insel rund 30 Mio. Olivenbäume wachsen, also 48 pro Einwohner. Bei internationalen Wettbewerben schneidet Kreta stets gut ab: Zuletzt wurden z. B. die Sorten Pamako, Critida Phenoil und Terra Creta ausgezeichnet.

BALTA MIHAITA SORIN/SHUTTERSTOCK ©

MÄRKTE & GESCHÄFTE

Zentralmarkt von Iraklion (S. 139) Der geschäftige Markt, eine Institution in Iraklion, ist einer der besten Kretas. Hier gibt's cremigen Käse, Honig, saftige Oliven, Brot u. v. m.

Foúrnos Mamankáki (S. 103) In der beliebten Bäckerei in Rethymnon ist der Holzofen stets in Betrieb. Die Bio-Vollkornbrote sind fantastisch und haben eine leichte Rauchnote.

Bougatsa Chania (Foto; S. 56) Eine schlichte aber gute Wahl für typisches kretisches Gebäck, serviert an Außentischen auf einem winzigen Platz. Dazu passt am besten eine Tasse Kaffee.

Spanoioakis (S. 104) Diese Bäckerei versteckt sich schon seit 1958 im Gassengewirr von Rethymnon. Bekannt ist sie für ihr Brot in Form von Dinosauriern und Flamingos.

Assargiotakis Olive Oil Shop (S. 174) Im Dorf Avdou in der Region Iraklion haben so gut wie alle Bewohner:innen mit dem berühmten regionalen Produkt zu tun.

CHOCHLIOI
Es gibt Dutzende Zubereitungsarten für Schnecken. Der Kreter:innen essen mehr Schnecken als die Franzosen.

SOUPIES
Mit wildem kretischem Fenchel geschmorter Tintenfisch.

VRASTO
Traditioneller Hammel- oder Ziegeneintopf; wird in den Tavernen der Bergdörfer serviert.

DAKOS
Auch „kretischer Salat" genannt: Vollkorn-Zwieback mit Tomaten, Olivenöl und Käse.

Lokale Spezialitäten

Kretischer Käse

Anthotiro Buttriger weißer Käse, weich oder fest.

Graviera Nussig-milder Hartkäse aus Schafsmilch.

Pichtogalo chanion Chanias cremiger, joghurtartiger Käse aus Schafs- oder Schafs- und Ziegenmilch.

Xigalo Cremiger Käse aus Sitia in Ostkreta mit intensivem, säuerlichem Aroma.

Yaourti Dicker, säuerlicher Schafsmilchjoghurt – gut mit Honig, Walnüssen oder Obst.

Auf die Schnelle

Kalitsounia Kretische Pasteten, meist gefüllt mit Käse oder auch süß und mit Thymianhonig beträufelt.

Pasteten Die Bäckereien verkaufen vielerlei Sorten *tyropita* (Käsetaschen) und *spanakopita* (Spinattaschen). *Boureki* ist eine Art Schichtauflauf.

Souvlaki Das liebste Fastfood der Griech:innen, ob im Pita-Brot oder als Spießchen.

Koulouria Frische Hefekringel oder -zöpfe, oft mit Belag.

Süßes

Bougatsa Filoteig gefüllt mit Vanillecreme oder Käse, traditionell zum Frühstück verzehrt.

Gyros

Kalitsounia Kretische Käseteigtaschen; der handgemachte Teig wird oft zu winzigen Schalen geformt. Die Füllungen variieren je nach Region.

Sfakianes pites Süße Pfannkuchen mit einer leichten Füllung aus *myzithra*-Käse.

Xerotigana Frittierte Teigkringel mit Honig und Nüssen.

Nur keine Angst!

Ameletita Wörtlich die „Unaussprechlichen“: gebratene Schafshoden.

Gardhoumia Magen und andere Innereien, die mit Darm umwickelt werden.

Kokoretsi Herz, Lunge, Bries, Nieren und andere Innereien, die in Lamm- oder Ziegendärme gewickelt und über Holzkohle am Spieß gegrillt werden; gibt's zum orthodoxen Osterfest.

GESCHMACKSERLEBNISSE

Hiona Taverna (S. 208) Das auf Felsen direkt am Meer gelegene Lokal besticht mit seiner *kakavia* (Fischsuppe) und anderen tollen Seafood-Gerichten.

Peskesi (S. 133) Leere Tische gibt's in der schön umgebauten venezianischen Villa nur selten; serviert werden robuste, langsam gegarte kretische Speisen aus Zutaten vom eigenen Hof.

To Stachi (S. 57) Für ihr vegetarisches Restaurant produziert die Familie Michelakis einen Großteil der Zutaten selbst – eine Feier für das Füllhorn der kretischen Natur.

Avli (S. 95) Hat das Essen gemundet – und das ist sehr wahrscheinlich –, kann man in der angeschlossenen Kochschule die Zubereitung erlernen. Bekannt für moderne Interpretationen der kretischen Küche.

SAISONALE KÜCHE

FRÜHLING

Zu Ostern gibt's zarten Lammbraten, *kreatotourta* (Fleischpasteten) und *kokoretsi* (in Lammdarm gegrillte Innereien) sowie *tsoureki* (Hefebrot, das mit rot gefärbten Eiern dekoriert wird). Das Frühjahr bringt Wildgemüse, Kräuter und Artischocken.

SOMMER

Die Käserei kommt auf Touren. Ab Juli gibt's Wassermelonen, Pfirsiche und anderes Obst; die Muschelsaison erreicht ihren Höhepunkt. Kulinarische Feste feiern die kretische Küche (Rethymnon, *cretandietfestival.gr)* und den Wein (Archanes).

HERBST

Die Weinlese beginnt. Im Oktober lockt das eigentümliche Kastanienfest in Elos. Der Höhepunkt der Raki-Herstellung im November gibt Anlass zu lautstarken Festivitäten, vor allem in den Bergdörfern.

WINTER

Als Weihnachtsgebäck dienen zuckerbestäubte *kourabiedes* (Mandelkekse) und in Honig getauchte *melomakarona*. In den Neujahrskuchen *vasilopita* wird eine Münze eingebacken, die dem Finder Glück bringen soll.

Raki

WIE …

Kretas flüssige Spezialitäten probieren

Einige der wichtigsten Spezialitäten Kretas sind flüssig. Olivenöl ist fester Bestandteil fast jeden Gerichts. Dazu kommen Raki, der kretische Tresterbrand, sowie immer mehr Biere aus kleinen Brauereien.

Das beliebteste Getränk ist jedoch Wein. Dank einer neuen Generation von Winzer:innen und einer wachsenden Zahl von Weingütern, die Verkostungen und Führungen anbieten, erzielt die Weinbranche immer größere Erfolge.

Es gibt drei Weinbauregionen auf der Insel und mehr als ein Dutzend Rebsorten. Die größte Weinregion, **Iraklion** (S. 150), keltert etwa 70 % des kretischen Weins.

Raki

Der Tresterbrand Raki (oder *tsikoudia*) ist fest in der Inselkultur verwurzelt. Ein Gläschen des feurigen Kurzen gibt's zur Begrüßung, nach dem Essen und praktisch zu jeder Tageszeit und zu allen Anlässen.

Ab Oktober wird gebrannt – dann produzieren Destillerien und Privatleute überall auf Hochtouren und überall gibt's Trinkgelage und Festessen. Wer durch ein Dorf kommt, das Raki brennt, wird vielleicht zu einem Gläschen eingeladen. Guter Raki hat ein mildes Aroma ohne Brennen im Abgang. Ein großer Teil des Rakis wird privat destilliert, sodass der am Ende der Mahlzeit dargereichte Schnaps vielleicht vom Wirt nach einem streng gehüteten Familienrezept gebrannt wurde.

Olivenöl

Olivenöl ist ein Teil der kretischen DNA. Überall auf dem Land kann man in Mühlen „kretisches Gold" verkosten, viele verkaufen auch andere Spezialitäten wie Käse und Honig.

Ein klassischer Verkostungsraum ist Fabrica bei der alten Ölpresse des Moni Toplou (S. 209) östlich von Sitia. Hier kann man drei Öle verschiedener Qualität probieren: traditionell, bio und premium. Dafür wird ein Schluck in ein bauchiges blaues Glas gegossen; man erwärmt es mit den Händen, lässt das Öl kreisen und erschnuppert das Aroma: zitronig, grasig, fruchtig, pfeffrig …? Dann nimmt man einen Schluck und lässt ihn langsam über die Zunge gleiten. Ein zauberhaftes Erlebnis!

Kretas Biere

Kreta hat eine blühende Craftbier-Szene. Gut sind z. B. Psaki IPA, Horiatiki Saison und Askianos Porter von der Solo Brewery in Iraklion oder Charma Lager, Dark oder Pale Ale von der Cretan Brewery in Chania.

KRETAS WEINE

Ohne lokalen Wein ist keine kretische Mahlzeit komplett.

Dafni Lebhaft mit subtiler Säure; das Bukett erinnert an Lorbeerblätter.

Kotsifali Kretischer Roter mit hohem Alkoholgehalt und vollem Geschmack; wird oft mit Mandilaria verschnitten.

Liatiko Alte kretische Rotweinrebe mit komplexem Charakter; wird v. a. um Sitia angebaut.

Malvasia Kretischer Weißwein mit intensivem Blumenbukett und Muskatnote.

Mandilaria Dunkler, leichter Rotwein.

Romeiko Rote Rebe, die hauptsächlich um Chania wächst und zu robusten Rot-, Weiß- und Roséweinen gekeltert wird.

Vidiano Einheimischer Weißwein mit intensiven, komplexen Pfirsich- und Aprikosenaromen; wird oft mit Vilana verschnitten.

Vilana Frischer, alkoholarmer Wein mit zartem Apfelaroma.

Samaria-Schlucht (S. 74)

OUTDOOR-ERLEBNISSE

Kretas Natur ist einfach herrlich – ob du Berge erklimmst, auf glitzerndem Wasser segelst, durch Schluchten wanderst, wo die Minoer ihre Toten bestatteten, oder auf Unterwasserexpedition gehst.

Alle, die sich von Sonne und Sand losreißen können, belohnt diese atemberaubende Insel in üppigster Weise. Viele der dramatischen Schluchten, mächtigen Berge und ungezähmten Küsten sind recht leicht zu erreichen – ein Paradies für Abenteuerlustige. Ob für einen Nachmittag oder mehrere Tage: Für alle hält die Natur etwas bereit. Wer Land und Küsten wirklich erleben möchte, muss in sie eintauchen.

Wandern

Kreta bietet Wander- und Trekkingfans aller Fitness- und Erfahrungsstufen eine enorme Fülle von Routen zu abgelegenen Dörfern, über Hochebenen und durch Schluchten. Die beliebten Routen sind gut markiert und gut in Schuss.

Die beste Zeit zum Wandern ist das Frühjahr: Nach dem Regen des Winters ist das Land grün und mit Wildblumen übersät. Zur Ausrüstung sollten für das raue, felsige Terrain immer gute Wanderstiefel gehören. Kretas viele Schluchten locken Wandernde aus aller Welt an. Die Wanderungen können atemberaubend und teils strapaziös sein. Als Lohn gibt's grandiose Landschaften und den Duft wilder Kräuter.

Wer mit dem eigenen Fahrzeug zu einer Schlucht fährt, muss entweder denselben Weg wieder zurücklaufen oder für die Abholung am Streckenende sorgen, z. B.

Noch mehr Outdoor-Spaß!

SEEKAJAK FAHREN
Mit dem Kajak von **Loutro** (S. 66) aus an der Südküste entlangpaddeln.

RADFAHREN
Über die fantastischen Trails der **Lassithi-Hochebene** (S. 192) radeln.

KLETTERN
Die Gipfel um **Kapetaniana** (S. 167) erklimmen und sich von einer uralten Kirche inspirieren lassen.

FAMILIENABENTEUER

In Rethymnon die venezianische Festung erklimmen (S. 94) und am Horizont vielleicht Piraten erspähen.
Per Boot an der Südwestküste entlangschippern, z. B. ab **Sougia** (S. 70), und über das kristallklare Wasser und die Felsen staunen.
Die Samaria-Schlucht hochwandern (S. 74) ab Agia Roumeli. Wenn's zu viel wird, einfach umkehren.
In einem Wasserpark abtauchen beim Touristenzentrum **Chersonisos** (S. 170).
Herumtoben an Familienstränden mit ruhigem Wasser und gutem Angebot, z. B. in **Bali** (S. 116), **Elafonisi** (S. 81), **Paleochora** (S. 78) oder **Voulisma** (S. 186).
Als Höhlenforscher in die Dikti-Höhle (S. 192) mit ihren großen Kammern und ihrer eindrucksvollen Geschichte klettern.

per Taxi. Manchmal verkehren aber auch Busse, die Wandernde in Reichweite des Schluchteingangs absetzen.

In der weltbekannten Samaria-Schlucht kann es sehr voll werden; an der Südwestküste gibt's aber auch ruhigere und fast genauso tolle Alternativen, darunter die Imbros- und die Anydri-Schlucht.

Tauchen & Schnorcheln

An seiner vielfältigen Küste wartet Kreta mit unterschiedlichsten Bedingungen für allerlei Arten von Wassersport wie etwa Tauchen und Schnorcheln auf. Hier lässt es sich ganz entspannt durchs kristallklare Wasser paddeln, teils mit einer Sichtweite von über 30 m.

Kretas Unterwasserlandschaft begeistert mit einem Mix aus Felsen, Riffen, Höhlen, Steilküsten und weißem Sand. Eine Kulisse aus Meerespflanzen, roten und grünen Algen, Korallen, Seeanemonen und Schwämmen breitet sich über die Felsen und Riffe aus, und das vielfarbige Vulkangestein der Insel bildet ein unterseeisches Kaleidoskop.

Eines der interessantesten Schnorchelreviere ist das Gebiet um die versunkene Stadt Olous bei Elounda, doch es gibt an fast jedem Strand Wassersportanbieter, die Taucherbrillen und -flossen verleihen.

BEST OF
Die besten Outdoor-Orte und -Routen zeigt die Karte auf Seite S. 38.

Dikti-Höhle (S. 192)

Windsurfen & SUP

Vor den vielen schönen Stränden Kretas bieten sich beste Bedingungen zum Wind- und Kitesurfen. Und angesichts der Vielfalt der Küste findet man immer den perfekten Strand. Das beste Windsurfrevier ist der Strand von Kouremenos. Hier bläst im Sommer aus Richtung Norden (wie überall in der Ägäis) der Meltemi, sodass ideale Bedingungen für Windsurfer:innen entstehen. An den volleren Stränden mit Wassersportanbietern kann man fast immer Windsurfbretter leihen. Viele bieten auch Unterricht. Auch Stehpaddeln (SUP) wird immer beliebter, besonders an der ruhigeren Nordküste.

BERGSTEIGEN
Den höchsten Berg Kretas besteigen, den **Psiloritis** (S. 116).

SURFEN
Wenn die Bedingungen stimmen, entwickeln sich Surfbreaks vor der Nord- und Westküste der **Provinz Chania** (S. 57).

CANYONING
Im **Thripti-Gebirge** (S. 200) Felsklüfte erkunden.

VOGELBEOBACHTUNG
Bei einer Wanderung durch die **Samaria-Schlucht** (S. 74) seltene Vögel beobachten.

ACTION AREAS

Die besten Outdoor-Erlebnisse auf Kreta.

Tauchen & Schnorcheln

1. Versunkene Stadt Olous (S. 189)
2. Elounda (S. 185)
3. Kolokytha-Strand (S. 186)
4. Agios Nikolaos (S. 180)
5. Chania (S. 46)

Nationalpark

1. Nationalpark Samaria-Schlucht(S. 74)

Schluchtwandern

1. Samaria-Schlucht (S. 74)
2. Imbros-Schlucht (S. 67)
3. Aradena-Schlucht (S. 65)
4. Agia-Irini-Schlucht (S. 71)
5. Zakros-Schlucht (S. 214)
6. Rouvas-Schlucht (S. 153)
7. Agiofarango-Schlucht (S. 166)

Wandern

1. Paleochora (S. 78)
2. Sougia (S. 70)
3. Loutro (S. 66)
4. Plakias (S. 122)
5. Giouchtas (S. 149)
6. Selekano-Wald (S. 203)
7. Pelekita-Höhle (S. 216)

Windsurfen & SUP

1. Paleochora (S. 78)
2. Loutro (S. 66)
3. Palekastro (S. 207)
4. Falasarna (S. 86)
5. Kouremenos-Strand (S. 210)

KRETA

REISEZIELE

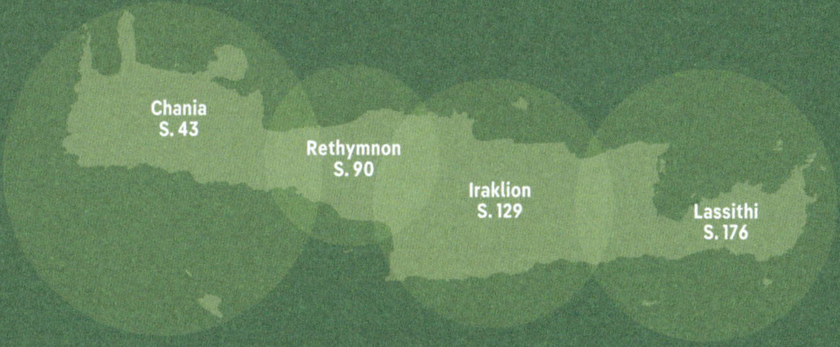

In jeder Region starten wir mit dem perfekten Standort, um die Umgebung zu erkunden. Entdecke einzigartige Erlebnisse, Tipps unserer Autor:innen und Expert:innen, Hintergründe und Empfehlungen.

Balos (S. 86)

Oben: Altstadt, Chania (S. 46); rechts: Seitan Limania (S. 59)

Chania

KÜSTE, BERGE UND GESCHICHTE

Zu Chania, Kretas reizvollster Stadt, gesellt sich im Südwesten die schönste Küste der Insel. Tolle Dreingaben sind die Samaria-Schlucht und der Strand von Elafonisi.

Der Westen Kretas ist in vielerlei Hinsicht eine Klasse für sich. Hauptstadt dieser Region der mächtigen Berge, faszinierenden Sagen und Schauplätze großer Schlachten ist die betörende Hafenstadt Chania. Von den Venezianern zur schmucken Inselhauptstadt ausgebaut, lockt sie heute mit erstklassigen Museen, reizenden historischen Vierteln und einigen der besten Restaurants Griechenlands.

In den steilen, zerklüfteten Bergketten, die das Rückgrat dieser Region bilden, schlägt nicht nur das Herz des geologischen Westkreta, sondern auch jenes der Kreter:innen selbst. Im Verlauf verschiedener Invasionen haben ganze Generationen in diesen unwirtlichen Landschaften Schutz gesucht und der unabhängige Geist, der hier entstand, bildet den Kern kretischer Identität. Von diesem Geist zehren auch kretische Familien, die sich in einer Dorftaverne zu stundenlangen Gelagen mit Fleisch vom Grill niederlassen.

Abrupt enden die Berge am anderen herrlichen Naturjuwel der Region Chania: den unberührten Stränden der Südküste am Libyschen Meer. Hier unten könnte man in Orten wie Paleochora und Sougia leicht seinen ganzen Urlaub verbringen.

In der Region befinden sich außerdem die großartigste Schlucht und der südlichste Fleck Europas (die stille Insel Gavdos, die näher an Afrika als am griechischen Festland liegt) sowie Bergdörfer, in denen man sich wie auf einer Zeitreise fühlt – dieser Region kann man leicht verfallen!

DIE WICHTIGSTEN ZIELE

CHANIA
Unbedingt sehenswerte historische Stadt.
S. 46

CHORA SFAKION
Zentrum an der Südküste.
S. 64

SOUGIA
Sensationelle Küstenwanderungen.
S. 70

PALEOCHORA
Wassersport und Bergdörfer.
S. 78

FALASARNA
Strände ohne Ende.
S. 84

Erste Orientierung

Die Region Chania nimmt das westliche Viertel Kretas ein. Der nördliche Streifen mit der Stadt Chania ist eher flach. Der gesamte Süden ist von hohen Bergen geprägt, die sich auch an der Westküste entlangziehen.

0 — 20 km

Kretisches Meer
Halbinsel Gramvousa
Halbinsel Rodopou
Bucht von Kissamos
Bucht von Chania
Stavros
Kalathas
Halbinsel Akrotiri
Falasarna
Kalyviani
Kolymbari
Agia Marina
Chania
Spilia
Platanos
Kissamos (Kastelli)
Voukolies
Souda
Bucht von Souda
Fournes
Almyrida
Lakki
Vamos
Bucht von Almyros
Elos
Lefka Ori (Weiße Berge)
Vryses
Georgioupoli
Rethymnon
Kandanos
Agia-Irini-Schlucht
Nationalpark Samaria-Schlucht
Pachnes
Episkopi
Askyfou
Elafonisi
Sougia
Imbros
Paleochora
Agia Roumeli
Komitades
Chora Sfakion
Libysches Meer
Gavdopoula
Karabe
Gavdos

Chania, S. 46

Die Hafenstadt ist stolz auf ihr byzantinisches, venezianisches, osmanisches und griechisches Erbe. Hier gibt's die besten Restaurants Kretas.

Falasarna, S. 84

Spektakuläre Sonnenuntergänge krönen Tage an langen idyllischen Stränden. Von hier aus sind noch einsamere schöne Strände zu erreichen.

Paleochora, S. 78

Einladender Ort auf einer Landzunge und Tor zu interessanten Bergdörfern und dem fantastischen Strand von Elafonisi.

Sougia, S. 70

Perfekter Strandort mit Ende-der-Welt-Flair. Basis zur Erkundung von Bergen und Schluchten sowie für Wanderungen zu römischen Ruinen.

Chora Sfakion, S. 64

Das Tor zur Südküste ist ein Drehkreuz des Fährverkehrs nach Westen und Süden zur Insel Gavdos.

BUS

Das umfassende Busnetz Kretas deckt alle wichtigen Ziele ab. Von Chania verkehren KTEL-Busse in die Hauptorte der Region. Fahrpläne und Reservierung (inzwischen auf den meisten Strecken obligatorisch) auf e-ktel.com.

FÄHRE

Zwischen Chora Sfakion und Paleochora im Westen verkehren Fähren zu den Strandorten, u. a. zu solchen, die nicht mit dem Auto erreichbar sind. Weitere Fähren fahren zur Insel Gavdos oder bieten Tagestouren zu ansonsten unerreichbaren Stränden.

Eingang zur Samaria-Schlucht von Agia Roumeli (S. 75)

Perfekte Tage

In Westkreta solltest du dich eher treiben lassen, als deinen Tagesablauf genau zu planen. Ob Stadt, Berge, Schluchten oder Strände: Alles will möglichst geruhsam erkundet werden.

Wenig Zeit

- Vormittags streifst du durch die Gassen von **Chania** (S. 46). Nach einem Kaffee mit Blick auf den **venezianischen Hafen** (S. 46) geht's ins faszinierende **Archäologische Museum** (S. 51).
- Besuche die römische Stadt **Aptera** (S. 60) und schau vor dem **Abendessen** (S. 57) in Chania noch vom **Leuchtturm** (S. 57) aus dem Sonnenuntergang zu.

Drei-Tages-Tour

- Nach einem Tag in **Chania** (S. 46) geht's nach **Chora Sfakion** (S. 64) und per Fähre nach **Sougia** (S. 70) zum Chillen am Strand. Tags darauf wanderst du durch die **Samaria-Schlucht** (S. 74).
- Steuere **Paleochora** (S. 78) an und erkunde einige Bergdörfer. Schließlich fährst du zum schönen **Strand von Elafonisi** (S. 81) mit seinem rosa Sand.

BESTE REISEZEIT

FRÜHLING
Wildblumen zieren die Hänge. In der Woche des **Orthodoxen Osterfests** hat außer Tourismuseinrichtungen alles zu.

SOMMER
Chania gedenkt der Schlacht um Kreta u. a. mit Volkstanz, später gibt's Kultur beim **Sommerfestival**.

HERBST
Die Massen fliegen wieder nach Hause, doch Wetter und Wasser sind noch angenehm warm – eine ideale Reisezeit.

WINTER
An kurzen Tagen wehen kräftige Nord- oder milde Südwinde; Zeit für Dinge, die das ganze Jahr über offen sind.

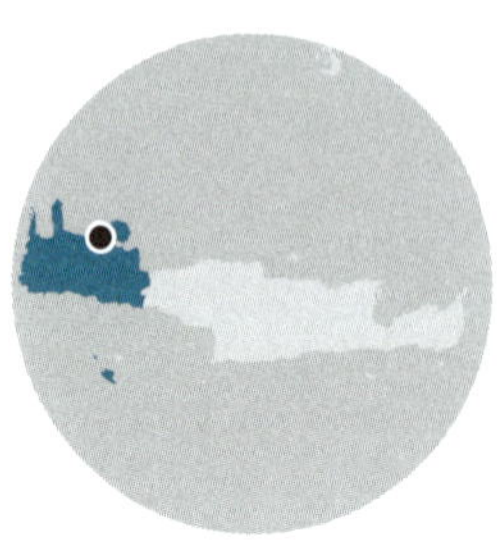

Chania

GUTES ESSEN | SCHÖNE AUSSICHTEN | REICHLICH GESCHICHTE

UNTERWEGS VOR ORT

Wer mit dem Auto nach Chania kommt, sollte gar nicht erst versuchen, in der Altstadt zu parken. Man parkt am Stadtrand und geht dann zu Fuß weiter – Parkplätze gibt's im Süden. Selbst Taxis setzen einen nicht am Hotel ab, wenn es sich tief im Gewirr der Gassen versteckt. Wer vom Flughafen kommt, sollte vor der Abfahrt darauf bestehen, dass sich der Taxifahrer an den angezeigten Festpreis hält.

Der Busbahnhof für Busse ins Umland ist gleich südlich der Altstadt.

☑TOP TIPP

Bequeme Schuhe anziehen! Stadtbusse gibt's nicht. Doch alles ist leicht zu Fuß zu erreichen, auch wenn die Gassen in Topanas und der venezianischen Festung teils steil sind.

Chania ist die reizvollste Stadt Kretas. Hier residierten einst die venezianischen, türkischen und kretischen Herrscher. Überall finden sich Reste venezianischer und türkischer Architektur; in alten Stadthäusern sind heute stimmungsvolle Restaurants und Boutiquehotels untergebracht.

Obwohl die attraktive Altstadt im Sommer massenhaft Urlaubsgäste anzieht, kann man hier schön durch das Gewirr der Gassen flanieren und stößt vielleicht auf eine versteckte Kirche oder eine alte Synagoge sowie jede Menge Läden mit viel Flair.

Das Schönste ist jedoch der venezianische Hafen mit Museen in den jahrhundertealten Gebäuden und einer langen Mole, die den Hafen schützt. Besonders zum Sonnenuntergang ist der Ausblick grandios.

Für das leibliche Wohl sorgen zahllose Restaurants, viele mit kretischer Küche. Vielleicht ist Chania der beste Ort der Insel für ein erstklassiges Mahl aus heimischen Zutaten.

Um den venezianischen Hafen schlendern

Atemberaubender Mittelpunkt

Es gibt nur wenige Orte, an denen der historische Charme und die Pracht Chanias deutlicher zutage treten als im **venezianischen Hafen**. Er ist umgeben von pastellfarbenen Häusern, hinter denen sich ein Gewirr enger Gassen mit Läden und Tavernen erstreckt – der älteste Teil stammt aus dem 15. Jh. An der östlichen Seite ragt die Kuppel der **Hassan-Pascha-Moschee** auf, heute ein Ausstellungssaal. Auf der Westseite führen kurze, steile Straßen hoch zu den Überresten **venezianischer Wehranlagen**. Wer die Stufen zur versteckten und etwas maroden venezianischen Terrasse hinaufsteigt, hat eine schöne Aussicht auf Stadt und Hafen.

Richtung Osten beherbergt das restaurierte **Große Arsenal** das **KAM Zentrum für mediterrane Architektur**. Ein Stück weiter erreicht man die etwas verfallenen **Neoria**, die **venezianischen Werften** aus dem 15. Jh, ein echter historischer

Hassan-Pascha-Moschee

Schatz. Einst bestanden sie aus 17 tonnengewölbten Gebäudeteilen; sieben sind noch erhalten.

Wer dem Ufer weiter folgt, erreicht die über 500 m lange **Mole** aus dem 14. Jh. Man kann über die großen Steinblöcke kraxeln und zurück zur Altstadt oder aufs Meer blicken. Stell dir den Hafen voller venezianischer Segelschiffe vor, beladen mit kostbarer Fracht. Teile des 21 m hohen **Leuchtturms** (S. 57) stammen von 1595. In den 1820er-Jahren wurde er von den Ägyptern in Form eines Minaretts erneuert.

Die venezianische Festung erklimmen

Bollwerk gegen Piraten

Chanias noch immer beeindruckende **Festungsanlagen** sind Teil eines Verteidigungssystems, das ab 1538 zum Schutz vor Piraten und Türken von Michele Sanmichele erbaut wurde, der für die Wehranlage von Iraklion verantwortlich ist. Heute befindet sich hier mit Topanas eins der schönsten Viertel Chanias.

Besonders gut erhalten ist die **Westmauer**, die von der **Firkas-Festung** bis zur **Schiavo-Bastion** verläuft. 1645 drangen die Türken hier ein und verwandelten die Festung in eine Kaserne samt Gefängnis. Die Festung wird durch die Tore neben dem Schifffahrtsmuseum betreten. Durch Gassen geht's hoch auf die Bastionen mit schönen Ausblicken in den Festungsgraben, auf dessen Grund sich heute Parkanlagen befinden.

CHANIA IN...

... einem Tag
Spaziere an Chanias wunderschönem **venezianischen Hafen** entlang bis zum **Leuchtturm** (S. 57). Streife durch die Altstadt und verliere dich im Gassengewirr. Besuche das **Schifffahrtsmuseum** (S. 51), erkunde die Ruinen der **venezianischen Wehranlagen** und iss in einem stimmungsvollen Lokal in **Splantzia** (S. 54).

... zwei Tagen
Schlendere am zweiten Tag am Meer entlang zum eindrucksvollen **Archäologischen Museum** (S. 51). Tauche tiefer in die Altstadt ein und schau dir Kirchen und Moscheen (S. 53) sowie die archäologischen Überraschungen des **Kastélli-Hügels** (S. 52) an. Stöbere nach kretischen Leckereien (S. 57) und handwerklichen Erzeugnissen (S. 57) und kühle dich an einem der Strände (S. 55) ab.

ESSEN IN CHANIA: SEAFOOD

KARTEN S. 48 & 50

To Maridaki: Im modernen *mezedhopoleio* (*mezedhes*-Lokal) ist es meist voll. Exzellentes Essen aus regionalen Zutaten. *12–23 Uhr* €€

Tamam: Beliebte Taverne in ehemaligem türkischen Hammam in einer schmalen Gasse hinter dem Hafen. Frischer Fisch, gut gewürzt. *12–23 Uhr* €€

Thalassino Ageri: Tolle Fischtaverne am Ufer inmitten der Reste der alten Gerbereien von Chania mit Tischen auf den Felsen. *19.30–23 Uhr* €€€

Apostolis: Im ruhigeren Osthafen; eine der besten Adressen für eine Seafood-Mahlzeit am Meer. Vor Ort gefangene frische Calamari. *12–24 Uhr* €€€

CHANIA ZENTRUM

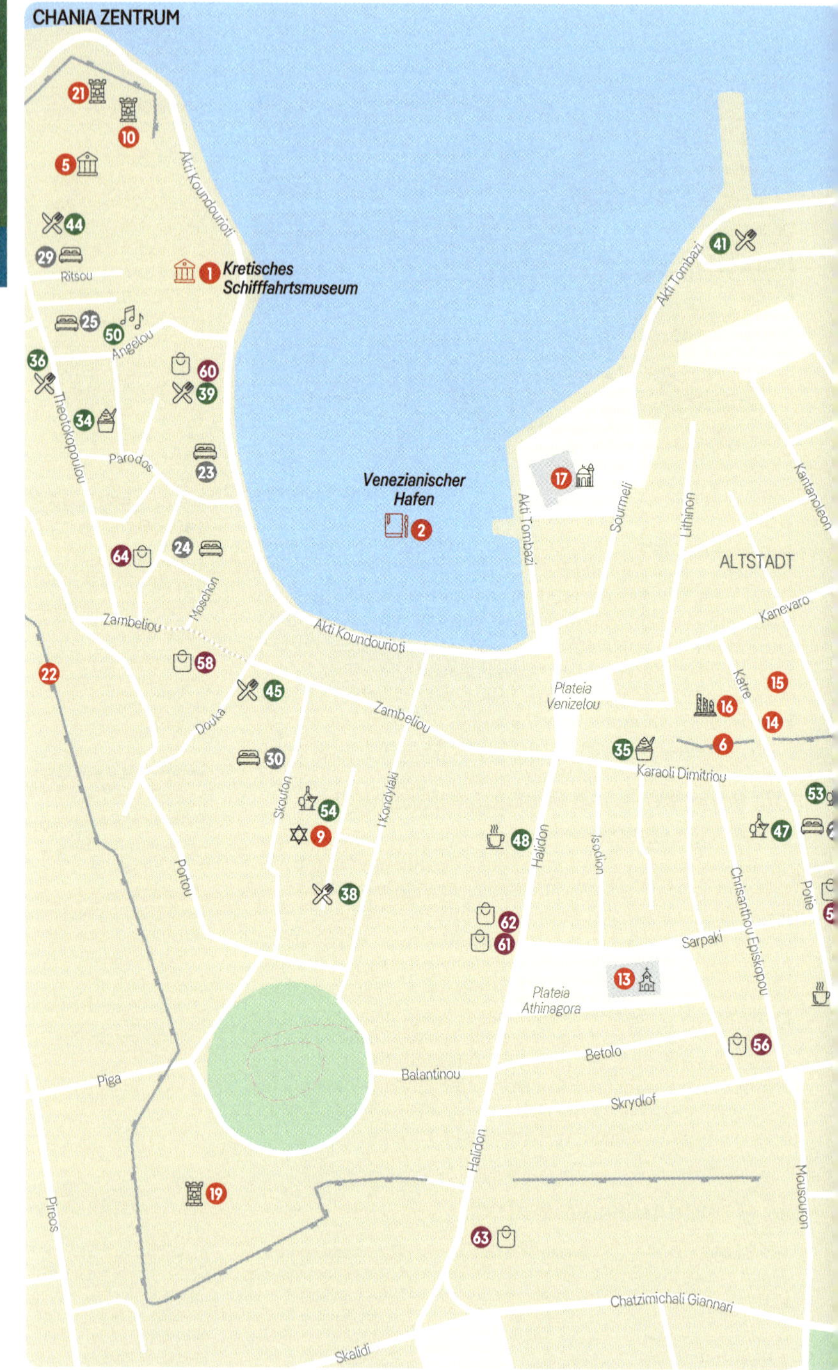

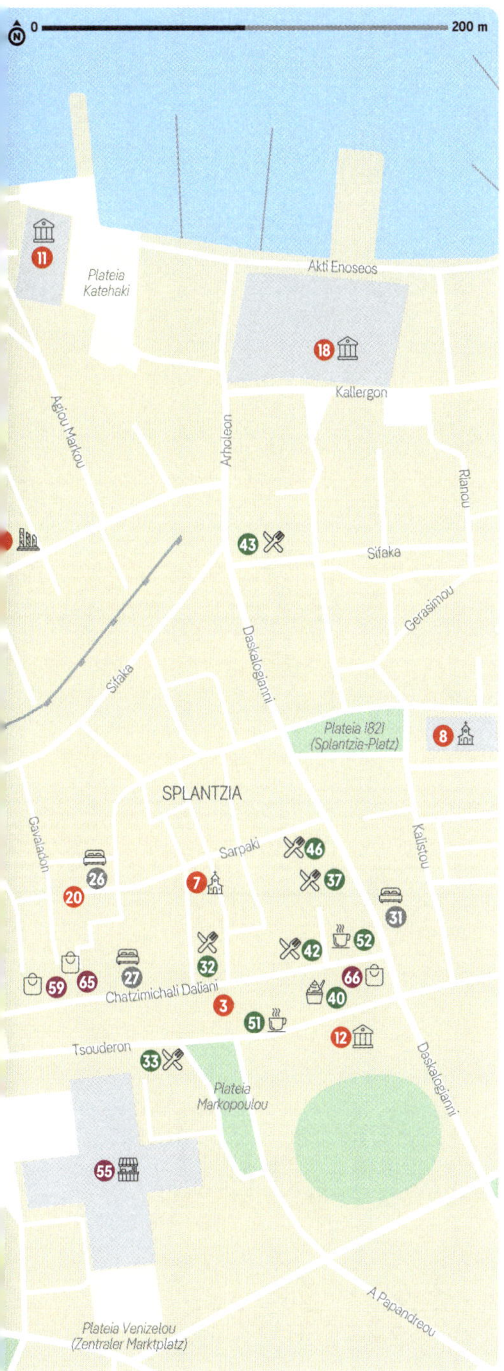

HIGHLIGHTS
1 Kretisches Schifffahrtsmuseum
2 Venezianischer Hafen

SEHENSWERTES
3 Ahmet-Aga-Minarett
4 Antikes Kydonia
5 Byzantinische & nachbyzantin. Sammlung
6 Byzantinische Festungsmauern
7 Agia-Irini-Kapelle
8 Agios-Nikolaos-Kirche
9 Etz-Hayyim-Synagoge
10 Festung Firkas
11 Großes Arsenal
12 Griechisches Fußballmuseum
13 Griechisch-orthodoxe Kathedrale
14 Hammam
● KAM Centre of Mediterranean Architecture (s. 11)
15 Kastélli-Hügel
16 Minoisches Palastfundament
17 Hassan-Pascha-Moschee
18 Neoria
19 Schiavo-Bastion
20 Splantzia
21 Venezianische Festungsanlagen
22 Westliche Mauer

SCHLAFEN
23 Amphora Hotel Chania
24 Casa Delfino Hotel & Spa
25 Iason Studios
26 Ionas Boutique Hotel
27 Malmo Historic Hotel
28 Monastery Estate Venetian Harbor
29 Pension Lena
30 Serenissima Boutique Hotel
31 Splantzia Hotel

ESSEN
32 Astrea Garden
33 Delish Food Street Story
34 Domenico Gelato & Coffee
35 Gelato Follia Chania
36 Kalderimi
37 Kouzina epe
38 Kritamon Wine Restaurant
39 La Bodega
40 Oh La La
41 Pallas
42 Paradosiakó Kafeneío Pórta
43 Pork to Beef Wild
44 Pulse
45 Tamam
46 To Maridaki

AUSGEHEN & FEIERN
47 Barfly
48 Bohème
49 Emprime
50 Fagotto Jazz Bar
51 Kross
52 Monogram
53 Plaka
54 Sinagogi

SHOPPEN
55 Agora
56 Alexia
57 Elegant Spirit
58 Exantas Art Space
59 Georgina Skalidi
60 Mediterraneo Bookstore
61 Mitos Art
62 Nikos
63 Pelekanakis
64 Philly
65 Sifis Stavroulakis
66 Terra Verde

SEHENSWERTES
1 Mole
2 Stadtpark
3 Koum-Kapi-Strand
4 Leuchtturm
5 Schifffahrtsmuseum, Nebengebäude
6 Festungsgraben
7 Sabbionara-Bastion
8 Tanais-Denkmal

AKTIVITÄTEN, KURSE & TOUREN
9 Blue Adventures Diving

SCHLAFEN
10 Cocoon City Hostel
11 Hotel Filoxenia
12 Kumba Hostel
13 Poco Loco Hotel

ESSEN
14 Apostolis
15 Bougatsa Chania
16 Bougatsa Iordanis
17 Christostomos
18 Drandaki Bakery
19 Giannoulis Ice Cream
20 Oasis
21 Pinaleon Fine Kitchen
22 Ta Kalamakia
23 To Stachi

AUSGEHEN & FEIERN
24 Marina Sailing Club
25 Mikro

SHOPPEN
26 Cretan Knives Skalidakis
27 Samstagsmarkt

Gegenüber am östlichen Ende des Hafens thront direkt am Ufer die mächtige **Sabbionara-Bastion** von 1591. Halte Ausschau nach dem großen Steinmedaillon mit dem Markuslöwen. Schmale Pfade führen hinunter zu winzigen Stränden.

Archäologische Schätze

Modernes Zuhause für Kretas antikes Erbe

Allein das Gebäude ist Grund genug für einen Abstecher zum **Archäologischen Museum Chania** *(amch.gr; Erw./Kind 6/3 €)*. In zwei lichtdurchfluteten Galerien sind Objekte aus ganz Kreta ausgestellt, samt ausführlichen Beschreibungen. Schöne Stücke aus neolithischer und römischer Zeit gibt's im Hauptgeschoss, u. a. wunderbar detailreiche römische Mosaiken. Ganz in der Nähe ist eine archäologische Grabung nachgestellt, bei der ein Wohnhaus freigelegt wurde, das bei einem Erdbeben 365 v. Chr. zerstört wurde. Interessant sind kleine Details wie der Beutel mit Münzen, den die Familie versteckt hatte.

Weitere Highlights sind spätminoische Tonwannen, die als Särge benutzt wurden, und eine Herde Tonbullen (zur Anbetung von Poseidon). Dazu kommen hellenistischer Goldschmuck, Tontafeln mit Linear-A- und Linear-B-Schrift (S. 247) und ein Marmorkopf von Kaiser Hadrian. Oben gibt's eine Sammlung von Töpferwaren, Schmuck und Tonmodellen aus minoischer Zeit. Von der Terrasse des Cafés blickt man auf die Ägäis.

Das Museum befindet sich 1,5 km östlich der Altstadt im alten Chalepa-Viertel. Wer nachmittags herkommt, kann nach einem zwei- oder dreistündigen Besuch am Ufer entlang zurückgehen, mit Blick auf versteckte Strände unterhalb eines winzigen Parks und Reste von Gerbereien am Wasser – vor 100 Jahren war die Gerberei ein wichtiges Gewerbe in Chania.

Seefahrtsgeschichte

Schiffe und Boote im Lauf der Zeit

Das **Kretische Schifffahrtsmuseum** *(mar-mus-crete.gr; Erw./Kind 4/3 €)* am Fuß der wuchtigen venezianischen Festung Firkas an der Westseite der Hafeneinfahrt beleuchtet Kretas Seefahrertradition mit Schiffsmodellen, nautischen Instrumenten, Gemälden, Fotos, Karten und Erinnerungsstücken. Ein Highlight ist ein großes Modell von Chania samt Hafen und Wehranlagen im 17. Jh. Auch historische Seeschlachten werden beleuchtet, u. a. die Schlacht um Kreta im Zweiten Weltkrieg. Jede Menge Modelle zeigen Schiffe vom Altertum bis heute.

Auf der anderen Seite des Hafens beherbergt am Beginn der Mole eine umgebaute venezianische Werft *(neorio)* aus dem 17. Jh. in einem **Nebengebäude** die *Minoa*, den originalge-

TOUREN & INFO

Boote aller Art und Größe sind im Hafen und an der Küste unterwegs, vor allem bei Sonnenuntergang. Zur Auswahl stehen u. a. Glasboden- oder Segelboote. Ganztagestouren führen zu den abgelegenen Stränden der **Halbinsel Rodopou** (S. 62) und zum **Strand von Balos** (S. 86) auf der Halbinsel Gramvousa, die über Land schwer zu erreichen sind.

Bustouren decken einen Großteil Westkretas ab. Immer die angegebene Dauer beachten, der Trip mit Wanderung durch die **Samaria-Schlucht** (S. 74) geht z. B. von frühmorgens bis spät in den Abend.

Die Touristeninformation hat begrenzte Öffnungszeiten, ist aber eine exzellente Informationsquelle, wenn es um Events und Transport in der Region ohne Mietwagen geht. Auch Website *(explore Chania.gr)* und App sind hilfreich.

ESSEN UND AUSGEHEN IN CHANIA: MIT AUSSICHT KARTEN S. 48 & 50

Pallas: Eins der besseren Lokale am Hafen; moderne Versionen kretischer Speisen. Im Sommer Dachterrassentische mit Aussicht. *8–3 Uhr* €€

Marina Sailing Club: Super Ausblick und weniger Trubel am östlichen Ende des Hafens. Der Ort für einen entspannten Sundowner. *7–23 Uhr* €

La Bodega: Das beste der vielen touristischen Restaurants am Hafen. Originelle Speisen und eine lange Karte mit kretischen Weinen. *11–24 Uhr* €€

Pulse: Beliebte vegane Kost in der Nähe der Firkas-Festung. Außentische bieten Aussicht auf Meer und Sonnenuntergang. *9–22 Uhr* €€

MINOER, VENEZIANER & TÜRKEN

Auf dem Kastélli-Hügel südlich des Hafens von Chania befand sich die wichtige Minoer-Siedlung Kydonia. In hellenistischer Zeit florierte sie als griechischer Stadtstaat und gedieh unter römischer und byzantinischer Herrschaft weiter.

Nach dem vierten Kreuzzug (1204) erhob Venedig Anspruch auf Chania und das restliche Kreta. Zum Schutz vor Piraten errichteten die Venezianer massive Wehranlagen, deren Überreste noch immer zu sehen sind.

1645 wurde Chania von den Osmanen eingenommen, die erst 1898 verdrängt wurden. Unter türkischer Herrschaft wurden die Kirchen der Stadt zu Moscheen und die Architektur erhielt einige arabische Schnörkel.

Bis 1971, als es von Iraklion abgelöst wurde, war Chania Hauptstadt von Kreta.

Agios-Nikolaos-Kirche

treuen Nachbau eines minoischen Schiffs, das 2004 zur Olympiade von Kreta nach Athen schipperte. Werkzeuge, die bei ihrem Bau eingesetzt wurden, und Fotos von ihrer aufregenden Fahrt veranschaulichen die erstaunliche Konstruktionsleistung.

Antike Ruinen entdecken

Durch 12 000 Jahre buddeln

Mitten in Chanias Altstadt versammelt sich auf dem **Kastélli-Hügel** ein spannender Mix von Ruinen aus diversen Epochen. Innerhalb von 100 m findet man Überreste des **Fundaments eines minoischen Palasts**, **byzantinische Verteidigungsmauern** und einen türkischen **Hammam** (Badehaus). Nach Osten die Sifaka-Straße entlang gibt's noch mehr zu sehen.

An mehreren Stellen dauern die Ausgrabungen an, Schilder erklären jüngste Funde. Aus der Entdeckung von Tontafeln mit Linear-B-Schrift schlossen Archäolog:innen, dass unter dem heutigen Chania die bedeutende minoische Palaststadt **Kydonia** liegt. Infotafeln vor Ort liefern jede Menge Details zu den Ruinen und zu Chania in der Jungsteinzeit vor rund 12 000 Jahren.

Man kann den Archäolog:innen dabei zuschauen, wie sie sich durch die vielen Schichten arbeiten, die im Verlauf der Zeitalter entstanden sind. Die schönsten entdeckten Objekte wie etwa neolithische Tonscherben befinden sich im Archäologischen Museum Chania (S. 51).

ESSEN IN CHANIA: IM GARTEN

KARTE S. 48

Kritamon Wine Restaurant: Traditionelle und moderne griechische Speisen in ruhigem Garten, große kretische Weinauswahl. *12–24 Uhr* €€

Astrea Garden: Vorbei an den Straßentischen geht's zum kiesbedeckten, schattigen Garten im Innenhof, wo kretische Kost aufgetischt wird. *8–23 Uhr* €€

Bohème: Hübsche und idyllische schattige Terrasse mit Blick auf üppige Kirchengärten. Gutes Essen und ab und zu Livemusik. *8–2 Uhr* €€

Paradosiakó Kafeneío Pórta: Einfaches kretisches *kafeneion* (traditionelles Café) in einem kleinen, stimmungsvollen Innenhof. *9–23 Uhr* €€

Reichlich Kirchen & Moscheen

Gotteshäuser von Generationen

Die christlichen Venezianer und die muslimischen Osmanen haben (wie auch andere) verschiedenste Spuren in Chania hinterlassen, nicht zuletzt ihre Gotteshäuser. Das Erbe der beiden großen Religionsgemeinschaften findet sich in der ganzen Altstadt, z. B. mit einem der interessantesten Gebäude Chanias.

Die **Agios-Nikolaos-Kirche** aus venezianischer Zeit hat einen Glockenturm wie auch ein Minarett mit zwei Galerien. Das Minarett wurde anstelle eines zweiten Glockenturms errichtet, als die Kirche unter türkischer Herrschaft als Moschee diente. Der gewaltige Bronzekronleuchter, der innen von der tonnengewölbten Kassettendecke baumelt, zieht alle Blicke auf sich. Die Kirche war ursprünglich Teil eines 1320 gegründeten Dominikanerklosters. Der einzige Rest aus jener Zeit ist die Arkade unter einem Kreuzgewölbe an der Nordseite.

Die altrosa **Hassan-Pascha-Moschee** (S. 46) mit ihren vielen Kuppeln an der Ostseite des venezianischen Hafens ist eine der hübschesten Hinterlassenschaften der türkischen Ära. Sie wurde 1645 gebaut und ist somit das älteste osmanische Gebäude in der Stadt. Nach einer Renovierung dient sie heute als Veranstaltungsort. Hoch über die Dächer des reizvollen Viertels Splantzia am Südrand der Altstadt ragt das **Ahmet-Aga-Minarett**, das zweite erhaltene Minarett aus osmanischer Zeit.

Die schlichte dreischiffige **Griechisch-orthodoxe Kathedrale** mit ihrem markanten Glockenturm ist der Madonna der drei Märtyrer gewidmet, der Schutzheiligen Chanias. Das gegenwärtige Gebäude aus dem 19. Jh. wurde über einer älteren Kirche aus dem 14. Jh. vollendet, die unter der türkischen Herrschaft zur Seifenfabrik degradiert worden war.

Die kleine **Byzantinische & nachbyzantinische Sammlung** in der prächtig restaurierten venezianischen Kirche San Salvatore umfasst Artefakte, Ikonen, Schmuck und Münzen aus der Zeit von 62 n.Chr. bis 1913. Highlights sind ein Teilstück eines Mosaikfußbodens aus einer frühchristlichen Basilika, eine Ikone des hl. Georg als Drachentöter und ein Tafelbild, das jüngst dem auf Kreta geborenen El Greco (S. 249) zugeschrieben wurde.

Kretas letzte Synagoge

Erinnerung an ein verlorenes Volk

Die einzige noch erhaltene Synagoge auf Kreta, **Etz Hayyim** *(etz-hayyim-Chania.org; 4 €)*, wurde im Zweiten Weltkrieg stark beschädigt und erst 1999 wiedereröffnet. Sie birgt eine Mikwe (Ritualbad), Grabstätten von Rabbinern und eine Gedenkstätte für die von den Nazis getöteten Juden und Jüdinnen

WANDERN IN CHANIA

Vangelis Stavroulakis, Guide und Ausbilder beim Griechischen Bergsteiger- und Kletterverband (trek@cycling.gr), empfiehlt Wanderungen in Westkreta.

Neben der Samaria-Schlucht erkunde ich gern folgende Gebiete mit unterschiedlichsten Wegen für alle Ansprüche und Fertigkeiten:

Den Berg **Gigilos** bis zum Gipfel auf 2080 m). Startpunkt ist derselbe wie für die Samaria-Schlucht, es geht jedoch bergauf statt bergab. Die Wanderung hinab von der Kallergi-Hütte in eine Schlucht ist unglaublich!

Die **Figou-Schlucht**; sie bildet mit der Agia-Irini-Schlucht bei Sougia eine Schleife. So kann man beide wunderbar verbinden.

Von **Falasarna** über die Gramvousa-Halbinsel nach Balos. Atemberaubend!

ESSEN IN CHANIA: TAVERNEN

KARTEN S. 48 & 50

Pinaleon Fine Kitchen: Diese schicke, aber unprätentiöse Ecktaverne tischt die greatest Hits der griechischen Küche auf. *13–22 Uhr* €€

Kouzina epe: Das stylishe Café an einem ruhigen Platz serviert einen guten Mix aus modernen Speisen und Tagesgerichten. *12–19.30 Uhr* €€

Christostomos: Beliebt für seine klassische kretische Küche aus größtenteils selbstproduzierten Zutaten; fabelhaftes Brot. *13–23 Uhr* €€

Kalderimi: Die traditionelle Taverne in Topanas ist immer gut gefüllt. Kretische Standardgerichte mit kreativem Flair. *8.30–23 Uhr* €€

WANDERFÜHRER & KARTEN

Für die vielen kurzen und langen Wanderabenteuer auf Kreta benötigt man gute Karten, da die Daten in Apps lückenhaft sein können. Außerdem gibt's oft kein Handysignal oder der Akku ist leer. Mit einer großen Karte hat man zudem einen Gesamtüberblick.

Eine ausgezeichnete Quelle für Kreta-Karten ist der **Mediterraneo Bookstore** auf der Westseite des Hafens, eine wahre Schatztruhe für Karten und Regionalführer. Gut ist auch **Pelekanakis** in der Hauptfußgängerzone in der Altstadt.

Sehr empfehlenswert sind auch die Wanderführer der Reihe *Discover... On Foot (discoveronfoot.com)*, die einen Großteil von Kreta abdecken, darunter ist ein exzellenter über die Stadt Chania.

TOMASZ WOZNIAK/SHUTTERSTOCK ©

Agia-Irini-Kapelle

der Stadt. Heute dient sie einer kleinen Gemeinde und bietet ausgezeichnete Ausstellungen, u. a. über die Restaurierung.

Im Zweiten Weltkrieg wurden alle 300 Juden und Jüdinnen Kretas, die meisten aus dieser Gemeinde, von den Nazis für den Transport nach Auschwitz auf den Militärtanker *Tanais* verfrachtet. Doch dort kamen sie nie an: Als sich das Schiff am 9. Juni 1944 dem Hafen von Piräus näherte, wurde es von einem britischen U-Boot torpediert und sank, alle an Bord kamen ums Leben. Gleich östlich des Hafens am Nordrand von Koum Kapi erinnert ein **Denkmal** an die Getöteten (darunter auch kretische Widerstandskämpfer und italienische Kriegsgefangene).

In der Synagoge berichtet eine Ausstellung von dieser Tragödie, doch man blickt auch über Kreta hinaus, indem etwa das Leid der sephardischen Jüdinnen und Juden Nordafrikas beleuchtet wird. Im Zweiten Weltkrieg litten viele unter den Gräueltaten der deutschen Armee, sie wurden jedoch nie offiziell als Opfer des Holocaust anerkannt.

Die Synagoge ist nicht ganz leicht zu finden: Von der Kondylaki-Straße folgt man immer kleineren Gassen, bis man sie zwischen anderen Gebäuden aus dem 15. Jh. entdeckt.

Durch Splantzia schlendern

Nach Lust und Laune schmale Gassen erkunden

Splantzia ist ein altes muslimisches Viertel, seine schmalen Straßen und unauffälligen Durchgänge erstrecken sich nördlich

ESSEN & AUSGEHEN IN CHANIA: CAFÉS

KARTEN S. 48 & 50

Monogram: Schnapp dir einen Tisch an der Straße und genieße einen in Iraklion gerösteten Kaffee. Kommunikative Atmosphäre. *7–21 Uhr*

Kross: In einer betriebsamen Fußgängerzone nahe der Plaka-Baustelle gibt's exzellente internationale Kaffeespezialitäten. *8–21 Uhr*

Emprime: Cooles Eckcafé im Zentrum des Altstadt-Nachtlebens. Beliebter Treffpunkt zum Start in den Abend; super zum Leutebeobachten. *8–24 Uhr*

Mikro: An der Promenade am östlichen Ufer mit weitem Blick, immer belebt. Gut für heiße Getränke und kalte Cocktails. *8.30–24 Uhr*

des Ahmet-Aga-Minaretts bis zum Kastélli-Hügel und östlich bis zur Minoos-Straße. Blumenkästen schmücken die Fassaden von Häusern, die Jahrhunderte überlebt haben, Sackgassen öffnen sich zu winzigen sonnigen Plätzen und hölzerne Balkone kontrastieren mit kunstvollen schmiedeeisernen Gittern.

Dazwischen versteckt sich die **Agia-Irini-Kapelle**, eine winzige Gewölbekirche, wohl aus byzantinischer Zeit. Sie liegt tiefer als das heutige Pflaster und verrät so das alte Straßenniveau.

An den Strand

Sandige Refugien direkt in Stadtnähe

Zu einem schönen Stück Strand muss man nicht mit dem Auto oder Bus fahren. Wer von den venezianischen Wehranlagen am Ufer entlang Richtung Westen geht, kommt zu einer weiten Bucht mit dem **Nea-Chora-Strand**. Der 500 m lange gelbe Sandstreifen ist von Tavernen und Ferienwohnungen gesäumt. Da er recht seicht ist, eignet er sich gut für Kinder und wird von April bis Oktober gerne von Einheimischen besucht.

Der **Koum-Kapi-Strand** östlich des venezianischen Hafens ist eine lange, schmale Sichel, die bei Flut teils verschwindet. Jede Menge Cafés mit Blick aufs kristallklare Wasser laden zu Erfrischungen ein. Durch lange Küstenwanderungen westlich der Altstadt erschließen sich weitere hübsche Refugien (man kann auch den Bus nehmen). **Chrysi Akti** (was treffend „goldener Sand" bedeutet) ist ein wunderbarer, 500 m langer Sandbogen 2,5 km westlich von Chania. Das seichte Wasser eignet sich für Familien mit kleinen Kindern.

Agioi Apostoli rund 3,5 km westlich von Chania besteht aus zwei kleinen Stränden. Die geschützten Buchten sind ideal für Familien. Der kleine Strand **Kalamaki** 1,5 km weiter hat ruhiges, seichtes Wasser zu bieten – gut für Familien mit Kindern. Er ist auch ein Windsurfzentrum.

Tor! Griechenlands Fußballmuseum

Jede Menge Andenken

Das winzige **Griechische Fußballmuseum** *(galanolefkos faros.gr; gratis)* mag zwar wie ein Laden aussehen, ist aber mit über 2000 Exponaten zum Thema Fußball vollgestopft, darunter Trikots von 400 Teams weltweit. Es wird von Niko, dem enthusiastischen Vorsitzenden des Griechischen Fußballfanclubs, betrieben und zeigt signierte Trikots von legendären Spielern wie David Beckham, Pelé und Zinedine Zidane sowie den Pokal der Europameisterschaft von 2004, den Griechenland gewonnen hat – daran erinnern sich viele Griechen noch, als wäre es gestern gewesen.

CHANIA FÜR KIDS

Hat der Nachwuchs das Interesse an venezianischer Architektur verloren, steuert man am besten den Stadtpark an: mit **Spielplatz**, einem kleinem Teich mit Schildkröten und einem ausgezeichneten Café mit großer Terrasse.

Ansonsten gewähren **Glasbodenboote** (S. 51) stets einen spannenden Einblick in die Meereswelt und zu vielen **Stränden** braucht's nur einen kurzen Spaziergang. An Regentagen lockt das **Schifffahrtsmuseum** (S. 51) mit seinen Modellen.

Der riesige Wasserpark **Aqua Creta Limnoupolis** *(limnou polis.gr; 17–25 €)*, 8 km südlich von Chania, erfreut die Kids mit reichlich Rutschen und Pools (und gegenüber liegt noch eine Gokart-Bahn).

Eine **Eis-Tour** durch die Altstadt kommt immer gut an.

ESSEN IN CHANIA: EISCREME

KARTEN S. 48 & 50

Domenico Gelato & Coffee: In Topanas werden die Eiskreationen direkt vor der Nase der Kundschaft hergestellt. *10–22 Uhr* €

Giannoulis Ice Cream: Eine beliebte Adresse im Geschäftsviertel südlich der Altstadt. Cremiges Eis aus regionaler Schafsmilch. *8–15 Uhr* €

Oh La La: Reih dich ein in die Schlange vor diesem populären Softeisstand, der strategisch günstig zwischen guten Snacklokalen liegt. *11–1 Uhr* €

Gelato Follia Chania: Unübersehbarer schmaler Laden am Hafen. Probiere *banofi* oder irgendeins der frischen Fruchteissorten. *9–21 Uhr*

CHANIAS BESTE DESIGNERLÄDEN

Philly: In diesem Klamottenladen hält man nichts von blassen Pastelltönen – frei nach dem Motto: „Das Leben ist zu kurz für langweilige Mode".

Sifis Stavroulakis: Schöner, in einem kleinen Atelier hergestellter Schmuck mit floralen und anderen Motiven.

Georgina Skalidi: Die bekannte kretische Designerin kreiert wunderbare modische Ledertaschen, Schmuckstücke und Accessoires, die zugleich elegant und fantasievoll wirken.

Alexia: In einer Fußgängerzone voller Boutiquen bietet dieser kleine Laden Schmuck von kretischen Designern.

Elegant Spirit: Das süße kleine Geschäft, ein Familienbetrieb, verkauft eine Auswahl lokal hergestellter Dekoartikel, Taschen, Schmuck und mehr.

Leuchtturm und Hafen von Chania

Bougatsa-Rivalen

Wähle deinen Favoriten

In ganz Griechenland ist *bougatsa* beliebt als Frühstückspeise oder Snack zwischendurch. Es gibt diverse regionale Varianten, die aus Chania gehört zu den besten. Blättriger Filoteig wird mit heimischem *myzithra*-Käse gefüllt, der aus Ziegen- oder Schafsmilch hergestellt wird. Den gibt's auch in reiferer Form, doch für *bougatsa* kommt er als ricottaartiger Frischkäse zum Einsatz. In kleine Stücke geschnitten wird die Portion warm und mit Zucker und Zimt bestreut serviert.

In Chania liegen zwei berühmte *bougatsa*-Bäckereien fast nebeneinander direkt außerhalb der Altstadt. **Bougatsa Iordanis**, 1924 eröffnet, ist mit Schaufenster und Holztischen die schickere Option. Durch das Fenster kann man die Bäcker:innen zaubern sehen. Das einfachere **Bougatsa Chania** gleich südlich ist wegen seiner Außentische an einem winzigen Platz unser Favorit. Zum Gebäck passt ein Kaffee, ab 14 Uhr leeren sich die Auslagen. Und nicht die *bougatsa* in Iraklion verpassen (S. 136).

Den Sonnenuntergang würdigen

Wohin zum abendlichen Spektakel?

Chanias Lage macht die Stadt zum idealen Ort, um den Sonnenuntergang über der Ägäis zu genießen. Das Farbspektakel von flamingorosa bis feuerballorange lässt sich von vielen Stellen aus beobachten. Am besten eignet sich der **Leuchtturm**

ESSEN IN CHANIA: GÜNSTIG

KARTEN S. 48 & 50

Pork to Beef Wild: Luxusvariante des Souvlaki-Imbisses an der Ecke. Alles ist von bester Qualität; die Pommes sind himmlisch. *12–3 Uhr* €

Delish Food Street Story: Der entspannte Imbiss ist beliebt für seine griechischen Klassiker, u. a. perfekt gegrillte Souvlaki. *17–24 Uhr* €

Oasis: Locals schwören auf frisches und leckeres Giros und Souvlaki in dem winzigen, altmodischen Laden. Oft ab 14.30 Uhr ausverkauft. *10–16 Uhr* €

Ta Kalamakia: Hinter der schlichten Fassade locken tolle griechische Klassiker wie gegrilltes Lamm, Schwein und hausgemachte Wurst. *11–24 Uhr* €

draußen auf der Mole. Von vielen Cafés im Hafen und oben in Topanas bieten sich ebenfalls schöne Ausblicke, doch im Sommer ist es hier brechend voll. Dann kann man am Ufer entlang Richtung Westen zu den Stränden (S. 55) spazieren.

Aktiv werden

Surfen, tauchen und wandern rund um Chania

Chanias Ägäisküste ist normalerweise ruhig und ideal zum Sonnen und Schwimmen. Stetige Westwinde sorgen für gute Windsurfbedingungen. **Surf Island** *(surfisland.gr)* mit einer Bude am Strand verleiht Ausrüstung und gibt Unterricht. Für Nordwind und entsprechende Wellen sind auch Surfbretter verfügbar. **Mountain Services Trekking Plan Outdoor Activities** *(cycling.gr)* ist eine gute Adresse für ambitioniertere Trekkingabenteuer in der Region; sie arrangieren auch Radtouren und verleihen Räder. Die Tauchmöglichkeiten rund um Chania sind ebenfalls gut. **Blue Adventures Diving** *(blueadventures.gr)* betreibt ein Büro am östlichen Ende des Hafens. Touren führen z. B. zu spektakulären Höhlen auf der Akrotiri-Halbinsel.

Köstliche kretische Küche

Die besten regionalen Genüsse

Dank seiner langen kulinarischen Traditionen ist Kreta bekannt für gutes Essen, und Chania ganz besonders. Aus den Bergen und den fruchtbaren Ebenen stammen alle möglichen Lebensmittel, von begehrtem Fleisch bis zu saisonalem Gemüse. Käse, Konfitüren und Olivenöl – alles erstklassig!

Kultstatus genießt in Chania die **Bäckerei Drandaki** mit einem Ofen, der mit Holz befeuert wird. Im Laufe des Tages werden verschiedene Brote gebacken, die immer schnell ausverkauft sind. Hier kann man den Bäckern beim Teigkneten zuschauen.

Die ganze Palette regionaler Lebensmittel gibt's auf dem **Samstagsmarkt** an der Minoos-Straße am Ostrand der Altstadt. Viele Händler bieten hier das Beste feil, was auf Kreta produziert wird. Die größte Auswahl hat man vormittags; an Tischen entlang der Straße lässt es sich schön brunchen.

Der kleine Laden **Terra Verde** ist auf regionale Bio-Erzeugnisse spezialisiert. Der Käse hier stammt von winzigen Käsereien in den Bergen. Die cremige Kreation mit schwarzem Knoblauch ist fantastisch. Im **To Stachi** stammt fast alles, was in den ausgezeichneten veganen und vegetarischen Gerichten verarbeitet wird, vom nahen Hof von Stelios Michelakis und seiner Familie. Jeden Morgen ist Stelios um 5 Uhr vor Ort, um tolles Vollkornbrot zu backen. Eine weitere Topadresse für hausgemachte kretische Leckereien ist **Christostomos** (S. 53).

IN CHANIA HERGESTELLTE PRODUKTE

Exantas Art Space: Tolle Postkarten mit alten Fotos, seltene Bücher, Kunsthandwerk aus Chania, kretische Musik sowie Kunst- und Kinderbücher.

Nikos: Gönn deinen Füßen frische Luft mit Sandalen aus diesem Laden. Die Betreiberfamilie produziert sie seit 1945 selbst.

Cretan Knives Skalidakis: Messer in allen Größen gehören zur kretischen Kultur, und dieser familienbetriebene Laden verkauft sie seit 1938.

Mitos Art: Von antiken kretischen Schätzen inspirierte Skulpturen und Schmuck werden in diesem ansprechenden Geschäft angeboten.

Agora: 2026 soll die berühmte kreuzförmige Markthalle mit vielen Händlern wiedereröffnen.

AUSGEHEN IN CHANIA: UNSERE TIPPS

KARTE S. 48

Fagotto Jazz Bar: Klassiker in Topanas mit Tischen bis hinunter zum Hafen. Gute Musik im dunklen Inneren. *21–3 Uhr*

Plaka: Verschiedenste griechische Craftbiere und Musik vom Plattenteller; etwas oberhalb des Trubels gelegen. *11 Uhr–open end*

Sinagogi: Mehr Club als Bar; DJs legen Funk und griechischen Pop auf. Der Außenbereich ist toll zum spätabendlichen Abhängen. *Mai–Okt. 12–4 Uhr*

Barfly: Eine Cocktailbar zum Quatschen mit Freunden im Herzen der Altstadt. Gute Bierauswahl, viele Außentische. *20–5 Uhr*

ENTDECKE DAS ALTE CHANIA

Erlebe auf einem einfachen Spaziergang die schmalen Gassen und die jahrhundertealte Schönheit, die Chanias Altstadt unbedingt sehenswert macht.

START	ZIEL	DAUER/STRECKE
Venezianische Festungsanlagen	Leuchtturm	2 km; zwei Stunden

Los geht's am westlichen Ende des venezianischen Hafens, wo sich am Meer die alten 1 **venezianischen Festungsanlagen** (S. 47) erheben. Spaziere weiter ins Viertel Topanas, eines der schönsten Chanias. Durch enge Gassen gelangst du hinauf auf die Bastionen mit Blick nach Westen auf den 2 **Festungsgraben** (S. 51).

Schlendere durch von Weinranken beschattete Sträßchen nach Kondylaki und zur 3 **Etz-Hayyim-Synagoge** (S. 53), die die Geschichte der einst florierenden jüdischen Gemeinde dokumentiert. Weiter geht's Richtung Norden zum Hafen und dann in einem Bogen zur markanten 4 **Hassan-Pascha-Moschee** (S. 46), die vom Mix der Kulturen in Chania zeugt.

Weiter am Wasser entlang erscheint bald das 5 **Große Arsenal** (S. 46), aus dem 17. Jh., wo oft interessante Ausstellungen stattfinden. Folge Straßen Richtung Süden zum 6 **antiken Kydonia** (S. 52). Dort leben schon seit minoischer Zeit Menschen. Schilder informieren über die Funde der fortdauernden archäologischen Grabungen.

Zurück am Wasser läufst du zum Beginn der Mole, wo sich der 7 **Marina Sailing Club** (S. 51), ein selten überfülltes Café, für eine Pause anbietet.

Frisch gestärkt kannst du nun die 500 m lange 8 **Mole** (S. 47) in Angriff nehmen. Im Sommer Wasser mitnehmen! Den Endpunkt bildet der 9 **Leuchtturm** (S. 57) mit Rundumpanorama.

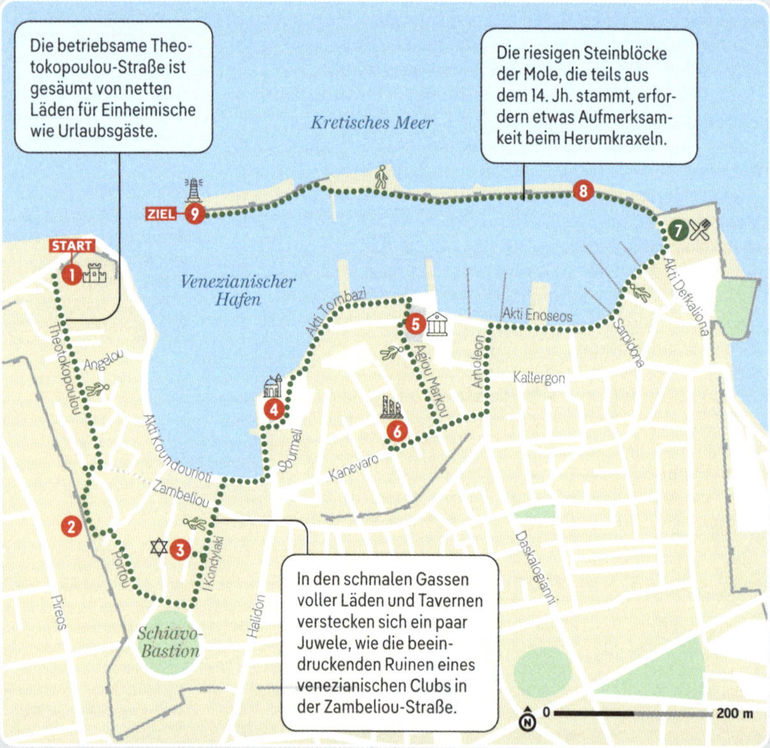

Die betriebsame Theotokopoulou-Straße ist gesäumt von netten Läden für Einheimische wie Urlaubsgäste.

Die riesigen Steinblöcke der Mole, die teils aus dem 14. Jh. stammt, erfordern etwas Aufmerksamkeit beim Herumkraxeln.

In den schmalen Gassen voller Läden und Tavernen verstecken sich ein paar Juwele, wie die beeindruckenden Ruinen eines venezianischen Clubs in der Zambeliou-Straße.

Rund um Chania

Einfache Ausflüge ab Chania führen zu antiken Ruinen, stimmungsvollen Dörfern und weiten Ausblicken. Versteckte Strände locken Abenteuerlustige an.

Die Halbinsel Akrotiri nordöstlich von Chania ist eine karge, hügelige, von Gestrüpp überwucherte Felslandschaft mit Chanias Flughafen sowie zwei abgelegenen und stimmungsvollen Klöstern. Weiter östlich erstreckt sich die mit Dörfern gespickte Apokoronas-Halbinsel (eher eine Landzunge) mit vielen Zielen für Tagesausflüge. Zu den Highlights hier zählt das restaurierte Dorf Vamos. Über allem, auch dem betriebsamen Hafen Souda, thront die unbedingt sehenswerte antike Stätte Aptera.

Westlich von Chania erstrecken sich lange Strände, teilweise mit Hotels für Pauschaltourist:innen. Dahinter liegt die karge und felsige Halbinsel Rodopou. Dies ist Allradterrain, doch dafür gibt's unzugängliche Strände und wichtige Ruinen zu entdecken.

Ziele

UNTERWEGS VOR ORT

Ein Großteil des Umlands von Chania lässt sich am besten mit einem eigenen Fahrzeug erkunden. Zu den wichtigeren Orten auf der Halbinsel Akrotiri und entlang der Küstenstraße bis nach Kolymbari im Westen fahren vereinzelt Busse.

Im Sommer sind die vielen kleinen Straßen oft verstopft: Dann konkurrieren Einheimische und Gäste mit landwirtschaftlichen Fahrzeugen um Platz. So können sich 20 km leicht in eine stundenlange Tortur verwandeln.

Halbinsel Akrotiri

DAUER AB CHANIA: **20–30 MIN.**

Strände für einen Tagesausflug

Rund um die Akrotiri-Halbinsel sind nicht weit von Chania kleine sandige Buchten zu finden. Hinter dem Flughafen liegt der hübsche Strand **Marathi** mit zwei kleinen Sandbuchten und türkisem Wasser beiderseits eines kleinen Piers. Direkt neben dem Parkplatz stehen die Ruinen der antiken Stadt Minoa. Außerdem gibt's zwei Tavernen.

Die Fahrt nach **Seitan Limania** über Haarnadelkurven mag zwar nervenaufreibend sein, aber das leuchtend türkisfarbene Wasser dieser versteckten Bucht ist es mehr als wert.

Fast an der Nordspitze der Halbinsel Akrotiri säumt ein von Sonnenschirmen übersäter Sandstrand die **Bucht von Stavros**, an der ein kolossaler Felsbuckel in die Höhe ragt. Er wurde als spektakuläre Kulisse für die finale Tanzszene des Filmklassikers *Alexis Sorbas* (1964) mit Anthony Quinn berühmt.

Wer länger bleiben möchte, findet ordentliche Hotels an Buchten entlang der Westküste der Akrotiri-Halbinsel für einen ruhigen Strandurlaub. Falls man unglaublich laute Flugzeuge am Himmel dröhnen hört, sind das wahrscheinlich Militärjets, denn der Flughafen Chania's auf der Halbinsel dient auch als NATO-Luftstützpunkt.

DAS ERBE DER BUCHT VON SOUDA

Der tiefe Naturhafen in der Bucht von Souda ist schon seit Langem von großer strategischer Bedeutung und hat daher schon viele Schlachten erlebt. In den Bergen verstecken sich noch immer alte **Festungen**, heute gibt's hier große griechische und NATO-Militärbasen und einen geschäftigen Kreuzfahrthafen.

Im 19. Jh. bauten die Türken die Bucht als Ersatz für den überfüllten Hafen von Chania aus. Im Zweiten Weltkrieg war sie hart umkämpft.

Der **Alliierte Soldatenfriedhof** *(cwgc.org)* an einem Strand am Ende der Bucht erinnert mit 1500 weißen Kreuzen an die, die ums Leben kamen. Auffallend ist, wie viele jung starben und dass viele Gräber keinen Namen tragen.

Einsame & stimmungsvolle sakrale Stätten

Nur eine halbe Autostunde von Chania entfernt liegt der beste Grund für eine Erkundung der Akrotiri-Halbinsel: das imposante und schöne **Moni Agias Triadas** *(3 €)* aus dem 17. Jh., ein noch aktives Kloster mit gut bestückter Bibliothek, prachtvollem Altarbild, einer venezianisch beeinflussten überkuppelten Fassade, Ikonen der kretischen Schule und blumengeschmückten Gärten. Im Klosterladen werden gute Tropfen von den umliegenden Weinbergen und Olivenöl von nahen Olivenhainen verkauft. Außerdem gibt's ein kleines Volkskundemuseum, das traditionelle Werkzeuge und Maschinen für die Produktion von Raki, Olivenöl, Honig, Butter und mehr zeigt.

Das **Moni Gouvernetou** *(3 €)*, kurvenreiche 4 km weiter nördlich, geht vielleicht sogar bis auf das 11. Jh. zurück, als solche landeinwärts gelegenen Zufluchtsstätten auch Schutz vor Küstenpiraten boten. Das Gebäude wird gerade restauriert und ist oft geschlossen, doch der Ort verströmt eine angenehme Ruhe. In den umliegenden kargen Hügeln gibt's fabelhafte Wanderwege mit tollem Ägäisblick.

Vom Moni Gouvernetou läuft man 2 km (30 Min.) hinab zur Küste (auf dem Rückweg bergauf!) zu den Ruinen von **Moni Ioannou Erimiti**. Das seit Jahrhunderten aufgegebene Kloster ist Johannes dem Einsiedler (Johannes Xenos) gewidmet, der um das 11. Jh. herum in der Höhle hinter den Ruinen unterhalb einer Felstreppe lebte.

Aptera

DAUER AB CHANIA: **25 MIN.**

Über Kretas schönste römische Ruinen staunen

Die Ruinen der antiken Stadt **Aptera** *(ancientaptera.gr; Erw./Kind 4/2 €)* – ein Fenster ins römische Kreta – liegen 13 km von Chania Richtung Osten. Sie erstrecken sich über zwei Hügel mit grandiosem Blick über die Bucht von Souda. Das im 7. Jh. v. Chr. gegründete Aptera war einer der bedeutendsten Stadtstaaten Westkretas und durchgehend bewohnt, bis es im 7. Jh. n. Chr. von einem Erdbeben zerstört wurde.

Ausgrabungen legten die Überreste eines Festungsturms, ein Stadttor und eine massive Stadtmauer frei, die einst rings um den Ort verlief. Man kann römische Zisternen begehen; Pfade führen zu den wichtigsten Sehenswürdigkeiten. In der Nähe wurde sorgsam ein von Olivenbäumen umsäumtes Amphitheater restauriert, ebenso wie ein griechischer Tempel aus dem 2. Jh. v. Chr. Im 12. Jh. wurde das Kloster Johannes' des Theologen gegründet, heute bildet es das Zentrum der Stätte.

Am westlichen Ende der Ruinen bietet die türkische **Festung Koules** einen weiten Blick über die Bucht. Sie wurde 1866 errichtet, als die Kreter sich quasi in einer Dauerrevolte befanden.

ESSEN RUND UM CHANIA: TOP TIPPS

I Sterna tou Bloumosifi: Die alte Steintaverne in Vamos serviert tolle kretische Kost. Probiere *gavros* (Sardellen) in Weinblättern. *18–23 Uhr* €€

Arismarí: In einer Seitenstraße im reizenden Gavalochori; wechselndes Angebot hausgemachter kretischer Standards. *8–21 Uhr* €€

Patrelantonis: Ausgezeichnete Fischtaverne mit Tischen im Schatten von Tamarisken am Kieselstrand von Marathi. Gute Weinkarte. *9–22 Uhr* €€

Tzitzikas: Bei Aptera wird an einem Fluss originelle kretische Biokost aufgetischt, z. B. Haselnuss- und Kohlsalat. *Fr–So 12–22 Uhr* €€

GEORGIOS TSICHLIS/SHUTTERSTOCK ©

Moni Agias Triadas

Archäolog:innen vermuten, dass bisher nur ein kleiner Teil der Ruinen von Aptera freigelegt wurde. Das Ticketbüro hält eine ausgezeichnete Broschüre bereit, die eine etwa zweistündige Erkundungstour beschreibt.

Vamos

DAUER AB CHANIA: **35 MIN.** 

Zeitloses Kreta erleben

Wer nur eines der Dörfer um Chania besucht, sollte nach Vamos fahren. Es ist eins von drei benachbarten traditionellen Dörfern (Gavalochori und Vryses sind die anderen) in der Region Apokoronas, an denen das 21. Jh. spurlos vorbeigegangen zu sein scheint. Alle liegen leicht mit dem Auto erreichbar östlich von Chania.

Das hübsche Vamos mit restaurierten Steinhäusern aus dem 12. Jh. war 1896 Schauplatz einer Revolte gegen die türkische Herrschaft. Es hält das traditionelle Leben aufrecht mithilfe von Geldspritzen der EU, die verwendet wurden, um Häuser zu restaurieren und das Handwerk der Region zu erhalten.

Schau zuerst bei der **Touristeninformation Vamos** *(vamos village.gr)* vorbei. Sie bietet reichlich regionales Infomaterial und kann lohnende Touren zu den Kultur- und Naturattraktionen der Region organisieren. Außerdem gibt's eine fabelhafte Karte für einen ein- bis zweistündigen Dorfspaziergang.

An Vamos' Dorfplatz scheinen die Stammgäste auf ihren Lieblingsplätzen in drei benachbarten *kafeneia* festgewachsen zu sein. Schnapp dir einen der Tische auf dem Bürgersteig und genieße die Szenerie. Diverse Läden verkaufen lokalen Raki, Kräuter, Bio-Olivenöl, Honig und andere kretische Produkte.

Gavalochori

DAUER AB CHANIA: **35 MIN.**

Durch ein venezianisches Dorf schlendern

Das bezaubernde Dorf Gavalochori liegt malerische 3,5 km durch Hügel voller Johannesbrotbäume, Zypressen und Oliven-

ATTRAKTIONEN AUF DEM LANDE

Verstreut in Chanias Hinterland liegen Attraktionen, die die kretische Lebensart und Kultur feiern. Diese hier befinden sich südöstlich der Stadt:

Agios-Nikolaos-Kirche: Die winzige byzantinische Kirche aus dem 11. Jh. schlummert in einem einsamen und stimmungsvollen Tal vor sich hin, umgeben von Orangenbäumen.

Armenoi: Ein winziger Weiler, typisch für Dutzende in der Region. Spaziere unter schattenspendenden Platanen und trink einen Kaffee in einem kioskartigen Café.

Kanakis Olive Oil: Eine preisgekrönte altmodische Olivenölpresse und -manufaktur an der E75 in Apokoronas mit Führungen und Verkostungen *(oliveoil-kanakis.gr)*.

Arevitis Farm: Nach vorheriger Anmeldung *(tbfChania@gmail.com)* können Besucher:innen auf diesem Hof bei der Käse- und Joghurtproduktion, beim Schafscheren und Füttern mithelfen.

AUF SCHUSTERS RAPPEN

Berend Wolffenbuttel, Guide und Herausgeber der Wanderführer-Reihe *...on Foot* für Kreta, empfiehlt ein paar versteckte Orte in der Region Chania *(discoveronfoot.com)*.

Besonders schön ist die Gegend um das historische Dorf **Kandanos** mit vielen antiken byzantinischen Kapellen und Olivenhainen. Viele dieser Kapellen wurden restauriert und sind mit gut erhaltenen Fresken geschmückt. In einem der Olivenhaine in der Nähe der Agios-Georgios-Kapelle steht der monumentale Olivenbaum von Kandanos, der rund 3000 Jahre alt sein soll.

In **Apokoronas** (S. 59) gibt's traditionelle Dörfer mit hübsch restaurierten Häusern, die einen Besuch lohnen, z. B. Vamos, Gavalochori und Douliana. Zwischen diesen Dörfern kann man auf uralten Pfaden wandern, die an Höhlenkirchen wie Agios Antonios und Agios Ioannis vorbeiführen.

bäume nordöstlich von Vamos. Das gut erhaltene Dorf geht auf das 11. Jh. zurück, Zentrum ist der Dorfplatz mit einem großen Kriegerdenkmal.

Spaziere durch die engen Gassen und genieße die Atmosphäre. Eine Olivenölmühle mit Doppelgewölbe aus venezianischer Zeit ist ausgeschildert und meist geöffnet. Etwa 1,5 km oberhalb des Dorfs finden sich byzantinische Brunnen, venezianische Bogen und römische Gräber.

Ebenfalls ausgeschildert ist das **Volkskundemuseum** *(4 €)* in einem typischen venezianischen Haus nicht weit vom Dorfplatz. Interessanter als manche seiner Art zeigt es u. a. Beispiele des unglaublich komplizierten lokalen Webstils, Holzschnitzereien, Steinmetzarbeiten und anderes kretisches Kunsthandwerk. Besonders faszinierend ist die Weinpresse, die auch als Bett diente.

Für ein Päuschen bietet sich eines der beiden gegenüberliegenden alten Cafés im Zentrum an.

Vryses

DAUER AB CHANIA: **30 MIN.** 

Kaffeestopp mit Kloster

In Vryses, einem Zentrum für die landwirtschaftlichen Produkte der Region, lockt eine Kaffeepause sowie exzellenter Joghurt und Honig. Einladende Cafés bieten Tische unter den Bäumen an einem alten Flussbett, in dem oft auch Wasser fließt.

Nur 2 km nördlich an der Straße nach Vamos liegt umgeben von Olivenhainen das **Agios-Georgios-Kloster** von 1600. Das fotogene Highlight ist jedoch die Olivenölmühle von 1860, mit zwölf kunstvoll aufragenden Bogen. Sie wird wie auch die benachbarte, bemerkenswert schlichte venezianische Villa gerade restauriert.

Agia Marina & Umgebung

DAUER AB CHANIA: **20 MIN.**

Endlose Strände in Chanias Touristenhochburg

Die 25 Küstenkilometer westlich der Stadt Chania bis Kolymbari sind gesäumt von langen Sandstränden. Hier liegt das Zentrum des Massentourismus der Region und die Küstenstraßen sind entsprechend dicht bebaut. Doch zwischen den Wasserparks, Minigolfplätzen und Gokartbahnen verstecken sich ein paar schöne weniger erschlossene Strände wie **Paralia Gerani**, die sich prima als Tagesausflugsziel von Chania eignen. Der größte Ort hier, **Agia Marina**, bietet all die Tavernen und Cafés am Strand, die man sich möglicherweise erhofft.

Rodopou-Halbinsel

DAUER AB CHANIA: **25-50 MIN.** 

In Kolymbari türkischen Fußstapfen folgen

Am östlichen Ansatz der Halbinsel hat sich das einstige Fischerdorf **Kolymbari** dank seines langen Kieselstrands zu einem kleinen Touristenort entwickelt. Immer einen Stopp wert – auch wenn man Richtung Westen unterwegs ist – ist das **Moni Gonias** von 1618. Das Kloster wurde von den Tür-

NASTYA22 / SHUTTERSTOCK ©

Kournas-See

ken beschädigt, als diese hier 1645 landeten, um Kreta zu erobern. Es wurde 1662 wieder aufgebaut und im 19. Jh. erweitert. Es beherbergt in einem eindrucksvollen Museum eine einzigartige Sammlung von Ikonen aus dem 15. bis 19. Jh. Die Lage am Meer ist malerisch, und das Kloster selbst ist ein stimmungsvoller Ort.

Den Rest Kretas hinter sich lassen

Der größte Teil der kargen, felsigen Halbinsel Rodopou – ein schönes Ziel für einen Tagesausflugs von Chania – ist Allradterrain. Hat man die Dörfer, die an ihrem unteren Ende liegen, hinter sich gelassen, ist der Rest weitgehend unbewohnt. Eine Asphaltstraße führt bis nach **Afrata**, doch ab hier wird sie zur Piste, die sich über die Halbinsel schlängelt. Das Dorf verfügt über eine gute Taverne und liegt in der Nähe eines kiesigen Strands.

An der Spitze der Halbinsel befinden sich die Überreste eines **Tempels der Diktynna**, der kretischen Jagdgöttin. Die windgebeutelte Stätte scheint Welten entfernt vom restlichen Kreta. Wer von antiker Kultur genug hat: Es gibt hier auch einen schönen Strand. Von Chania führen einige Bootstouren hierher.

KRETAS EINZIGER SEE

Zwar ist Kreta gesäumt von einigen der schönsten Strände des Mittelmeers, dennoch zieht es die Kreter auch zum einzigen Süßwassersee der Insel, dem 45 m tiefen **Kournas-See**. Umgeben ist der See mit einem Durchmesser von 1,5 km von einem schmalen Sandstreifen, teils kann man am Ufer entlangwandern.

Das kristallklare Wasser wechselt je nach Jahres- und Tageszeit die Farbe. Das Schwimmen im See ist aus Umweltschutzgründen verboten. Dafür kann man Tretboote und Kanus leihen und die Schildkröten, Krebse, Fische und Wasserschlangen im See beobachten. Im Sommer wird es hier voll.

ESSEN AUF DER HALBINSEL RODOPOU: TOP TIPPS

Leventis Taverna: Die preisgekrönte Taverne in Ano Stalos zieht mit gehobener kretischer Küche Einheimische wie Urlaubende an. *13–23 Uhr* €€

Manousakis Winery: Das seit 30 Jahren familiengeführte Weingut in Vatolakkos ist bekannt für seinen Rosé und sein kretisches Restaurant. *12–21 Uhr* €€

Sonio Restaurant: Alteingesessene Strandtaverne in Platanias; kombiniert ein rustikales Flair mit einer feinen Karte und gutem Service. *9–23 Uhr* €€

Tis Litsas Ta Kamomata: Ist die Fahrt über die Halbinsel Rodopou bis Afrata wert; Tavernenklassiker und Aussicht sind großartig. *11–18 Uhr* €€

Chora Sfakion

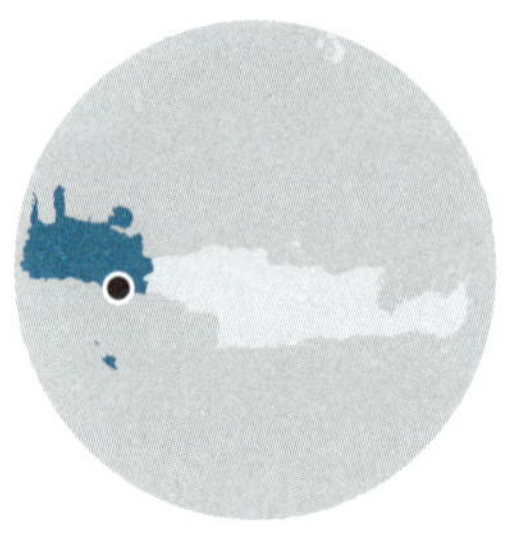

MEERBLICK | FÄHRKNOTENPUNKT | OUTDOOR-ABENTEUER

UNTERWEGS VOR ORT

Chora Sfakion ist ein Drehkreuz für die Anendyk-Fähren *(anendyk.gr)*, die die Südwestküste bedienen und Loutro, Agia Roumeli (zur Samaria-Schlucht), Sougia, Paleochora und Gavdos anfahren. Im Sommer kann es voll werden, Tickets am besten im Voraus kaufen – so ersparst du dir das Gedränge an den Fahrkartenschaltern.

Probleme mit dem Auto kannst du umgehen, wenn du von/nach Chania (2 Std.) und Frangokastello (30 Min.) einen Bus nimmst. Die Hauptverbindungsstraße an die Nordküste bietet herrliche Aussichten.

TOP TIPP

Websites und ausgehängte Fährfahrpläne sind nicht immer zuverlässig, am besten bei den Ticketagenturen gegenchecken.

Chora Sfakion ist von jeher für seine Auflehnung gegen Fremdherrschaft berühmt. Heute ist das Fischerdorf ein netter Ort, der seine Gäste, die meist per Fähre ankommen, gut versorgt. Viele davon sind Wandernde, die nach der Durchquerung der Samaria-Schlucht auf dem Rückweg nach Chania hier ankommen, andere sind auf dem Weg zum Strand von Loutro. Die meisten bleiben nur so lange, bis der nächste Bus abfährt oder ein Mietwagen aufgestöbert wurde. Doch es gibt genügend Interessantes für einen Aufenthalt.

Action am Hafen

Kaffee trinken und Fähren zuschauen

Der Halbkreis aus Cafés am Hafen bietet Logenplätze zum Beobachten all der ein- und auslaufenden Boote, die von hier die Küste rauf und runter schippern. Tolles Gebäck und guten Kaffee hat das **Cafe Despina**. Direkt am Hafen erinnert das **Denkmal für die Schlacht um Kreta** an den verlorenen Kampf gegen die Deutschen 1941 und die Rolle der Region im Widerstand.

Am Sweetwater Beach abtauchen

Die Massen hinter sich und die Hüllen fallen lassen

Der **Paralia Glyka Nera** liegt an einer geschützten Bucht vor der steilen Felsküste, ein paar Tamarisken spenden Schatten. An dem schönen Streifen Sand ist es nie voll und es wird auch gerne mal textilfrei gebadet. Ein kleines Café thront fotogen auf einem vorgelagerten Felsen und verleiht Sonnenschirme und -liegen. Nimm eine Fähre oder wandere 3,5 km auf dem schwindelerregenden Küstenpfad. Für Eilige ist der **Vrissi-Strand** gleich westlich vom Hafen leichter erreichbar.

Dorfleben

Weite Ausblicke und Ziegenbraten

Eine schöne, haarsträubende Straße führt von Chora Sfakion Richtung Westen über 12 km hinauf zum Dorf **Anopoli** auf einer fruchtbaren Hochebene am Fuß der Lefka Ori mit einem Denkmal für Widerstandskämpfer auf dem Dorfplatz. Dies ist eine der wenigen Gegenden, die weder den Venezianern noch den Türken jemals in die Hände fielen. Die Tavernen hier servieren deftige Gerichte mit gegrilltem Lamm vom Holzfeuer.

Gleich östlich des Orts ist die **Cretan Divine Family Bakery** bekannt für Kekse und *kalitsounia* (kretische Käsepasteten), im Sommer kann man auch hausgemachtes Eis schlecken. Im Dorf ist die **Bäckerei Orfanoudakis** empfehlenswert, ebenso wie die **Platanos Taverna**, die auch Zimmer vermietet.

In die Schlucht springen

Bungee-Jumping und wandern

Der verlassene Weiler **Aradena**, 4 km westlich von Anopoli, ist bekannt für die **Aradaina-Brücke** (Vardinogiannis-Brücke) über der **Aradena-Schlucht**. Von der Eisenkonstruktion starrt man mit einer Mischung aus Faszination und Grausen in die Tiefe. Am Wochenende stürzen sich hier Wagemutige von der Brücke in die Schlucht hinab – mit 138 m der höchste Bungee-Brückensprung in Griechenland, Näheres bei **Liquid Bungy** *(bungy.gr)*.

Die beliebte Wanderung durch die Aradena-Schlucht zum **Marmara-Strand** (2 Std., 3,5 km) ist nichts für Anfänger. Vom Strand aus kann man ca. 1 km zum Hafen Loutro weitergehen und eine Fähre zurück nach Chora Sfakion nehmen. Andere Wege von Aradena zum Strand passieren antike Kirchen.

LOKALER KAMPFGEIST

Unter venezianischer und türkischer Herrschaft war Chora Sfakion ein wichtiger Handelshafen und (neben Anopoli hoch in den Bergen) Keimzelle des Freiheitskampfs der Kreter. Auch im Zweiten Weltkrieg spielte Chora Sfakion eine wichtige Rolle: Nach der Schlacht um Kreta wurden von hier Tausende alliierter Soldaten per Schiff evakuiert.

SEHENSWERTES
1 Anopoli
2 Aradaina-Brücke
3 Aradena
4 Denkmal für die Schlacht um Kreta
5 Marmara-Strand
6 Paralia Glyka Nera
7 Vrissi-Strand

AKTIVITÄTEN, KURSE & TOUREN
● Liquid Bungy (s. 2)

ESSEN
● Bäckerei Orfanoudakis (s. 1)
8 Cafe Despina
9 Cretan Divine Family Bakery
● Platanos Taverna (s. 1)

Rund um Chora Sfakion

Jenseits von Chora Sfakion warten an der schönsten Küste Kretas und im Bergland landeinwärts zahlreiche Abenteuer.

Ziele

UNTERWEGS VOR ORT

Für die Wanderung durch die Imbros-Schlucht kann man am Start- und Endpunkt Taxis für die Fahrt von/nach Chora Sfakion organisieren. Nach Frangokastello fährt ein Bus von Chora Sfakion, Loutro ist über kleine Fähren verbunden, die auch am Paralia Glyka Nera halten. **Stavros Taxi Boat** *(stavros-taxi boat.com)* bietet individuelle Trips entlang der gesamten Südwestküste.

Die wichtigsten Straßen führen von Chora Sfakion nordwärts an Kretas Nordküste und ostwärts die Südküste entlang nach Plakias und weiter.

Die bergige Provinz Sfakia erstreckt sich von der Omalos-Hochebene bis hinunter zur Südküste und umfasst einige der spektakulärsten landschaftlichen Highlights der Insel wie die Lefka Ori (Weiße Berge) und den Berg Gingilos (2080 m) im wilden Hinterland. Die denkwürdige Fahrt hinunter nach Chora Sfakion, eine Serpentinentour durch die Berge mit Blick aufs Meer, gehört zu den atemberaubendsten Erlebnissen auf Kreta. Von hier ist es nicht weit bis zum befestigten Außenposten Frangokastello; dazu kommen schöne Fährfahrten und Wanderungen zum beliebten autofreien Badeort Loutro und zu benachbarten Stränden sowie Outdoor-Abenteuer wie eine Wanderung durch die Imbros-Schlucht und eine Bootstour zur abgelegenen Insel Gavdos.

Loutro

DAUER AB CHORA SFAKION: **30 MIN.** 

Nur per Fähre erreichbarer Badeort

Außerhalb des Sommers ist das kleine Fischerdorf **Loutro** zwischen Agia Roumeli und Chora Sfakion ein friedlicher Halbkreis blumengeschmückter weiß-blauer Häuser, gesäumt von einem schmalen Kiesstrand. Das Dorf ist nicht mit dem Auto zu erreichen, daher sollte es hier eigentlich stets schön ruhig sein. In der Hochsaison strömen allerdings so viele Tagesgäste hierher, dass die Tavernen voll sind und man sich am Strand drängelt wie Ölsardinen.

Den Massen entflieht man auf einem Trampelpfad Richtung Westen. Nach zehn Minuten ist die **Kirche Sotiros Christou** mit schönem Ausblick erreicht. Aktive können hoch zu den Überresten einer **venezianischen Burg** kraxeln. Nach weiteren 20 Minuten erscheint der **Likos-Strand** an einer dank Straßenanbindung immer stärker erschlossenen Bucht.

Der beste Strand bei Loutro ist **Paralia Glyka Nera** (S. 64), hier halten einige Fähren zwischen Loutro und Chora Sfakion oder man geht 3,5 km an der Küste entlang nach Osten.

Wer Lust auf ein bisschen Action auf dem Meer hat, kann im Sommer in Loutro Ausrüstung fürs Windsurfen und Stehpaddeln leihen. Hotel Porto Loutro *(hotelportoloutro.com)* verleiht Paddelboote, Seekajaks und Tretboote, mit denen sich Loutros Küste erkunden lässt. Chania Boat *(Chaniaboat.gr)* vermietet kleine Powerboote ab Loutro (kein Führerschein erforderlich).

Imbros-Schlucht

Imbros-Schlucht

DAUER AB CHORA SFAKION: **10–25 MIN.**

Kretas Schönheit erwandern

Die beliebte Wanderung durch die **Imbros-Schlucht** ist leicht im Rahmen eines Tagesausflugs ab Chora Sfakion (oder Chania) zu absolvieren und der beste Grund, in Chora Sfakion abzusteigen. Die Wanderung wird oft mit der Route durch die berühmte Samaria-Schlucht (S. 74) verglichen, hat aber irgendeinen Vergleich gar nicht nötig. Mit einer Länge von 8 km ist sie nur halb so lang wie die Samaria-Wanderung, wartet aber dennoch mit zahlreichen Naturschätzen auf. Und die Imbros-Schlucht ist weit weniger überlaufen als das berühmte Gegenstück.

Der alte Maultierpfad, der 1941 bei der Evakuierung von Tausenden britischen Soldaten genutzt wurde, ist von 300 m hohen Felswänden mit Feigen- und Mandelbäumen, Zypressen und Eichen gesäumt. An einer Stelle stehen die nackten Felswände gerade einmal 2 m auseinander. Ein weiteres Highlight ist ein Steinbogen über dem Pfad. Überall sind Ziegen unterwegs.

Die Route beginnt im winzigen Dorf **Imbros**. Hier bieten kleine Läden Proviant für die Wanderung – viel Wasser mitnehmen! Wegen der vielen großen und lockeren Steine auf dem Pfad sollte man feste Schuhe tragen. Der Startpunkt liegt auf 780 m Höhe; von hier geht's 630 m bergab zum Endpunkt **Komitades**, wo es ebenfalls einen kleinen Laden gibt. Fol-

WANDERN AN DER KÜSTE

Die beste Art, die Südküste zu erkunden, ist ein Mix aus Fährfahrten und Wanderungen, z. B. auf dem Fernwanderweg E4.

Relativ einfach ist die halbstündige Wanderung von Loutro zum **Likos Strand**. Nach weiteren 15 Minuten erreicht man den kaum erschlossenen **Marmara-Strand**. Ab hier wird der Pfad nach Westen immer felsiger und rauer. Doch wer einigermaßen fit ist und festes Schuhwerk hat (sowie viel Wasser), wird hier reich belohnt.

Auf dem Küstenpfad kann man 9,5 km weitergehen zum einsamen **Agios-Pavlos-Strand** mit seiner winzigen Kapelle aus dem 10. Jh. Nach weiteren (einfachen) 4,5 km kommt dann Agia Roumeli.

Wer von Loutro aus Richtung Osten geht, stößt in der Mitte des 7 km langen Pfades nach Chora Sfakion auf den spektakulären **Paralia Glyka Nera**.

ESSEN RUND UM CHORA SFAKION

Oasis Taverna: An einem Strand 900 m östlich von Frangokastello, Terrasse mit Meerblick. Gut für ein Getränk oder eine Mahlzeit. *9–22 Uhr* €

Taverna Stratis: In Loutro gleich oberhalb des Trubels am Wasser; tischt alle möglichen Fleischgerichte vom Holzkohlengrill auf. *13–22 Uhr* €€

Cafe-Taverna Drosia: Gutes Lokal im Dorf Imbros für einen Kaffee oder ein Essen; einladende Außentische unter Bäumen. *9–21 Uhr* €

Nikos Restaurant: Nennt sich nicht unberechtigt „kleines Paradies" und serviert am Likos-Strand exzellente Getränke und Mahlzeiten. *7–23 Uhr* €

FÄHRVERGNÜGEN

Die Fähren an der Südküste sind sehr praktisch, doch die Fahrt macht auch viel Spaß – wenn man mit der richtigen Einstellung unterwegs ist. Ein Großteil der Küste ist unbewohnt; die farbigen, steilen Felsen und einsamen, idyllischen Strände verleihen ihr eine karge Schönheit. Die großen Fähren der Reederei Anendyk und die vielen kleineren Boote haben alle offene Decks, sodass man schön entspannen kann, während die unglaubliche Landschaft geruhsam an einem vorbeigleitet. Die großen Schiffe verfügen außerdem über Snackbars, sodass man dazu auch etwas trinken kann.

Jedoch benötigt man für die Fähren an der Küste etwas Geduld und Verständnis. Die Fahrpläne sind eher vage und Pünktlichkeit ist ein Fremdwort. Im Sommer können die Boote voll sein, doch ein stilles Fleckchen an Deck findet man meist trotzdem.

PAULINE PRICE/GETTY IMAGES ©

Frangokastello

ge von hier der schmalen Straße 4,6 km hinunter nach Chora Sfakion oder nimm ein Taxi.

An beiden Enden der Wanderung weisen jede Menge „offizielle", von Tavernen aufgehängte Schilder den Weg zum angeblich besten Zugang zur Schlucht.

Frangokastello

DAUER AB CHORA SFAKION: **30 MIN.**

Imposante Festung am Strand

Dramatisch einsam thront an der Südküste eine mächtige Festung aus dem 14. Jh. – **Frangokastello** *(9–18 Uhr)* wurde bald nach dem Vierten Kreuzzug (1204) von den Venezianern als Bollwerk gegen Piraten erbaut. Der legendäre Ioannis Daskalogiannis, der 1770 einen fatalen Aufstand gegen die osmanische Unterdrückung anführte, wurde überredet, sich in der Festung zu ergeben, nur um später von den Türken lebendig gehäutet zu werden. Am 17. Mai 1828 leisteten 385 kretische Rebellen hier in einer der blutigsten Schlachten des griechischen Unabhängigkeitskriegs letzten Widerstand. Etwa 800 Türken kamen zusammen mit den Aufständischen ums Leben.

Der Überlieferung zufolge kann man an jedem Jahrestag die Geister der Rebellen, die *drosoulites*, am Strand entlangmarschieren sehen. Der Name stammt vom griechischen Wort *drosia* (Tau) und könnte sich auf die Morgenfeuchte in jenen Stunden beziehen, in denen die Geister erscheinen sollen.

In jüngster Zeit wurde die Festung umfangreich renoviert, nun kannst du ihren Innenhof und die Festungstürme erkunden. Halte Ausschau nach dem über dem Haupteingang eingemeißelten Löwen.

Gleich außerhalb der Mauern erstreckt sich der fabelhaft weite und sandige **Orthi-Ammos-Strand**. Er fällt langsam von den Dünen ins seichte, warme Wasser hin ab, ist also ideal für kleine Kinder. Gute Cafés gibt's auch.

Gavdos

DAUER AB CHORA SFAKION: **3¼ STD.**

Ein originelles, eigenwilliges Refugium

Die Insel **Gavdos**, 45 km von Chora Sfakion entfernt im Libyschen Meer, ist der südlichste Punkt Europas. Es ist ein herrliches Fleckchen mit nur ein paar Gästezimmern, Tavernen und unberührten Stränden, die teilweise nur zu Fuß oder mit dem Boot zu erreichen sind. Es gibt hier kaum etwas zu tun außer schwimmen, wandern und relaxen. Und vielleicht nehmen einen die einfachen Freuden von Gavdos genauso gefangen wie einst Odysseus.

Die Insel ist überraschend grün: Fast 65 % ihrer Fläche ist von kleinwüchsigen Kiefern, Zedern und anderer Vegetation bedeckt. Auf Gavdos gibt es keine richtigen Dörfer, nur Weiler und verstreute Camperkolonien. Die Fähren legen in **Karave** auf der Ostseite der Insel an, wo es Tavernen und einen Minimarkt gibt. Die spärliche Bevölkerung ist von einem ansteckenden Neo-Hippie-Flair geprägt, und viele der Locals scheinen ehemalige Besucher:innen zu sein, die nie ihr Boot zurück nach Kreta genommen haben.

Anendyk-Fähren *(anendyk.gr)* verbinden Gavdos mit Chora Sfakion, in der Hochsaison fahren ab und zu auch Boote von anderen Küstenorten wie Paleochora ab. Der Fährfahrplan lässt keine Tagesbesuche zu, aber Charter-Veranstalter bieten ziemlich teure Tagesausflüge. Bei schlechtem Wetter wird der Fährbetrieb unterbrochen, man sollte also darauf vorbereitet sein, dass der Aufenthalt länger dauern könnte als geplant. Zwischen Oktober und April ist vieles geschlossen, Öffnungszeiten besser vorab checken.

Unterwegs auf der Insel

Die größte Strandsiedlung auf Gavdos ist **Sarakiniko**. Eine der Tavernen hier, **Chelóna**, serviert am Strand den Tagesfang vom Fischerboot der Familie. Hier herrscht die Hängemattenatmosphäre, die so typisch für die Insel ist.

Der **Lavrakas-Strand** liegt eine halbe Stunde zu Fuß von Agios Ioannis entfernt und beherbergt eine der abgeschiedensten Camperkolonien. Es gibt einen natürlichen Süßwasserbrunnen, und braun gebrannte, nackte Camper:innen fallen in dieser Kulisse nicht weiter auf.

Potamos und **Pyrgos** sind noch entlegenere, aber herrliche Strände an der Nordküste (ohne Infrastruktur). Im restaurierten **Leuchtturm** von 1880 an der Straße ins Dorf Ambelos residiert ein Café.

Südlich von Karave bietet **Korfos** einen Kieselstrand und zwei Tavernen mit Gästezimmern. Ein 3,5 km langer Pfad führt von hier hinunter nach **Tripiti** – dem südlichsten Zipfel Europas. Drei riesige in die Landspitze erodierte Felsbogen sind die bekannteste Naturattraktion der Insel.

Bootsleute bieten Tages- und Halbtags-**Rundfahrten**, darunter Trips zur noch abgelegeneren, unbewohnten Insel Gavdopoula. Gavdos Boat Cruises *(gavdosboatcruises.gr)* organisiert Touren und Charterfahrten.

GAVDOS' FASZINIERENDE GESCHICHTE

Archäologische Ausgrabungen deuten darauf hin, dass die Insel Gavdos bereits in der Jungsteinzeit bewohnt war. In der griechisch-römischen Epoche gehörte Gavdos, damals Clauda genannt, zur Stadt Gortyna. Eine römische Siedlung befand sich in der nordwestlichen Ecke der Insel. Unter den Byzantinern war Gavdos Bischofssitz, doch als die Araber im 9. Jh. Kreta eroberten, wurde die Insel zu einem Piratennest.

Manche meinen, Gavdos sei die Insel Ogygia, Heimat der legendären Nymphe Calypso aus Homers *Odyssee*, doch das ist umstritten und einige Gelehrte verorten Ogygia weiter entfernt. Doch unabhängig davon ist die Geschichte ein Drama: Calypso hielt Odysseus gefangen und versprach ihm Unsterblichkeit, wenn er bei ihr bliebe. Er lehnte ab und entkam nach sieben Jahren.

Sougia

SCHÖNER STRAND | RÖMISCHE RUINEN | GUTES ESSEN

UNTERWEGS VOR ORT

Sougia liegt 67 km südlich von Chania an einer gut ausgebauten, aber kurvenreichen Straße. Man fährt mindestens zwei Stunden, oder nimmt den Bus (1¾ Std.). Zudem liegt Sougia an der Autofährenroute von Chora Sfakion nach Paleochora.

Im Ort stehen auf Schildern die Kontaktinfos von Bootsleuten, die einen zu entlegenen Stellen an der Küste bringen oder z. B. von Lissos oder Agios Antonios abholen können.

TOP TIPP

Leicht kann man in Sougia hängen bleiben. Die Zimmer sind nicht zu teuer, die Auswahl an Esslokalen und Services groß. Mit Fähren und über Wanderwege gelangt man zu beliebten wie auch versteckten Highlights der Südküste. Und der lange Strand verlockt dazu, die Tage zu verbummeln.

Sougia ist einer der entspanntesten und am wenigsten zugebauten Strandorte entlang der Südküste. Cafés, Bars und Tavernen säumen die von Tamarisken beschattete Strandpromenade an einem langen grauen Kiesel- und Sandstrand mit ein paar Liegestühlen zum Ausleihen. Außer am nicht überfüllten Strand zu entspannen kann man viele Wanderungen unternehmen. Auf dem ost-westlich verlaufenden Fernwanderweg sind leicht die eindrucksvollen nahegelegenen Ruinen von Lissos zu erreichen.

Für einen so kleinen Küstenort hat Sougia einige gute Restaurants, du wirst ein paar Tage brauchen, um alle auszuprobieren. Die Tavernen am Wasser eignen sich auch prima für einen Drink. Noch besser ist es, sich ein Getränk seiner Wahl zu besorgen und dann in aller Ruhe auf einem Liegestuhl unterm Sternenhimmel zu relaxen.

Sougia bietet auch mehrere einfache Unterkünfte, die alle angenehm relaxt sind, einige davon liegen am Wasser, der Rest an der Hauptstraße rund 100 bis 200 m vom Strand entfernt.

Ruhiger Strand

Hier ist nie viel los

Am 1 km langen Strand von Sougia aus grauem Sand und Kies kann man seinen Mitmenschen leicht aus dem Weg gehen. Manchmal gibt's hier eine ordentliche Brandung, vor allem bei Sturm draußen auf dem Libyschen Meer, zu anderen Zeiten kräuselt sich das Wasser nur leicht. Allerdings fällt das Gelände recht steil ins Meer ab und ist daher nicht ideal für Familien mit kleinen Kindern.

Am weitgehend leeren und komplett unerschlossenen östlichen Ende des Strands, wo große Felsen Windschutz bieten und ein paar Bäume Schatten spenden, tummeln sich Gruppen von Camper:innen und Nudist:innen.

Es gibt an diesem Küstenstrich aber noch abgeschiedenere Strände, Bootsbesitzer aus dem Ort bieten Transport dorthin.

Durch die Irini-Schlucht wandern

Viel Schatten, keine Massen

Viel Grün, sogar Wald, begleitet die Wanderung durch die angenehm ruhige **Agia-Irini-Schlucht**. Beim Abstieg kann man nach kleinen Höhlen in den Felswänden Ausschau halten. Meistens duftet es nach Wildkräutern, im Sommer etwa nach Salbei. Die Stellen, an denen man unter Bäumen mit dem Geräusch des gluckernden Wassers im Ohr ein Picknick genießen kann, sind einfach herrlich.

Der 7,5 km lange Weg, der 500 Höhenmeter bewältigt, ist für die meisten aktiven Personen kein Problem, wenn man auch manchmal über Felsbrocken klettern muss. Im Frühjahr kann der Fluss ansteigen und Teile des Wegs wegspülen. Unterwegs gibt's jede Menge Schatten und der Weg ist gut in Schuss, er ist ganzjährig geöffnet. Der Zugang zur Schlucht befindet sich unmittelbar unterhalb des gleichnamigen Dorfs, ca. 17 km Fahrt von Sougia auf der Hauptstraße Richtung Chania. Von Sougia aus lässt sich ohne Weiteres eine Fahrt zum Startpunkt organisieren. Der Endpunkt liegt rund 7 km von Sougia entfernt; von dort zum Ort führt eine sonnige, aber meist autofreie Nebenstraße. Wer diesen Abschnitt nicht zu Fuß gehen möchte, kann bei der rustikalen Taverna Oasis am Ende der Schlucht eine Pause einlegen und sich ein Taxi zurück nach Sougia bestellen.

WARUM ICH SOUGIA LIEBE

Ryan Ver Berkmoes, Lonely Planet Autor

Erst die antike Pracht von Lissos und dann auf der schönen und abenteuerlichen Wanderung zurück nach Sougia die Aussicht zu bewundern, ist ein herrliches Reiseerlebnis. Alles in Sougia ist idyllisch. Am östlichen Ende ist der moderne Alltag ganz weit weg – der perfekte Ort, um mal wieder ein gutes Buch zu lesen, nur mit dem sanften Plätschern der Wellen als Begleitung.

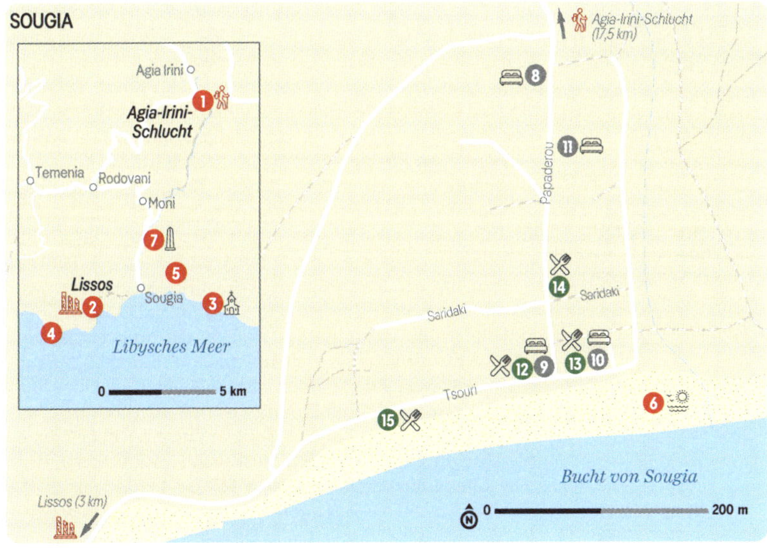

HIGHLIGHTS
1 Agia-Irini-Schlucht
2 Lissos

SEHENSWERTES
3 Agios Antonios
4 Kap Flomes
5 Polyphemus-Höhle
6 Strand von Sougia
7 Denkmal für den Widerstand im Zweiten Weltkrieg

SCHLAFEN
8 Aretousa
9 Lotos Seaside Hotel
10 Oceanis
11 Syia Hotel

ESSEN
12 Erontas-Diktamo Cafe
13 Omikron
14 Taverna Rembetiko
15 To Tzitziki sto Almiriki

UNABHÄNGIGE REGION SOUGIA

Wie die Region Sfakia im Osten ist auch die Gegend um Sougia seit Langem als verschlossen und widerständig gegenüber Eindringlingen bekannt. Das traditionell als Selino bezeichnete Gebiet umfasst einen großen Teil der Südhänge der Lefka Ori. Mit seinen 30 über 2000 m hohen Gipfeln war dieser Gebirgszug schon immer eine erhebliche Barriere zwischen der Südwestküste und dem Rest von Kreta.

Erst in den letzten Jahrzehnten haben bessere Straßen und der Tourismus die Region geöffnet. Die Bewohner:innen sind nach wie vor sehr stolz auf ihre Unabhängigkeit und würdigen sie u. a. mit einem großen **Denkmal für den Widerstand im Zweiten Weltkrieg** abseits der Hauptstraße nach Sougia.

Das antike Lissos

Ins 1. Jh. v. Chr. zurückwandern

Zu den Ruinen des antiken **Lissos** führt eine schöne Wanderung von Sougia auf dem Küstenweg Richtung Paleochora. Unter den Dorern gegründet, erlebte Lissos seine Blütezeit unter den Byzantinern und wurde im 9. Jh. von den Sarazenen zerstört. Als Hafen für das landeinwärts gelegene Elyros (das nicht mehr existiert) gehörte es zu einem Bund von Stadtstaaten unter Führung des antiken Gortys, der seine eigenen Goldmünzen mit der Aufschrift „Lission" prägte.

Zu sehen sind vorwiegend Relikte aus dem 1. bis 3. Jh. v. Chr., als Lissos für seine Heilquellen bekannt war. Ausgrabungen förderten eine kopflose Asklepiosstatue zutage, heute neben 20 weiteren Statuenfragmenten im Archäologischen Museum in Chania zu sehen. Man sieht noch den Altarsockel aus Marmor, auf dem die Statue stand, neben einer Grube für Opfergaben. Ausgegraben wurde auch ein **Mosaikboden** mit Vogeldarstellungen und geometrischen Formen sowie ungewöhnliche Tonnengewölbegräber an den westlichen Hängen des Tals. Neben dem Bootsanleger befindet sich ein schöner Kieselstrand.

Küstenwanderungen

Unberührte Strände und Wunder der Wildnis

Wie die meisten Orte an der Südküste bietet auch Sougia in der Umgebung tolle Wandermöglichkeiten. Der beliebteste Weg führt zur rund 3,5 km entfernten archäologischen Stätte **Lissos**. Sie liegt am Küstenpfad E4 nach **Paleochora** 13 km westlich – jedoch führt der Weg oft nicht direkt an der Küste entlang.

Hinter Lissos geht's hinauf auf eine Hochebene mit großartiger Aussicht auf das Libysche Meer. Schließlich überquert man das **Kap Flomes**. Für die Mühe belohnt wird man vor Paleochora mit mehreren versteckten Buchten und Stränden.

Plane für den fast schattenlosen Weg fünf bis sechs Stunden ein, nimm genügend Wasser mit und trage festes Schuhwerk und eine Kopfbedeckung. Im Sommer am besten sehr früh aufbrechen, um vor der größten Hitze des Tages am Ziel zu sein.

Östlich von Sougia führt eine anstrengende, aber lohnende Wanderung (11 km hin und zurück) zur einsamen Kapelle **Agios Antonios** an der gleichnamigen unbewohnten Bucht. Das Wasser neben der kleinen rosigen Kirche, die einer Filmkulisse entsprungen sein könnte, ist erfrischend kühl, da es sich um Quellwasser handelt. Dies ist einer der unberührtesten Abschnitte der Südküste. Ein Weg (2,5 km hin und zurück) führt hinauf zur **Polyphem-Höhle**, benannt nach dem Zyklopen, dem Odysseus auf seiner Fahrt von Troja begegnet.

ESSEN IN SOUGIA: UNSERE TIPPS

To Tzitziki sto Almiriki: Gehobene kretische Tagesspezialitäten und eine gute, vielfältige Karte, dazu Tische am Strand. *12–22 Uhr* €€

Omikron: Erfrischende Abwechslung von der Tavernenkost, z. B. mit köstlichen, mit heimischen Kräutern gebackenen Calamari. *8–23 Uhr* €€

Taverna Rembetiko: Kretische Bergkost vom Holzkohlengrill in heimeligem Ambiente abseits vom Strand unter knorrigen Bäumen. *12–24 Uhr* €€

Erontas-Diktamo Cafe: Lokal am Meer mit gutem Kaffee – ein prima Ort, um in den Tag zu starten. Ganztägige Küche, abends belebte Bar. *8–1 Uhr* €

ANTIKE RUINEN ERKUNDEN

Die Ruinen des antiken **Lissos** liegen wunderschöne 3,5 km von Sougia entfernt am Küstenpfad nach Paleochora.

START	ZIEL	DAUER/STRECKE
Sougia	Lissos	3,5 km; zwei Stunden

Am besten ist es, früh vor der größten Hitze des Tages aufzubrechen, um die Ruinen in aller Ruhe zu erkunden und danach noch eine Weile am Strand in der perfekten kleinen Bucht abzuhängen. Erkundige dich vor dem Start, wann die kleinen Boote von Lissos zurück nach Sougia (15 Min.) schippern.

Der Weg beginnt am Ende des ❶ **kleinen Hafens von Sougia**. Durch die ❷ **Lissos-Schlucht** weisen gelb-schwarze Schilder den Weg nach Lissos.

Nach etwa 1100 m führt der Weg am Westufer hinauf durch einen duftenden ❸ **Kiefernwald** auf eine sonnige ❹ **weite Hochebene**. Diese überquerst du etwa 750 m diagonal bis zu einem spektakulären ❺ **Aussichtspunkt**.

Am Talgrund siehst du zuerst den ❻ **Asklepiontempel** aus dem 3. Jh. v. Chr. Er stand neben einer der Quellen und war dem griechischen Gott der Heilkunst, Asklepios, geweiht. Auf dem Weg nach Süden kommst du an einer byzantinischen Kapelle vorbei, ❼ **Agios Kirkos**, und am kürzlich freigelegten ❽ **griechisch-römischen Theater**. In der Nähe befindet sich ein schattiger ❾ **Rastplatz** mit Trinkwasser und Informationstafeln zu der Stadt, die hier bis zum 9. Jh. florierte. Zum Abschluss steuerst du den ❿ **Strand** an.

0 500 m

Man sieht die kleine Bucht und das Tal von Lissos. Noch schöner wird der Ausblick auf dem steilen, aber gepflegten Serpentinenweg nach unten.

SOUGIA

START

Halte Ausschau nach Marmorobjekten, Ruinen eines Badehauses und uralten knorrigen Olivenbäumen, die in einen Tim-Burton-Film passen würden.

Im trockenen Flussbett muss man über ein paar Felsen kraxeln; meist ist der Weg schattig, mit ein paar dramatisch überhängenden Felsen.

ZIEL

Libysches Meer

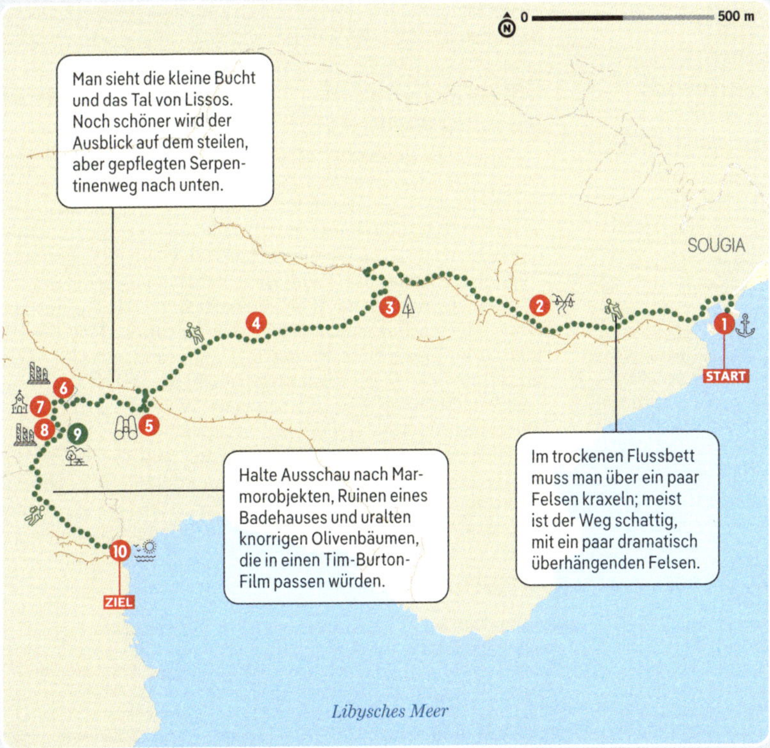

Rund um Sougia

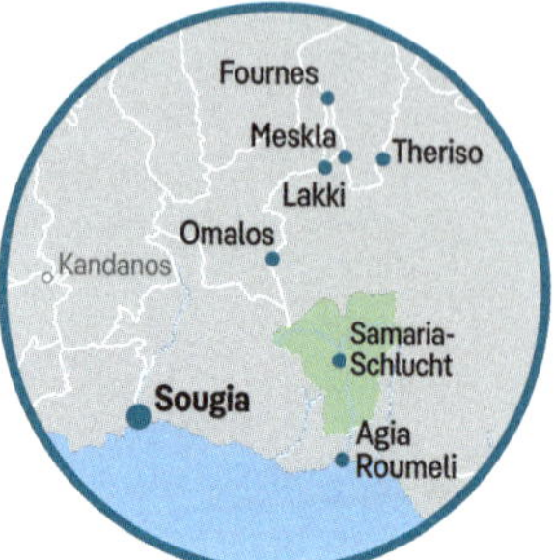

Vom perfekten Strandort Sougia ist es nur ein Katzensprung zur berühmten Samaria-Schlucht und anderen Bergfreuden.

Ziele

UNTERWEGS VOR ORT

Von der Hauptstraße von Sougia nach Chania führen kurvenreiche Bergstraßen zum Eingang der Samaria-Schlucht. Unterwegs, zwischen Sougia, Chania und der Nordküste, gibt's inmitten der schroffen Gipfel und Täler der Lefka Ori eine Menge zu entdecken. Wer alle Ecken gründlich erkunden will, mietet am besten ein Auto.

Das Omalos-Plateau, eine Bresche im mächtigen Gebirge der Lefka Ori tief im Inneren der Provinz Chania, ist von Sougia aus über eine herrliche Bergstraße zu erreichen. Die meisten Besucher:innen brechen von hier zur Wanderung durch die Samaria-Schlucht hinab zur Küste auf, eins der schönsten Outdoor-Abenteuer Griechenlands. Unten liegt der kleine Hafenort Agia Roumeli, ein Drehkreuz für den Fährverkehr und auch an sich ein lohnendes Ziel.

In den Bergen duftet es in den kleinen Dörfern nach Orangenbäumen und vielen anderen Kulturpflanzen. Tolle Tavernen, kleine Museen, historische Kirchen und spektakuläre Kulissen belohnen alle, die sich auf die kurvenreichen Straßen wagen.

Samaria-Schlucht

Kretas Top-Wanderung

Die **Samaria-Schlucht** *(samaria-gorge.gr; Erw./Kind 5 €/gratis)* ist eines der schönsten geologischen Juwele Europas. Am besten lässt sie sich auf einer 18 km langen Wanderung vom Bergdorf Xyloskalo bei Omalos genießen. Die Tour beginnt auf 1230 m Höhe und endet auf Meereshöhe in Agia Roumeli.

Gleich zu Beginn des Wanderwegs führt ein steiler Steinpfad etwa 600 m hinab in die Schlucht. Schließlich erreicht man die von Zypressen gerahmte kleine **Agios-Nikolaos-Kapelle**. Ab hier ist die Schlucht auf den nächsten 6 km breit und offen, bis das verlassene Dorf Samaria erreicht ist. Seine Einwohner wurden umgesiedelt, als die Schlucht als Nationalpark ausgewiesen wurde. Hier ist der Hauptrastplatz.

Als nächstes kommt eine Kapelle aus dem 14. Jh., die der hl. Maria von Ägypten geweiht ist. Ihr verdankt die Schlucht ihren Namen. Ein Stück weiter verengt sich die Schlucht immer dramatischer. Bei der 11-km-Marke rücken die Felswände auf

ESSEN IN AGIA ROUMELI: TOP TIPPS

Faragi Taverna: Großzügige Holztische mit Meerblick begrüßen Schluchtwandernde; Standards, gut zubereitet. *7–23 Uhr* €

Rousios: Am Ende des Weges durch die Samaria-Schlucht; Essen aus Zutaten vom Hof in einem hübschen Garten serviert. Toller Honig. *13–22 Uhr* €

Paralia: Den Anleger im Blick, während man auf die Fähre wartet. Warum in der Sonne stehen, wenn man hier einen Kaffee trinken kann? *7–22 Uhr* €

Ágios Pávlos: Eigenwilliges, aber gutes Café mit tollem Blick, 4 km östlich von Agia Roumeli am Pfad nach Loutro. Nicht darauf bauen. *Zeiten variieren* €€

NURPHOTO/GETTY IMAGES ©

Agia Roumeli

nur 3,5 m zusammen. Hier befinden sich auch die berühmten **Sideroportes** (Eisernen Pforten), wo ein klappriger Holzsteg rund 20 m weit übers Wasser führt.

Die Schlucht im Nationalpark endet an der 13-km-Marke gleich nördlich der weitgehend verlassenen Ortschaft Palea (Altes) Agia Roumeli. Von dort sind es noch weitere 3 km bis zum Meer. Unterwegs sieht man blühende Wildblumen, diverse Vögel und vielleicht eine *kri-kri*, eine Kretische Wildziege.

Für Tagesausflüge zur Schlucht wird auf ganz Kreta geworben, sodass es hier im Sommer voll wird. Am besten geht man möglichst früh los, um den Massen zuvorzukommen.

Der **Nordeingang** des Parks ist nur von Mai bis Oktober 7–13 Uhr geöffnet. Bis 16 Uhr müssen alle den Park verlassen haben. Unbedingt feste Schuhe tragen.

Agia Roumeli

DAUER AB SOUGIA: **40 MIN.** 

In einem unterschätzten Strandort entspannen

Die meisten Leute landen nach ihrer Wanderung durch die Samaria-Schlucht in **Agia Roumeli** und fahren dann gleich weiter. Aber der nur per Fähre oder zu Fuß erreichbare Ort lohnt mehr als eine Stippvisite. Abseits der mit Fährpassagieren gefüllten Cafés gibt's ein paar gute Tavernen sowie kleinere Pensionen, einige mit Meerblick. Statt mit den Besuchermassen mit der Spätnachmittagsfähre nach Chora Sfakion oder Sou-

SAMARIAS TIERWELT

Abgesehen von ihrer bemerkenswerten Geologie und Landschaft beherbergt die Samaria-Schlucht auch einige der interessantesten Tiere Kretas.

Mit einer Riesenportion Glück entdeckst du eine *kri-kri* oder *agrimi*, eine wilde Ziege mit säbelartigen Hörnern, braunem Fell und einem dunklen Fellring um den Nacken. Sie ist selten, wurde in der Schlucht aber schon beobachtet. Angesichts ihres markanten Aussehens verwundert es nicht, dass sie oft in minoischer Kunst auftaucht. Heute leben nur noch ein paar Exemplare in der Wildnis.

Vielleicht erspähst du auch einen Lämmergeier, einen der seltensten Greifvögel Europas. Er hat eine Flügelspannweite von fast 3 m, sodass er leicht zu erkennen ist.

Auf dem Boden ist hingegen die nicht giftige Leopardnatter unterwegs.

ESSEN IN DEN BERGEN: TOP TIPPS

Ntounias: Eine der besten Landtavernen; denkwürdige traditionell zubereitete Bio-Gerichte, kreativ modern. Reservieren. *12–18 Uhr* €€

Taverna Halaris: In einem Hain unterhalb der Kirche in Meskla werden althergebrachte Berggerichte aufgetischt. Keine Karte. *9–23 Uhr* €

Seli: Einfache Taverne mit fabelhaftem Blick im Herzen von Lakki. Als würdest du bei deiner kretischen Lieblingstante essen. *9–23 Uhr* €

Xyloskalo: Frühstück, serviert am Nordeingang zur Samaria-Schlucht. Ein Kaffee wirkt Wunder an einem frühen nebligen Morgen. *7–14 Uhr* €

BILDSTÖCKE

Überall an Kretas kurvigen Straßen sieht man sie stehen, die Kapellen im Puppenhausformat auf einem Metallsockel. Diese sogenannten *kandylakia* gibt es in vielen Variationen, schlicht oder kunstvoll, verwittert oder brandneu. Hinter winzigen verstaubten Fenstern flackert mitunter eine Votivkerze vor einem kleinen Heiligenbild. Besonders oft stehen sie an Haarnadelkurven, schlecht einsehbaren Biegungen und am Rand steiler Berghänge. Viele wurden nach tödlichen Unfällen an diesen Stellen von den Hinterbliebenen gestiftet, andere von denen, die einen solchen Unfall wie durch ein Wunder überlebt haben oder einem bestimmten Heiligen danken wollen.

gia zu fliehen, kann man in einem ruhigen Hafenort mit Kieselstrand entspannen.

Das Dorf ist auch bei denjenigen beliebt, die die Schlucht auf die „faule Art" abhaken: Sie wandern nur ein kurzes Stückchen vom Meer Richtung Norden. Außerdem ist es der Startpunkt der schönen 14-km-Wanderung Richtung Osten die unberührte Küste entlang nach Loutro, vorbei an idyllischen Stränden und kleinen Kirchen.

Fournes

DAUER AB SOUGIA: **70 MIN.**

Den Botanical Park & Gardens of Crete besuchen

Im herrlichen **Botanical Park & Gardens of Crete** *(botanical-park.com; Erw./Kind 7/4 €)* an der Hauptstraße Chania–Omalos etwa 4 km südlich von Fournes kann man ohne Weiteres zwei Stunden verbringen. Die von einer Familie angelegten, 15 ha großen Gärten umfassen Abteilungen mit Heil-, Tropen-, Zier- und Obstbäumen, alles gut beschildert und von der Bergkuppe bis zum Talboden schön arrangiert. Im Laden werden lokal produzierte Erzeugnisse verkauft. Das Restaurant lädt zu einer erfrischenden Pause ein. Vollbeladene Teller mit typisch kretischer Kost werden aus vor Ort angebautem Gemüse zubereitet.

Theriso

DAUER AB SOUGIA: **2 STD.**

Fantastisches Dorf & fabelhaftes Essen

Theriso am Fuß der Lefka Ori, 500 m über dem Meer, hat in den Herzen der Kreter einen besonderen Platz. Es war Schauplatz historischer Schlachten gegen die Türken und ist berühmt für seine Verbindung zum Politiker Eleftherios Venizelos und Kretas revolutionärer Phase Ende des 19. Jhs. Heute sind seine Tavernen beliebt, die sonntags ausgedehnte Mittagessen servieren. Das kleine **Museum des Nationalen Widerstands** *(2 €)* dokumentiert die kretische Widerstandsbewegung der Zeit von 1941 bis 1945. Es gibt nur einige wenige Erläuterungen auf Englisch. Die Fahrt von Norden über Perivolia nach Theriso ist spektakulär: Die steile, kurvige Straße folgt einem Bach durch eine grüne Oase und die 6 km lange **Theriso-Schlucht** – eine schöne Strecke nach Omalos durch eine abwechslungsreiche Berglandschaft.

Meskla

DAUER AB SOUGIA: **2 STD.**

Eine Kirche mit dreistufiger Geschichte

Wer hinter Fournes bei einer Gabelung links nach Süden abbiegt, den führt eine kurvenreiche Straße durch eine Schlucht

ESSEN IN THERISO: TOP TIPPS

Taverna Leventogiannis: Von Platanen beschatteter Hof mit klassischer Bergküche. Sonntags beliebt bei Familien. *12–20 Uhr* **€**

Ampelitsiá Thériso: Die moderne Taverne serviert traditionelle Gerichte wie Lamm vom Holzkohlengrill. Hausgemachter Käse. *12–20 Uhr* **€€**

Cheimōnanthós: Letzte Station für viele Schafe und Ziegen der Region. An Wochenenden weht der Geruch von Grillfleisch über die Straße. *12–19 Uhr* **€**

Taverna Madares: Einladende Terrasse mitten im Dorf mit Tischen beim Küchengarten, wo im Sommer prächtige Tomaten wachsen. *12–19 Uhr* **€**

LEOKS/SHUTTERSTOCK ©

Lakki

mit schönem Ausblick auf Meskla. Neben der modernen Panagia-Kirche steht eine **Kapelle aus dem 14. Jh.**, erbaut auf den Fundamenten einer Basilika aus dem 6. Jh., die wiederum über einem Aphrodite-Tempel errichtet worden sein könnte. Erkunde die Umgebung und verschnaufe dann im Schatten der Bäumen am Fluss.

Lakki

DAUER AB SOUGIA: **75 MIN.**

Dorf mit Aussicht

An der Hauptstraße von der Nordküste zur Samaria-Schlucht liegt 24 km von Chania entfernt das ursprüngliche Dorf **Lakki**. Mit weitem Panorama – man kann über die Schlucht bis Meskla sehen – wirkt das Dorf wie ein Balkon mit Blick auf Kreta. Die stolze Kirche, **Agios Antonios**, ist schon aus großer Entfernung zu erkennen. Der Dorfplatz davor ist ein prima Ort für eine Mittagspause mit schöner Kulisse.

Omalos

DAUER AB SOUGIA: **1 STD.**

Kühle Brise, coole Wanderungen

Für die meisten Reisenden ist **Omalos** nur eine Durchgangsstation auf dem Weg zur Samaria-Schlucht. Doch für alle, die Einsamkeit schätzen oder gerne in der freien Natur sind, lohnt sich auch ein längerer Aufenthalt in dem Ort auf der Hochebene. Im Sommer ist es hier im Vergleich zur schwülen Küste erfrischend kühl und die gebirgige Umgebung verlockt zu tollen Wanderungen. Für alle, die den Besuchermassen aus dem Weg gehen wollen, ist es außerdem ein guter Ausgangspunkt, um früh am Tag die Wanderung durch die Samaria-Schlucht anzugehen.

UNTERWEGS ZUR SAMARIA-SCHLUCHT

Tagestrips beginnen am Nordeingang (Xyloskalo) und beinhalten nach der Fährfahrt ab Agia Roumeli die Abholung in Sougia oder Chora Sfakion.

Man kann die Tour auch auf eigene Faust organisieren, mit Busfahrt ab Chania und Fährfahrt, aber du musst dann sehr früh loslegen – gut im Sommer, denn du bist vor den Massen unterwegs. Ab Sougia fährt im Sommer morgens ein Bus oder man nimmt ein Taxi zum Schluchteingang, mit mehreren Leuten wird's billiger. Zurück nach Sougia geht's mit der Fähre.

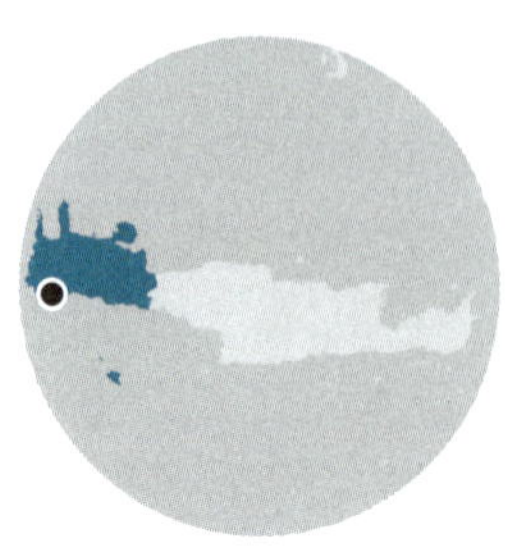

Paleochora

MEHRERE STRÄNDE | GEHOBENE KÜCHE | SCHÖNE WANDERUNGEN

UNTERWEGS VOR ORT

Paleochora ist flach und zwischen den beiden Stränden leicht zu Fuß zu erkunden. Es ist der westliche Endpunkt der Autofähren entlang der Südwestküste von Anendyk ab Chora Sfakion über Sougia, Agia Roumeli und Loutro. Von Chania fahren Busse hierher (2 Std.).

Notos Rentals *(notoscar.gr)* bietet erschwingliche Mietwagen für die einfache Fahrt von Chania nach Paleochora, falls man sich eine Westkretaroute mit Auto, Fähre und Bus zusammenbasteln will.

TOP TIPP

Paleochora hat so viele Lokale, dass man auch im Sommer nicht reservieren braucht. Im Ortszentrum stehen Dutzende zur Auswahl. Abends sind die Straßen westlich des Fähranlegers für Autos gesperrt und Tische stehen auf dem Asphalt.

Das reizende, relaxte und stimmungsvolle Paleochora hat eine ungewöhnliche Lage: Es klemmt auf einer schmalen Halbinsel im Libyschen Meer zwischen dem langen, von Tamarisken beschatteten Sandstrand Pachia Ammos und dem Kieselstrand Chalikia. Mit seichtem Wasser und ruhigem Flair ist das Dorf auch für Familien mit kleinen Kindern ein gutes Urlaubsziel.

Der malerischste Teil von Paleochora ist das Labyrinth enger Sträßchen unterhalb der Burg. Die Cafés machen sich mit ihren Tischen bis auf die Straße breit und scheinbar endlos sitzen hier die Leute an ihrem Morgenkaffee. Mit seinen Wandermöglichkeiten in der Umgebung, u. a. dem schönen Weg nach Sougia, lockt Paleochora zahlreiche Wandernde an.

Am Abend stellen jede Menge Tavernen ihre Tische am Chalikia auf. Der Wettbewerb ist hart, sodass Paleochora mit dem besten Essen im äußersten Westen Kretas lockt. Das Nachtleben entlang der engen Gassen ist zwar nicht wild, aber, nun ja, berauschend.

Den perfekten Strand wählen

Nicht einer oder zwei, sondern viele

Der munterste Ort an der Südwestküste wartet mit mehreren Stränden auf: zwei, die den Ort einrahmen und weitere in der Nähe. Du wirst also sicher den passenden finden.

Die beiden Strände im Ort tragen Namen, die das Wichtigste über sie verraten: Chalikia-Strand (Kieselstrand) und Pachia Ammos (Sandstrand).

Der **Chalikia** an der Ostseite der Halbinsel ist gelegentlich windgeschützter als der Sandstrand Pachia Ammos, verschwindet bei Flut jedoch oft auf dem 300-m-Stück vom Fähranleger.

Der **Pachia Ammos** auf der Westseite der Halbinsel von Paleochora besteht aus einem breiten und langen Streifen mit feinem, hellbraunem Sand. Bei starkem Wind ist er gut zum Windsurfen und für andere Wassersportarten. Er fällt allmählich ins Meer ab, ist also gut für Kinder geeignet. Eine Reihe von Strandbars mit Strohdach bieten schönen Sonnenuntergangsblick.

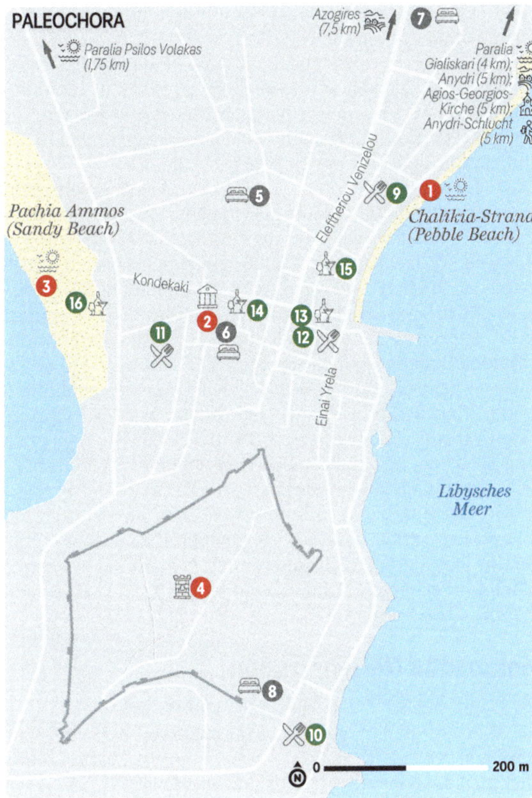

Westlich des Orts reihen sich entlang der halbmondförmigen Küste Strände wie an einer Perlenkette auf.

Paralia Psilos Volakas, eine kleine windgeschützte Felsenbucht, ist über einen leichten Spaziergang vom Ortszentrum erreichbar (2 km).

Ein Landspaziergang

Ein Strand, eine Kirche und Ausblicke

Rund 5 km östlich von Paleochora windet sich die hübsche Anydri-Schlucht vom gleichnamigen Dorf 3 km am Flussbett entlang zum wunderschönen Gialiskari-Strand – ein einfacher Weg, jedoch gibt's nicht viel Schatten.

ESSEN IN PALEOCHORA: TOP TIPPS

To Peiratiko Bar Restaurant: Die „Piratenbar" serviert ausgezeichnete moderne griechische Küche. Bietet auch Kochkurse. *12–23 Uhr* €€

Taverna Methexis: Am Südrand des Orts, mit Tischen auch auf der anderen Straßenseite an einer kleinen Lagune. Gute Kreta-Kost. *13–23 Uhr* €€

El Greco: Taverne mit zwei Ebenen und mediterran inspirierter Karte in der langen Reihe von Fischrestaurants am Chalikia-Strand. *12–23 Uhr* €€

Third Eye: Örtliche Institution mit schickem neuen Look. Täglich wechselnde vegetarische Karte mit asiatischem und orientalischem Touch. *12–23 Uhr* €€

DELFINE SICHTEN

Bist du bei Paleochora per Fähre oder Boot unterwegs, halte Ausschau nach Großen Tümmlern, die zum Jagen ins flache Wasser nahe der Küste kommen, wo es reichlich Tintenfische gibt – sehr zur Freude von Delfinen und Calamari-futternden Menschen.

Die Tümmler vor der Südwestküste Kretas unterscheiden sich von allen anderen weltweit: Sie haben größere Schwänze, die möglicherweise zur Wärmeableitung bei hohen sommerlichen Wassertemperaturen dienen.

Obwohl Sichtungen nicht selten sind, haben die Delfine ihre eigene Agenda und es gibt keine Garantie, dass sie auftauchen. Es werden keine regelmäßigen Delfinbeobachtungstouren angeboten, doch auf einer Fährfahrt nach Sougia hat man gute Chancen, die typischen, dreieckigen Flossen auftauchen zu sehen.

Von Paleochora folgt man der Straße am Campingplatz vorbei und dann der von steilen Felsen gesäumten Teerstraße, die links zum Dorf Anydri rund 5 km nordöstlich von Paleochora abbiegt. Gegründet wurde das Dorf von zwei Brüdern aus Chora Sfakion, die vor einer blutigen Vendetta flüchteten. Die **Agios-Georgios-Kirche** schmücken Fresken aus dem 14. Jh. und ein Glockenturm wie aus einer Filmkulisse.

Vom Dorf weisen Schilder den Weg zur **Anydri-Schlucht**. Nach ein paar hundert Metern stößt man links auf einen überwucherten Pfad, wo rote Markierungen den Weg zur Schlucht anzeigen. Nach etwa 1,5 km Wanderung durch das gewöhnlich trockene Flussbett sieht man das Meer am breiten, geschwungenen **Paralia Gialiskari** glitzern. Der schönste Abschnitt ist der mit rauem Sand links der Strandbar. An mehreren einladenden Buchten sonnen sich manche Leute gern hüllenlos. Von hier geht's Richtung Westen zurück nach Paleochora.

Oder man begibt sich auf dem Wanderweg E4 Richtung Osten auf eine Ganztagestour (13 km) meist an der Küste entlang nach Sougia. Von Paleochora folgt man den Schildern zu den Campingplätzen im Nordosten und biegt am Schild nach Anydri (das links liegt) rechts ab. Nach etwa 2 km klettert der Pfad steil an, mit schönem Blick zurück auf Paleochora. Man kommt am Gialiskari-Strand vorbei, geht weiter Richtung Osten und erreicht schließlich das antike Lissos (S. 72) und dann Sougia (S. 70).

Malerische Nebenstraßen

Die Berge oberhalb von Paleochora erkunden

Die Nebenstraßen in den Bergen oberhalb von Paleochora haben einen besonderen Charme, ob man nun von Chania kommt oder nach Sougia oder Elafonisi unterwegs ist.

Statt der Hauptstrecke an die Nordküste via Kandanos führt eine viel schmalere Alternativroute nordwestlich von Paleochora zur Straße nach Elafonisi. Diese idyllischere Option verläuft durch die winzigen Dörfer Voutas und Kamatera. Man passiert kleinere Schluchten, von Bäumen gesäumte Bäche und duftende Obstgärten. Oder man nimmt den kleinen Umweg über **Azogires** (S. 82).

In Richtung Sougia führt eine kurvenreiche Strecke via Anydri in die Berge. Während du der bergigen Topografie folgst, werden dich die Küstenpanoramen zu häufigen Stopps veranlassen, bevor es bei Papadiana auf die Hauptstraße geht.

Beachte, dass all diese Straßen schmal, die Brücken oft einspurig und die Biegungen scharf sind.

AUSGEHEN IN PALEOCHORA: UNSERE TIPPS

Monika's Garden Wine Bar: Einer der besten Läden im Ort. Viele offene kretische Weine und auch gute Cocktails. *18–1 Uhr*

Nostos Club: Beim Chalikia-Strand mit einer belebten Außenterrasse. Komm in der Abenddämmerung und bleib bis Sonnenaufgang. *18–8 Uhr*

Agios: Eine von mehreren Bars im Ortszentrum, Plaudertaschen verbringen ganze Nachmittage an den Straßentischen. *7.30–3 Uhr*

Zephyros: Der Spot für einen Sundowner am Pachia Ammos; bequeme Stühle und Liegen sowie gute Getränke und Speisen. *11–23 Uhr*

Rund um Paleochora

Traumstrände und kleine kurvenreiche Straßen mit wilden Abschnitten mit Meerblick, Dörfern und hohen Gipfeln.

Paleochora ist ein guter Ausgangspunkt für die Erkundung einiger der schönsten Nebenstraßen Kretas und eins der tollsten Naturwunder der Insel, des Strands von Elafonisi. Dort ist's im Sommer voll, aber leer im Frühjahr und Herbst – dann ist dies einer der zauberhaftesten Orte am Mittelmeer. Und du kannst die Küste erkunden und weitere Traumstrände entdecken.

Kleine, aber gut befahrbare Straßen führen zu verträumten Dörfern, vorbei an Schluchten, in denen sich Olivenbäume an steile Felsen klammern und die Zeit stillzustehen scheint. Lass es langsam angehen und wirf den Reiseplan über Bord. Egal, ob du deine Zehen in den rosa Sand von Elafonisi gräbst oder in einem Innachorion-Bergdorf Honig probierst – diese faszinierende Region belohnt Reisende, die sich Zeit lassen.

Ziele

Elafonisi S. 81
Innachorion-Dörfer S. 82

Elafonisi

DAUER AB PALEOCHORA: **1 STD.** 

Rosa Sand, blaues Wasser

In der Südwestecke Kretas liegt der unglaubliche Strand von **Elafonisi**, Kulisse für Millionen Selfies mit feinem rosa-weißem Sand, türkisem Wasser und sanften Dünen. Jenseits des langen, breiten Strands mit dem Inselchen Elafonisi erstreckt sich eine Reihe halbgeschützter Buchten. Manchmal ist die Insel über eine schmale sandige Landbrücke mit dem Festland verbunden; ansonsten kann man sie leicht erreichen, indem man 50 m weit durchs knietiefe Wasser watet. Und das Wasser! Es ist absolut klar und im Sommer gewöhnlich warm. Es gibt viele seichte Stellen, die sich prima für Kinder und erfrischende Strandspaziergänge eignen.

Da es hier so viele Strände gibt, findet man meist einen windgeschützten. Im Sommer ist es allerdings schwieriger, den vielen Badegästen aus dem Weg zu gehen. Dann drängeln sich die Liegestühle, Cafés und Läden säumen die Zugangsstraße.

Ein ruhigerer Strand

Am **Kedrodasos-Strand** kann man die Massen hinter sich lassen. 2 km weiter östlich, vorbei an Olivenhainen und Gewächshäusern, in denen Wintertomaten gezogen werden, führt eine 400 m lange, steinige Piste zu einem Parkplatz. Über nach Salbei und Wacholder duftende Pfade gelangt man hinab zu einem felsigen Strand mit feinem braunen Sand.

UNTERWEGS VOR ORT

Elafonisi ist eins der Top-Tagesausflugsziele in Westkreta. Von Mai bis Oktober rollen täglich ab dem Vormittag Buskolonnen die Zugangsstraße hinab. Anderswo braucht man ein Auto, um die schöne Landschaft der Region zu genießen. Wegen der Straßenbedingungen und verlockenden Umwege immer mit der doppelten Fahrtzeit rechnen. Oft gibt's malerische Nebenstrecken z. B. um Paleochora.

ELAFONISI GENIESSEN

Im Hochsommer ist Elafonisi weniger idyllisch, wenn Hunderte von Sonnenschirmen und Liegestühlen den Strand belegen und sich die Autos stauen.

Doch selbst an den vollsten Tagen kann man dieses Naturjuwel genießen.

Bei passendem Wetter gleiten Windsurfer:innen über das klare Wasser und wenn die Brandung ungewöhnlich stark ist, sieht man auch ein, zwei Leute surfen. Kedrodasos fühlt sich unberührt an und hat keine touristische Infrastruktur, also bring deinen eigenen Schirm oder finde etwas Schatten an den Büschen am Strand. Und denk vorher an Wasser und Verpflegung.

Goldene Treppe

Das prächtige **Kloster Moni Chrysoskalitissas** *(Erw./Kind 2 €/gratis)* thront auf einem Felsen hoch über dem Meer. Die Kirche ist neueren Datums, doch das angeblich tausend Jahre alte Kloster steht vielleicht auf den Resten eines minoischen Tempels. Im Kloster wurden zwei kleine Museen eingerichtet: ein Volkskundemuseum mit einigen Webarbeiten und dörflichen Alltagsgegenständen sowie ein Kirchenmuseum, das hauptsächlich Ikonen und Manuskripte präsentiert.

Chrysoskalitissas bedeutet „Goldene Treppe". Eine Version der Legende besagt, die oberste der 98 Treppenstufen zum Kloster hinauf bestand aus Gold, was aber nur wahre Gläubige zu erkennen vermochten. Einer anderen Version zufolge war eine der Stufen von innen hohl und diente als Versteck für den Kirchenschatz. Der Besuch ist eine schöne Abwechslung vom Strand.

Das Kloster befindet sich etwa 5 km nördlich vom Strand an der Hauptstraße von Elafonisi.

Innachorion-Dörfer

DAUER AB PALEOCHORA: **20 MIN.–2 STD.** 

Charme, Berge und weite Ausblicke

In den Bergen oberhalb von Paleochora liegen einige der malerischsten und am wenigsten besuchten Bergdörfer im Westen von Kreta. Am besten erkundet man sie alle gemeinsam auf einem Tagesausflug mit häufigen Pausen.

Die Weiler, bekannt als **Innachorion-Dörfer** (abgeleitet von Enneia Choria – „neun Dörfer"), verteilen sich im äußersten Westen entlang der Straßen zwischen Paleochora und Falasarna. Der 22 km lange Abschnitt der Küstenstraße von Kefali nach Sfinari gehört zu den schönsten Strecken auf Kreta: Er schlängelt sich um schroffe Felswände und eröffnet hinter jeder Biegung ein neues großartiges Küstenpanorama.

Um **Azogires**, nur 9 km nördlich von Paleochora, und sein bewaldetes Tal ranken sich allerlei Legenden, die von Nereiden (Nymphen) in seinen Wasserfällen und höhlenbewohnenden Asketen des Mittelalters handeln. Sowohl die Wasserfälle als

ESSEN RUND UM PALEOCHORA: TOP TIPPS

Elaias Thea: Im Bergrestaurant bei Anoskeli mit großartigem traditionellen Essen inmitten fröhlicher kretischer Familienspeisen. *13–21 Uhr* €€

Glykeria: Familiengeführte Taverne an der Hauptstraße nördlich von Elafonisi; kretische Klassiker, Burger, Pasta und Seafood. Meerblick. *9–22 Uhr* €€

To Kafenio Tou Azogire: Zusammengewürfelte Tische drinnen und draußen, kretische Landküche, guter Kaffee, nette Atmosphäre. *8–22 Uhr* €

Captain Fidias: Eins von mehreren Fischrestaurants am Strand in Sfinari. Tagsüber Liegestuhlverleih, abends leckeres Seafood vom Grill. *12–21 Uhr* €€

JGA/SHUTTERSTOCK ©

Strand von Sfinari

auch die Höhlen kann man heute besuchen. Informationen gibt's im Alpha Restaurant. Die Straße ist hier oft noch nicht mal einspurig, was Fahrende quasi dazu zwingt, die Landschaft zu genießen.

Das rund 31 km nordwestlich von Azogires gelegene **Elos** ist die größte Ortschaft der Gegend und Zentrum des Kastanienhandels. Der Dorfplatz mit seinen beiden Tavernen bietet sich mit seinen Platanen, Kastanien und Eukalyptusbäumen als angenehm schattiger Rastplatz an. Hinter dem Dorfplatz stehen die Überreste eines Aquädukts, das einst Wasser zur alten Mühle führte.

Rund 2,5 km westlich von Elos und gleich westlich der Abzweigung zur Straße nach Elafonisi liegt das stimmungsvolle **Kefali** mit seiner mit Fresken verzierten Kirche aus dem 14. Jh. und weitem Ausblick von den Cafés entlang der Straße.

Richtung Norden liegen die Dörfer entlang der Küstenstraße hoch zwischen Bergen und Schluchten. Der Weiler **Pappadiana** etwa 2 km westlich von Kefali hat ein niedliches Café. Nach weiteren 5 km führt die Straße in die Berge hinauf bis zu einem Felsvorsprung beim winzigen **Amygdalokefali**, das eine unschlagbare Aussicht übers Meer gewährt.

Weiter die jetzt abfallenden Küstenstraße entlang bietet das Dörfchen **Kambos** am Rand einer Schlucht Strandzugang und konkurrierende Tavernen. Das verschlafene Bauerndorf **Sfinari** schließlich, 9 km weiter nördlich, hat einen langen grauen Kiesstrand mit schöner Brandung und ausgezeichneten Fischtavernen am Strand. Such dir ein ruhiges Fleckchen, um die Aussicht zu genießen.

DIE FRÜCHTE DER REGION

Die grünen Hügel von Südwestkreta sind bekannt für ihre landwirtschaftliche Fülle. Im Schatten der Kastanien- und Olivenbäume stehen Bienenkörbe. Sonnige Felder mit Kräutern wie Lavendel, Thymian, Salbei und Oregano verleihen der Luft einen aromatischen Duft. In steinernen Bauernhäusern wird klarer, starker Raki gebrannt, das Getränk der Wahl nach jeder Mahlzeit und überhaupt zu jeder Tages- und Nachtzeit.

Es herrscht kein Mangel an Gelegenheiten, Olivenöl, Honig, Trockenkräuter und Raki zu kaufen. Handgemalte Schilder, die diese Produkte anpreisen, säumen die Straßen und an den Bergstraßen wartet manchmal gefühlt an jeder Ecke ein Verkaufsstand. An einigen werden fröhlich Proben angeboten, andere haben eine Vertrauenskasse, während ihre Eigentümer:innen fleißig weiterproduzieren.

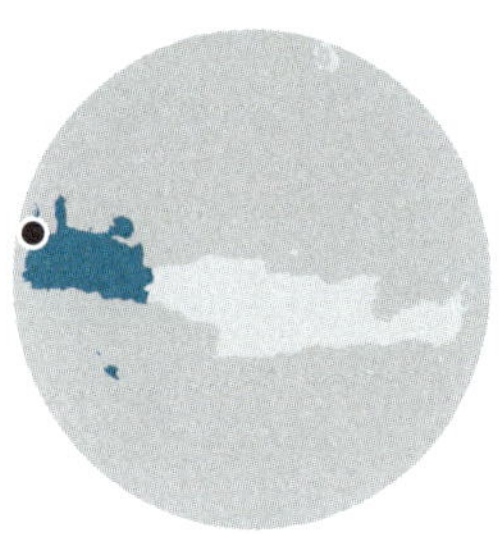

Falasarna

WEISSER SAND | ANTIKE RUINEN | BLUTROTE SONNENUNTERGÄNGE

UNTERWEGS VOR ORT

Falasarna ist von Chania mit dem Bus über Kissamos (1¾ Std.) zu erreichen. An den Stränden gibt's reichlich Parkplätze, außer am Baby Beach. Die antike Stätte und alle Strände sind leicht zu Fuß zu erkunden; das Relief steigt landeinwärts rasch an – viele Tavernen und Pensionen erfordern einen steilen Aufstieg, als Belohnung warten weite Aussichten.

TOP TIPP

Auf Strandtouren wenig mitnehmen – Liegestühle, Schirme und Wassersportausrüstung kann man mieten. So braucht man vor Ort nicht so viel zu schleppen und ist zu Fuß mobiler.

Bei den schönsten Sonnenuntergängen Kretas vor Falasarna, einem wachsenden Badeort, bricht sich das Licht in Millionen blutrote Strahlen. Der breite Streifen aus zartrosa Sand gilt als einer der schönsten Kretas und ist beliebt für klares Wasser, Wellen und Wassersport. Tagsüber herrscht lebhaftes Flair, abends schaut man andächtig dem Sonnenuntergang zu und nachts hallt die Bucht von den Strandpartys wider.

Falasarna hat kein eigentliches Ortszentrum – Hotels, Tavernen, Cafés und Läden liegen verstreut in den sandigen Hügeln. Jedes Jahr werden es mehr und die Entwicklung wird immer schneller.

Darüber hinaus ist Falasarna berühmt für die Ruinen eines Stadtstaats und Handelszentrums aus dem 4. Jh., einst ein wichtiger Hafen. Zwischen den andauernden Ausgrabungen umherzuspazieren und die neuesten Funde zu erspähen, ist spannend.

Fabelhafte Strände

Rosa Sand, rollende Wellen

Die unterschiedlichen Strände Falasarnas haben etwas gemein: blassrosa Sand, blaugrünes Wasser und tolle Sonnenuntergänge.

Der feine, weiße Sand des **Big Beach** (Paralia Megali) oder Falasarna Beach erstreckt sich fast 1 km lang in einem sanften Bogen von Norden nach Süden. Das südliche Ende, das durch Dünen von der Straße abgeschirmt wird, ist ruhiger. Weiter nördlich befinden sich kleine, von Felsen abgetrennte Buchten.

Gleich südlich schließt sich der **Small Beach** (Paralia Mikri) an. Er liegt hinter einem felsigen Hügel und ist oft weniger voll.

ESSEN & AUSGEHEN IN FALASARNA

Exohiko: Hinter den Dünen am Big Beach, mit prima Terrasse für einen Sundowner. Gute griechische Standards. *10–23 Uhr* €€

Galasia Thea: Die riesige Rasenterrasse blickt auf den Small Beach und die *mayirefta* (vorgekochte Gerichte) sind super als Picknick. *10–23 Uhr* €€

Alikia: Weit im Süden an einer kleinen Bucht mit Sandstreifen, beliebt für gut zubereitete Klassiker und Seafood. Hochgelobte Pommes. *12–22 Uhr* €€

Orange Blue: Brummt den ganzen Sommer hinter dem Baby Beach; genieße Getränke und Mahlzeiten auf der Terrasse oder unten am Strand. *10–1 Uhr* €€

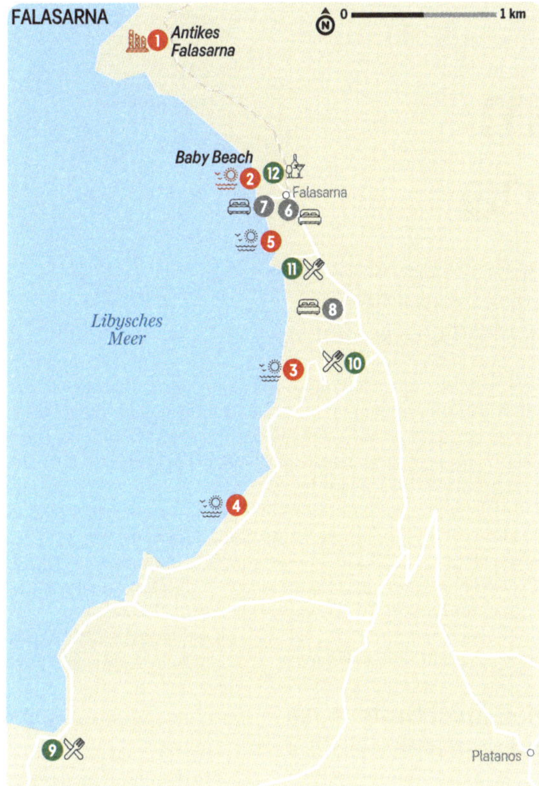

HIGHLIGHTS
1 Antikes Falasarna
2 Baby Beach

SEHENSWERTES
3 Big Beach
4 Paralia Livadi
5 Small Beach

SCHLAFEN
6 Falasarna Bay
7 Hotel Sun Set Kampouraki Maria
8 Magnolia Apartments

ESSEN
9 Alikia
10 Exohiko
11 Galasia Thea

AUSGEHEN & FEIERN
12 Orange Blue

Der **Baby Beach** (Paralia Moron) ist der Partystrand, ein Pfad vom Parkplatz auf einem Felsufer führt hinab zu einem Plankenweg zwischen Liegestühlen von Strandclubs und -bars.

Neben extrem klarem Wasser zeichnet sich Falasarna auch durch große Wellen aus, die als lange Wogen aus dem offenen Mittelmeer hereinrollen – größer als anderswo auf Kreta. In den flachen Buchten kann man meist trotzdem gut baden.

Von Mitte Juli bis Mitte August wird's voll in Falasarna, dann kann man an ruhigere Strände wie **Paralia Livadi** ausweichen.

Ein antiker Stadtstaat

Faszinierende römische Ruinen

Jedes Jahr legen Archäolog:innen mehr vom **antiken Falasarna** frei. Die Ruinen sind über eine 2 km lange unbefestigte Straße zu erreichen, am Eingang befinden sich Infotafeln mit einem QR-Code, der zu einer App mit jeder Menge Infos führt. Ein Stück weiter stößt man auf die Relikte der Stadtmauer und eines kleinen Hafens. Oben auf dem Hügel liegen die Überreste einer Akropolismauer und eines Tempels sowie vier tönerne Badebecken. Außerdem gibt's Türme, eine Straße, Wassertanks und eine Kellerei.

EINSTIGER HAFEN

Das Gebiet um Falasarna ist mindestens seit dem 6. Jh. v. Chr. besiedelt, den Gipfel seiner Macht als Stadtstaat erreichte es im 4. Jh. v.Chr. Das antike Falasarna lag direkt am Meer, doch die Ruinen befinden sich heute 400 m landeinwärts.

Falasarna verdankte seinen Reichtum der Landwirtschaft im fruchtbaren Tal weiter südlich. Es diente als Westküstenhafen für Polyrrinia, wurde aber später dessen größter Rivale um die Vorherrschaft über Westkreta. Als die Römer Kreta 67 v.Chr. eroberten, wurde Falasarna zerstört. Zwar wurde es wieder aufgebaut, doch das Erdbeben von 365 n. Chr. machte ihm endgültig den Garaus: Der Hafen hob sich 6,5 m aus dem Meer und war damit nutzlos.

Rund um Falasarna

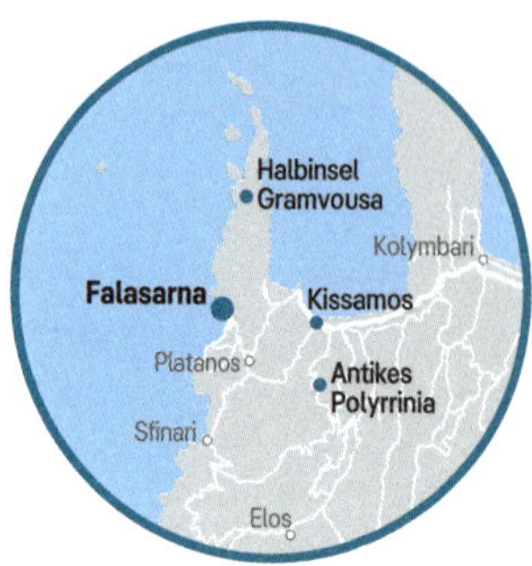

Abgelegen, rau und berühmt – der Strand von Balos hat Kultcharakter. Vom attraktiven Falasarna aus geht's Richtung Norden.

Ziele

Das nordwestliche Kreta ist vom Tourismus kaum berührt. Die Küste hier ist von der kaum besiedelten Halbinsel Gramvousa mit dem Strand von Balos und dem Inselchen Imeri Gramvousa mit seiner venezianischen Festung geprägt. Das traumhafte Balos scheint in jeder Kreta-Werbebroschüre aufzutauchen. Hierher kommt man jedoch nur über die holprige Straße oder in einem überfüllten Ausflugsboot.

Falasarna ist eine gute Basis, um die Region zu erkunden. Viel erschlossener, aber kaum interessant ist das größere Kissamos mit Hotels, Ferienwohnungen und Tavernen.

Für einen spannenden Tagestrip bieten sich die Ruinen von Polyrrinia auf einem Hügel inmitten grüner Landschaft an.

UNTERWEGS VOR ORT

Zwischen Chania und Kissamos verkehren regelmäßig Busse (1 Std.), manche fahren weiter bis Falasarna (40 Min.). Wer am Eingang zur Balos Beach Road aussteigt, hat einen heißen und staubigen Fußmarsch von 12 km vor sich. Ausflugsboote nach Balos starten in Kissamos vom Hafen im Westen des Orts. Im Sommer fährt zudem täglich ein Boot vom Small Beach in Falasarna. Im Hinterland von Kissamos befindet sich ein Gewirr von schmalen, aber malerischen Sträßchen.

Halbinsel Gramvousa

DAUER AB FALASARNA: **1 STD.**

Traumhaftes Balos und eine venezianische Festung

Die wunderbar wilde und einsame **Halbinsel Gramvousa** reckt sich geradewegs ins Mittelmeer. Ihre Hauptattraktion ist der bemerkenswerte Strand von Balos am Kap Tigani auf der Westseite der Spitze der Halbinsel.

Der **Sandstrand von Balos** ist eine Wucht. Vor einer kargen Landschaft säumt er eine flache Lagune mit türkisem Wasser und lockt im Sommer zahllose Gäste an. Im besten Falle ist er ein himmlischer Anblick, mit plätscherndem Wasser, in dem herumflitzende Fische glitzern. Wenn Ebbe herrscht, ein starker Wind weht oder er von Ausflügler:innen überlaufen ist, kann er auch enttäuschen. Achtung: Balos bietet keinerlei Schatten, aber es gibt Sonnenliegen und -schirme. Bring ein Picknick und reichlich Wasser mit; es gibt auch ein kleines Café.

Die Insel **Imeri Gramvousa** ist ein wichtiger Stopp für die Ausflugsboote. Für die Venezianer war sie von strategischer Bedeutung: Sie bauten dort eine **Festung**, die heute eine bedeutende Sehenswürdigkeit darstellt.

Das antike Polyrrinia

DAUER AB FALASARNA: **30 MIN.** 

Einen Adlerhorst erklimmen

Die Ruinen der antiken Stadt **Polyrrinia** auf einem Berg bieten nicht nur spannende Geschichte, sondern halten auch ein Wanderabenteuer bereit. Von der wehrhaften Bergspitze bietet

ROBERT HARDING VIDEO/SHUTTERSTOCK ©

Balos

sich ein umwerfender Rundblick. Die imposanteste Ruine ist die von den Byzantinern und Venezianern errichtete **Akropolis**.

Infos und einen Kaffee gibt's im gleichnamigen Örtchen im **Palaio Kafeneion**. Gehe durch das alte Steindorf und steig den Hügel zur **Agioi-Pateres-Kirche** aus dem 19. Jh. hinauf (15 Min., bis hierher kannst du auch fahren). Sie wurde auf den Grundmauern eines hellenistischen Tempels aus dem 4. Jh. v. Chr. errichtet. Nach weiteren 20 Minuten erreichst du die Akropolis. Den ganzen Weg lang bieten sich herrliche Blicke auf die Nordküste. Weitere archäologische Highlights wie römische Zisternen sind ausgeschildert.

Polyrrinia wurde im 6. Jh. v. Chr. von den Dorern gegründet und befand sich ständig im Krieg mit den Kydonen aus Chania. Münzen aus dieser Zeit zeigen die Kriegsgöttin Athene, die von den kriegerischen Polyrriniern offenbar leidenschaftlich verehrt wurde. Es war die am stärksten befestigte Stadt der Insel und von römischen bis in byzantinische Zeiten das Verwaltungszentrum des westlichen Kreta. Viele der Strukturen wie der von Hadrian erbaute **Aquädukt** stammen aus römischer Zeit. In einer **Höhle** in der Nähe wurden Nymphen verehrt, man sieht noch die Nischen für die Nymphenstatuetten.

Kissamos

DAUER AB FALASARNA: **20 MIN.**

Schnörkelloser Küstenort

Kissamos hat sich noch nicht gänzlich dem Tourismus ergeben und besitzt ein raueres Flair als andere Orte an der Nordküste. An der Hauptstraße gibt's ein paar gute Cafés und Bäckereien, wo man sich prima mit Picknickzutaten eindecken kann. Auf der schlichten Uferpromenade bietet sich ein überraschender Blick aufs Meer, das hier von den Halbinseln Gramvousa und Rodopou gerahmt wird. Spaziere hinüber ins traditionelle Ortszentrum und schau ins **Archäologische Museum**, das Café **Babel** serviert ausgezeichnete Speisen und Getränke.

GRAMVOUSA: GESCHICHTE & PRAKTISCHES

Die der Halbinsel vorgelagerte Festung **Imeri Gramvousa** blieb unter venezianischer Kontrolle, bis die Türken sie 1691 eroberten. 1821 geriet sie in die Hände von kretischen Rebellen, die sich auf die Piraterie verlegten, als sie während des Unabhängigkeitskrieges von den Türken vom Rest der Insel abgeschnitten wurden. Man munkelt, die Piraten hätten sagenhafte Schätze angehäuft und in Höhlen rund um die Insel versteckt.

Von Mai bis Oktober legen die Ausflugsboote nach **Balos** einen 90-minütigen Stopp auf Imeri Gramvousa ein. Von 11 bis 16 Uhr ist am Strand am meisten los. Wer mit dem Auto unterwegs ist, sollte beachten, dass die meisten Automietverträge untersagen, die holprige 7-km-Piste vom Balos-Ticketschalter (1 €) zu befahren. Vom trockenen Parkplatz ist es noch 1 km zu Fuß bis zum Strand.

Hier schläfst du gut

€ Budget €€ Moderat €€€ Gehoben

Chania

KARTEN S. 46 & 50

Kumba Hostel € Schön restauriertes, hippes Hostel östlich des Zentrums. Helle Café-Bar, geräumige und moderne Dorms und ruhige und komfortable Zimmer.

Cocoon City Hostel € Modernes, sauberes Hostel mit gut ausgestatteten Dorms und Privatzimmern. Tolle Lage direkt außerhalb der Altstadt.

Poco Loco Hotel € Prima Budgetoption. Große Zimmer, manche mit Meerblick. Super Lage gleich beim Samstagsmarkt.

Ionas Boutique Hotel €€ Historisches Gebäude im labyrinthartigen alten Viertel Splantzia mit neun zeitgemäßen Zimmern und Dachterrasse.

Iason Studios €€ Wunderbar gelegen in Topanas, kleine, gut ausgestattete Apartmentzimmer mit Balkon.

Hotel Filoxenia €€ Gutes modernes Mittelklassehotel nicht weit vom Strand und den Cafés von Koum Kapi.

Malmo Historic Hotel €€ Wunderschön restauriertes Hotel in der Fußgängerzone in Splantzia. Dachterrasse, Nachtleben gleich vor der Tür.

Pension Lena €€ In der Nähe der Festung Firkas, geschmackvoll und traditionell mit Antiquitäten eingerichtete Zimmer.

Splantzia Hotel €€ Hotel in einer renovierten venezianischen Villa im lebhaften Viertel Splantzia. Individuelle Zimmer mit maßgefertigten Möbeln. Hof voller Bougainvilleen.

Serenissima Boutique Hotel €€€ Ruhiges venezianisches Stadthaus mit viel Designergepräge in seinen historischen Mauern. Zentrale Lage.

Casa Delfino Hotel & Spa €€€ Elegante Villa aus dem 17. Jh. in Topanas, mit unterschiedlichen Zimmern und Dachterrasse, dazu ein türkisches Spa.

Domes Noruz Chania €€€ Luxusresort westlich der Altstadt an eigener kleiner Strandbucht. Üppige Zimmer und private Hütten am Pool.

Monastery Estate Venetian Harbor €€€ Schickes Hotel in einer sorgfältig sanierten venezianischen Villa in einer ruhigen Gasse im Herzen der Altstadt.

Amphora Hotel Chania €€€ Die Zimmer in dieser restaurierten venezianischen Villa sind um einen Innenhof herum angeordnet. Das Frühstück wird auf der Dachterrasse mit Blick auf den Hafen serviert.

Halbinsel Akrotiri

Lena Beach Hotel €€ An einer ruhigen Strandbucht; alle Zimmer mit Balkon. Unauffällig, aber einladend. Großer Pool.

Giorgi's Blue Apartments €€ Makelloser Komplex an einer privaten Felsbucht. Der Betreiber hat Tipps zu Outdoor-Aktivitäten parat.

Blue Beach Villas €€ Unaufdringlicher Hotelkomplex mit Apartmentzimmern auf einer hübschen Landzunge am westlichen Ende von Stavros.

Vamos

Vamos Village Traditional Guesthouses €€ Das Dorf *(vamosvillage.gr)* vermietet traditionell eingerichtete restaurierte Wohnhäuser.

Chora Sfakion

KARTE S. 65

Xenia Hotel €€ Gepflegtes, modernisiertes und komfortables Hotel am Wasser. Viele Zimmer haben Meerblick-Balkone.

Hotel Lefka €€ Alteingesessenes kleines Hotel am westlichen Ende des Hafens mit einfachen Zimmern, Studios und Suiten mit Kochecke.

Loutro

Sofia Rooms € Ruhige familiengeführte Pension einen Block vom Strand entfernt. Die einfachen Zimmer teilen sich eine Terrasse mit weitem Ausblick.

Georgoshouse Taverna & Rooms € Familienbetrieb mit einfachen Zimmern direkt am abgelegenen Likos-Strand, westlich von Loutro – ein herrliches Refugium.

Hotel Porto Loutro €€ Die Zimmer und Studios im nobelsten Hotel im Dorf sind im schicken zeitgemäßen Inselstil eingerichtet, alle haben Balkon.

Gavdos

Consolas Gavdos Studios € Behagliche Studios und Ferienhäuser direkt oberhalb des Sarakiniko-Strands. Abholung vom Anleger verfügbar.

Princess Hotel €€ In Kastri, hübsche Steincottages mit einem oder zwei Schlafzimmern für vier bis sechs Personen, plus Kitchenette und Terrasse.

Sougia

KARTE S. 71

Oceanis € Die meisten Zimmer (in diversen Größen) in dieser gemütlichen, entspannten Unterkunft am Ufer haben Balkone mit Strandblick.

Lotos Seaside Hotel €€ Helle und große Zimmer mit Balkon und Blick auf den Strand. Mitten im Zentrum am Wasser.

Syia Hotel €€ Elegantes Hotel in einem ruhigen Garten, Studios und Zimmer haben Balkon und komplette Küchen. Guter Pool.

Aretousa €€ Zurückversetzt vom Meer gibt's helle und behaglich eingerichtete Studios mit Balkon und einen Garten mit Spielplatz.

Agia Roumeli

Ártemis € Familienbetrieb in einer ruhigen Ecke des Orts, 50 m vom Kieselstrand, mit 11 ausgezeichneten, geräumigen Studios mit Balkon für Selbstversorger.

Zelten € An abgelegenen Stränden entlang der Südküste kann man sein Zelt aufstellen. Kostenlos.

Omalos

To Exari € Im traditionellen Stil aus Stein errichtetes Hotel mit einfachen Balkonzimmern. Bietet Transport zur Samaria-Schlucht.

Hotel Neos Omalos €€ Behäbiges Gebäude aus lokalem Stein; Balkone mit herrlicher Aussicht, gesellige Gemeinschaftsbereiche.

Paleochora

KARTE S. 79

Anonymous Homestay € Einfache preiswerte Pension mit weit gereistem Betreiber, der tolle Tipps parat hat. Neun Zimmer in zwei urigen Steinhäusern.

Casbah Boutique Hotel € Modern, luxuriös, stilvoll; zwischen den beiden Stränden und nahe beim Nachtleben. Einladende Balkone.

Soula Rooms and Apartments €€ Kleiner Komplex mit großen Studios und Apartments, einige mit Meerblick, am ruhigen Südrand des Orts.

Libyan Princess €€ Paleochoras vornehmste Herberge. Die Zimmer sind um einen glitzernden Pool angeordnet. Nicht weit entfernt vom Nachtleben und der Reihe von Fischrestaurants.

Innachorion-Dörfer

Sunset Taverna € Diese Taverne in Kambos vermietet einfache Zimmer mit toller Aussicht in die Berge. Preiswerte Mahlzeiten.

Milia Mountain Retreat €€ Pionier des Ökotourismus im abgelegenen Dorf Milia; Bauernhäuser wurden in Öko-Cottages nur mit Solarstrom umgewandelt. Außerdem erstklassiges Bio-Restaurant.

Falasarna

KARTE S. 85

Falasarna Bay €€ Komfortables Hotel; die großen Zimmer haben Balkone mit Meerblick. Baby Beach und antikes Falasarna sind nur einen kurzen Spaziergang entfernt.

Hotel Sun Set Kampouraki Maria €€ Zimmer und Apartments direkt oberhalb des Baby Beach mit Balkonen und Blick auf den Sonnenuntergang. Betreibt auch eine gesellige Taverne.

Magnolia Apartments €€ Fünf Minuten zu Fuß vom Strand, Studios und Apartments mit großen Balkonen zum Meer raus mit Blick über die Dünen zum Big Beach.

Kissamos

Argo Rooms €€ Direkt am Meer, manche Zimmer haben Balkone und schöne Aussichten. Der fürsorgliche Inhaber kann Touren in der Region empfehlen. In der Nähe der Boote nach Balos.

Christina Beach Hotel €€ Der Studiokomplex am westlichen Küstenbereich gehört zu den besten vor Ort. Ein Sandstrand ist gleich in der Nähe.

Milia Mountain Retreat

Rethymnon

BERGSTRASSEN, LEBENDIGES ERBE UND EINE DYNAMISCHE STADT

Eine tolle Stadt, grüne Täler, geschichtsträchtige Berge und Strände – von Partyhochburgen bis zu ultimativen Fluchtorten.

Rethymnon ist eine Region, die vor historischen Stätten und Naturwundern nur so strotzt. Bergstraßen schlängeln sich durch ein zeitloses Landesinneres von wilder Schönheit. Mit Wildblumen übersäte Felder und von Olivenhainen gerahmte Weiler sind mit byzantinischen Kirchen und antiken Stätten gespickt. Eine Unzahl von Stränden lockt an die Küste.

Die Hauptstadt gleichen Namens an der nördlichen Küste ist eine muntere Ansammlung malerischer Kopfsteinpflastergassen mit zahllosen Läden, Restaurants und Bars, gesäumt von einem breiten Sandstrand. Neben Chania ist Rethymnon die reizvollste Stadt Kretas und präsentiert die lange Geschichte der Insel in all ihrer Pracht.

Reisende können auf Pfaden zwischen den Dörfern des Amari-Tals oder durch steile Schluchten wandern und im Schatten des mächtigen Psiloritis rasten, des höchsten Bergs Kretas. Sie können Klöster wie das Moni Arkadiou, minoische Gräber wie in Eleftherna und venezianische Bollwerke erkunden. Zudem lockt Rethymnon zahlreiche Künstler:innen an, die in Dörfern wie Margarites uralte Handwerke ausüben und ihnen moderne Akzente verleihen.

Die Nordküste ist vor allem bei Sommergästen beliebt, die das kretische Leben in Orten wie Panormos kennenlernen. Die Südküste besticht durch traumhafte, einsame Strände und reizende Orte wie Plakias und Agios Pavlos. Auf geht's durch dieses bezaubernde Fleckchen Erde, von Küste zu Küste!

DIE WICHTIGSTEN ZIELE

GEORGIOS TSICHLIS/SHUTTERSTOCK ©

Oben: Der Hafen von Rethymnon von oben; links: Traditionelle kretische Töpferei in Margarites

Erste Orientierung

Rethymnon macht rund ein Viertel von Kreta aus. Die Entfernungen sind angesichts des dramatischen Terrains nur scheinbar kurz. Von den kurvenreichen Straßen bieten sich herrliche Ausblicke auf die reizvollen Landschaften zwischen Nord- und Südküste.

Rethymnon
Das schönste historische Zentrum der Region lockt mit seinem Wirrwarr aus Gassen. Ganz in der Nähe warten Top-Sehenswürdigkeiten wie das Moni Arkadiou.

Panormos
Zu Buchten mit Stränden gesellt sich ein stimmungsvolles altes Dorf. Weiter entfernt locken die schroffen Hänge und einladenden Dörfer des Psiloritis.

Plakias
Der relaxte Strandort dient als Stützpunkt für allerlei Wassersport und für die Entdeckung noch verführerischerer Strände im Südosten.

Spili
Von diesem niedlichen Bergweiler geht's zu den historischen Attraktionen des idyllischen Amari-Tals.

AUTO
Rethymnon ist am besten mit dem Auto zu erkunden. An den Bergstraßen kann man nach Lust und Laune abbiegen und schauen, welche Überraschungen einen erwarten – z. B. ein wunderschöner Strand.

BUS
Von der Stadt Rethymnon verkehren KTEL-Busse in die wichtigsten Orte der Region. Auf e-ktel.com kann man Fahrpläne checken und Plätze reservieren (mittlerweile auf den meisten Routen obligatorisch).

PHILIP ENTICKNAP/SHUTTERSTOCK ©

Amari-Tal (S. 120)

Perfekte Tage

In Rethymnon lässt sich der Sommer in vollen Zügen genießen, dann ist das Meer an beiden Küsten warm. Im Frühling, wenn alles schön grün ist, und im Herbst lässt sich die Region am besten erkunden.

Wenig Zeit

- Bummle einen Tag durch **Rethymnon** (S. 94): zur **venezianischen Festung** (S. 94), durch die verschlungene Altstadt (S. 100) und zum **Hafen** (S. 95).

- Mit einem Stopp in **Armeni** (S. 109) mit spätminoischem Friedhof geht's dann nach **Plakias** (S. 122). Such dir ein Plätzchen am langen Strand oder entdecke eine **versteckte Bucht** (S. 125).

Länger Zeit

- Besuche die bedeutende archäologische Stätte des **antiken Eleftherna** (S. 106) und in der Nähe das Kloster **Moni Arkadiou** (S. 105).

- Fahr durch das **Amari-Tal** (S. 120) mit urigen Dörfern, byzantinischen Kirchen und tollen Panoramen. Tauche schließlich in **Anogia** (S. 115) oder am **Psiloritis** (S. 116) in Kretas Bergkultur ein.

BESTE REISEZEIT

FRÜHLING
Erfreue dich an den Wildblumen. Nach dem **orthodoxen Osterfest** beginnt die Sommersaison in Rethymnon.

SOMMER
An den Küsten ist's im Sommer heiß. Kretische Volksmusik wird beim **Yakinthia Festival** *(yakinthia.gr)* gefeiert.

HERBST
Ideale Strandbedingungen: weniger Gäste, warmes Wasser und sanftere Winde. Manche Anbieter schließen.

WINTER
Karneval wird vier Wochen lang mit Tanz, Masken, Spielen und einem Straßenumzug in Rethymnon gefeiert.

Rethymnon

VENEZIANISCHE FESTUNG | GUT ESSEN | SCHÖN WANDERN

UNTERWEGS VOR ORT

Rethymnons Altstadt ist größtenteils autofrei. Sie ist recht kompakt und am besten zu Fuß zu erkunden. Parken ist schwierig; probiere es auf dem riesigen Parkplatz östlich vom Stadtpark oder auf dem kostenpflichtigen Parkplatz an der Kriari.

Der Busbahnhof liegt am Westrand des Geschäftszentrums, von der Altstadt ist es ein Stück zu laufen. Busse fahren in die Region sowie häufig nach Chania (1¼ Std.) und Iraklion (1½ Std.).

TOP TIPP

Rethymnon ist kompakt: Die meisten Sehenswürdigkeiten, Unterkünfte und Restaurants drängen sich in der weitgehend autofreien Altstadt. Die meisten Tavernen am venezianischen Hafen sind nur mittelmäßig und die Gegend kann voll werden. Doch es gibt auch ruhigere Viertel zu entdecken.

Rethymnon mit seiner tollen Lage zwischen einer Festung aus dem 15. Jh. und dem glitzernden Mittelmeer ist eine der zauberhaftesten Städte auf Kreta. Die venezianisch-osmanische Altstadt besteht aus einem reizvollen Gewirr blumenumrankter Gässchen voller hübscher Häuser mit Holzbalkonen und voller verschnörkelter Monumente; dazu kommt hier und da ein Minarett.

Flanierende belohnt Rethymnon mit Architekturdetails in den Straßen, in denen die Bewohner:innen ungeachtet all der Sommergäste ihrem Alltag nachgehen. Zudem bietet Kretas drittgrößte Stadt ausgezeichnetes Essen: Das Umland liefert fantastische Zutaten, die Köch:innen geschickt verarbeiten. Auch hier zahlt es sich aus, sich treiben zu lassen.

Die schmalen Kopfsteinpflasterstraßen der Altstadt strotzen vor Restaurants und Läden vorwiegend für die Tourist:innen, doch dahinter verbirgt sich Rethymnons zeitloser Charakter. Lohnend ist auch der lange Strand direkt in der Stadt, gesäumt von den lebhaftesten Cafés und Bars der Region.

Die Fortezza bezwingen

Imposantes Wahrzeichen

Das wichtige Monument Rethymnons ist einzigartig auf ganz Kreta: Über der Altstadt thront die 300 m breite und lange, sternförmige **Fortezza** *(venezianische Festung; 4 €)*. Mit ihren massiven Mauern und Bastionen wirkt sie wirklich imposant, konnte aber die Türken 1646 trotzdem nicht fernhalten. Im Laufe der Zeit entstand in der Anlage ein ganzes Dorf, das im Zweiten Weltkrieg größtenteils zerstört wurde. Von hier oben bieten sich fabelhafte Ausblicke auf die Stadt, das Mittelmeer und die Berge und es macht Spaß, die Befestigungen zu erkunden und unter den Palmen und duftenden Kiefern innezuhalten und die Atmosphäre zu genießen. Man kann hier leicht zwei Stunden verbringen. Komm am besten früh oder spät, um deine Zeit nicht mit Schlangestehen am Eingang zu verbringen.

VOLKOVA NATALIA/SHUTTERSTOCK ©

Die Fortezza

In der Mitte der Festung thront die **Sultan-Ibrahim-Moschee** aus dem 17. Jh. mit ihrer riesigen Kuppel. Drinnen beeindruckt sie mit einer Mosaikdecke und einer tollen Akustik, perfekt für die Konzerte, die hier gelegentlich stattfinden – schau nach, ob vielleicht gerade eins der zahlreichen sommerlichen Abendkonzerte auf dem Festungsgelände stattfindet.

Weitere Highlights der Festung sind (im Uhrzeigersinn vom Eingang) zunächst die **Waffenkammer** von 1581, das älteste noch vorhandene Gebäude. Die Bastionen an den Ecken der sternförmigen Anlage sind nach Heiligen benannt. Bei der **Lukasbastion** haben Archäolog:innen Spuren einer Siedlung von etwa 200 v. Chr. gefunden.

Der **Ratssitz** mit seinen rauen Steinmauern wurde von den Venezianern genutzt. Richtung Norden kommst du zur **Sozenbastion** und einem der erhaltenen Pulvermagazine; vom nahen Hügel bietet sich eins der schönsten Panoramen auf der Festung. Von der **Nikolausbastion** im Osten hat man schöne Aussicht auf den Hafen.

Den venezianischen Hafen erkunden

Rethymnons Herzstück

Im kleinen **Hafen** Rethymnons aus dem 14. Jh. hatten wohl nicht viele Boote Platz, doch das venezianische Viertel ist ein Highlight der Stadt, auch wenn viele der Cafés und Tavernen nur mittelmäßig sind.

VON MINOERN UND TÜRKEN

Archäologische Funde deuten darauf hin, dass das heutige Stadtgebiet seit spätminoischer Zeit besiedelt war. Im 4. Jh. v. Chr. hatte sich „Rithymna" als autonomer Staat etabliert. In römischer und byzantinischer Zeit schwand seine Bedeutung, doch unter der Herrschaft der Venezianer (1210–1645) florierte Rethymnon und wurde zu einem wichtigen Handelszentrum.

Die Venezianer legten einen Hafen an und begannen im 16. Jh., die Stadt gegen die wachsende Bedrohung durch die Türken zu befestigen. Doch 1646 wurde die Fortezza eingenommen. Unter den Türken war Rethymnon ein Verwaltungszentrum.

Die Osmanen regierten bis 1897. 1923 gelangten im Rahmen des Bevölkerungsaustauschs zwischen der Türkei und Griechenland viele Flüchtlinge aus Konstantinopel hierher und die Stadt erwarb sich einen Ruf als kulturelles Zentrum.

ESSEN IN RETHYMNON: TOP TIPPS

Avli: Kreative Versionen frischer Kretaküche in hübschem, stimmungsvollem Garten. Elegante Atmosphäre. Bietet auch Kochkurse. *6–23 Uhr* €€€

Elaia: Diese traditionelle Taverne braucht keine Schlepper. Vortreffliche kretische Standards elegant serviert. Reservieren. *18–24 Uhr* €€

Taverna Knossos: Das eine gute Hafenrestaurant; die Familie Stavroulaki verköstigt ihre Gäste bestens. Riesige Seafood-Pasta-Teller. *18–24 Uhr* €€

Veneto: In einem Herrenhaus aus dem 14. Jh.; zeitgemäße Interpretationen traditioneller kretischer Küche und passende lokale Weine. *5–23.30 Uhr* €€€

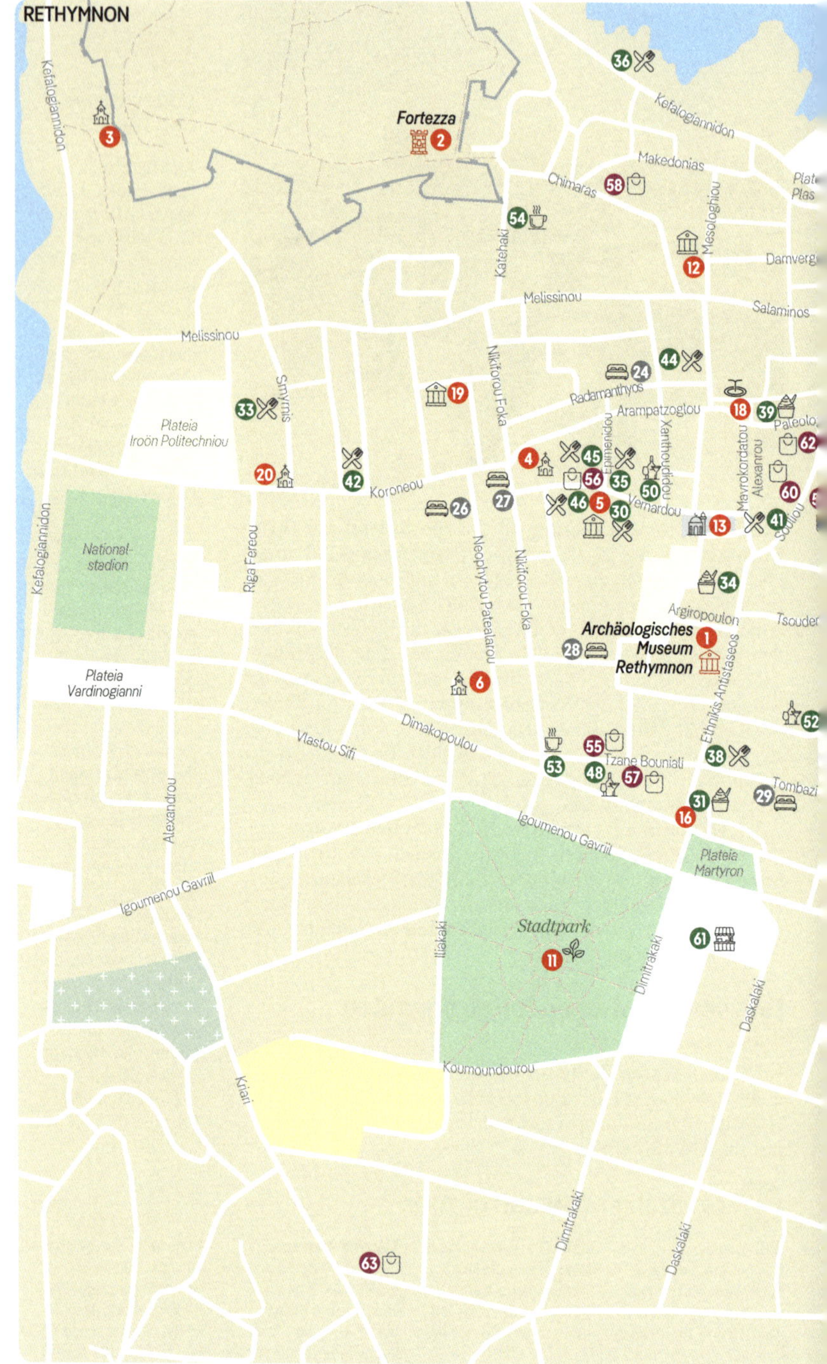
RETHYMNON
Fortezza
Kefalogiannidon
Makedonias
Chimaras
Mesologhiou
Damvergi
Katehaki
Melissinou
Salaminos
Smyrnis
Plateia Iroön Politechniou
Radamanthyos
Arampatzoglou
Nikiforou Foka
Xanthoudidou
Mavrokordatou
Alexandrou
Koroneou
Vernardou
Souliou
National-stadion
Riga Fereou
Neophytou Patealarou
Argiropoulon
Tsouderon
Archäologisches Museum Rethymnon
Plateia Vardinogianni
Ethnikis Antistaseos
Dimakopoulou
Vlastou Sifi
Tzane Bouniali
Tombazi
Igoumenou Gavriil
Plateia Martyron
Stadtpark
Iliakaki
Dimitrakaki
Daskalaki
Koumoundourou
Kriari

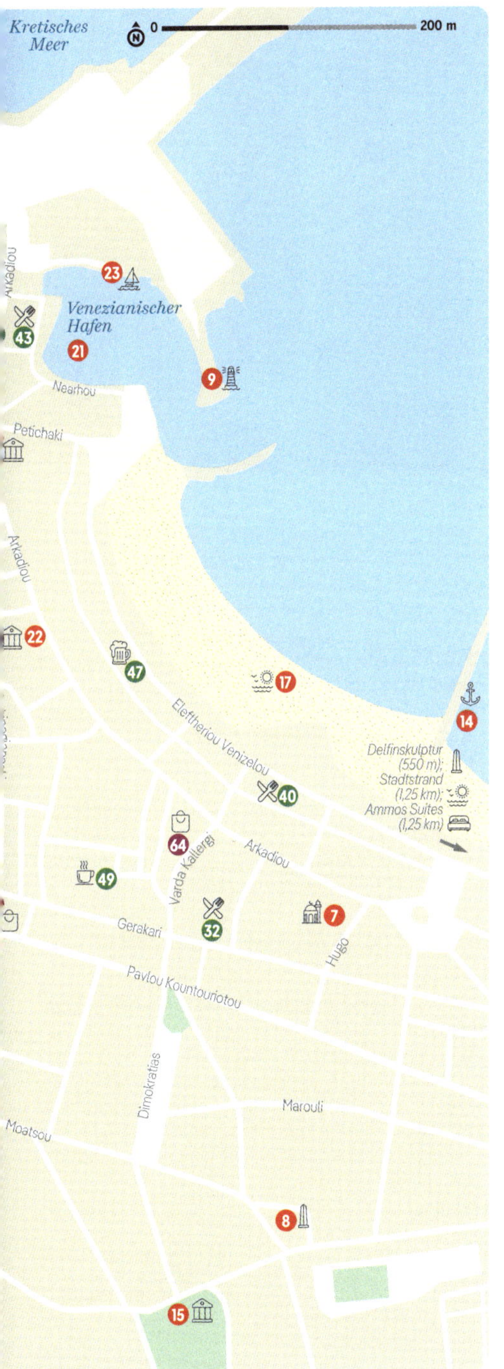

HIGHLIGHTS
1 Archäologisches Museum
2 Fortezza

SEHENSWERTES
3 Agios-Spyridon-Kirche
4 Kirche Unserer Lieben Frau von den Engeln
5 Museum für Geschichte & Volkskunst
6 Kirche Agios Georgios Grotta
7 Kara-Musa-Pascha-Moschee
8 Kostas-Mountakis-Statue
9 Leuchtturm
10 Loggia
11 Stadtpark
12 Museum für zeitgenössische Kunst
13 Neratzes-Moschee
14 Neuer Hafen
15 Paläontologisches Museum
16 Porta Guora
17 Rethymnon-Strand
18 Rimondi-Brunnen
19 Palazzo-Ruine
20 Venezianische Agia-Sophia-Kirche
21 Venezianischer Hafen
22 Venezianischer Palazzo

AKTIVITÄTEN, KURSE & TOUREN
23 Manousakis Marine

SCHLAFEN
24 Avli Lounge Apartments
25 Casa Moazzo
26 Casa Vitae Villas
27 Hamam Oriental Suites
28 Mansio Boutique Hotel
29 Rethymnon Youth Hostel

ESSEN
30 Aiga
31 Angeli Gelato
32 Armonikon
Avli (see 24)
33 Café in the Prefecture
34 Cow's Cream
35 Elaia
36 En Plo
37 Foúrnos Mamankáki
38 Gaias Gefseis
39 Meli
40 Nōma Restaurant
41 Stella's Kitchen
42 Syn-trofi Cooperative Grill
43 Taverna Knossos
44 To Pigadi
45 Veneto
46 Yiorgos Hatziparaskos

AUSGEHEN & FEIERN
47 Bricks Beers & Tales
48 Jazz Bar
49 Kimolia
50 Monitor
51 Olive Tree Bar-Café
52 Rewine
53 Skrik
54 To Chalikoúti

SHOPPEN
55 Antique Crete
56 Art & About Gallery
57 Cloclo's Art
58 Frosso Bora Pottery Studio & Shop
59 Greek Horizons
60 Ilias Spondidakis
61 Laki
62 Leather Studio Kanakakis
63 Stagakis Cretan Lyra
64 Wood Art
65 Workshop Worry

TÜRKISCHE HOLZBALKONE

Zwar gibt's auf Augenhöhe jede Menge zu sehen, doch sollte man auch mal nach oben schauen. Dann erblickt man eins der schönen Architekturelemente der Stadt: türkische Holzbalkone. Sie stammen aus dem 18. Jh. und verfügen über große Sprossenfenster direkt über den Straßen.

Interessant sind auch die aufwendig verzierten Stützen. Die genaue Funktion der Balkone ist umstritten; eine Theorie besagt, dass wohlhabende Türken sie an die alten venezianischen Häuser anbauen ließen, damit ihre Frauen ungesehen die Sonne genießen konnten.

Die Balkone sind in unterschiedlichstem Zustand zu sehen, von verwittert bis zu frisch restauriert. Ein guter Startpunkt für eine Suche ist der kleine Platz vor der **Kirche Unserer Lieben Frau von den Engeln**.

Im 16. Jh. planten die Venezianer, den Hafen, den man heute sieht, zu ersetzen, weil er ständig versandete, ein Problem, das fortbesteht. Der neue Hafen sollte viel größer werden – wie der in Chania. Wegen des türkischen Einmarschs 1646 wurde das Vorhaben nie umgesetzt.

Zwar verstellt der moderne Hafen den Ausblick, doch es lohnt sich trotzdem, auf die historische Mole zu klettern. Der 9 m hohe **Leuchtturm** wurde in den 1830er-Jahren von den Ägyptern erbaut – fast alle Mittelmeerkulturen haben im Lauf der Zeit auf Kreta Spuren hinterlassen. Übrigens zwang Großbritannien Ägypten 1840 dazu, Kreta an die Türken zurückzugeben.

Im Hafen liegen auch ein paar Fischerboote. Viele der Kapitäne scheinen ihre Tage damit zu verbringen, Kaffee zu trinken und am alten **Fischmarkt** abzuhängen, wo manchmal tatsächlich ein paar Fische verkauft werden.

Das Archäologische Museum inspizieren

Minoische, byzantinische und venezianische Schätze

Das gut konzipierte **Archäologische Museum von Rethymnon** *(archmuseumreth.gr; Erw./Kind 4/2 €)*, lockt mit exquisiten Relikten von bedeutenden Grabungsstätten in der Provinz Rethymnon. Nicht entgehen lassen sollte man sich etwa die Bronzelampe aus dem 1. Jh. v. Chr.: Sie zeigt Dionysos, der auf einem Panther reitet. Mit Stücken vorwiegend aus minoischer, byzantinischer und venezianischer Zeit gewährt die Samm-

ENTSPANNT ESSEN IN RETHYMNON

En Plo: Die beste Taverne am Wasser unterhalb der Festung tischt inspirierte kretische Kost und Seafood-Gerichte auf. Immer voll. *12–24 Uhr* €€

Aiga: Die immer belegten Tische breiten sich auf die Straße aus in dieser äußerst lebhaften, ausgezeichneten kretischen Taverne. *18–1 Uhr* €€

To Pigadi: Kurze Karte mit saisonaler Kretakost in einer hübschen Gasse im Schatten eines Frangipani-Spaliers. *6–24 Uhr* €€

Nōma Restaurant: In der Reihe von Cafés am Strand nahe der Altstadt; Genieße Gerichte mit mediterraner Note und Seafood. *10–24 Uhr* €€

LEOKS / SHUTTERSTOCK ©

Altstadt von Rethymnon

lung einen umfassenden Einblick in die Geschichte, ohne die Besucher:innen zu überfordern. Zu den Highlights zählen feine handbemalte minoische Töpferwaren und die 9000 Jahre alte Kalksteinstatue einer Gottheit. Der Museumsshop in der **Loggia** (S. 101) verkauft Reproduktionen.

Eine Geschichte zu erzählen hat auch das Museumsgebäude, die venezianische Franziskuskirche: Sie wurde von den Franziskanern als Klosterkirche errichtet und später von den Türken in ein Armenhaus verwandelt, bevor sie in den 1970er-Jahren als Touristenbasar diente. Von der glanzvollen Vergangenheit des Bauwerks zeugt sein reich verziertes Portal.

Stille Straßen entdecken

Überraschungen in der Alltagswelt

Es macht Spaß, die betriebsamen Teile der Altstadt hinter sich zu lassen und die stillen Gassen der Stadt zu erkunden. Hier spielt sich das Leben hinter mit dicken Vorhängen verhüllten Erdgeschossfenstern ab, kaum ein Meter von den Nachbar:innen gegenüber entfernt. Im Flüsterton wird gequatscht und noch nach 22 Uhr stehen Leute für einen Haarschnitt an.

Hier warten überraschende Entdeckungen, ob ein reich verziertes venezianisches Fenster oder eine winzige versteckte Kirche wie die **Agios Georgios Grotta** in der gleichnamigen Gasse ein paar Ecken von der Tzane Bouniali, wo nur selten jemand anzutreffen ist. Vor der Tür spenden Bäume den hier stets brennenden Kerzen Schatten.

Oder man sucht sich eine stille Gasse wie die **Agios-Kleidi-Straße**. In Nr. 13 stehen die Überreste eines prächtigen **verfallenen Palazzo**. Über der Tür thronen noch immer Cherubim, auch wenn unten Katzen aus Näpfen fressen. Die lateinische Inschrift lautet: „Wer auf Gott hofft, wird errettet werden."

Andere hübsche Gassen sind etwa die Minoos, Neophytou Patealarou, Patriarch Gregor und Vivylaki.

TOUREN & AKTIVITÄTEN

Rethymnon City Tour: Es mag seltsam klingen, aber die Doppeldeckerbustour durch Rethymnon macht Sinn, denn sie bringt dich effizient zur Myli-Schlucht und zu Klöstern jenseits des Zentrums. *(Rethymnoncitytour.com)*

Cretan Holidays: Lerne Piratenwitze bei einem Sonnenuntergangstörn (1 Std.) auf einem großen hölzernen Segelboot mit Piratenmotto. *(tours.cretanholidays.gr)*

Eco Events: Spezialisiert auf englischsprachige Touren in kleinen Gruppen mit Schwerpunkt Kultur und Wandern. *(ecoevents.gr)*

Mountaineering Club of Rethymnon: Tipps zu Wanderungen in der Region; organisiert ambitionierte Trekkingtouren. *(eosRethymnonu.gr)*

Manousakis Marine: Vermietet im venezianischen Hafen kleine Motorboote (30 PS), für die kein Führerschein nötig ist, mit denen du die Küste entlangschippern kannst. Wer einen Führerschein hat, kann schnellere Gefährte ausleihen.

KUNSTHANDWERK IN RETHYMNON

Stagakis Cretan Lyra: Werkstatt für handgefertigte kretische Lyras, Bouzoukis, Lauten und andere typische Instrumente.

Leather Studio Kanakakis: In der Werkstatt in der stimmungsvollen Souliou kann man zusehen, wie Lederwaren in allen Formen und Farben entstehen.

Frosso Bora Pottery Studio: Die namengebende Künstlerin kreiert an der Töpferscheibe und mittels Wulsttechnik Schönes aus heimischem Ton.

Wood Art: Niko Siragas schafft kunstvolle Objekte mit Techniken, die auf die Minoer zurückgehen. Die Designs des anerkannten Künstlers haben oft eine urige, organische Note.

Workshop Worry: Vangelis Tsoupakis fädelt in seinem Atelier die kultigen kretischen *komboloi* auf. Natürlich gibt's auch Rosenkränze, Gebetsperlen usw.

Neratzes-Moschee

Kirchen & Moscheen

Wie der Glaube Rethymnon geprägt hat

Von Rethymnons turbulenter Geschichte zeugen auch seine Kirchen und Moscheen. Das Highlight wird treffend „Höhlenkirche“ genannt. Die winzige **Agios-Spyridon-Kirche** wurde direkt in den Felsen unterhalb der venezianischen Festung gehauen und hat genügend Atmosphäre für eine ganze Kathedrale (und bietet Meerblick). In dem byzantinischen Kirchlein voller kostbarer Ikonen und schwingender Kerzenleuchter ist deutlich das Rauschen des nahen Meeres zu hören. In Felsspalten stecken Pantoffeln, Babyschuhe und Sandalen – Opfergaben für kranke Angehörige. Die Kapelle steht oberhalb einer Treppe an der Westseite der Festung. Oft ist sie allerdings geschlossen.

Das als **venezianische Agia-Sophia-Kirche** errichtete und oft umgebaute Gebäude in der Koroneou-Straße diente in osmanischer Zeit als Moschee. Man baute Fenster ein, damit Passant:innen die Gläubigen beim Beten sehen konnten und selbst hineingingen. Über dem Brunnen an der Wand besagt eine Inschrift von 1863: „Alle, die daraus trinken und ihren Durst stillen, sollen für die Seele des Mannes beten, der ihn erbaut hat.“

Die **Neratzes-Moschee** mit ihren drei Kuppeln erblickte als Franziskanerkirche das Licht der Welt und wurde 1657 von den Türken umgebaut; das kürzlich restaurierte Minarett

KAFFEE TRINKEN IN RETHYMNON

Skrik: Profi-Baristas sind stolz auf ihre Getränke; selbst die koffeinfreien Varianten sind exzellent. Super zum Leutebeobachten. *7.30–20 Uhr*

To Chalikoúti: Von einem Kollektiv betrieben, mit einer breiten Terrasse an einer Straße zur Fortezza. Einfache Karte, Spiele und Bücher. *10–24 Uhr*

Olive Tree Bar-Café: Kleines Literaturcafé mit versteckter Terrasse an einer Gasse im Herzen des Touristentrubels. Guter Kaffee. *9.30–24 Uhr*

Kimolia: An einem ruhigen verborgenen Platz (25is Martiou), ein echter Schatz, wenn die Straßen überfüllt sind. Gutes Frühstück. *9–21 Uhr*

kam erst 1890 hinzu. Die **Kara-Musa-Pascha-Moschee** wurde als Klosterkirche errichtet, dann jedoch von den Türken in eine Moschee verwandelt: Sie erweiterten den Bau um Kuppeln und ein Minarett, von dem aber nur noch wenig erhalten ist. Benannt ist die Moschee nach dem osmanischen Admiral, der eine entscheidende Rolle bei der Eroberung Rethymnons spielte.

Der Sandstrand in der Nähe

Palmen und Jachten

Der altstadtnahe **Rethymnon-Strand** ist einfach, aber er bietet eine gute Größe, angenehmen Sand und schöne Aussicht. Ein palmengesäumter Plankenweg lädt zu einem netten Spaziergang ein. Dahinter reiht sich ein Halbrund lebhafter Cafés und Bars auf. Gewöhnlich ist der Strand nicht übermäßig voll und es ist nie weit zum nächsten Eisladen.

Östlich davon befindet sich der **Neue Hafen**, in dem sich im Sommer die Jachten und ganzjährig ein bunter Mix aus Fischerbooten drängeln. Die breite Mole dahinter bietet schöne Blicke auf die Altstadt. Etwa auf halber Strecke steht eine große **Bronzeskulptur** zweier spielender Delfine, das Wahrzeichen Rethymnons.

Strandfreuden

Jede Menge Wassersport

Rethymnons Hauptstrand jedoch ist der schier endlose **Stadtstrand von Rethymnon**. Sein bräunlicher Pudersand erstreckt sich vom Neuen Hafen in einem lückenlosen Sandstreifen über 9 km lang bis weit jenseits der Vororte. Und abgesehen von einzelnen Felsnasen dehnt er sich ununterbrochen noch weitere 13 km bis Panormos aus, wobei der Name sich unterwegs immer wieder ändert, beginnend mit Perivolia an der Stadtgrenze.

Der Strand ist gesäumt von zahlreichen Cafés, Tavernen, einfachen Hotels, größeren Resorts und Apartments und erfüllt leicht alle Ansprüche an sandige Vergnügen. Zahlreiche Veranstalter bieten Parasailing, Wasserski, Bananenbootverleih, Jetski-Abenteuer und mehr. Die Brandung ist normalerweise sanft und man kann gut schwimmen.

Venezianisches Rethymnon

Zeitlose, reich verzierte Überlebende

Bedeutende venezianische Stätten rahmen die Altstadt. Die **Loggia** am Hafen ist ein restauriertes Wahrzeichen aus dem

MITBRINGSEL AUS RETHYMNON

Art & About Gallery: Die Kunstwerke und handwerklichen Produkte haben Topqualität und brechen mit den üblichen Klischees.

Cloclo's Art: Kreative Dekoartikel, launige Mitbringsel, Schmuck und mehr, alles vor Ort aus Holz, Papier, Metall und Stoff hergestellt.

Greek Horizons: Familiengeführter Laden für hochwertige kretische Lebensmittel wie Olivenöle, Honig, zubereitete Speisen und Wein, alles aus einer Hand.

Antique Crete: Finde heraus, was sich in den Schränken der alten Häuser versteckt, die Rethymnons Fußgängerzonen säumen. Seltene und seltsame Sammlerstücke.

Ilias Spondidakis: Mitten auf der basarähnlichen Souliou, *die* Adresse für schwer aufzutreibende Bücher und Karten zu Kreta.

ESSEN IN RETHYMNON: EINFACHE MAHLZEITEN

Syn-trofi Cooperative Grill: Super Souvlaki-Eckimbiss mit ausgezeichnetem Essen, fröhlich serviert. Hausgemachte Falafel. *12–24 Uhr* €

Stella's Kitchen: Im Gastraum mit offener Küche in der Souliou werden althergebrachte Klassiker aufgetischt, solange der Vorrat reicht. *7–19 Uhr* €

Armonikon: Beliebt bei Locals für ein schnelles Mittagessen. Schlicht, aber mit frischen Blumen auf den Tischen. Keine Karte. Di–So *8–17 Uhr* €

Café in the Prefecture: Eins von mehreren Cafés mit großen, schattigen Terrassen im Westen der Altstadt. Umfangreiche Karte, Cocktails. *10–2 Uhr* €

EVENTS

Karneval: Im Februar oder März gibt's in Rethymnon einen Straßenumzug und Tausende Locals verkleiden sich und feiern – in einer Stadt mit so enger Verbindung zu Venedig eine Selbstverständlichkeit.

Cretan Diet Festival: Bei dem einwöchigen Festival Anfang Juli, das Bauern, Lebensmittelproduzenten und Köche zusammenbringt, wird die gesunde Kreta-Diät gefeiert. *(cretandiet festival.gr)*

Renaissance Festival: Anfang Oktober wird mit kulturellen Darbietungen und Ausstellungen das reiche venezianische Renaissanceerbe gewürdigt. *(rfr.gr)*

Arkadia Running: Bereits seit 1930 treten Hunderte Läufer:innen zu diesem Rennen Anfang November zum Gedenken an die Opfer von 1866 im **Moni Arkadiou** (S. 105) an. Die 22,4 km lange Strecke beginnt am Kloster und endet im Stadion von Rethymnon. *(arkadiraces.gr)*

16. Jh., ursprünglich ein Versammlungshaus des venezianischen Adels. Heute beherbergt das auf drei Seiten von Arkaden gesäumte Bauwerk den Laden des Archäologischen Museum mit Reproduktionen von antiken Artefakten.

Gerne wüsste man, was sich die Mäzen:innen des 17. Jhs. wohl angesichts der vielen Selfie-Fotografen gedacht hätten, die hier heute vor ihrem **Rimondi-Brunnen** unmittelbar westlich posieren. Aus dem kleineren der drei Becken, in die Wasser aus den Löwenköpfen fließt, tranken früher Tiere.

Der bescheidene steinerne Torbogen **Porta Guora** am Südende der Altstadt ist das einzige Überbleibsel der venezianischen Stadtmauer. Und nicht den prächtigen dreistöckigen **venezianischen Palazzo** aus dem 16. Jh. in der Arkadio 154 übersehen. Die Inschriften am verzierten Türrahmen wurden lange nach Fertigstellung des Gebäude ergänzt.

Museen besuchen

Spannende Kunst und Zwergflusspferde

Die lange Geschichte Rethymnons zeigt sich auch in den Museen der Stadt, von denen dich keines mehr als eine Stunde Zeit kosten wird. Die Highlights im staubigen **Paläontologischen Museum** *(3 €)* sind die Rüssel- und Knochenfossilien von Kretischen Zwergelefanten und -flusspferden. Beide Arten waren in der Region Rethymnon endemisch, bis sie vor rund 12 000 Jahren ausstarben. Das Museum ist im renovierten Mastaba-Tempel (der Veli-Pascha-Moschee) aus dem 17. Jh. mit neun Kuppeln untergebracht.

Kern der Sammlung des kleinen **Museums für zeitgenössische Kunst** *(cca.gr; 3 €)* ist das Werk des aus Rethymnon stammenden Malers Lefteris Kanakakis, der für seine nüchternen naturalistischen Stillleben bekannt war. Andere Werke verdeutlichen die Entwicklung griechischer Kunst ab den 1950er-Jahren. Sieh nach, welche Sonderausstellungen stattfinden.

In einer restaurierten venezianischen Villa aus dem 17. Jh. erzählt das **Museum für Geschichte & Volkskunst** *(Erw./Kind 4/2 €)* in fünf Sälen vom ländlichen Leben auf Kreta. Besonders beeindruckend sind die kretischen Traditionen der Stickerei und des Brotbackens.

Traditionelles Gebäck probieren

Von Blätter- bis Sauerteig

Von den Traditionen Rethymnons zeugen auch seine Bäckereien. **Yiorgos Chatziparaskos** und seine Familie zählen zu den letzten verbliebenen Blätterteigmeistern in ganz Grie-

AUSGEHEN IN RETHYMNON: UNSERE TIPPS

Bricks Beers & Tales: Große Terrasse unter Palmen; Dutzende griechische Kleinbrauerei-Biere. Eine der besten Optionen am Strand. *12–2 Uhr*

Monitor: An Tischen beiderseits der Straße im Schatten eines venezianischen Palazzo sitzt kommunikatives Partyvolk. *12–2 Uhr*

Jazz Bar: Es ist klar, was für Klänge – manchmal live – in dieser winzigen, zur Straße offenen Bar ertönen. Clevere Vintage-Cocktails. *18–2 Uhr*

Rewine: Das stylishe Eckcafé hat eine beeindruckende Weinkarte mit vielen seltenen offenen Weinen. Dazu gibt's kreative Snacks. *12–24 Uhr*

PAUL COWAN/SHUTTERSTOCK ©

Karneval

chenland. In seiner Bäckerei, die man durch einen venezianischen Torbogen betritt, produziert er noch immer von Hand superdünnen Teig. Man kann sich das Spektakel anschauen, wenn der Teig zu einer Riesenblase herumgewirbelt wird, bevor er auf einem großen Tisch ausgewalzt wird, und leckeres *baklava* und *kataïfi* („Engelshaar"-Gebäck) probieren – aber rechtzeitig kommen, bevor alles ausverkauft ist.

Wenn du eine Schlange wartender Anwohner:innen siehst, bist du vielleicht bei **Foúrnos Mamankáki** gelandet, einer beliebten Bäckerei, deren Holzofen stets in Betrieb ist. Die Bio-Vollkornbrote sind fantastisch und haben eine zarte Rauchnote. Ebenfalls eine gute Wahl ist das Feingebäck und die *prasopita* (Lauchkuchen).

Lebensmittel aus der Region

Obst, Gemüse, Käse und mehr

Wie das übrige Kreta produziert die Region Rethymnon das ganze Jahr über reichlich Obst und Gemüse und köstliche verarbeitete Lebensmittel. Die beste Möglichkeit, sich einen Überblick über das Angebot zu verschaffen, bietet der riesige Lebensmittelmarkt **Laki** am Donnerstagvormittag auf dem Parkplatz östlich des **Stadtparks**. Eine kleinere Version gibt's jeden Samstagvormittag auf dem Parkplatz am Busbahnhof im Westen der Stadt. Mittwochmittags wird in der Straße südlich des Parks ein Biomarkt abgehalten.

RETHYMNONS LYRA-MEISTER

Einer der bedeutendsten kretischen Musiker jüngerer Zeit war Kostas Mountakis (1926–91), der in einem abgelegenen Dorf nahe der Südküste aufwuchs und nach seinem Umzug nach Rethymnon seine Berufung in der Musik fand.

Als Mountakis ankam, erholte sich die Region noch vom Zweiten Weltkrieg. Er lernte rasch, die kretische Lyra zu spielen. Das birnenförmige, dreisaitige Instrument gilt als direktester Nachfahre antiker Lyras (in der Werkstatt von **Stagakis Cretan Lyra** (S. 100) kannst du eine erwerben).

Mountakis wird für die Wiederbelebung der traditionellen Musik Kretas in den 1950ern verehrt. Er war ein Meister der Lyra und seine Musik klang lebhaft und fließend. Eine **Statue** südlich der Altstadt erinnert an ihn.

ESSEN IN RETHYMNON: SÜSSE LECKEREIEN

Meli: Fantastische Eiscreme aus Ziegenmilch vom Familienhof; am Rimondi-Brunnen. Für Bitterschokolade wirst du wiederkommen. *9–2 Uhr* €

Gaias Gefseis: Dieser Duft! Die Bäckerei produziert einige der besten traditionellen Kuchen und Kekse der Stadt. *7–24 Uhr* €

Cow's Cream: Ungemein leckere Eiscreme in diversen Sorten, Pistazie wird aus lokalen Nüssen hergestellt. Reichhaltige Milchshakes. *10–24 Uhr* €

Angeli Gelato: Slush in grellen Farben ist die Hauptattraktion in dem winzigen Laden. Hausgemachtes Eis in vielen Sorten. *10–23 Uhr* €

EIN SPAZIERGANG DURCH RETHYMNONS ALTSTADT

Rethymnons Altstadt ist wie gemacht zum Bummeln. Diese Tour soll nur eine Anregung sein für eigene Erkundungen, vor allem der ruhigen Seitengassen (S. 99).

START	ZIEL	LÄNGE/DAUER
Porta Guora	Meli	2 km; zwei Stunden

Seit mehr als 400 Jahren ist die ❶ **Porta Guora** (S. 102) das Tor zur Stadt. Starte von hier aus Richtung Norden zum ❷ **Archäologischen Museum** (S. 98) mit einer tollen Sammlung in einer stattlichen venezianischen Kirche.

Über den Mikrasiaton-Platz geht's zur minarettgekrönten ❸ **Neratzes-Moschee** (S. 100), dann zur Koroneou-Straße mit venezianischen Palästen und der ❹ **Agia-Sophia-Kirche** (S. 100) mit ihrem Bogen über der Straße. Zurück Richtung Westen nimmst du die schmalsten Gassen, die du findest, bis zur ❺ **Bäckerei Spanoioakis** an der Nikiforou Foka. Gestärkt durch einen Imbiss geht's nun die Katechaki hinauf zur ❻ **Fortezza** (S. 94). Such dir den schönsten Ausblick und stell dir vor, wie sich die Osmanen übers Kretische Meer nähern. Dann folgst du der gewundenen Chimaras hinab vorbei an Kunstläden zur Melissinou und spazierst nach Osten zum ❼ **venezianischen Hafen** (S. 95). Den Tavernenschleppern schenkst du nur ein mildes Lächeln. Nach Westen geht's weiter vorbei an der ❽ **Loggia** (S. 101), einer weiteren venezianischen Schönheit. Den Abschluss der Tour bilden die drei Becken des ❾ **Rimondi-Brunnens** (S. 102). Biete lächelnden Tourist:innen an, sie zu knipsen. Gleich gegenüber gibt's dann bei ❿ **Meli** (S. 103) das beste Eis der Region, z. B. aus Honig und saisonalem Obst.

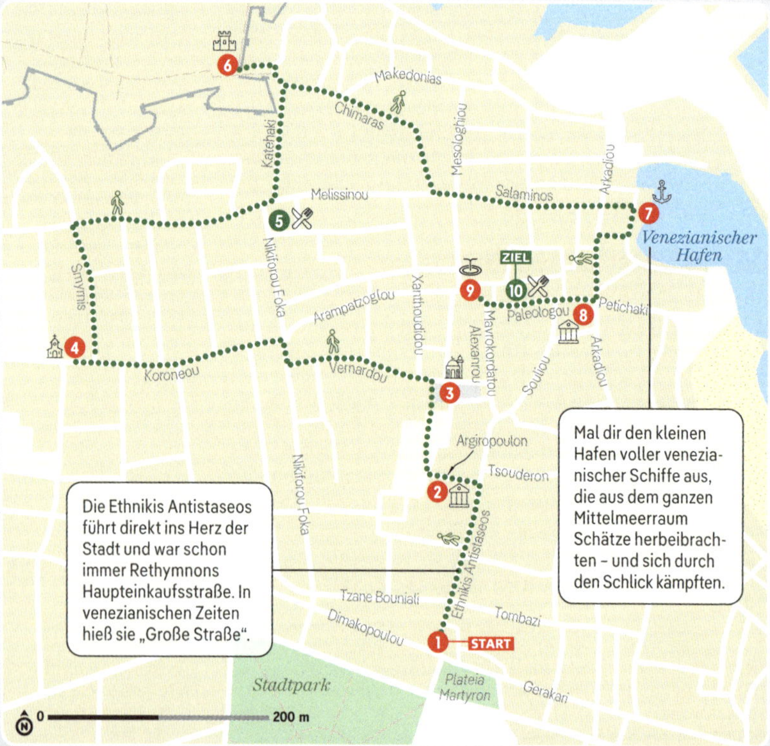

Die Ethnikis Antistaseos führt direkt ins Herz der Stadt und war schon immer Rethymnons Haupteinkaufsstraße. In venezianischen Zeiten hieß sie „Große Straße".

Mal dir den kleinen Hafen voller venezianischer Schiffe aus, die aus dem ganzen Mittelmeerraum Schätze herbeibrachten – und sich durch den Schlick kämpften.

Rund um Rethymnon

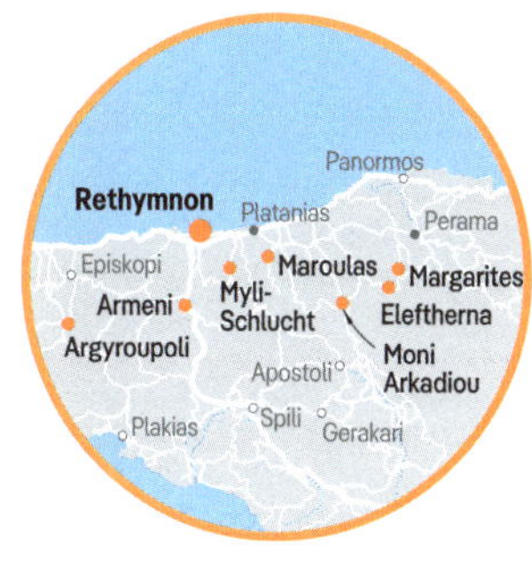

Entdecke im Süden von Rethymnon symbolträchtige Orte, schönes Handwerk, traditionelle Speisen und Überraschungen.

Das gebirgige Landesinnere bietet zahlreiche Optionen für faszinierende Routen und interessante Abstecher, angefangen mit der Myli-Schlucht. Schon ein Tag genügt, um das symbolträchtige Moni Arkadiou, das hübsche Töpferdorf Margarites und die weitläufigen Ruinen der antiken Stadt Eleftherna zu besuchen.

Im Südwesten eignen sich die Dörfer am Fuß der Lefka Ori (Weiße Berge) prima für einen Roadtrip. Beliebtestes Ziel ist das Gebirgsdorf Argyroupoli: Es wurde auf den Ruinen einer römischen Siedlung erbaut und ist berühmt für seine Quellen.

An den Nebenstraßen durch das Bergland stößt man auf viele weitere kleine Dörfer, familiengeführte Tavernen mit weitem Ausblick, Verkaufsstände mit selbst angebautem Obst und Gemüse und vieles mehr.

Ziele

Moni Arkadiou

DAUER AB RETHYMNON: **30 MIN.**

Idyllischer Gedenkort für die Seele Kretas

Das **Moni Arkadiou** *(arkadimonastery.gr; Erw./Kind 4 €/gratis)*, 23 km südöstlich von Rethymnon, ist für die Kreter:innen von großer Bedeutung. Die Stätte, wo 1866 Hunderte belagerte Kreter:innen sowohl sich als auch türkische Eindringlinge umbrachten (S. 107), ist ein Symbol des Widerstands. Es spielte eine wichtige Rolle im Befreiungskampf der Insel gegen die osmanische Besatzung.

Die eindrucksvolle **venezianische Kirche** (1587) des Klosters besitzt eine üppig verzierte Renaissancefassade und wird von einem Glockenturm mit drei Glocken gekrönt. Auf dem Gelände wächst eine Fülle von Rosen und Olivenbäumen; ein kleines **Museum** bietet eine überraschend interessante Ausstellung zur Konservierung alter Gewänder.

Die Ereignisse von 1866 sind hier überall präsent. Der karge **Speisesaal** war damals ein Schauplatz des Gemetzels; die Überreste des **Schießpulvermagazins** umfassen unter freiem Himmel ein bewegendes Wandbild.

Das Klostergelände strahlt eine angemessene und angenehme Ruhe aus. Es liegt auf einer Hochebene inmitten von Olivenhainen und offenem Land, die das ganze Jahr über grün ist. Man kann ohne Weiteres zwei Stunden mit dem Besuch des Klosters und der Umgebung verbringen.

UNTERWEGS VOR ORT

Rund um Rethymnon locken drei Cluster von Attraktionen: Im Südosten liegen Eleftherna, Moni Arkadiou und Margarites. Das Trio bildet einen der beliebtesten Tagesausflüge. In Stadtnähe befinden sich die Myli-Schlucht, Maroulis und Armeni und im Südwesten Argyoupoli, für die man jeweils einen halben Tag einplanen sollte.

In die meisten Orte fahren mindestens zwei Busse pro Tag, aber da Rethymnon als Knotenpunkt dient, gibt es kaum Querverbindungen.

GRABUNGEN IN ELEFTHERNA

Seit den 1985 begonnenen Ausgrabungen machen Archäolog:innen ständig neue Entdeckungen. 2010 sorgte der Fund der sterblichen Überreste einer Frau mit Goldschmuck in einem 2700 Jahre alten Doppelgrab weltweit für Schlagzeilen. Ein Jahr zuvor war das Grab einer Hohepriesterin und dreier Gehilfen freigelegt worden.

Am Osthang stehen derzeit die Überreste von Wohn- und öffentlichen Gebäuden aus der römischen und byzantinischen Zeit im Fokus der Archäolog:innen. Diese kann man sehen, wenn man der Straße vom Dorf Katsivelos folgt.

Andere ausgegrabene Gegenstände sind z. B. schöne Keramikvasen und -ornamente, fein gearbeitete Goldanhänger und Marmorfigurinen, allesamt von großer Kunstfertigkeit und teils noch mit erhaltenem Farbauftrag.

Hellenistische Brücke, Eleftherna

Eleftherna

DAUER AB RETHYMNON: **40 MIN.** 

Faszinierende römische Ruinen

Die antike Stätte **Eleftherna** *(mae.uoc.gr)* nur 25 km südöstlich von Rethymnon und 7 km östlich von Moni Arkadiou beherbergte einst eine von den Dorern erbaute Siedlung, die im 8. und 7. Jh. v. Chr. bedeutend war und auch in hellenistischer und römischer Zeit in voller Blüte stand.

Der zugänglichste Teil der unübersichtlichen und weitläufigen Stätte, die sich um das moderne Dorf Eleftherna herum erstreckt, ist die Akropolis, mit den Überresten eines Turms auf einem schmalen Kamm. Von hier führt ein holpriger, überwachsener Pfad hinab zu düsteren **römischen Zisternen**, die in die Felswände gehauen wurden. Ein Stück weiter am Weg befindet sich eine **hellenistische Brücke**.

In den Tälern beiderseits des Kamms finden weiterhin Ausgrabungen statt. Zu den bedeutenden Stätten gehören die 2800 Jahre alte **Nekropole von Orthi Petra** im Westen, wo Hinweise auf Menschenopfer gefunden wurden. Vom Dorf **Katsivelos** (gut für eine Kaffeepause) geht's auf einer kleinen Straße Richtung Norden ins Herz der antiken Stadt. Von hier führt ein Pfad mit tollem Blick auf die Stätte hinauf zur Akropolis.

Viele der Schätze sind im eindrucksvollen **Museum des antiken Eleftherna** *(mae.uoc.gr; Erw./Kind 4/2 €)* ausgestellt, das die Hintergrundinfos zur Stätte liefert. Das 3 km von den Ruinen gelegene Museum beherbergt Artefakte aus der frühen Eisen- und minoischen Zeit bis zur hellenistischen, römischen und byzantinischen Ära. Das Glanzstück ist ein **Bronzeschild** mit einem hervortretenden Löwenkopf aus dem 8. Jh. v. Chr.; daneben ist anhand einer Kopie zu sehen, wie der Schild ursprünglich vielleicht aussah. Das Museum ist ein guter erster Anlaufpunkt in Eleftherna, denn hier kann man ein Foto von der großen Karte an der Wand machen – denn eine Karte fehlt leider bei der lückenhaften Beschriftung und Beschilderung der Ruinen.

Margarites

DAUER AB RETHYMNON: **40 MIN.** 

Ein Dorf voller Töpfereien

Das kleine **Margarites**, 26 km südöstlich von Rethymnon und nur 4 km nordöstlich von Eleftherna, ist für seine Keramikarbeiten bekannt – die Tradition geht bis in minoische Zeit zurück. Das Dorf besitzt nur eine einzige Straße, dafür aber über 20 Töpferläden und -ateliers. Die meisten Werkstätten bauen den benötigten Ton von Hand ab. Geboten werden hochwertige bunte Töpferwaren für den Alltagsgebrauch.

Am besten meidet man die Vormittage und die Mittagszeit: Dann wird das Töpferdorf von Touristenbussen blockiert. Nachmittags herrscht dann wieder Ruhe, um die stimmungsvollen Gassen und die Werkstätten zu erkunden und im Schatten der Eukalyptusbäume von den Terrassen der Tavernen am Dorfplatz aus den schönen Blick ins Tal zu genießen.

Die Werkstätten von Margarites zehren von angeblich „7000 Jahren Töpfereigeschichte" und machen aus Ton mehr, als sich die meisten Leute vorstellen können. Hier eine Auswahl aus den Dutzenden von Läden; viele sind nur vom orthodoxen Ostern bis Oktober geöffnet. Bei **Keramion** entsteht ein großer Teil der Keramiken mit Techniken und nach Mustern der Minoer; der Ton wird mit Holz gebrannt, was für einen Braunton sorgt. **Ilys** bietet bunte glasierte Haushaltswaren und originelle Dinge – ein echter Farbrausch! Man kann Manolis bei der Arbeit an der Scheibe zuschauen und er teilt auch gern sein Wissen. Eine weitere gute Wahl ist **Gerarchakis Pottery Workshop** am nördlichen Dorfeingang.

An einer Seitenstraße oben im Dorf töpfert **Konstantinos Gallios** in seinem Laden wunderschöne Stücke (nach dem Schild „Ceramic Art" Ausschau halten).

Myli-Schlucht

DAUER AB RETHYMNON: **15 MIN.** 

Spektakuläre Wanderung nahe Rethymnon

Nur 7 km südlich von Rethymnon ist die grüne, schattige **Myli-Schlucht** (auch Mili) ein beliebter Tagesausflug. Die Schlucht verläuft 4 km entlang eines malerischen Bachs und es gibt einen gut instand gehaltenen **Weg**. Die Schlucht öffnet sich nach Norden und gibt herrliche Blicke auf die Küste frei. In venezianischer Zeit wurde sämtliches in der Region angebaute Getreide hier in Mühlen, die der Bach antrieb, gemahlen.

Entlang des Wegs sieht man die Überreste mehrerer **Wassermühlen**, eine wurde komplett restauriert. Zudem trifft man auf Steinhäuser des alten, verlassenen Dorfs und ein paar malerisch klapprige Brücken. Die stimmungsvolle **Agios-Antonios-Kapelle** – eine von vielen in der Schlucht – wurde direkt in die Felswand hineingebaut. Sie ist über den Pfad zu erreichen, der bei den Stufen am Schluchteingang rechts abzweigt.

Von April bis Oktober haben mehrere Cafés und Tavernen am Weg geöffnet. Am einfachsten erreicht man die Schlucht von Rethymnon per Fahrdienst. Parkplätze sind begrenzt.

EIN GEWALTIGES OPFER

Im November 1866 schickten die Türken eine gewaltige Armee, um die Aufstände niederzuschlagen, die überall auf der Insel aufflammten. Hunderte von Männern, Frauen und Kindern flohen aus ihren Dörfern in das Kloster Moni Arkadiou, um dort Schutz zu suchen. Es erwies sich jedoch keineswegs als sicher und wurde schon bald von 2000 türkischen Soldaten angegriffen. Doch die Kreter ergaben sich nicht – stattdessen jagten die eingeschlossenen Einheimischen Pulverfässer in die Luft. Bei der Explosion kamen alle Beteiligten um, einschließlich der Türken. Nur ein kleines Mädchen überlebte: Sie wurde in einem Nachbardorf aufgenommen und erreichte ein hohes Alter. Vor dem Kloster stehen eine Büste jener Frau und eine des Abts, der das Schießpulver entzündete. Die alte Windmühle nicht weit vom Kloster ist heute ein **Beinhaus**: Hier sind fein säuberlich in einer Glasvitrine die Totenschädel und Gebeine der Opfer von 1866 aufgereiht.

TOUREN RUND UM RETHYMNON

Cretan Gastronomy Center: Das Gastronomiezentrum nahe Argyroupoli organisiert Workshops und Touren, die tief in die kretische Küche eintauchen. *(cretangastronomycenter.com)*

Androniki's Cretan House: Gibt Gartentouren und gründliche Kochkurse in einem Innenhof voller Blumen und erkundet Holzofen-Backtechniken. *(andronikiscretanhouse.com)*

Oliving: Auf Touren durch Olivenhaine in Pigi nahe Rethymnon erfährt man einiges über die vielen Varianten von Olivenöl. *(oliving.gr)*

Crete Wine Escapes: Die Weinguttouren um Rethymnon beginnen mit einem von Nonnen zubereiteten Frühstück in einem Kloster. *(cretewineescapes.com)*

Best Ride: Bietet ausgezeichnete Fahrradtouren in der Region Rethymnon, darunter E-Bike-Touren durch die Myli-Schlucht und zum Moni Arkadiou. *(bestride.gr)*

Erinnerung an das blutige Jahr 1941

Das **Militärmuseum Chromonastiri** *(warmuseum.gr; Erw./Kind 6/3 €)*, ein 1,5-km-Spaziergang von der Schlucht nach Süden, liefert eine ernüchternde Darstellung der Schlacht um Kreta, eine der berüchtigtsten des Zweiten Weltkriegs. 1941 wurde auf der ganzen Insel gekämpft, auch hier rund ums Dorf Chromonastiri. Das Kriegsgeschehen wird Tag für Tag nachvollzogen, wobei sich die Dokumentation u. a. auf Bilder und Gegenstände alliierter und deutscher Soldaten stützt. Außerdem gibt's Filmaufnahmen der deutschen Luftlandeoperation mit dem ersten Einsatz von Fallschirmjägern im großen Stil. Das Museum wird vom griechischen Militär betrieben – Soldaten in Uniform fungieren als Guides. Es behandelt auch andere Themen zur griechischen Armee.

Selbst im kleinsten Ort auf Kreta gibt's heute ein Kriegerdenkmal mit den Namen der Bürger:innen und Partisan:innen, die im Verlauf der vier Jahre Kampf getötet wurden.

Maroulas

DAUER AB RETHYMNON: **20 MIN.**

Stimmungsvolles altes Dorf

Nur 10 km von Rethymnon liegt **Maroulas**, ein gut erhaltenes und gentrifiziertes Dorf mit weitem Blick aufs Meer und ausgezeichneten traditionellen Tavernen. Das Dorf ist ein Mix aus hübsch restaurierten spätvenezianischen und türkischen Bauten, darunter mehrere alte Olivenpressen. Ein 44 m hoher **venezianischer Turm**, der zwischen den Dorfgebäuden emporragt, hat noch einen Teil seiner wehrhaften alten Zugbrücke.

Am Dorfplatz steht eine große Steinrelief-**Skulptur** des Lokalhelden Papas Maroulianos, der im 19. Jh. gegen die Osmanen kämpfte. Der winzige **Marianna's Workshop** in der Nähe wird von Marianna Founti-Vassi betrieben, die in den Bergen duftende Heilpflanzen sammelt. Daraus produziert sie nach traditionellen Methoden Tees und Öle.

Biohof mit fantastischem Essen

Die **Agreco Farm** *(agreco.gr)* malerische 3 km östlich von Maroulas ist ein Nachbau eines Gehöfts aus dem 17. Jh. und ein Musterbeispiel für eine jahrhundertealte, biologische und umweltfreundliche Landwirtschaft. Auf dem Hof kommen überwiegend traditionelle Gerätschaften zum Einsatz wie eine per Eselskraft betriebene Olivenpresse und eine Wassermühle.

Ein kleiner Laden verkauft lokale Erzeugnisse und eigenes Olivenöl mit einem Esel auf dem Etikett. Die viel gepriesene **Taverne** gewinnt regelmäßig Preise und bietet grandiose Ausblicke.

ESSEN RUND UM RETHYMNON: UNSERE TIPPS

Watermills Valley Myle Cafe: Beim Ende des Wegs durch die Myli-Schlucht, mit kalten Getränken und Wandererkost. *Mai–Okt. 9–19 Uhr* €

Vamvakas Taverna: Im winzigen Roussospiti; die Aussicht von der erhöhten Lage oberhalb der Straße und das kretische Essen sind super. *12–22 Uhr* €€

Mántalos: Geschätzte Taverne am Dorfplatz von Margarites, eine von mehreren guten Optionen. Großzügige Portionen, guter Wein. *9–22 Uhr* €€

Taverna Veranda: Schlürfe in Margarites hausgemachte Limonade und genieße Ausblick und traditionelle Küche. *11–24 Uhr* €€

Lappa Avocado Shop

Armeni

DAUER AB RETHYMNON: **20 MIN.**

Antike minoische Gräber

Der **spätminoische Friedhof** in Armeni wurde zwischen 1600 und 1150 v. Chr. von den Minoern angelegt. Fast kann man die Anwesenheit der zahllosen Seelen der Menschen spüren, die hier in den mehr als 200 in den Fels gehauenen Grabstätten beigesetzt wurden. Heute stehen die *dromos* (lange Hohlkorridore) der Gräber Besucher:innen offen – besonders eindrucksvoll sind die Gräber 159 und 200. Einige der Grabbeigaben aus Armeni wie Töpferwaren, Zierstücke aus Bronze, Waffen, Schmuck und ein Helm aus einem Keilerstoßzahn sind im **Archäologischen Museum** von Rethymnon (S. 98) ausgestellt.

Argyroupoli

DAUER AB RETHYMNON: **35 MIN.**

Römische Ruinen und byzantinische Kirchen

Die Kombination aus ansprechendem Dorf, römischen Ruinen und gutem Essen sorgt für großen Besucherandrang. Errichtet auf den Ruinen der antiken Stadt Lappa, einer der wichtigsten römischen Städte in Westkreta, teilt sich Argyroupoli in ein Ober- und ein Unterdorf. Im Oberdorf auf einem Hügel säumen venezianische Steinhäuser und byzantinische Kirchen ein Gewirr von Kopfsteinpflastergassen.

Den Hauptplatz des Oberdorfs beherrscht die venezianische Kirche Agios Ioannis. **Lappa Avocado Shop** verkauft

RELIGIÖSE STÄTTEN RUND UM RETHYMNON

Chalevi-Kloster: Das Kloster geht auf das 16. Jh. zurück und wurde im Jahr 1864 rekonstruiert. Es liegt gleich südlich der Myli-Schlucht.

Agia-Irini-Kloster: Kretas ältestes Nonnenkloster wurde 1362 am Fuße eines Hügels 5 km südlich von Rethymnon errichtet, das Gebäudeensemble ist komplett restauriert.

Eftichios-Kirche: Manche sagen, die Fresken in dieser byzantinischen Kirche aus dem 11. Jh. direkt östlich der Schlucht gehen auf einen Vorgängerbau aus dem 3. Jh. zurück.

Panagia-Kera-Kirche: In dieser schlichten byzantinischen Kuppelkirche verstecken sich wunderschöne Fresken aus dem 14. Jh. Vom Militärmuseum Chromonastiri läuft man 1 km nach Süden.

ESSEN IN MAROULAS: UNSERE TIPPS

Taverna Fantastiko: Vom Zentrum bergauf; fantastische Aussicht von der Terrasse. Die meisten Zutaten stammen vom eigenen Hof. *11–22 Uhr* **€€**

Taverna Mylopetra: Entspanntes Lokal oberhalb vom Dorfplatz, bekannt für traditionelle Küche. Verkauft auch lokal produzierte Zutaten. *11–21 Uhr* **€€**

Katerina: Mittagessen in dieser Taverne können Stunden dauern. Herrlicher Meerblick von den Außentischen, reizende Betreiberin. *10–22 Uhr* **€€**

Agreco Farm Taverna: Eins der besten Bio-Restaurants Griechenlands, alles selbst gezogen. Tolles 33-Gänge-Probiermenü. Reservieren! *Mai–Okt., Zeiten variieren* **€€€**

DIE RÖMERZEIT IN ARGYROUPOLI

Im 3. Jh. v. Chr. konkurrierte das antike Lappa mit Knossos, von den Minoern ist jedoch wenig erhalten. Dafür kann man faszinierende Relikte aus der Römerzeit, besichtigen.

In Argyroupolis' Oberdorf ist ein römisches Portal mit der Inschrift „Omnia Mundi Fumus et Umbra" (Alles in dieser Welt ist Rauch und Schatten) erhalten. Ein kurzer malerischer Spaziergang führt zum Friedhof des antiken Lappa, der Nekropole, wo die Römer Hunderte von Gräbern in die Felsen gehauen haben, die meisten im Umkreis der Kapelle der Fünf Jungfrauen. In einem dichten Waldstück steht hier eine Platane, die 2000 Jahre alt sein soll.

Wer nicht gehen möchte, kann die Nekropole auch mit dem Auto erreichen.

BENSLIMAN HASSAN/SHUTTERSTOCK ©

Agia-Paraskevi-Kirche

Öl aus in der Nähe angebauten Bio-Avocados und Cremes auf Avocadobasis. Folge einem Pfad 1,5 km nach Norden, um die greifbarsten Überreste von Lappa zu sehen.

Weitere Highlights sind z. B. die **Agia-Paraskevi-Kirche**, wo die Platte eines Kindergrabs heute als Eingangsstufe zum Hof dient. Und schau dir in der stimmungsvollen **Panagia-Barotsiani-Kirche** aus dem 13. Jh. das beeindruckende römische Bodenmosaik aus 7000 Teilen an. Für eine Pause bieten sich Tavernen und ein exzellentes **Café** an.

Diverse Fußwege und Straßen führen ins untere Argyroupoli, eine wasserreiche Oase, gebildet aus Quellen, die die Temperatur niedrig halten und Rethymnon mit Wasser versorgen. Beliebte Tavernen servieren Süßwasserfisch und es gibt überwucherte Reste eines römischen Bads und der Marienkirche, errichtet auf einem Poseidon geweihten Tempel.

ESSEN IN ARGYROUPOLI: UNSERE TIPPS

Bistro Cafe: Café am Hauptplatz des Oberdorfs, serviert Kaffee und leichte Mahlzeiten wie Joghurt mit Früchten und Avocadotoast. *9–17 Uhr* €

Tavern Arhaia Lappa: Beim Oberdorf werden Tagesgerichte auf dem Holzkohlegrill zubereitet. Terrasse mit Blick auf Avocadohaine. *11–22 Uhr* €€

Taverna Kastro: Diese Taverne im Unterdorf in Sichtweite der Quelle ist beliebt für ihren fachgerecht gegrillten Fisch. *12–22 Uhr* €€

Garden Arkoudenas: In Episkopi bei Argyroupoli kredenzen die freundlichen Betreiber Bio-Mahlzeiten zwischen Obstbäumen. *12.30–23 Uhr* €€

Panormos

DORFFLAIR | ENTSPANNTES NACHTLEBEN | LEERE STRÄNDE

Panormos ist einer der wenigen relativ unverdorbenen Orte an der Nordküste. Trotz der beiden großen Hotelanlagen an der Peripherie hat es sich seinen gemächlichen, authentischen Dorfcharakter mit einem stimmungsvollen alten Ortskern bewahrt. Spaziert man durch die wenigen Straßen, nicken Anwohner:innen einem möglicherweise anerkennend zu, weil man ihr Dorf besucht.

Das Zentrum schmiegt sich an eine Bucht, in der eine lange Mole für ruhiges Wasser sorgt. Wie benachbarte Buchen bietet sie einen Streifen Sand, aber es ist auch nicht weit zu verlockenderen Stränden. Einen wichtigen Anteil an Panormos' Charme hat die Tatsache, dass es nicht von endlosen Hotelburgen umgeben ist. Nach fünf Minuten Fahrt erreicht man Ackerflächen oder die kargen ariden Landschaften, die typisch für diesen Teil von Kreta sind.

Durch die Geschichte wandern

Vom 5. Jahrhundert bis heute

Die Geschichte von Panormos lässt sich leicht auf einem Nachmittagsspaziergang erkunden.

In der Nähe gefundene Münzen deuten darauf hin, dass sich hier zwischen dem 1. und 9. Jh. n. Chr. ein Dorf befand. Das Einzige, was vor Ort noch von jener Zeit erzählt, ist das bröckelnde Fundament der **Agia-Sophia-Basilika** aus dem 5. Jh. auf einer Anhöhe hinter dem Dorf. Grasende Schafe sorgen für eine idyllische Kulisse. Man läuft einfache 500 m vom Ortskern Richtung Südwesten.

Die Stätte wurde in den 1940ern und 1950ern ausgegraben und das Fundament verrät, dass die Kirche groß war: 54 m lang und 20 m breit. Welches Schicksal dieses frühchristliche Gotteshaus ereilte, ist unbekannt, doch es gibt Theorien.

Zurück am Hafen springst du ein paar Jahrhunderte vor. Steige den sanften Hügel hinauf zum winzigen Rest einer Steinmauer, dem einzigen Überbleibsel des **Castel Milopotamo** aus dem 13. Jh. Die Festung soll von den Genuesen er-

UNTERWEGS VOR ORT

Wer im oder nicht weit vom Ortskern übernachtet, braucht kein Auto. Für Tagesausflüge ins Hinterland kann man dann für einen oder zwei Tage ein Fahrzeug mieten. Kids lieben es, die moderaten Entfernungen vor Ort mit einer Touristenbahn zurückzulegen.

Regelmäßig verkehren Busse nach Rethymnon (22 km, 25 Min.) und Iraklion (55 km, 1 Std.). Die Schnellstraße E75 verläuft gleich südlich des Zentrums.

TOP TIPP

Das trockene braune Land an der Küste rund um Panormos ist weitab von allen Attraktionen mit gesichtslosen Ferienwohnungskomplexen gespickt. Wer wenigstens einen kleinen Eindruck vom griechischen Dorfalltag erhalten möchte, sollte sich also im oder beim Ortskern einquartieren.

TAUCHEN IN PANORMOS

Das Meer vor Panormos ist so klar, dass man unter Wasser gut 40 m oder weiter sehen kann – praktisch, da die maximale Tiefe vor der Küste etwa 35 m beträgt. Im August liegt die durchschnittliche Wassertemperatur bei 28° C, im Winter bei 17° C. Wegen der milden Temperaturen verzichten viele Taucher:innen auf Ganzkörperneoprenanzüge.

Ein kleines Riff direkt vor der Küste ist dank des ruhigen, warmen Wassers ein guter Spot für Neulinge und Familien. Zu sehen gibt's die ganze Palette an Meerestieren, die vor Kreta leben, darunter Schwämme, Langusten, Tintenfische und viele bunte Fische. Öffnungen kleiner Höhlen sind ideal zum Beobachten. Auf dem Meeresgrund kann man antike Amphoren und Anker entdecken.

baut worden sein, als sie 1206 für kurze Zeit die Herrschaft innehatten, bevor sie von den Venezianern abgelöst wurden. 1683 wurde sie bei einem Piratenüberfall zerstört. Von hier aus bieten sich schöne Ausblicke auf Hafen und Küste.

In der Nähe steht die propere **Agios-Georgios-Kirche** mit einer beeindruckenden Kuppel. Sie verfügt über schöne moderne Fresken und einen netten kleinen Park. Man sieht, dass der Tourismus einen gewissen Wohlstand in das einst ärmliche Fischerdorf gebracht hat.

Strände erkunden

Einfach irgendeine Bucht ansteuern

Panormos hat nicht einen einzigen Hauptstrand, sondern mehrere kleine, hübsche Buchten mit braunem Sand und herrlichem türkisgrünem Wasser. Der Strand am Hafen mit seinem stillen Wasser eignet sich perfekt für Familien.

Trotz der großen Ferienanlage weiter westlich verströmt der **Panormos-Strand** ein ländliches Flair: Bäume spenden Schatten und es gibt nur ein paar Liegestühle. Wen das einladende Wasser zum Tauchen verlockt: Das **Atlantis Diving Centre** *(atlantis-creta.com)* bietet Ausflüge entlang der Küste zu Dutzenden Tauchspots mit guter Sicht.

Der schmale **Koukistres-Strand** liegt abgeschieden in einer winzigen, von Felsen gesäumten Bucht 4,5 km östlich des Orts. Man kann auch ein Stück mit dem Auto fahren, doch die letzte Strecke ist nur für Geländewagen geeignet. So hat man diesen händlerfreien Strand auch im Sommer vielleicht ganz für sich allein.

Preisgekrönte Weine verkosten

Kretisch trinken, kretisch kaufen

Zwar ist Iraklion wichtigster kretischer Weinproduzent, doch Rethymnon wurde 2018 als erster griechischer Ort als „Europäische Stadt des Weins" ausgezeichnet. Das ist vor allem auch der umtriebigen Familie Klados zu verdanken: Ihr Weingut ist besonders für seinen süffigen Vidiano bekannt, einen trockenen Weißwein, der aus einer Rebe gekeltert wird, die nur hier in der Gegend rund 2 km östlich vom Ort wächst.

ESSEN IN PANORMOS: UNSERE TIPPS

To Steki Tou Sifaki: Die Eheleute George und Georgia servieren leckere kretische Hausmannskost (auch vegan); im Sommer reservieren. *11–23 Uhr* €€

Meli & Xidi: Schön altmodische kretische Mahlzeiten. Mitten im trubeligen Nachtleben säumen Holzstühle die alte Steinfassade. *11–24 Uhr* €

Locus Deli: Modernes mediterranes Café in einem historischen Gebäude. Tischt kreative Gerichte aus lokalen Zutaten auf. *12–22 Uhr* €€

Bereketi: Im Fenster sieht man Souvlaki auf dem Grill, die Tische ziehen sich an der Wand entlang zum lebhaften Hinterdeck. *9–24 Uhr* €€

Agkira: Beste Taverne am Meer, schöne Location für einen Sundowner. Wechselndes Angebot an frischem Fisch. *12–23 Uhr* €€

Dalabelos Estate: Luxuriöser Ferienkomplex 5 km südlich des Orts mit toller Taverne, die lokale Zutaten verwendet. Kochkurse. *12–22 Uhr* €€

Alexandros Bakery: Beliebte Quelle für Gebäck, Snacks und schnelle Mahlzeiten im Herzen des Orts. Knusprige Käsepasteten. *7–21 Uhr* €

Nikita's Bar: Sorgt für jedes Alter – neben geselligen Drinks und einem heiteren Flair gibt's auch Eiscreme aus lokaler Ziegenmilch. *11–24 Uhr* €

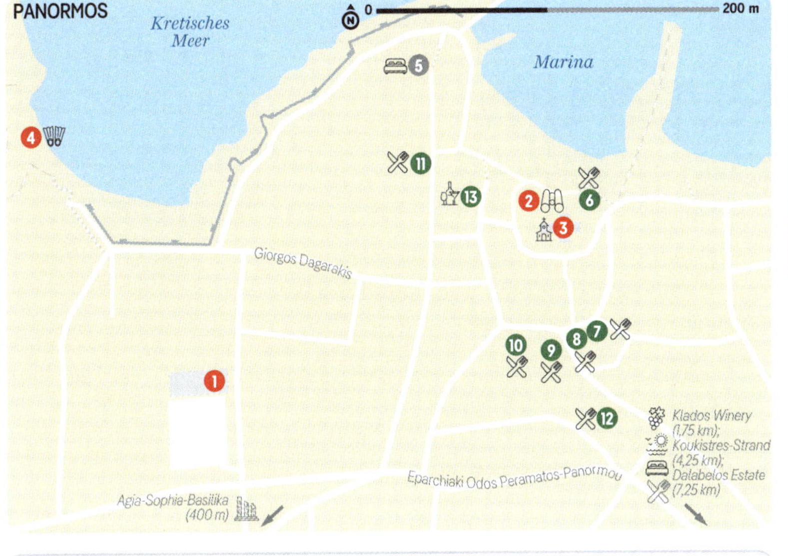

SEHENSWERTES
1 Carob Mill Cultural Centre
2 Castel Milopotamo
3 Agios-Georgios-Kirche

AKTIVITÄTEN, KURSE & TOUREN
4 Atlantis Diving Centre

SCHLAFEN
5 Captain's House Hotel

ESSEN
6 Agkira
7 Alexandros Bakery
8 Bereketi
9 Locus Deli

10 Meli & Xidi
11 Nikita's Bar
12 To Steki Tou Sifaki

AUSGEHEN & FEIERN
13 Vinzi Cocktail Bar

Nähert man sich dem Weingut, weicht die für diesen Teil der Region Rethymnon typische felsige braune Landschaft den Olivenhainen und Weinreben, die die **Klados Winery** umgeben. Der Verkostungsraum ist einfach, doch es gibt einen einladenden sonnigen Außenbereich. Besucher:innen können zwischen zwei Rot-, drei Weiß- und einem Roséwein aus biologischem Anbau wählen.

Ausgehen in Panormos

Vergnügliche Mahlzeiten und Sundowner

Die besten Esslokale in Panormos drängeln sich im Herzen des alten Ortskerns, zwei Straßen landeinwärts. Alle servieren Variationen der kretischen Küche. Dazu gibt's ein paar gute Bäckereien und Cafés. In der Hochsaison breiten sich die Tische mit fröhlichen Gästen auf die Straßen aus und es herrscht eine ausgelassene Stimmung.

Auch wenn die Tavernen direkt am Wasser nicht die besten Optionen zum Essen sind, für einen Drink zum Sonnenuntergang und später sind sie klasse. Panormos ist keine Partyhochburg, doch die **Vinzi Cocktail Bar** in der Nähe der Festungsrelikte mixt bis Mitternacht süffige Drinks.

Für kultiviertere Unterhaltung finden im **Carob Mill Cultural Centre** *(epimenides.gr)* in einer alten Johannisbrotfabrik ganzjährig Konzerte und Ausstellungen statt.

Rund um Panormos

Landeinwärts locken Kretas höchster Gipfel und zeitlose Bergdörfer. Hier schlägt das musikalische Herz der Insel.

Ziele

Wer von Panormos landeinwärts fährt, erlebt ein völlig anderes Kreta: An immer höheren Bergen liegen verstreut stoische Dörfer. Keins ist bekannter als Anogia – der geschichtsträchtige Ort gilt als das Herz der beliebten und stimmungsvollen Volksmusik Kretas. Dies ist die Region, um *ofto* (gegrilltes Lamm- oder Ziegenfleisch), ein klassisches Berggericht, zu schlemmen und in Dörfern wie Axos die kühlere Höhenluft zu spüren.

Mach dich auf zu beglückenden Wanderungen, tauche ab in unterirdische Wunder oder entdecke gar Zeus' Geburtsstätte – wie manche sagen. In diesen Bergregionen spürt man sie stärker als anderswo, die kretische Seele.

Melidoni-Höhle

DAUER AB PANORMOS: **20 MIN.** 

Untergrundjuwel mit tragischer Vergangenheit

Die kathedralenartige **Melidoni-Höhle** *(melidoni.gr; Erw./Kind 4/3 €)* begeistert Besuchende mit einem Unterweltspektakel aus Stalaktiten und Stalagmiten in mehreren dramatisch beleuchteten Kammern. Die auch als Gerondospilios bekannte Höhle, die seit der Jungsteinzeit als Kultstätte diente, ist von immenser historischer Bedeutung: Hier fand 1824 während der türkischen Besatzung ein schreckliches Massaker statt. 370 Dorfbewohner:innen und 30 Soldaten hatten hier Schutz vor der osmanischen Armee gesucht; nach dreimonatiger Belagerung töteten die Türken alle. Ihre Knochen werden in einem Beinhaus in der Höhle aufbewahrt.

Die Höhle in der Nähe von Panormos ist von Natur aus kühl (18°C) – bring etwas zum Überziehen mit.

Episkopi

DAUER AB PANORMOS: **30 MIN.** 

Durch ein reizvolles Dorf spazieren

Das bezaubernde kleine Dorf **Episkopi** liegt nur 10 km südöstlich der Melidoni-Höhle. Es besteht aus einem von guterhaltenen alten Steinhäusern gesäumten Gassengewirr und lädt zu einem Streifzug ein. In den bröckelnden Ruinen der **Kirche** aus dem 15. Jh. sind noch einige verblichene Fresken zu sehen. Halte auch Ausschau nach einem venezianischen **Turm** und einem **Brunnen** neben der Steinbrücke am westlichen Ortsende. Achtung, auf Kreta gibt's mehrere Orte namens Episkopi.

UNTERWEGS VOR ORT

Wer die Berge Richtung Psiloritis erkunden möchte, benötigt ein eigenes Fahrzeug. Von Rethymnon verkehren zwei Busse am Tag nach Anogia. Viele Orte rund um den Psiloritis liegen näher bei Iraklion als Rethymnon.

Bali liegt direkt an der Schnellstraße von Chania über Rethymnon nach Iraklion. Der Ort ist sehr langgezogen: Vom einen Ende zum anderen sind es zu Fuß mindestens 25 Minuten.

ANDRONOS HARIS/SHUTTERSTOCK ©

Der zentrale Platz im Unterdorf von Anogia

Anogia

DAUER AB PANORMOS: **1 STD.**

Traditionelles Dorf mit kretischem Geist

An den nordöstlichen Ausläufern des Psiloritis gewährt das besuchenswerte **Anogia** einen faszinierenden Einblick in die ländliche Alltagskultur Kretas. Hier halten Bewohner:innen altbewährte Traditionen hoch. Stets sieht man Männer und Frauen in den *kafeneia* plaudern. Die turbulente Geschichte des Orts – im Zweiten Weltkrieg war es ein Hort des Widerstands – hat den Bewohner:innen ein rebellisches Erbe und Beharrungsvermögen beschert. Anogia ist zudem für seine mitreißende Volksmusik bekannt und hat einige der bekanntesten Musiker Kretas hervorgebracht.

Anogia besteht aus dem Geschäftszentrum des Oberdorfs und dem älteren und stimmungsvolleren Unterdorf. In ersterem befindet sich der **Armi-Platz** mit Blick auf den schneebedeckten Psiloritis und einem großen Denkmal für die örtlichen Freiheitskämpfer des 19. und 20. Jhs. sowie einer Gedenktafel für die Opfer von 1944.

Am kleinen Hauptplatz des Unterdorfs stehen ein Kirche mit Kuppel und ein bescheidenes zweistöckiges, weißes **Haus**, in dem einst der legendäre Lyra-Spieler und Sänger Nikos Xylouris (1936–80) lebte. Ein Bild von ihm schmückt die Außenwand des Gebäudes, drinnen werden Erinnerungsstücke aus seinem Leben gezeigt.

ANOGIAS OPFER

Als wichtigstes Zentrum des Widerstands gegen die Nazi-Besatzung im Zweiten Weltkrieg zahlte Anogia einen grausamen Preis. Höhepunkt war die Entführung des deutschen Generals Heinrich Kreipe in **Iraklion** (S. 143) im April 1944 durch eine Gruppe Widerstandskämpfer unter Führung des berüchtigten britischen Offiziers, Reisenden und Erzählers Patrick Leigh Fermor. Anogia bot der Gruppe Unterschlupf auf ihrer erfolgreichen Flucht nach Ägypten. Weitere Sabotageakte folgten.

Als Vergeltung erschossen die deutschen Besatzer am 13. August 1944 25 Dorfbewohner:innen und legten Anogia in den nächsten drei Wochen in Schutt und Asche. Die Überlebenden führten fortan ein Leben in Armut. Eine Gedenktafel auf dem Armi-Platz erinnert an die Geschehnisse, die auch als „Holocaust von Anogia“ bezeichnet werden.

ESSEN RUND UM PANORMOS: UNSERE TIPPS

Arodamos: Im Oberdorf von Anogia; höchst beliebt. Über Feuer gegartes lokales Fleisch, tolle einfache Gerichte wie Pasta mit Käse. *12–18 Uhr* €

Ta Skalomata: Serviert seit über 40 Jahren in Anogias Oberdorf eigenen Wein und sättigende lokale Küche. Schöne Aussicht. *8–23 Uhr* €

Plateia tou Syntagmatos: Café unter Bäumen am Hauptplatz von Anogias Unterdorf. Einfache Mahlzeiten und köstliche Süßigkeiten. *8–23 Uhr* €

Taverna Platanos: Tische unter Markisen an der Straße mitten in Axos. Hier bekommen alle eine herzliche Begrüßung und gutes Essen. *9–23 Uhr* €

GEBURTSSTÄTTE DES ZEUS – ODER?

Zwar handelt es sich bei der **Idäischen Grotte** nur um eine große und unauffällige Öffnung am Südhang des Psiloritis auf 1538 m Höhe, doch in der griechischen Mythologie gilt sie als der Ort, wo Zeus von seiner Mutter Rhea großgezogen wurde, um ihn vor den Klauen seines kinderfressenden Vaters Kronos zu schützen (der, wie manche glauben, hier begraben sein soll). Nur Spielverderber werden anmerken, dass über die Dikti-Höhle in **Lassithi** (S. 192) dasselbe behauptet wird.

Seit dem 4. Jahrtausend v. Chr. war die Grotte eine Kultstätte; man hat hier zahlreiche Gegenstände ausgegraben, darunter Goldschmuck, Bronzeschilde und Gaben für Zeus.

Die Grotte ist keine organisierte Attraktion, vom Parkplatz zum Eingang läuft man 1 km einen steinigen Pfad hinauf. Im Winter – teils bis Mai – kann der Eingang zur Höhle durch Schnee versperrt sein.

Such dir einen freien Stuhl in einem der *kafeneia* am Platz wie dem schattigen **Sepbipoyme** und genieße die Atmosphäre. Folge dann den Klängen der Lyra-Musik zum nahen **Grylios-Museum**, das Werke des bekannten naiven Malers ausstellt.

Tavernen im Oberdorf servieren traditionelle kretische Kost (S. 115).

Axos

DAUER AB PANORMOS: **40 MIN.**

Einladender Boxenstopp

Das Dorf **Axos** mit seinen schattenspendenden Bäumen besitzt das entspannte kretische Ambiente, in dem eine Pause in einem stimmungsvollen Café Stunden dauern kann.

Eine mächtige Skulptur vor dem Eingang des nach Holz duftenden, etwas exzentrischen **Holzskulpturenmuseums** *(woodenmuseum.gr; Erw./Kind 5/3 €)* zeigt Herkules, wie er den Löwen tötet. Das Museum ist die Werkstatt von Georgios Koutantos. Seine Kreationen sind riesig und inspirierend und er erläutert gern die Geschichten und kulturellen Bezüge, die hinter jedem Stück stehen.

Psiloritis

DAUER AB PANORMOS: **1 STD.**

Kretas erhabenster Gipfel

Der **Psiloritis** *(psiloritisgeopark.gr)*, auch Ida genannt, ist der höchste Berg Kretas. In der griechischen Mythologie wird er mit Zeus' Mutter Rhea in Verbindung gebracht. Wer am Psiloritis wandern und klettern möchte, sollte bedenken, dass sich die Wetterbedingungen schnell ändern können. Die klassische Route zum Gipfel führt über den Europawanderweg E4 und dauert im Sommer insgesamt ungefähr sieben Stunden. Der Mountaineering Club of Rethymnon (S. 99) bietet Infos und organisiert Touren.

An der Ostseite des Psiloritis erstreckt sich die **Nida-Hochebene** (1400 m). Auf dem abgelegene Hochplateau stehen noch einige runde *mitata* (traditionelle steinerne Schäferhütten). In der Nähe befinden sich auch die mythologisch bedeutsame **Idäische Grotte** sowie **Andartis**, eine eindrucksvolle Landschaftsskulptur, die an den kretischen Widerstand im Zweiten Weltkrieg erinnert.

Bali

DAUER AB PANORMOS: **20 MIN.**

Massen und Strände

Weit entfernt von Indonesien genoss das kretische Bali einst eine der umwerfendsten Lagen an der Nordküste. Und die zerklüftete Küste mit Stränden ist nach jahrzehntelanger unansehnlicher Erschließung noch immer irgendwo vorhanden.

Unter den Stränden stechen zwei hervor. **Livadi** ist lang und breit und Tag und Nacht herrscht Partystimmung. Wer Action mit einem Soundtrack aus House Music mag, ist hier richtig. **Varkotopo** ist die Wahl für Sonnenuntergänge, hier gibt's eine Reihe gehobener Bars. An Aktivitäten ist in Bali vor allem Tauchen beliebt, das hier genauso schön ist wie in Panormos (S. 112).

Spili

ALTE DÖRFER | AUSGEZEICHNETE TAVERNEN | SCHÖNE WANDERUNGEN

Spili ist ein reizendes Bergdorf mit Kopfsteinpflastergassen, großen alten Platanen und weiß gekalkten, blumengeschmückten Häusern. Viele legen hier nur einen Mittagsstopp auf der Tour von Rethymnon zur Südküste ein, doch es lohnt sich zu verweilen. Die sonnige, grüne Region ist ein Wanderzentrum und das Tor zum interessanten Amari-Tal. Die spektakuläre Kourtaliotiko-Schlucht beginnt gleich westlich des Orts.

Ein Dorfbummel

Venezianische Relikte und Dorfalltag

Der Ortskern von Spili ist kompakt und leicht zu Fuß zu erkunden; alles Wichtige liegt in einem Radius von 300 m. Highlight ist der quellengespeiste **venezianische Brunnen** mit 25 steinernen Löwenköpfen, aus denen Wasser strömt. Hier kann man sich bestes Quellwasser abfüllen. Schmale Straßen führen hinauf zu den malerischen kleinen Gassen des Dorfs. Längere **Spaziergänge** gehen in alle Richtungen; hinter dem Dorf bergauf gelangst du zu Ausblicken und alten Kirchen, am Fluss entlang zu restaurierten Wassermühlen. Das **Volkskundemuseum** birgt Schätze vergangener Zeiten, u. a. eine alte Küche, die den dörflichen Alltag vor 200 Jahren zeigt.

Durch die Kourtaliotiko-Schlucht wandern

Ein sprudelnder Wasserfall und ein Naturpool

Eine der interessantesten Schluchten Kretas ist weniger besucht als die berühmte Samaria-Schlucht. Die Wanderung beginnt im kleinen Dorf Koxare 7 km westlich von Spili. Der Weg durch die Schlucht führt über 11 km bis zum Strand von **Preveli** (S. 120). Unterwegs sorgen rauschende Flüsse den ganzen Sommer lang mit ihrer Gischt für Abkühlung. Ein Highlight der Wanderung ist der 40 m hohe **Kourtaliotiko-Wasserfall**, der in ein großes, von steilen Felsen umgebenes Becken stürzt.

Winzige Kirchlein und Dattelpalmenhaine zieren die Strecke. Erfahrene Wandernde werden hier keine Probleme haben – die gesamte Tour dauert ungefähr 2½ Stunden. Es ist jedoch ziemlich viel Kraxelei über große Felsbrocken erforderlich und der Fluss kann zu jeder Jahreszeit bei Regen plötz-

UNTERWEGS VOR ORT

Spili ist ab Rethymnon gut per Bus (30 Min.) zu erreichen und liegt an der Hauptstrecke nach Agia Galini. Wer mit dem Auto ankommt, stellt es am besten auf dem großen Parkplatz hinter der Reihe von Läden und Cafés auf der Westseite der Hauptstraße ab.

Der kompakte Ortskern ist Fußgängerzone, doch für den Maravel Garden benötigt man ein Auto. Für Wanderungen durch die Kourtaliotiko-Schlucht muss man ein Taxi organisieren, das einen von Preveli zurück zum Ausgangspunkt oder nach Spili bringt.

TOP TIPP

Die Läden des Maravel Garden verkaufen den Guide *Discover Plakias & Spili... on Foot*. Er beschreibt mehrere kurze Wanderungen in und um Spili.

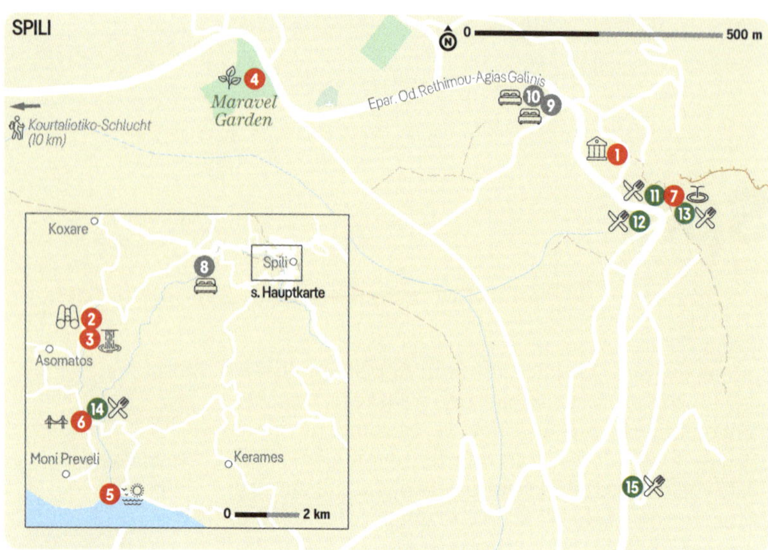

SEHENSWERTES
1 Volkskundemuseum
2 Kourtaliotiko-Schlucht
3 Kourtaliotiko-Wasserfall
4 Maravel Garden
5 Preveli-Strand
6 Steinbrücke
7 Venezianischer Brunnen

SCHLAFEN
8 Angela's River Paradise
9 Green Hotel
10 Hotel Herakles

ESSEN
11 Fabricafe
12 Liotrivi
13 Platia Cafe & Taverna
14 Taverna Gefyra
15 Taverna Sideratico

lich anschwellen und die Schlucht überfluten, also immer das Wetter und die Umgebung im Blick haben.

Es ist auch möglich, nur einen 3 km langen Abschnitt zu wandern, vom Wasserfall nach Süden zur markanten **Steinbogenbrücke**, wo die **Taverna Gefyra** ein erfrischendes Ziel bildet.

Botanischer Garten

Intensive Düfte, üppige Schönheit

Der **Maravel Garden** *(maravelspili.gr)* beheimatet eine aromatische Auswahl von Pflanzenarten aus Kreta und der ganzen Welt. Du kannst umherstreifen und die Kräuter und Heilpflanzen anschauen, aus denen das Personal ätherische Öle gewinnt und die Bio-Produkte herstellt, die hier im Garten und im Ort verkauft werden. Das Bio-Restaurant ist gut besucht, vor allem im Sommer. Im Frühling und Herbst werden kostenlose Konzerte veranstaltet und es gibt ein **Hotel** (S. 127).

ESSEN IN SPILI: UNSERE TIPPS

Taverna Sideratico: In netter Lage 500 m südlich vom Ort. Koch, Betreiber und Bauer Nico führt durch das Tagesangebot. *13–22 Uhr* €€

Platia Cafe & Taverna: Oberhalb des venezianischen Brunnens, sonnige Terrasse, familiengeführt. Schenkt ausgezeichnetes Bier aus. *8–22 Uhr* €€

Fabricafe: Große Terrasse beim Brunnen, eine der besten Optionen. Die Karte geht über die üblichen griechischen Klischees hinaus. *8–24 Uhr* €€

Liotrivi: Exzellente kretische Klassiker. Jenseits der vielbefahrenen Straße; die rückwärtige Terrasse bietet schöne Aussicht auf den Fluss. *12.30–22 Uhr* €€

Rund um Spili

Das Amari-Tal und die umliegende Region im Schatten des Psiloritis werden Reisende mit einer Schwäche für schmale Landstraßen und winzige Dörfchen begeistern.

Das Amari-Tal östlich von Spili ist ein Flickenteppich aus von Olivenhainen und Obstgärten eingerahmten, unberührten Dörfern mit byzantinischen Kirchen. Das grüne Tal ist der Mittelpunkt einer fruchtbaren Region, die schon seit Jahrhunderten kleine Bauerndörfer ernährt. Die Sehenswürdigkeiten sind durch schmale Straßen verbunden und die stetigen Ausblicke auf schneebedeckte Gipfel und das ferne Meer sorgen für ein herrliches Reiseerlebnis.

Mit ihrer pointillistischen Schönheit aus den Grüntönen des Landes und dem Kobaltblau des Himmels strahlt die Gegend eine einsame Erhabenheit aus. Jedes der ein Dutzend Dörfer besitzt seinen ganz eigenen Charme. Jahrhundertealte Kirchen, verschlafene Dorfplätze und venezianische Relikte warten auf Entdeckung.

Und wenn es Zeit zum Essen ist, hat das Tal ein paar außergewöhnliche Tavernen zu bieten.

UNTERWEGS VOR ORT

Man braucht eine gute Karte, um sich im Amari-Tal zurechtzufinden, wo es kaum nützliche und manchmal widersprüchliche Straßenschilder gibt. Eine Karten-App (Kartendaten vorab runterladen) oder GPS sind unentbehrlich, auch wenn die Routen, die manche Apps empfehlen, über Ziegenpfade führen.

Für Radfahrende sind die schmalen Straßen herausfordernd, aber auch sehr lohnend. Am besten kommen Leute mit kleinen Autos zurecht.

ESSEN IM AMARI-TAL: UNSERE TIPPS

Taverna Apsida: Ein Highlight an Gerakaris Hauptstraße; eleganter als andere mit weißen Tischdecken und Wandbildern. 12–22 Uhr €€

Taverna Moschovolies: Behagliches Lokal für Hausmannskost in Meronas mit Topfblumen, getrockneten Kräutern und Früchten. 11–22 Uhr €€

Taverna Evgoritis: Eine von zwei tollen kleinen Tavernen beim Dorfkern von Apostoli; hier wird man zur kretischen Küche bekehrt. 11–18 Uhr €€

Cafe Taverna Athanasia Neonaki: Das andere großartige Esslokal in Apostoli. Morgens Kaffee, abends Gerichte vom Holzgrill. 8–24 Uhr €€

Taverna Aravanes: Herrliche Talblicke in Thronos, traditionelles Essen und Brot aus dem Holzofen sowie Kochunterricht. 11–22 Uhr €€

Taverna Amari: Hier gibt's kretische Klassiker und dösende Katzen. Viele leckere Details wie hausgemachte Sesamkekse. 8–22 Uhr €€

Turn of Taste: An einer Kurve in Vizari. Unter einem Maulbeerbaum großartige, schlichte Regionalküche schlemmen. Reservieren. 9–21 Uhr €€

Traditional Tavern O Souvlatzis: Rustikale Holzstühle und -tische unter Platanen; einfach zubereitetes, köstliches Essen. 8–23 Uhr €€

AUTOTOUR

Roadtrip durchs Amari-Tal

Die Straße von Spili zu diesem Tagesausflug im Amari-Tal führt durch karges Gelände. Alternativ geht's von Rethymnon aus in Apostoli los oder nach einem Stopp in Moni Arkadiou in Thronos (S. 105).

1 Gerakari

Gerakari wurde im Zweiten Weltkrieg von den Deutschen weitgehend zerstört (am Hauptplatz stehen Denkmäler), wurde aber als moderner Ort wiederbelebt und ist bekannt für seine Kirschen, Orangen und wilden Tulpen. Die **Agios-Ioannis-Kirche** aus dem 13. Jh. mit schönen Fresken ist umgeben von großen Bäumen und einem Brunnen. Wer Hunger hat, wird in den Tavernen an der Hauptstraße fündig.

Route: Folge der malerisch gewundenen Straße 5 km nach Nordosten.

2 Meronas

Die freskengeschmückte **Marienkirche** aus dem 14. Jh. in **Meronas** ist ein Highlight des Tals, beachte auch die üppigen königsblauen liturgischen Gewänder. Füll dir an der Quelle mit drei Zuflüssen Wasser ab.

Route: Weiter geht's 3 km Richtung Norden.

3 Apostoli

Im kleinen, modernen Dorf **Apostoli** gibt's zwei fantastische Tavernen, es eignet sich also prima für eine Mittagspause.

Route: Fahre 3 km nach Osten und genieße die Aussicht auf die Berge.

4 Thronos

An einem Hang klebt der Weiler **Thronos** mit einer einzigen Taverne. Die **Agia Panagia** (Himmelfahrtskirche) besitzt außergewöhnliche, wenn auch verblasste Fres-

DEAGOSTINI/GETTY IMAGES ©

Agios-Ioannis-Kirche

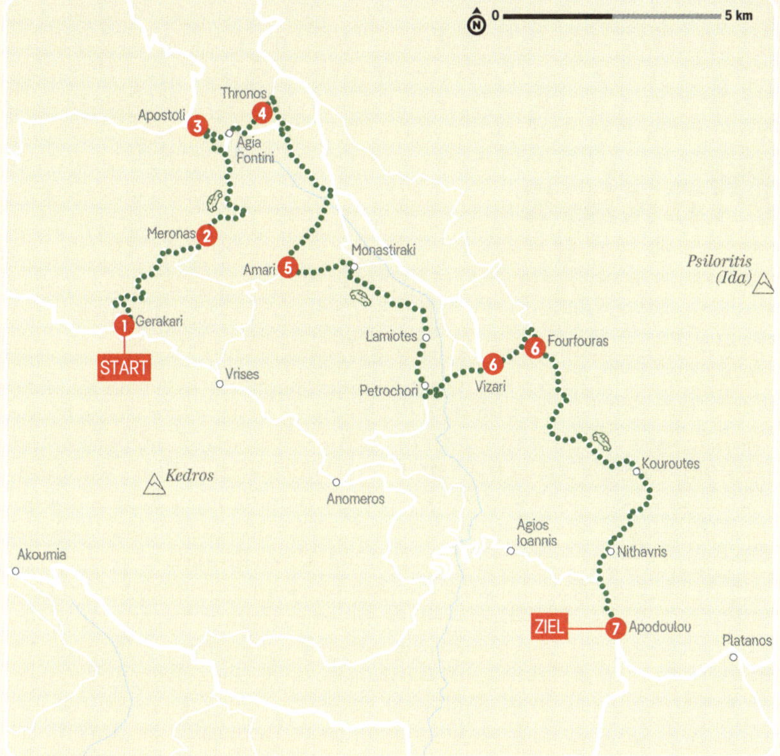

ken aus dem 14. Jh. Noch älter sind die Bodenmosaiken: Dabei handelt es sich um Überreste einer viel größeren Holzständerbasilika aus dem 4. Jh. Den Schlüssel bekommt man im Café nebenan.

Route: Von Thronos geht's bergab und links 7 Km nach Amari. Folge den Schildern Richtung Fourfouras.

5 Amari

Amari, das dem Tal seinen Namen verlieh, verfügt über ein bezauberndes Durcheinander aus venezianischen Häusern und einen Platz voller Cafés und üppiger Blumentöpfe. Den **Glockenturm** kann man vom gesamten Tal aus sehen. Steig hinauf und teile die schöne Aussicht mit den Tauben.

Route: Fahre weiter über Monastiraki und Lamiotes. Hinter **Petrochori** biegst du nach Osten ab und passierst Olivenhaine. Parke nach 2 km in einer holprigen schmalen Straße.

6 Vizari & Fourfouras

Lauf 200 m nach Norden zu den Überresten der **Bizari-Basilika** (Rimokklisa) aus dem 7. Jh., die 824 von den Arabern zerstört wurde. Sie liegen neben einem Stausee.

Besuche anschließend in **Vizari** Olivenholzwerkstätten und vielleicht auch sein berühmtes Restaurant. Fahre dann 1 km nach Osten ins hübsche **Fourfouras** mit guten Tavernen am verkehrsfreien Hauptplatz. Von hier führen Pfade auf den Psiloritis.

Route: Während du 10 km Richtung Süden fährst, öffnet sich das Tal.

7 Apodoulou

Schau in **Apodoulou** die Ruine der **Villa Kalitsa Psaraki** an. Sie ist nach einem Mädchen benannt, das von den Türken entführt und von einem englischen Reisenden gerettet (und geehelicht) wurde. Folge einer Schotterpiste 900 m nach Norden zur **Agios-Georgios-Kirche** mit noch immer bunten Fresken aus dem 17. Jh.

Plakias

BREITER STRAND | GUTE PREISE | ENTSPANNTES NACHTLEBEN

UNTERWEGS VOR ORT

Nach Plakias fahren Busse von Rethymnon (1 Std.) und Preveli (30 Min.). Gute Straßen führen nach Chora Sfakion im Westen und Agia Galini im Osten.

Für die Erkundung der Buchten der Gegend ist ein Motorroller oder E-Bike ideal. Im Ort Plakias selbst ist alles fußläufig erreichbar.

Von Plakias aus schippern kleine Boote zum Damnoni-Strand und zu anderen Sandbuchten Richtung Süden.

TOP TIPP

Nimm nach Plakias nicht nur deine Badesachen mit, sondern auch gute Wanderschuhe oder Outdoorsandalen. Vom Ort sind die felsigen Berge, die die Lage von Plakias so dramatisch erscheinen lassen, leicht zu erreichen. An der Küste folgt ein schöner Strand auf den nächsten.

Die stressfreie Fahrt von der Straße Rethymnon–Agia Galini durch die Kotsifou-Schlucht nach Plakias ist bei Reisenden beliebt. Der Ort selbst ist zwar eher nichtssagend, doch er ist gesäumt von einem weiten Sandstrand vor hohen Felsen. Er ist ein idealer Ausgangspunkt zur Erkundung der Region und für Wanderungen durch Olivenhaine, an der Felsküste entlang und zu versteckten Stränden.

Ein Großteil der Unterkünfte von Plakias säumt die Uferpromenade mit jeder Menge Tavernen und Cafés. Da hier vorwiegend ältere Reisende und Familien Urlaub machen, ist das Nachtleben eher dürftig, doch es gibt ein paar Bars und Cafés für Ausgehfreudige.

Viele Gäste kommen als Pauschaltourist:innen nach Plakias, andere wegen des ruhigen Flairs, dem guten Angebot, der Palette an Stränden und dem entspannten Nachtleben – und bleiben länger als geplant.

Fantastische Strände

Von lebhaft bis unberührt

Der fast 1,5 km lange **Plakias-Strand** nahe dem Ortszentrum ist schmal und voll, es gibt Beachbars, Liegestühle und weitere Angebote. Im Süden wird er breiter, ist wenig erschlossen und bietet schöne Ausblicke. Er besteht zwar eher aus zerstoßenen Muschelschalen als aus pudrigem Sand, doch das azurblaue Wasser ist wunderbar. Der beste Abschnitt liegt 200 m südlich der Hauptstraße mit einer Handvoll Bars sowie Strandliegen und Sonnenschirmen (auch Tamarisken spenden Schatten).

Richtung Südosten erstrecken sich erstklassige Strände, alle weniger als 5 km von Plakias entfernt, meist zu erreichen über schmale Sträßchen vom Touristendorf **Lefkogia**, wo es gute Cafés und Märkte gibt. Allein für diese Strände lohnt es sich, nach Plakias zu kommen.

Von Norden nach Süden schließt sich nach der felsigen Landzunge am Südende des Plakias-Strands zuerst der **Damnoni-Strand** an. Dort gibt's ein großes Resort, Cafés und Aktivitäten. 10 Minuten weiter südlich liegt an einer Bucht der **Ammoudi-Strand**, selbst im betriebsamen August ein idyllisches Paradies

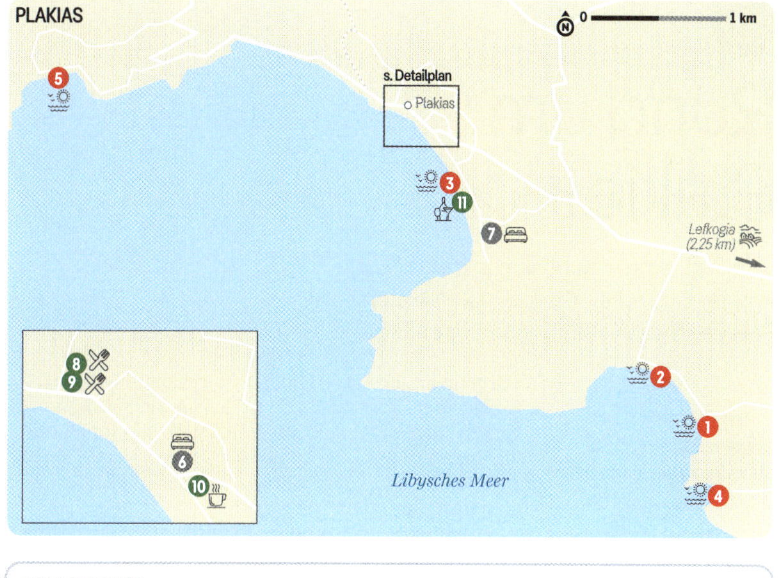

SEHENSWERTES
1 Ammoudi-Strand
2 Damnoni-Strand
3 Plakias-Strand

4 Skinaria-Strand
5 Souda-Strand

SCHLAFEN
6 Alianthos Beach Hotel

7 Plakias Suites

ESSEN
8 Elea
9 Veranda Cafe

AUSGEHEN & FEIERN
10 Blu Cafe
11 Mes Tin Ammo Beach Bar

mit hellem, Pulversand, reichlich Schatten, einer Taverne mit Ausrüstungsverleih und guten Parkmöglichkeiten.

Folge nun der holprigen Straße zum **Skinaria-Strand**. Vorbei an ein paar ärmlichen Bauernhöfen wartet eine beinahe unerschlossene herrliche Bucht mit genau einem Café (das Liegestühle und Ausrüstung verleiht). Etwa 3 km westlich von Plakias liegt der **Souda-Strand**, ein ruhiger Strand an einer Bucht mit zwei Tavernen, die Zimmer vermieten. Es gibt noch viele weitere kleine Strände, die bei Wildcampern und FKK-Fans beliebt sind. Oft verrät nur eine Piste, die zu einem felsigen Kliff führt, ihre Existenz. Finde deinen eigenen Lieblingsstrand.

Action den ganzen Tag

Spaß im Meer und an Land

An fast allen Stränden kann man Ausrüstung für **Windsurfen** und **SUP** leihen; oft weht ein starker Wind. Eine beliebte **Wanderung** führt 4 km um den Hügel zum Damnoni-Strand.

ESSEN & AUSGEHEN IN PLAKIAS: UNSERE TIPPS

Elea: Diese heitere Taverne serviert traditionelle Gerichte aus abgelegenen Bergdörfern (Schnecken, Kaninchen usw.). *12–24 Uhr* €€

Veranda Cafe: Strandblick und super Omelettes, Joghurt-Bowls, Salate, Sandwiches, Grillfleisch und Pasta. Große Getränkeauswahl. *7–24 Uhr* €€

Blu Cafe: Modernes Café gegenüber vom Strand mit dem besten Kaffee vor Ort. Baristas mit Anspruch schenken heiße und kalte Getränke aus. *8–23 Uhr*

Mes Tin Ammo Beach Bar: Direkt auf dem Sand, mit Strohhüttenflair, Richtung Südende des Strands. Fabelhafte Cocktails. *10–2 Uhr*

Rund um Plakias

Von Plakias aus reiht sich in beide Richtungen Strand an Strand, vom berühmten Preveli- bis zum einsamen Ligres-Strand.

Ziele

Die Gegend um Plakias ist übersät mit wunderbar einsamen Strandbuchten. Nach Osten erstrecken sie sich bis Agia Galini. Zu den Glanzlichtern zählt der Palmenstrand von Preveli. Da im Sommer häufig der Wind bläst, ist die Gegend abgesehen von Agia Galini nicht überlaufen und Windsurfer:innen und Stehpaddler:innen freuen sich.

Aus Richtung Norden wird die Landschaft immer dramatischer, mit grandioser Aussicht aufs Libysche Meer. Die Straße nach Preveli führt durch die spektakuläre Kourtaliotiko-Schlucht. Über dem gleichnamigen Strand thront das Preveli-Kloster, ein beliebter Zwischenstopp.

Man kann hier wochenlang Strände erkunden. Nur die abgelegensten haben nicht wenigstens ein gutes Café, das Strandliegen verleiht.

UNTERWEGS VOR ORT

Im Sommer erreicht man die Strände und Buchten an der Südküste am besten mit Booten ab Plakias und Agia Galini. Straßen und Parkplätze sind oft verstopft.

Zu abgelegenen Stränden geht's über lange und kurvenreiche, aber schöne und spannende Nebenstraßen. Nach Agios Pavlos und Triopetra führen 13 bzw. 12 km lange Zufahrtsstraßen, die zur besseren Erschließung ausgebaut werden.

Agia Galini ist von Rethymnon, Iraklion und Matala gut mit dem Bus zu erreichen.

Preveli-Strand

DAUER AB PLAKIAS: **20 MIN.**

Berühmte Palmen

Der **Preveli-Strand** (alias Palm Beach) gehört zu den berühmtesten Kretas. Er liegt am Ausgang der Kourtaliotiko-Schlucht, wo sich der Megalopotamos ins Libysche Meer ergießt. Am palmengesäumten Flussufer befinden sich Süßwasserbecken, die gut für ein Bad sind. Hinter dem Strand mit dem herzförmigen Brandungspfeiler im flachen Wasser ragen zackige Felsen empor – alles wie gemacht für Selfies.

Am Hauptstrand warten die üblichen Sonnenschirm- und Snackverkäufer:innen. Ein richtiges Dorf gibt's hier nicht – außerhalb der Saison ist also kaum jemand anzutreffen. Vom Parkplatz führt ein steiler Weg 1 km zum Strand hinunter; unten geht man dann am besten noch ein Stück, da die weiter abgelegenen Abschnitte zu den schönsten und sandigsten zählen. Einige der besten Teile des Strands liegen jenseits eines knöcheltiefen Flüsschens.

Der Preveli-Strand ist auch der Endpunkt der lohnenden **Wanderung** durch die **Kourtaliotiko-Schlucht** (S. 117).

Und jetzt die schlechten Nachrichten: Im Sommer kann der Preveli heillos überfüllt sein. Auf der Zufahrtsstraße und dem Parkplatz stauen sich dann die Mietwagen voller ungeduldiger Urlauber:innen. Steuere zu dieser Zeit besser die recht leeren Strände bei Plakias und im Südosten Richtung Agios Pavlos an.

EVA BOCEK/SHUTTERSTOCK ©

Preveli-Strand

Moni Preveli

Das geschichtsträchtige **Moni Preveli** thront hoch über dem Libyschen Meer. Es besteht aus zwei Teilen, der Ruine des unteren Klosters Johannes' des Täufers und dem oberen Kloster Johannes' des Theologen. Ein kleines Museum beherbergt feine Ikonen und reich bestickte Gewänder. Wirklich zauberhaft ist jedoch der Ausblick von hier oben.

An der Straße zum Kloster erinnert ein **Denkmal**, das einen bewaffneten Abt und einen britischen Soldaten zeigt, an die Rolle, die das Kloster im Krieg spielte, ebenso wie ein Brunnen der beim Betreten des Klosterkomplexes auf der rechten Seite liegt. Wie die meisten kretischen Klöster war es ein Zentrum des Widerstands gegen die türkische Besatzung und spielte auch im Zweiten Weltkrieg eine wichtige Rolle: Hier wurden alliierte Soldaten vor den Deutschen versteckt, bis sie per U-Boot nach Ägypten fliehen konnten.

Westliche Strände

DAUER AB PLAKIAS: **25–45 MIN.**

Küstentour zu versteckten Stränden

Westlich von Plakias befinden sich fünf schöne Strände. Alle sind durch eine im Bau befindliche Küstenstraße unterschiedlicher Qualität verbunden und nur wenig besucht. Sie bieten sich für einen Tag Beach-Hopping an.

Von Osten nach Westen kommt als erstes der lange **Korakas-Strand** mit grauem Sand vor einem felsigen Kliff. **Polirizos** ist ein aufstrebendes Urlaubsgebiet mit Verleihen und sonstiger Infrastruktur. Der **Peristeres-Strand** versteckt sich am Ende einer langen Straße, hier bieten knorrige Bäume Schatten und es gibt ein Café. Der **Rodakino-Strand** am Ende einer holprigen Piste ist wunderbar leer. **Agia Marina** an einer angedeuteten Bucht schließlich ist leichter zu erreichen und unerschlossen.

ABGELEGENE STRÄNDE ÖSTLICH VON PREVELI

Drymiskiano-Ammoudi-Strand: Von Preveli leicht über einen instand gehaltenen Pfad über eine felsige Landspitze zu erreichen. Gute Tavernen.

Akoumia-Strand: Einer von Kretas längsten Stränden an einer einsamen Küstenstraße. Große Felsen bieten Windschutz; keine Infrastruktur.

Agia-Fotini-Strand: Ein Streifen aus grauem Sand und Kieseln unterhalb des niedlichen Dorfs Kerames, selten voll. In den Tavernen dösen Katzen.

Podare-Strand: An der langen Straße hinunter zu diesem Stück steinigem Sand stehen ein paar Ferienhäuser.

Ligres-Strand: Langer, ruhiger Strand mit gräulichem Sand, guten Schwimmmöglichkeiten, Tavernen und einem saisonalen Wasserfall. Erreichbar über eine schmale, kurvenreiche Straße.

DER SCHICKSALS-FLUG VON IKARUS & DÄDALUS

Agia Galini hat seinen Platz in der griechischen Mythologie als der Ort, von dem aus Ikarus und Dädalus zu ihrem schicksalhaften Flug aufbrachen (ein Moment, der den Traum vom Fliegen jahrtausendelang überschatten sollte, bis zu den Gebrüdern Wright 1903).

Nach dem Fiasko mit Minotauros (S. 165) entschied der erfinderische Dädalus, es wäre Zeit, von Kreta zu fliehen und schuf Flügel aus mit Bienenwachs zusammengehaltenen Federn. Dädalus warnte seinen Sohn Ikarus, zu nah an die Sonne zu fliegen. Der ungestüme Ikarus ignorierte das, flog hoch und der Rest ist (mythologische) Geschichte (S. 247).

Die Szene ist am westlichen Ende des Hafens von Agia Galini am Amphitheater auf einem Hügel festgehalten: Hier stehen **Statuen** der beiden, die sie bei der Vorbereitung ihrer Reise zeigen.

Agios Pavlos

DAUER AB PLAKIAS: **1 STD.**

Sandiges Juwel an einsamer Küste

Agios Pavlos besteht im Grunde nur aus ein paar Tavernen mit Gästezimmern und einer Strandbar rund um eine kleine Bucht mit dunklem, rauem Sandstrand zwischen schroffen Felsen. In der Ferne lässt sich die unverwechselbare Silhouette der Insel Paximadia ausmachen. Im Sommer wird's voll, dann kann man zu Fuß oder per Boot an ruhigere Strände in der Nähe ausweichen. Wenn nicht viel los ist, ist Agios Pavlos ein fantastisches Refugium.

Strände von Triopetra

Nördlich von Agios Pavlos liegt jenseits von Kap Melissa der spektakuläre **Triopetra-Strand**, den eine Felsnase in zwei Abschnitte teilt. Die langen, braunen Sandstreifen sind dank ihres herrlichen kristallklaren Wassers beliebt. Der südliche Strand ist tief, lang und flach mit weitem Blick über die Küste. Er ist leicht zu Fuß von Agios Pavlos erreichbar.

Der nördliche Strand ist noch abgelegener. Der feine Sand bildet jenseits der Brandung Dünen und es gibt zwei Strandtavernen.

Agia Galini

DAUER AB PLAKIAS: **1 STD.** 

Beliebter Hafenort und Strand

Das malerische ehemalige Fischerdorf **Agia Galini**, einer der touristischsten Badeorte Südkretas, eignet sich prima als Ausgangspunkt für die Erkundung der vielen abgeschiedenen Strände sowie von Bergdörfern. Durch eine rücksichtslose Erschließung hat der Ort allerdings viel von seinem ursprünglichen Charme verloren. Er liegt in einer schmalen Schlucht, die sich zu einem kleinen Hafen öffnet.

Im Sommer kommen sehr viele Urlaubsgäste, deshalb besucht man Agia Galini am besten im Frühling oder Herbst, wenn im Ort Bewohner:innen und Langzeitbesucher:innen überwiegen. Es lohnt sich, ein Zimmer mit Meerblick zu nehmen, denn die Sicht reicht an der Küste entlang bis Matala (S. 156) und darüber hinaus. Man kann nette Spaziergänge unternehmen, z. B. entlang der schönen Uferpromenade, die um eine Landspitze herum vom Ortszentrum zu einem guten Strand mit Cafés und Bars führt.

In der Hauptsaison kann sich der Ort klaustrophobisch anfühlen, doch wer an Flucht denkt, sollte es nicht den beiden berühmtesten Figuren des Orts nachmachen: Ikarus und Dädalus.

ESSEN & AUSGEHEN IN AGIA GALINI: UNSERE TIPPS

Onar: Schöner Blick auf den Hafen, leckere *meze* und Seafood vom Grill. Oft sieht man Köche frisch gefangenen Fisch tranchieren. *11.30–24 Uhr* €€

Cafe Platia: An einem Platz beim Hafen, ausgezeichnetes Frühstück und abwechslungsreiche Karte. Große Cocktailauswahl. *8.30–24 Uhr* €€

Apnea Restaurant Beach Bar: Am ortsnahen Strand von Agia Galini, auf dem Sand. Lange, entspannte Karte und Full-Service-Bar. *9–22 Uhr* €€

Alexander: Stimmungsvolle, offene Eckbar; hier fühlt man sich beim zweiten Drink schon wie ein Stammgast. Toller Ort für laue Nächte. *9–1 Uhr*

Hier schläfst du gut

€ Budget €€ Moderat €€€ Gehoben

Rethymnon

KARTE S. 96

Rethymnon Youth Hostel € Eine der besten Budget-Unterkünfte Kretas in zentraler Lage an einer ruhigen Straße; mit hübschem Hofgarten.

Hamam Oriental Suites €€ Boutiquehotel in früherem venezianisch-osmanischem Badehaus. Viele Zimmer mit historischen Merkmalen.

Mansio Boutique Hotel €€ Restauriertes altes Gebäude mit gut ausgestatteten Zimmern um einen kleinen Pool herum. Nahe beim Zentrum.

Ammos Suites €€ Großes Hotel östlich des Zentrums am einladenden Strand von Rethymnon. Die meisten Zimmer bieten Meerblick.

Casa Moazzo €€ Das einstige Haus venezianischer Adliger, erbaut 1276, hat 10 elegante, individuell eingerichtete Zimmer und einen Innenhof mit einem Steinbogen.

Avli Lounge Apartments €€€ Luxus wird großgeschrieben in diesem stillen Refugium; die behaglich eingerichteten Studios zieren Steinwände, Balkendecken und Whirlpool-Badewannen. Großartiges Restaurant.

Casa Vitae Villas €€€ Sorgfältig restaurierter venezianischer Palast aus dem 15. Jh. mit erstklassigen Zimmern und entsprechendem Service

Rund um Rethymnon

Kouriton House €€ Schön restauriertes Steinhaus von 1750 mit stimmungsvollen Zimmern bei Margarites. Der Gastgeber verfügt über große Ortskenntnis.

Arcus Suites €€ Fünf luxuriöse Suiten in einem venezianischen Haus aus dem 14. Jh. im Herzen des Oberdorfs von Argyroupoli.

Kapsaliana Village €€€ Einst lieferte der Weiler Oliven an das Moni Arkadiou; heute besteht das gesamte Dorf aus stilvollen Ferienhäusern.

Panormos

KARTE S. 113

Captain's House Hotel €€ Moderne und geräumige Apartments mit zwei Ebenen in Top-Lage zum Meer.

Dalabelos Estate €€ Zehn Häuser im traditionellen Stil mit Blick über sanfte Hügel aufs Meer. Bequeme moderne Zimmer und Angebot an Aktivitäten.

Rund um Panormos

Hotel Aristea € Kleines Gasthaus mit weitem Blick ins Tal von den Balkonen der Zimmer und Apartments. Im Oberdorf von Anogia.

Enagron Ecotourism Village €€ Der bewirtschaftete Hof bietet Gelegenheit, in den traditionellen kretischen Alltag einzutauchen. Attraktive Ferienhäuser, angelegt wie ein kleines Dorf. Viele Aktivitäten.

Spili

KARTE S. 118

Hotel Herakles € Klassische weiß getünchte kleine Pension im Ortskern mit Balkonen zum Entspannen.

Angela's River Paradise €€ Wird dem Namen gerecht: 4 km westlich des Zentrums in üppig grüner, hügeliger Landschaft. Ein idyllisches Refugium.

Green Hotel €€ Teil des Maravel Garden-Imperiums; traditioneller Stil und Komfort im Herzen von Spili. Umfangreiches Angebot, darunter auch eine Sauna.

Plakias

KARTE S. 123

Alianthos Beach Hotel € Eine der preiswertesten Unterkünfte im südlichen Kreta. Die Zimmer in diesem modernen dreistöckigen Hotel glänzen, viele bieten Meerblick.

Plakias Suites €€ Stylisher Außenposten am ruhigen Südende des Strands, 1 km vom Zentrum. Die Zimmer haben private Balkone oder Terrassen.

Rund um Plakias

Villa Maria €€ Wellen und ein Bach sorgen für die Klangkulisse dieser familiengeführten Pension am Strand von Ligres.

Pavlos' Place €€ Direkt oberhalb des Strands von Triopetra, perfekt zum Chillen. Zimmer ohne Fernseher, aber mit WLAN.

Stefanos Village Hotel €€€ Weitläufiges Hotel an einem Hang am Nordrand von Myrthios oberhalb von Plakias, mit Luxuszimmern und Aussicht.

Agia Galini

Aketon Rooms € Ein Einblick in das Leben vor dem Tourismusboom. Reizende und einfache Familienpension in bester Lage mit Blick auf den Hafen.

Palazzo Greco €€ Das stilvolle, am Hang gelegene Hotel mit Meerblick hat eine hübsche Terrasse oberhalb des Pools. Ein kurzer Spaziergang führt hinab ins Zentrum.

SAIKO3P/GETTY IMAGES ©

Festung Koules (S. 133)

Iraklion

MINOISCHE SCHÄTZE, GRANDIOSE STRÄNDE UND EINLADENDE WEINGÜTER

Großstadtcharme, rätselhafte Ruinen, Rebstöcke an sanften Hängen und hedonistische Strände: Willkommen im Herzland Kretas.

Iraklion ist die dynamischste Region Kretas. Sie beherbergt fast die Hälfte der Bevölkerung und die wichtigste Touristenattraktion der Insel, den Palast von Knossos. Kostbarkeiten, die hier und in den anderen antiken Stätten wie Festos und Gortys ausgegraben wurden, sind im Archäologischen Museum Heraklion ausgestellt, dem Juwel der Hauptstadt der Region. Das so betriebsame wie bodenständige Iraklion wartet in der überwiegend autofreien Altstadt mit einer florierenden Café-, Restaurant- und Ausgehszene sowie guten Shoppingadressen auf.

GIOVANNI MAGDALINOS/GETTY IMAGES ©

Die Küste östlich von Iraklion mit Chersonisos als Drehscheibe steht fast komplett im Zeichen des Pauschaltourismus, mit Partys ohne Ende im dichten Streifen von Hotels und Resorts. Doch nur ein Stückchen landeinwärts bieten verträumte Dörfer ein schönes Kontrastprogramm und Höhlenerkundungen verleihen dem Urlaub einen Hauch von Abenteuer.

Südlich von Iraklion können Reisende den Wein verkosten, der in der Region gekeltert wird, auf den Spuren von *Alexis Sorbas* wandeln, auf den Giouchtas steigen und Töpfer:innen dabei über die Schulter schauen, wie sie Becher in minoischem Stil formen.

Ein lohnender Stopp auf dem Weg über die Messara-Ebene Richtung Süden ist das Dorf Zaros in den Ausläufern von Kretas höchstem Berg, dem Psiloritis.

An der stilleren Südküste ist der ehemalige Hippie-Treff Matala der wichtigste erschlossene Strandort, während sich in den Dörfern im Hinterland das Leben auf wunderbar geruhsame Weise entfaltet.

DIE WICHTIGSTEN ZIELE

IRAKLION
Energiegeladene Hauptstadt.
S. 132

ARCHANES
Wein und Antike.
S. 147

MATALA
Strände und Ruinen.
S. 156

CHERSONISOS
Partyhochburg.
S. 168

Erste Orientierung

Von der gleichnamigen Hauptstadt und den Touristenzentren im Norden geht die Region Iraklion in das hügelige Weinland, die fruchtbare Messara-Ebene und die zerklüftete Südküste über – das alles in nur 65 km Entfernung und zwei Stunden Fahrt.

AUTO

Iraklion lässt sich am besten mit dem Auto erkunden, besonders wenn man die vielen reizvollen Ecken abseits der Zentren entdecken möchte. Auf der Fernstraße E75 ist man entlang der Nordküste flott unterwegs.

BUS

Iraklion hat eins der dichtesten Busnetze auf Kreta: Von April bis Oktober werden alle größeren Orte regelmäßig angefahren. Besonders häufig fahren Busse entlang der Nordküste, in der Nebensaison ist das Angebot reduziert.

Iraklion, S. 132

Kretas dynamische Hauptstadt verströmt ein urbanes Flair und hat ein großartiges archäologisches Museum und ein fabelhaftes Nachtleben.

Chersonisos, S. 168

Ein typischer Touristenort mit einer Strandpromenade voller Hotels, Bars und Restaurants – und sogar etwas Charme.

Matala, S. 156

Der Strandort, an dem Zeus mit Europa an Land schwamm und die Hippies in den Höhlen hausten, ist noch immer cool.

Archanes, S. 147

Das einladende Dorf in Iraklions Weinregion ist von Weinbergen, minoischen Stätten und einem sagenumwobenen Berg umgeben.

Byzantinische Agios-Titos-Basilika, Gortys (S. 162)

Perfekte Tage

Die Region Iraklion ist wie ein übervoll belegtes Sandwich mit Leckerbissen zwischen den Küsten: dem weltläufigen Iraklion, den Minoern, vortrefflichem Wein, zerklüfteten Schluchten und Traumstränden.

Wenig Zeit

- Besuche gleich morgens das **Archäologische Museum Heraklion** (S. 140), bevor es voll wird, und entspann dich bei einem **Spaziergang** (S. 132) am Meer und durch die Altstadt.

- Besichtige den **Palast von Knossos** (S. 144) nach 15 Uhr, wenn die Tourbusse weg sind. Verkoste die berühmten Jahrgänge in **Iraklions Weinregion** (S. 150).

Länger Zeit

- Erkunde das hübsche Archanes, dann geht's intellektuell weiter im **Nikos-Kazantzakis-Museum** (S. 151). Faulenze am Strand von **Matala** (S. 156) und sieh dir das minoische **Festos** (S. 160) und das römische **Gortys** (S. 162) an.

- Wandere durch die **Agiofarango-Schlucht** (S. 166) zu einem einsamen Strand. Futtere Forellen in **Zaros** (S. 152).

BESTE REISEZEIT

FRÜHLING
Milde Temperaturen sowie zahlreiche Wildblumen und Kräuter machen dies zur perfekten Zeit zum Wandern.

SOMMER
Zu den Highlights gehören **Dafnes Wine** und **Matala Beach Festival**, ebenso wie das **Iraklio Summer Festival**.

HERBST
Das Meer ist noch warm und die Traubenernte läuft auf vollen Touren. Im November gibt's wilde Raki-Feste.

WINTER
Zauberhafte Weihnachtszeit: Auf der Plateia Eleftherias ist Weihnachtsmarkt und in Knossos herrscht Leere.

Iraklion

URBANITÄT | VENEZIANISCHE SCHÖNHEIT | SPITZENRESTAURANTS

Kretas Hauptstadt Iraklion (Heraklion) ist die fünftgrößte Stadt Griechenlands und das Wirtschafts- und Verwaltungszentrum der Insel. Überdies beherbergt sie die Top-Attraktionen Kretas: das Archäologische Museum von Heraklion und in der Nähe den Palast von Knossos – beide gewähren einen faszinierenden Einblick in die minoische Vergangenheit der Insel.

Zwar ist Iraklion nicht sonderlich schön, doch wer durch seine Seitenstraßen schlendert, lernt die Stadt zu schätzen. Dabei entdeckt man Iraklions urbane Reize wie eine florierende Café- und Restaurantszene, gute Geschäfte und ein pulsierendes Nachtleben. Hafenviertel und alte Stadtmauer laden zu Spaziergängen ein und die Altstadt ist eine Fußgängerzone mit belebten Plätzen und historischen Gebäuden.

Unter venezianischer Herrschaft entwickelte sich das damalige Candia zu einem Zentrum der Künste und brachte Maler wie Damaskinos und El Greco hervor. Die prächtige Festung Koules sowie viele der eleganten öffentlichen Gebäude im alten Stadtkern stammen aus dieser Zeit.

UNTERWEGS VOR ORT

Die meisten Attraktionen Iraklions liegen im flachen und kompakten, zumeist autofreien Stadtzentrum – perfekt zum Flanieren. Mietwagen sollten in der Hotelgarage, in einem Parkhaus oder auf dem kostenlosen Parkplatz am Kulturzentrum an der Giannikou abgestellt werden – Öffnungszeiten beachten, um nicht ausgesperrt zu werden.

KTEL-Busse fahren vom alten Hauptbusbahnhof in die Region. Der Flughafen liegt nur 4 km östlich des Zentrums und ist leicht erreichbar. Der Fährhafen ist noch näher.

TOP TIPP

Lauf ohne Karte durch Iraklion und lass dich überraschen. Dich erwarten u. a. faszinierende Läden, verlockende Cafés und Plätze, perfekt zum Leute Beobachten.

Prächtiges venezianisches Erbe

Iraklions Altstadt erkunden

Schwelge auf einem einstündigen Spaziergang durch Iraklions autofreie Altstadt in ihrem venezianischen Erbe. Starte an der **Plateia Eleftherias** beim **Archäologischen Museum Heraklion** (S. 140). Durch die Dedalou, die wichtigste Einkaufsstraße, geht's zur betriebsamen **Plateia Venizelou**: Hier kannst du in einem der Cafés mit Blick auf den **Morosini-Brunnen** die Spezialität *bougatsa* probieren. Der Brunnen mit seinen vier wasserspeienden Löwen wurde 1628 erbaut, das Wasser über einen Aquädukt aus den nahen Bergen hierher geleitet.

Vom Platz führt die Hauptgeschäftsstraße von Iraklion, die 25 Avgoustou, direkt hinunter zum Hafen, vorbei an prächtigen venezianischen Gebäuden wie der **Agios-Markos-Basilika**. Sie wurde 1239 zu Beginn der venezianischen Herrschaft errichtet

Morosini-Brunnen

und ist dem hl. Markus geweiht, dem Schutzpatron Venedigs; heute beherbergt sie die **Städtische Kunstgalerie** *(heraklion artgallery.gr; Erw./Kind 4/2 €)* mit wechselnden Ausstellungen. Beachte die Säulen im Inneren und die reich verzierten Decken.

Ein paar Schritte weiter fällt der Blick auf die kürzlich restaurierte **Loggia** aus dem 17. Jh.: Hier traf sich der venezianische Adel auf einen Schluck und ein Schwätzchen; heute befindet sich hier das Rathaus. Vom Innenhof aus bietet sich ein unerwartet fotogener Blick auf das Gebäude.

Nicht weit vom Wasser überragt die majestätische **Agios-Titos-Kirche** den palmengesäumten gleichnamigen Platz mit Cafés und Bars. Ihr größter Schatz ist die Schädelreliquie des Heiligen Titus, die seit 1966 wieder hier ruht. Sie war nach Venedig gebracht worden, um sie vor den türkischen Besatzern zu schützen, und befindet sich in der Kapelle links vom Eingang.

Burg am Meer

Die Zitadelle am Hafen erobern

Die im Hafen dümpelnden Fischerboote wirken vor der Festung **Koules**, dem gewaltigen Bollwerk der Venezianer (damals hieß es Rocca al Mare), eher niedlich: Schon seit 500 Jahren schützt das Kastell den Hafeneingang. Innerhalb der meterdicken Mauern kann man sich die interessanten Ausstellungen anschauen und erfahren, dass die Festung die Türken 21 Jahre lang aufhielt, später als Gefängnis für kretische

DIE GESCHICHTE IRAKLIONS

Seit der Jungsteinzeit besiedelt, wurde Iraklion 824 von den Sarazenen erobert und zu einer Hochburg des Sklavenhandels und der Piraten. Nach einer Belagerung 961 vertrieben byzantinische Truppen die Araber. 1204 wurde Kreta an die Venezianer verkauft und die Stadt wurde als Candia zu einem Zentrum für Künstler wie Damaskinos und El Greco. Ab 1648 belagerten die Türken Iraklion. Während der türkischen Herrschaft tauchte der Name Megalo Kastro (Große Burg) auf. 1898 metzelte ein türkischer Mob Hunderte Kreter:innen und einige Briten nieder. Wenige Wochen später erreichten britische Schiffe den Hafen von Iraklion und beendeten die türkische Herrschaft.

Seinen aktuellen Namen erhielt Iraklion 1922. Im Zweiten Weltkrieg verwüsteten Bomben einen Großteil der alten venezianischen und türkischen Stadt. Seit 1971 ist es die Hauptstadt von Kreta.

ESSEN IN IRAKLION: TOP TIPPS

Peskesi: Küchenmagie aus Zutaten vom eigenen Hof, serviert in locker-kultivierter Atmosphäre in venezianischer Villa. Reservieren. *13–1 Uhr* €€

Thigaterra: Rustikal-eleganter Slow-Food-Champion am Ammoudara-Strand; griechische Klassiker mit modernem Touch. *16–24 Uhr* €€

Vourvouladiko: Knackige türkisch beeinflusste kretische Küche in zauberhaftem Garten in Lakkos mit guter Musik. Angenehmes Refugium. *19–1 Uhr* €€

Apiri: Stylish-entspanntes Eckbistro mit sorgsam zusammengestellter Karte moderner griechischer Küche, dazu Cocktails und Craftbier. *12–24 Uhr* €€

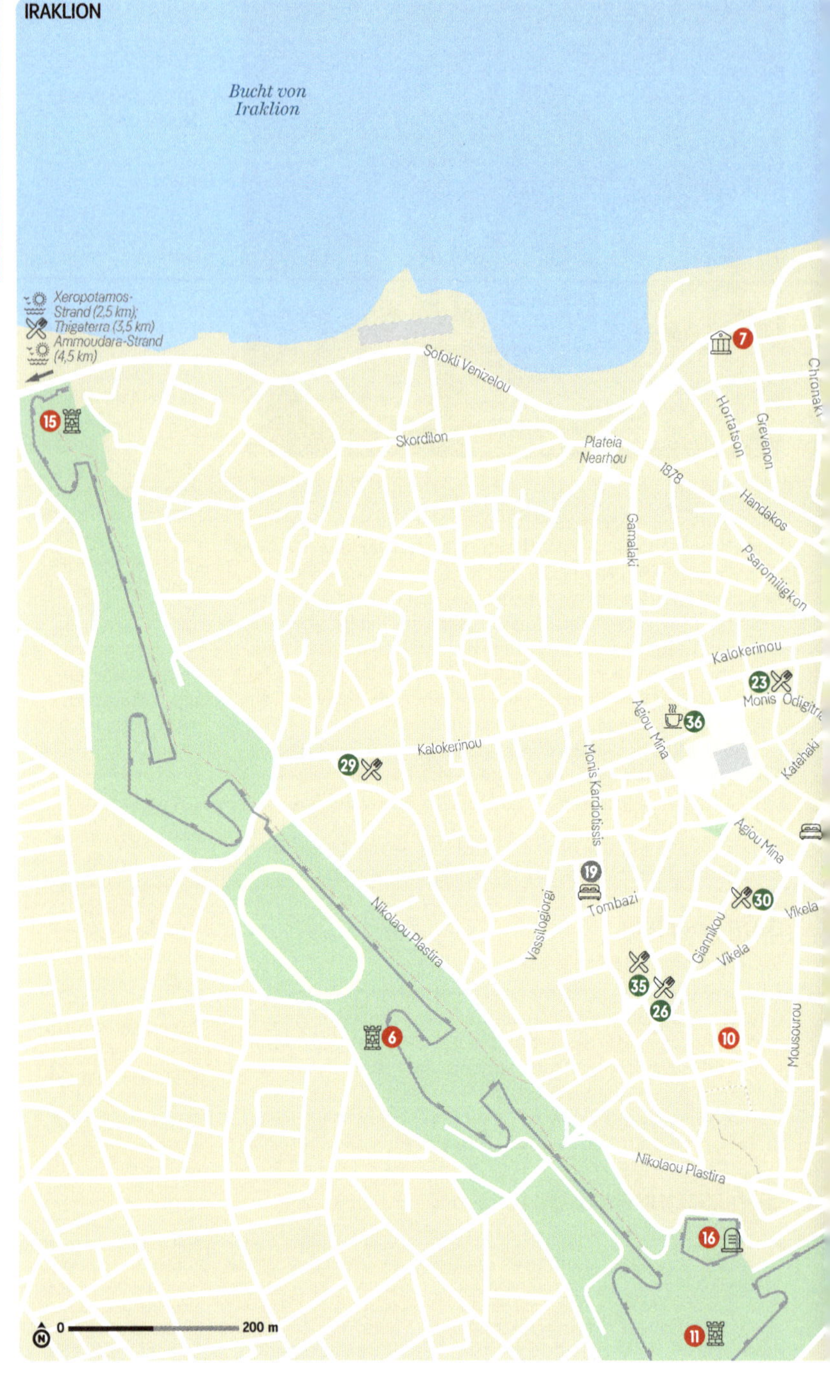
IRAKLION
Bucht von Iraklion
Xeropotamos-Strand (2,5 km); Thigaterra (3,5 km) Ammoudara-Strand (4,5 km)
Sofokli Venizelou
Skordilon
Plateia Nearhou
1878
Hortatson
Grevenon
Chronaki
Handakos
Psaromiligkon
Gamalaki
Kalokerinou
Monis Odigitrias
Agiou Mina
Katehaki
Kalokerinou
Monis Kardiotissis
Tombazi
Vassilogiorgi
Giannikou
Vikela
Vikela
Mousourou
Nikolaou Plastira
Nikolaou Plastira
0
200 m
15
7
23
36
29
19
30
35
26
6
10
16
11

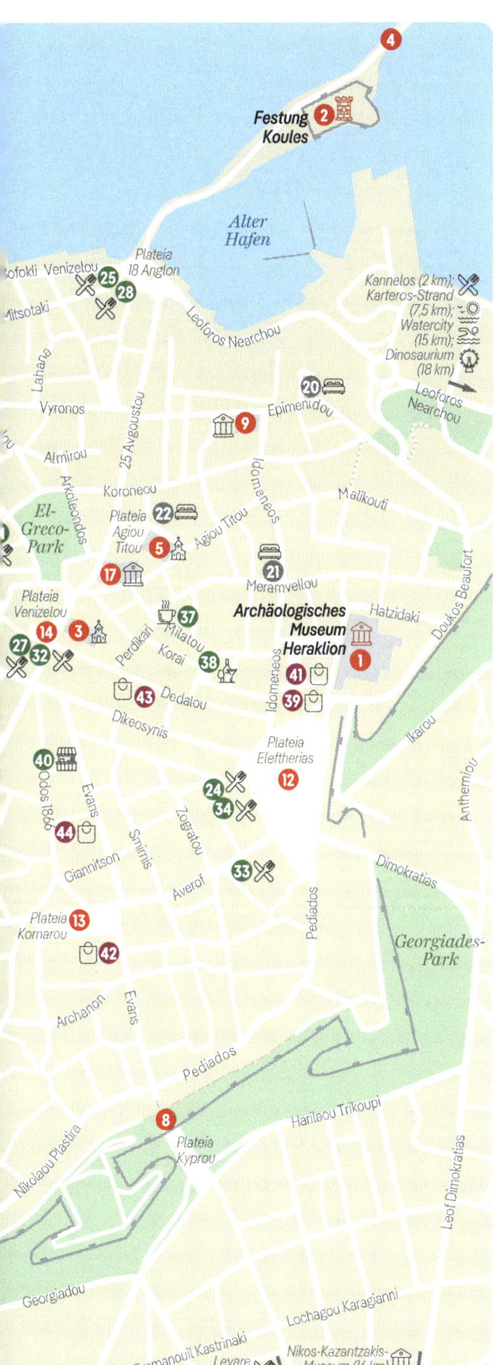

HIGHLIGHTS
1 Archäologisches Museum Heraklion
2 Festung Koules

SEHENSWERTES
3 Agios-Markos-Basilika
4 Mole
5 Agios-Titos-Kirche
6 Stadtmauer
7 Historisches Museum von Kreta
8 Kenouryia Porta
9 Kotsana-Museum für antike griechische Technologie
10 Lakkos
11 Martinengo-Bastion
● Morosini-Brunnen (s. 14)
12 Plateia Eleftherias
13 Plateia Kornarou
14 Plateia Venizelou
15 Andreasbastion
16 Grab von Nikos Kazantzakis
● Städtische Kunstgalerie (s. 3)
17 Venezianische Loggia

SCHLAFEN
18 Crops Suites
19 Intra Muros Boutique Hostel
20 Lato Boutique Hotel
21 Olive Green Hotel
22 Pagopoieion

ESSEN
23 Apiri
● Herbs' Garden (s. 20)
24 Hovoli
25 Ippokampos
26 Kafeneio O Lakkos
27 Kirkór
28 Ligo Krasi Ligo Thalassa
29 Mia Zoi Loukoumades
30 O Kafenes Tou Kagiampi
31 Peskesi
32 Phyllosophies
33 Stamatakis Bakery-Confectionery
34 Thraka tis Plateias
35 Vourvouladiko

AUSGEHEN & FEIERN
36 Hacienda
37 Think Tank
38 Xalavro

SHOPPEN
39 Eli's Ceramic Art Workshop
40 Zentralmarkt
41 Irida Family Workshop
42 Lexis
43 Mayaba Store
44 Phaskomilo

FAMILIENSPASS BEI IRAKLION

Ammoudara-Strand: Langer, breiter Strand mit goldenem Sand rund 4 km westlich von Iraklion.

Karteros-Strand: Gleich östlich des Flughafens erstreckt sich ein langer Strand mit wechselnden Namen (Amnissos, Xenia, Tobruk etc) mit vielen Cafés und Veranstaltern. Beliebt bei Anwohner:innen.

Xeropotamos-Strand: Der Stadt am nächsten (direkt westlich des Stadions), gut für ein kurzes Bad.

Chersonisos: In der Umgebung von Chersonisos gibt's jede Menge familienfreundlicher Attraktionen (S. 170).

Kotsana-Museum für antike griechische Technologie

Revolutionäre diente und groß genug war, um Munition, Soldaten und eine eigene Mühle zu beherbergen.

Das gedämpfte Licht, das durch Dachfenster und alte Schießscharten fällt, beleuchtet alte Amphoren, Kanonen und anderes, das Jacques Cousteau 1976 aus Schiffswracks in der Nähe hob. Vom Dach bieten sich Panoramablicke aufs Meer und die Gewölbearkaden der Arsenali, der venezianischen Werften.

Auf Wasser wandeln

Spaziergang über die Mole

Beim Gang von der Festung Koules über die 2 km lange **Mole** am alten Hafen zum Leuchtturm zerzaust einem der Wind ordentlich die Haare. Etwa auf halbem Weg kommt man an einigen Wandbildern und einer feinen Metallstatue vorbei, der *Meerjungfrau*. Dies ist ein beliebter Sonnenuntergangs-Spot.

Süße Tradition

Bougatsa-Rivalen

Eigentlich ist es eine traditionelle Frühstücksspeise, aber jede Tageszeit ist perfekt für eine cremige *bougatsa*, ein köstliches, mit *myzithra* (Ricotta-ähnlichem Schafskäse) oder süßem Grießpudding gefülltes und mit Zucker und Zimt bestreutes Filoteiggebäck.

Die beiden benachbarten Cafés **Phyllosophies** und **Kirkór** mit Tischen draußen am Morosini-Brunnen sind Iraklions

ESSEN IN IRAKLION: SEAFOOD

Ligo Krasi Ligo Thalassa: Der Name bedeutet „Kleiner Wein kleines Meer“. Mit Blick auf die Festung Koules und vorbildlicher Zubereitung. *12–24 Uhr* €€

Ippokampos: Alteingesessene *ouzerie* mit überdachter Terrasse am Wasser und gutem Essen zu fairen Preisen. *11.30–22.30 Uhr* €€

Kannelos: Der lange bestehende Laden hat seine eigenen Fischerboote. Wähle einen Fisch und er wird vor Ort zubereitet. *Mo–Sa 7–14.30 Uhr* €

Herbs' Garden: Dachrestaurant auf dem Lato Boutique Hotel mit fabelhafter Aussicht auf Hafen und Meer. Alles superfrisch. *13–24 Uhr* €€€

Top-Adressen für dieses Gebäck, zu genießen zu einem starken griechischen Kaffee. Den Einheimischen ist das kleinere und ruhigere Kirkór einen Tick lieber, aber lecker schmeckt es bei beiden. Beide Bäckereien bzw. Cafés wurden vor 100 Jahren von Flüchtlingen aus der heutigen Türkei gegründet, woher auch die Speise stammt. Wer Chania besucht, sollte auch das dortige *bougatsa* (S. 56) probieren, denn das wird etwas anders zubereitet und ist süßer. In Iraklion wird *bougatsa* vor allem zu Silvester und Neujahr gegessen: Das soll Glück fürs neue Jahr bringen.

Scharfsinnige alte Griechen

Geheimnisse antiker Erfindungen

Wer weiß schon, dass es tatsächlich die alten Griechen waren, die Wecker, Roboter und Computer erfanden? Darüber klärt das **Kotsana-Museum für antike griechische Technologie** *(kotsanas.com; Erw./Kind 6/3 €)* in einem wunderschönen venezianischen Steinhaus beim Hafen auf. Diese Zwei-Zimmer-Kuriositätensammlung ist vollgestopft mit Modellen, Videos und Infotafeln mit wissenschaftlichen Erläuterungen zu Dutzenden von antiken Erfindungen. Man staunt über den Kran, der beim Bau des Parthenons zum Einsatz kam, den Antikythera-Mechanismus (den „ersten Laptop") und den Wein eingießenden automatischen Diener. Alt und Jung sind baff, wenn das Personal den genialen Pythagorasbecher vorführt. Im Café oben lässt sich der Besuch mit einer Runde *trias* beschließen, einer antiken Version des Spiels Tic Tac Toe.

In Athen, im antiken Olympia und in Katakolo gibt es zugehörige Einrichtungen.

Linkes Kultcafé

Politik, Kaffee und kretische Kost

Dimitris Kagiampi macht aus seiner politischen Einstellung keinen Hehl. Jeder Zentimeter Wand im stets vollen **O Kafenes Tou Kagiampi** rund 350 m südlich vom Morosini-Brunnen ist vollgepflastert mit Fotos, Plakaten und Gemälden berühmter Linker, Revolutionär:innen und Antifaschist:innen.

Doch selbst wer kein Fan von Marx, Fidel Castro oder dem Widerstandskämpfer Aris Velouchtiotis (der mit dem Rauschebart links von Che Guevara) ist, kann sich kaum der guten Atmosphäre, dem Lockruf des Rakis und der leckeren kleinen Teller waschechter hausgemachter kretischer Arbeiterkost entziehen, die aus der winzigen Küche in dieses große Eckcafé gebracht werden. Läufst du von hier aus nach Süden, gelangst du ins Herz des lebhaften Viertel **Lakkos** (S. 139).

DAS GRAB VON NIKOS KAZANTZAKIS

Südlich der Innenstadt liegt in der gut erhaltenen Martinengo-Bastion das einfache Grab des renommiertesten kretischen Schriftstellers des 20. Jhs., Nikos Kazantzakis (1883–1957), des Autors von *Alexis Sorbas*. Die berühmte Grabinschrift lautet „Ich erhoffe nichts, ich fürchte nichts, ich bin frei".

Kazantzakis wurde in der ehemaligen Festungsanlage beigesetzt, weil die griechisch-orthodoxe Kirche ihm das Begräbnis auf einem Friedhof verweigerte – schon zuvor hatte sie ihm wegen seiner kritischen und kontroversen Aussagen zu Kirche und Religion mit der Exkommunikation gedroht.

Nur wenige machen sich auf den Weg zu dieser Stätte mit Garten und Rundumpanorama.

Im **Nikos-Kazantzakis-Museum** (S. 151) im Dorf Myrtia südlich von Iraklion erfährst du mehr über den Autor.

AUSGEHEN IN IRAKLION: UNSERE TIPPS

Xalavro: Loungebar in dachloser Steinruine mit kreativen Cocktails, sanfter Beleuchtung und buntem Publikum. Schöner Garten. *10–3 Uhr*

Levare: Der Kultladen für späte Partys mit jeder Menge Action bis zum Morgengrauen ist der Liebling der Locals. *24–6 Uhr*

Hacienda: Lebhafter Allrounder mit Plantagenkaffee aus handgepflückten Bohnen, dazu Frühstück, Süßes und Leckeres aus aller Welt. *7–22 Uhr*

Think Tank: In einer betriebsamen Gegend auf dem Dach voller Pflanzen oder im Hof eines klassizistischen Gemäuers entspannen. *8.30–1 Uhr*

SHOPPEN IN IRAKLION

Phaskomilo: Der Name bedeutet „Salbei" und das ist nur eins der lokalen Lebensmittel, die in diesem Geschäft am Markt verkauft werden. Drumherum befinden sich weitere ähnliche Läden.

Lexis: Buchladen mit guter Auswahl an englischsprachigen Büchern über Griechenland, von Homer bis Sorbas.

Mayaba Store: Spezialisiert auf hochwertige, lokal produzierte Geschenkartikel, von skurril bis praktisch. Großes Angebot für Kinder.

Irida Family Workshop: Diesen Laden betreibt eine Familie, die kunstfertig Reproduktionen der schönsten Objekte im nahen archäologischen Museum herstellt.

Eli's Ceramic Art Workshop: Einzigartige Töpfer- und Keramikwaren von Künstler:innen aus der Gegend. Ausgezeichnete Qualität und große Auswahl.

Stadtmauer von Iraklion

Ein Mauerspaziergang

Venezianisches Erbe und Parks

Steige – idealerweise eine Stunde vor Sonnenuntergang – die Stufen bei der **Kenouryia Porta** hoch, einem alten Tor in der **Stadtmauer**, das nach dem Zweiten Weltkrieg neben dem bestehenden Jesustor geöffnet wurde. Beim Gang im Uhrzeigersinn Richtung Nordwesten sieht man die fernen Berge, darunter die markante Form des Giouchtas

Mit der Altstadt zur Rechten geht's vorbei an der **Martinengo-Bastion** mit dem **Grab von Nikos Kazantzakis** (S. 137). Lauf weiter oberhalb von Bethlehemtor und Chanioporta (Pantokrator-Tor), die durch hübsche neue **Parks** auf den Wällen verbunden sind. Von der **Andreasbastion** am Meer kannst du die Sonne hinter dem Rodia-Hügel ins Meer tauchen sehen.

Iraklion ist schon vor langer Zeit aus den Nähten, sprich Stadtmauern, geplatzt, doch die massiven venezianischen Befestigungsanlagen mit ihren sieben Bastionen und vier Toren, erbaut von 1462 bis 1562, sind noch immer deutlich auszumachen.

Der Geschichte auf der Spur

Die einzigen El Grecos der Insel

Wer wissen möchte, was auf Kreta in der Zeit vom Ende der minoischen Herrschaft bis heute so alles passiert ist, sollte das faszinierende **Historische Museum von Kreta** *(historical-museum.gr; Erw./Kind 8/5 €)* ansteuern.

ESSEN IN IRAKLION: FASTFOOD

Hovoli: Dank großer Gyros-Portionen ist in dem familiengeführten Imbiss immer viel los. Einer von mehreren um die Plateia Eleftherias. *10–13 Uhr* €

Thraka tis Plateias: Nur hier gibt's Gyros mit *thrakopsomo*, einem knusprigen Brot. Reizende Katzen werden sich mit dir anfreunden wollen. *11–1 Uhr* €

Mia Zoi Loukoumades: Köstliche *loukoumadhes* (große Krapfen, mit Honig beträufelt und in Sesam und Zimt gewälzt). *6–23 Uhr* €

Stamatakis Bakery-Confectionery: Die exzellente familiengeführte Bäckerei verkauft sämtliche griechischen Gebäckklassiker. *6–16 Uhr* €

Im ersten Saal werden anhand von Karten, Büchern, Objekten und Bildern die wichtigsten historischen Epochen der Insel vorgestellt: die byzantinische, venezianische und osmanische.

Zu den besonderen Highlights zählen die einzigen beiden Gemälde von El Greco auf Kreta: *Die Taufe Christi* (1569) und *Blick auf den Berg Sinai und das Katharinenkloster* (1570).

Besonderes Augenmerk wird auf die **venezianische Zeit** gerichtet, u. a. mit einem großen Modell der Stadt aus der Zeit um 1650, kurz vor der Besetzung durch die Türken. Halte Ausschau nach Fresken aus dem 13. und 14. Jh., erlesenem venezianischen Goldschmuck und Brokatgewändern. Eine historische Ausstellung zeichnet den Weg Kretas in die Unabhängigkeit von den Türken im 20. Jh. nach. Die interessantesten Räume im 2. Stock sind das nachgebildete Arbeitszimmer des kretischen Schriftstellers **Nikos Kazantzakis** sowie die Säle, die sich mit der **Schlacht um Kreta** (1941) im Zweiten Weltkrieg beschäftigen, u. a. mit dem kretischen Widerstand und der Rolle, die alliierte Geheimdienste spielten. Im obersten Stockwerk befindet sich eine hervorragende Volkskundesammlung.

Spaß, Essen & Krimskrams

Auf einem legendären Markt stöbern

Der **Zentralmarkt von Iraklion** an der Gasse Odos 1866, eine örtliche Institution, zieht Locals wie Besuchende an. Steuere die Stände mit frischen Lebensmitteln, Fleisch, Brot und anderen Leckereien wie Käse, Thymianhonig und Oliven an. Man kann an Kräutern oder Ledersachen schnuppern oder schräge Hüte oder bunten Schmuck anprobieren. Zum Abschluss lockt ein starker griechischer Kaffee bei **Koudoumas**, einem alteingesessenen Café, das man durch einen venezianischen Bogen betritt.

Die Odos 1866 führt zur **Plateia Kornarou** mit dem sechseckigen türkischen *sebil* (Brunnenhäuschen). Der **Bembo-Brunnen** dahinter wurde in den 1550er-Jahren aus alten Materialien wie einer kopflosen römischen Statue errichtet.

Sex, Drugs & Rembetiko

Von Rotlicht zu trendig

In **Lakkos**, einem lange vernachlässigten Viertel unmittelbar nördlich des Kultur- und Konferenzzentrums, ist gerade alles im Fluss. Vom frühen 20. Jh. bis zum Zweiten Weltkrieg wimmelte es in dem Gassengewirr von Haschischhöhlen, Bordellen und Bars, bevölkert von einer Halbwelt aus Gesetzlosen, Sonderlingen, Soldaten und Flüchtlingen – all das vor dem Soundtrack des Rembetiko, des „griechischen Blues".

Das zunehmend gentrifizierte frühere Rotlichtviertel wird im Rahmen des Lakkos Project *(thelakkosproject.weebly.com)* des australischen Künstlers Mathew Halpin aufgehübscht.

Lass dich durch das Labyrinth krummer Gassen treiben, in denen an den meist noch immer heruntergekommenen Häusern Streetart für Farbtupfer sorgt, und mal dir die alten gesetzlosen Tage aus. Einige der schönsten Wandbilder zieren den Hauptplatz an der Taxiarchou Markopoulou mit dem **Kafeneio Lakkos**, dem inoffiziellen Stadtteilzentrum, einer super Adresse für Bier mit *mezedhes*.

IRAKLION ONLINE

Heraklion History (*history.heraklion.gr*) Die ergiebige Website liefert einen ausgezeichneten Überblick über die Geschichte der Stadt und seiner Monumente im Verlauf der Jahrhunderte. Die Berichte aus erster Hand über das traditionelle Leben und die massiven Veränderungen in Iraklion seit dem Zweiten Weltkrieg sind faszinierend.

Historisches Museum von Kreta (*historical-museum.gr*) Die offizielle Museumswebsite bietet einen hervorragenden Überblick über Kreta seit der byzantinischen Zeit. Der Abschnitt über Nikos Kazantzakis mit detaillierter Chronik zu Leben und Werdegang ist ausgezeichnet.

Heraklion Tourism (*visitheraklion.eu*) Die offizielle Tourismuswebsite der Stadt behandelt ausführlich Geschichte, Sehenswürdigkeiten, Aktivitäten sowie praktische Infos und enthält sogar ein paar regionale Rezepte wie gebackene Kichererbsen mit *orzo* oder Schweinefleisch in Wein und *petimezi* (Traubensirup).

TOP-ERLEBNIS

Archäologisches Museum Heraklion

Schlangengöttinnen, Stierspringer und der Lilienprinz zählen zu den faszinierenden Figuren im unbedingt sehenswerten Archäologischen Museum Heraklion. Es ist das weltweit führende Museum zur minoischen Kultur, die weithin als erste Zivilisation Europas gilt und ihre Blütezeit ab 2000 v. Chr. erreichte. In diesem besucherfreundlichen Museum wird ihre Kunst, Architektur und Kultur gefeiert.

ANNA PAKUTINA/SHUTTERSTOCK ©

TOP TIPPS

- Plane deinen Besuch im Sommer nach 15 Uhr, dann ist es weniger voll.
- Der Eintrittspreis (Erw./Kind 6/3 €) verdoppelt sich in der Hauptsaison.
- Das einfache Café hat einen schattigen Außenbereich mit Blick auf archäologische Ausgrabungen.

PRAKTISCHES

Der QR-Code führt zu weiteren Infos zum Museum.

Antike Schätze

In den 27 Sälen des Museums sind die schönsten Kunstwerke und Artefakte ausgestellt, die auf Kreta ausgegraben wurden, von Töpferwaren bis zu Schmuck, von Sarkophagen bis zu Fresken, aus 7200 Jahren Geschichte vom Neolithikum (7000 v. Chr.) bis zur römischen Zeit (200 n. Chr.). In zwei Stunden bekommt man hier jede Menge Wissen über die Geschichte Kretas vermittelt, Kontext zu den archäologischen Stätten Kretas geliefert und sowohl Alltag als auch Entwicklung kretischer Kulturen beleuchtet. Die beiden Stockwerke des Bauhaus-Gebäudes aus den 1930er-Jahren bilden einen wunderbaren Rahmen für die Ausstellungsstücke vom Neolithikum bis zur Römerzeit und eine unvergleichlich reiche minoische Sammlung. Die Säle sind farbkodiert; die Artefakte sind sowohl chronologisch arrangiert als auch nach Themen wie Besiedlung, Handel, Tod, Religion und Verwaltung. Spannende Beschreibungen auf Englisch liefern Kontext. Die Ausstellung ist zwar umfassend, aber auch selektiv, sodass ihr Umfang nicht überfordert. Die übrigen Säle im Obergeschoss sowie zwei im Erdgeschoss decken die Zeit von der frühen Stein- bis zur Römerzeit ab; sie wären der Stolz jedes anderen Museums, doch hier haben sie es etwas schwer angesichts der Pracht der minoischen Exponate.

TOUR: HIGHLIGHTS DES ARCHÄOLOGISCHEN MUSEUMS

Ein einfacher Rundgang zu den unbedingt sehenswerten Schätzen.

START	ZIEL	LÄNGE/DAUER
Saal I	Saal XIII	200 m; zwei Stunden

Los geht's im 1 **Erdgeschoss**: Hier befassen sich die Säle I–III mit der Zeit vom Neolithikum bis zur Altpalastzeit (7000–1700 v. Chr.) und erzählen vom Leben in den ersten Siedlungen Kretas. Interessant in Saal II ist vor allem der 2 **goldene Bienenanhänger** aus Malia, ein raffiniertes Meisterwerk der Goldschmiedekunst.

Die Säle IV bis VI beleuchten das Leben in der Neupalastzeit (1700–1450 v. Chr.), als die minoische Kultur ihren Höhepunkt erreichte. Zu den Highlights in Saal IV gehören ein 3 **kleines Spielzeughaus** und ein Modell von Knossos.

Die Kultobjekte und Figurinen in den Sälen VII und VIII zeugen von der Bedeutung der Religion für die Minoer. Die 4 **Schlangengöttinen** und der 5 **steinerne Stierkopf** sind fantastische Kultgegenstände aus Knossos (Saal VIII).

Die Säle IX und X sind dem Palast von Knossos und Hinweisen auf die hereindrängenden Mykener gewidmet. Die 6 **Tontafeln mit Linear-B-Schrift** zeigen die erste „griechische" Schrift (S. 247).

Die Säle XI und XII befassen sich mit Siedlungen, Heiligtümern und Grabstätten der späten Bronzezeit. Der außergewöhnliche 7 **Sarkophag** aus Agia Triada (Saal XII) zeigt freskenartige Szenen wie die Opferung eines Stiers – man kann fast den Schrecken in seinen Augen erkennen. Sieh dir auch die Details auf der Rückseite an.

ARCHÄOLOGISCHES MUSEUM IRAKLION

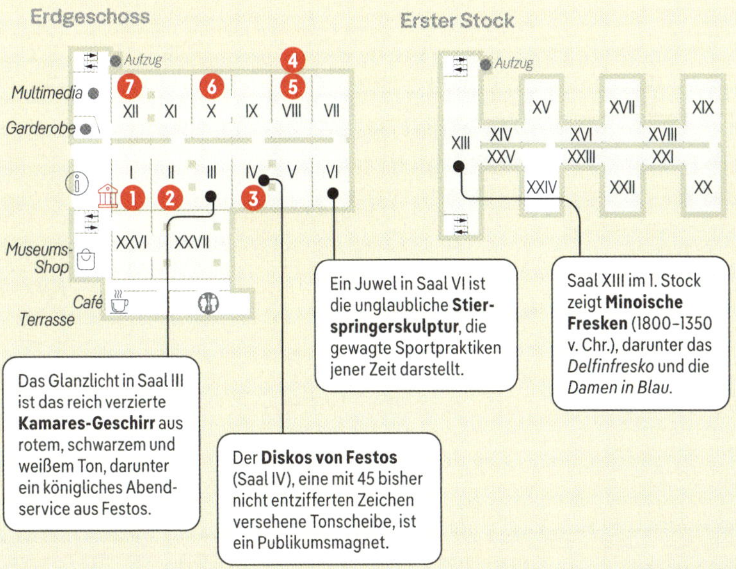

Rund um Iraklion

Iraklions Umland bietet sanfte Weinberge, majestätische Schluchten, historische Stätten, schöne Strände und einen minoischen Palast.

Ziele

Wer sich nur eine der antiken Attraktionen Kretas anschauen will, sollte den Palast von Knossos nur 5 km südlich von Iraklion ansteuern. Dies war der größte Palast der Minoer, einer Bronzezeit-Hochkultur, die vor rund 4000 Jahren über große Teile der Ägäis herrschte.

In entgegengesetzter Richtung von Iraklion bildet Agia Pelagia das Zentrum der attraktivsten Reihe von kleinen Stränden und Resorts der Provinz. Das Dorf Fodele gibt Einblicke in ein gemächliches Landleben und die Geschichte von El Greco. Südlich von Knossos, in Skalani, beginnt die Weinregion. Der Ort war Schauplatz eines Ereignisses im Zweiten Weltkrieg, das schreckliche Folgen für die Kreter:innen hatte.

Agia Pelagia

DAUER AB IRAKLION: **35 MIN.** 

Iraklions gehobener Badeort

Keine Frage: Das Strandbad **Agia Pelagia**, rund 20 km westlich von Iraklion liegt ganz wunderbar – die gesamte Gegend ist spektakulär. Den Ort säumt ein langer Sandstrand, der allerdings stark bebaut ist. Ruhiger wird es weiter nördlich die zerklüftete Küste hinauf.

Verlockender Mononaftis-Strand

Der **Mononaftis-Strand** an einer schmalen Bucht nördlich des Ortskerns von Agia Pelgia ist einer der hübschesten in der Gegend. Die Resorts liegen zurückgesetzt vom Strand auf steilen Felsen, das Ufer ist geschützt und ideal zum Baden. **Stay Wet Diving Center** *(staywet.gr)* organisiert Tauchgänge vom Ufer aus und erteilt Unterricht. Die ausgezeichnete **Taverna Bar Vasilis** am Ende des Strands vermietet Liegestühle.

Fodele

DAUER AB IRAKLION: **35 MIN.** 

Reizendes Dorf mit Kunstbezug

Das Dorf **Fodele** schmiegt sich 25 km westlich von Iraklion in das fruchtbare Tal des kleinen Flusses Pantomantris, der durch Abflüsse aus mehreren tiefen Nebenschluchten gespeist wird. Ein Stopp vor dem Besuch des nahegelegenen El-Greco-Museums lohnt sich, im Dorf wird der Maler mit einem **Denkmal** unter einem jahrhundertealten Baum gewürdigt. An der Hauptstraße liegen mehrere gute Landtavernen.

UNTERWEGS VOR ORT

Von der Plateia Eleftherias fährt der Bus Nr. 2 nach Knossos. Beim Ticketschalter gibt's kostenlose Parkplätze.

Um die hügelige Küste von Agia Pelagia und das Binnenland der Region zu erkunden, braucht man ein Fahrzeug.

PIERRETTE GUERTIN/SHUTTERSTOCK ©

Fodele

EINE VERHÄNGNISVOLLE ENTFÜHRUNG

Am Abend des 26. April 1944, fuhr ein Auto, in dem der deutsche Militärführer General Heinrich Kreipe saß, von dessen Hauptquartier in Archanes Richtung Norden, wo er in der Nähe von Iraklion wohnte. Dort kam er nie an. Kretische Widerstandskämpfer unter Führung des britischen Offiziers und Erzählers Patrick Leigh Fermor (1915–2011), stoppten das Auto und kidnappten Kreipe.

Obwohl eine erbitterte Fahndung die Insel durchkämmte, wurde der General in den nächsten Wochen über verschiedene Stationen nach Ägypten geschmuggelt. Die Deutschen antworteten mit heftigen Vergeltungsmaßnahmen gegen die Zivilbevölkerung. Städte wurden bombardiert, Dörfer wie Anogia (S. 115) zerstört und Zivilisten erschossen.

Heute erinnert das Denkmal des lokalen Künstlers Manolis Tsompanakis in Skalani an die Entführung.

Nachdenken über El Greco

Die Gelehrten streiten, ob Fodele wirklich der Geburtsort von El Greco ist, und wer absolute historische Genauigkeit erwartet, wird vielleicht enttäuscht. Das **Museum** zeigt in einem urigen kleinen Steinhaus 24 Reproduktionen seiner Werke und vermittelt zumindest einen Eindruck, wie der Geburtsort El Grecos ausgesehen haben könnte. Es liegt ruhig rund 1 km nordwestlich des Dorfs in einer üppigen Landschaft mit Zitronen- und Orangenbäumen, dahinter erstrecken sich Olivenhaine.

In der Nähe befinden sich mehrere byzantinische Kapellen wie die hübsche kleine **Panagia-Kirche** gegenüber dem Museum, die auf den Ruinen einer Basilika des 8. Jhs. erbaut wurde.

Skalani

DAUER AB IRAKLION: **20 MIN.**

Geschichtsträchtiges Tor zu den Weingütern

Am Nordrand von Iraklions Weinregion (S. 150) liegt inmitten von Rebhängen das Dorf **Skalini**, auch wenn die Vororte von Iraklion immer näher herankommen. Einladende Dorfgasthäuser und Tavernen liegen verstreut in der Landschaft. Doch der Ort hat eine düstere Vergangenheit. Im Zentrum eines Kreisverkehrs an der Straße Knossos–Archanes bei Patsides steht ein **Denkmal**, das an die Entführung des deutschen Generals Heinrich Kreipe 1944 erinnert, ein Ereignis, das in den letzten Kriegsmonaten weitreichende Folgen für Kreta hatte.

ESSEN RUND UM IRAKLION: UNSERE TIPPS

Taverna Bar Vasilis: Am Mononaftis-Strand; das in der Gegend unübertroffene Seafood zieht auch Gäste aus Iraklion an. *12–21.30 Uhr* **€€**

Giasemí: In Fodele; kretische Gerichte sowie Favoriten aus ganz Griechenland mit Liebe gekocht; gutes Essen, einfach serviert. *9–24 Uhr* **€**

Elia & Diosmos: In Skalani bei Knossos; marktfrische Zutaten glänzen in geschmacksintensiven, innovativen kretischen Gerichten. *13–23 Uhr* **€€**

Kritikí Gi: Das behagliche Lokal in Skalani erfreut seine Gäste mit regionaler Küche mit globalen Akzenten. Einladende Terrasse. Fr–So *16–23 Uhr* **€**

Palast von Knossos

Highlights in zwei Stunden

Knossos ist nicht ohne Grund Kretas größte Touristenattraktion. Ein Rundgang durch den in Teilen und mit Fantasie rekonstruierten Komplex (der hier so gezeigt wird, wie er zu seiner Blütezeit ausgesehen haben mag) bietet einen Einblick in die bemerkenswert hoch entwickelte Gesellschaft der Minoer, vor rund 4000 Jahren die führende Zivilisation Südeuropas.

Vom Ticketschalter aus folgst du dem Weg links zum **1 Nordeingang**, wo das Stierfresko einen Vorgeschmack auf die minoische Kunst vermittelt. Weiter geht's zum Zentralhof und der Warteschlange vor dem rätselhaften **2 Thronsaal**, um einen Blick in den Saal zu werfen, wo wohl religiöse Rituale abgehalten wurden. Dann steigst du rechts die Treppe zum sogenannten Piano Nobile hoch. Dort befindet sich der **3 Freskensaal**, in dem Repliken der berühmtesten Kunstwerke des Palasts ausgestellt sind. Nun geht's am Piano Nobile entlang, unterwegs wirfst du einen Blick auf die tönernen Vorratskrüge in den westlichen Magazinen. Kehr dann um und steig hinab zum **4 Südportal**, das vom schönen Vasenträgerfresko geziert wird. Nun führt die Tour wieder zurück zum Zentralhof und von dort zum Ostflügel des Palasts. Dort bewunderst du die Bauweise der **5 Großen Treppe**, über die einst die königliche Familie in die Privatgemächer gelangte – so zumindest stellte Sir Arthur Evans sich das vor. Um einige Räume näher zu inspizieren, spazierst du zum Südende des Hofs, betrachtest unterwegs das **6 Lilienprinzfresko** und steigst dann ins Erdgeschoss hinab. Eins der Highlights dort ist das **7 Megaron der Königin** (laut Evans das Schlafgemach der Königin), das mit einem Fresko spielender Delfine verziert ist. Hier unten stehen auch die **8 Riesen-Pithoi**, mächtige Tonkrüge zur Aufbewahrung von Lebensmitteln.

JOHN COPLAND/SHUTTERSTOCK ©

3 Freskensaal
Genieße vom Obergeschoss des Westflügels, dem Piano Nobile, zuerst den weiten Ausblick über das Palastgelände und betrachte dann im Freskensaal die Kopien der berühmtesten Palast-Kunstwerke.

4 Südportal
Prächtige Fresken, darunter das berühmte Vasenträgerfresko, schmücken diesen Palasteingang an einer massiven offenen Freitreppe, die zum Piano Nobile führt. Die nachgebildeten Kulthörner in der Nähe krönten einst die gesamte Südfassade.

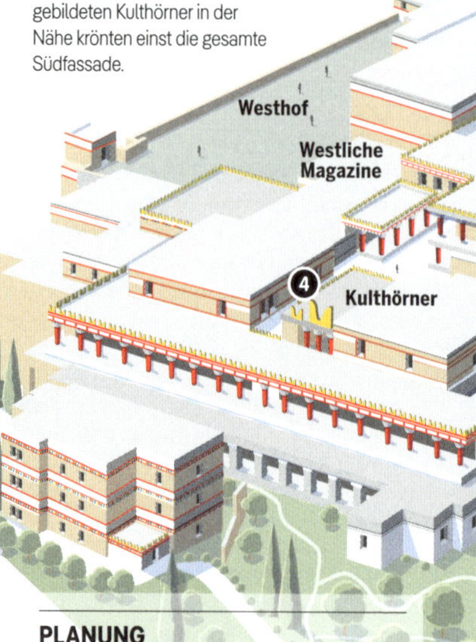

PLANUNG

Am besten direkt bei Öffnung oder zwei Stunden vor Schließzeit eintreffen, um Massenansturm und Hitze zu entgehen. Für eine ausführliche Besichtigung mehrere Stunden einplanen.

6 Lilienprinzfresko
Eins der bekanntesten Fresken von Knossos wurde ohne Rücksicht auf Originaltreue aus verschiedenen Fragmenten zusammengesetzt und zeigt einen mit Lilien und Pfauenfedern geschmückten jungen Mann.

MICHAEL RUNKEL/GETTY IMAGES ©

HUNGRIG?

Viel besser als in Knossos isst du in der nahen Weinregion Iraklions zwischen sonnigen Hängen und grünen Tälern. Das Weingebiet liegt südlich von Knossos.

ANTON CHYGAREVI/SHUTTERSTOCK ©

2 Thronsaal
Sir Arthur Evans, der im Jahr 1900 mit der Ausgrabung des Palasts von Knossos begann, stellte sich vor, wie der mythische König Minos persönlich vom Alabasterthron in dem herrlichen Saal aus Hof hielt. Das Lustralbad und die Greifenfresken legen jedoch eine sakrale Verwendung nahe, möglicherweise unter Aufsicht einer Priesterin.

BRUNO MORANDI/GETTY IMAGES ©

1 Nordeingang
Stiere spielten in der minoischen Zivilisation eine bedeutende Rolle. Davon zeugt das berühmte Fresko eines angreifenden Stiers an der säulenbewehrten Westfront des Nordpalasts, wo sich Werkstätten und Vorratsräume befanden.

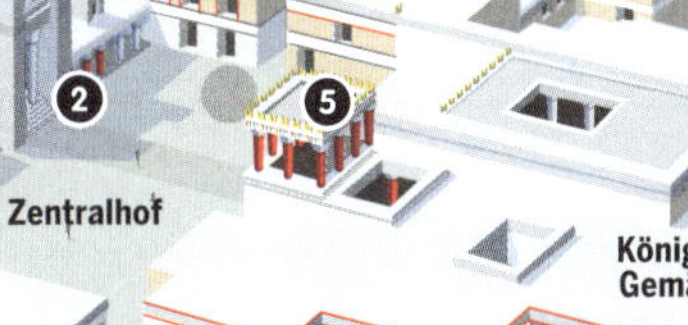

5 Große Treppe
Über die monumentale Freitreppe mit vier säulengestützten Treppenfluchten aus Gips waren die königlichen Gemächer im Ostflügel zu erreichen. Die beiden unteren Treppenabschnitte sind im Originalzustand erhalten. Die Treppe darf nicht betreten werden.

8 Riesen-Pithoi
Diese massiven Tonkrüge stammen noch aus der Alten Palastzeit und dienten zur Aufbewahrung von Wein, Öl und Getreide. Mussten sie transportiert werden, zog man sie an Seilen, die zuvor durch die Henkel geschlungen wurden.

LEJOCH/GETTY IMAGES ©

7 Megaron der Königin
Dank des verspielten Delfinfreskos gehört das Schlafzimmer der Königin zu den schönsten Gemächern im Ostflügel. Das Badezimmer und die Toilette zeugen von einem ausgeklügelten Kanalisationssystem.

ANDREI NEKRASSOV/SHUTTERSTOCK ©

TOP-ERLEBNIS

Palast von Knossos

Der Palast von Knossos, nur 5 km südlich von Iraklion gelegen, ist *die* Top-Attraktion der Insel. Um einen umfassenden Einblick in Kretas minoische Zivilisation zu erhalten, empfiehlt es sich, die Besichtigung mit einem Besuch im ausgezeichneten **Archäologischen Museum** (S. 140) in Iraklion zu kombinieren.

IR STONE / SHUTTERSTOCK ©

TOP TIPPS

- Spar dir das Schlangestehen, indem du online ein Zeitfensterticket kaufst.
- Für tiefergehende Infos stehen in Knossos Guides oder Tablet-basierte Touren zur Verfügung.
- Such dir einen ruhigen, schattigen Ort abseits des Gedränges, um den Palast auf dich wirken zu lassen und im umfangreichen Onlinematerial zu lesen.

PRAKTISCHES

Der QR-Code führt zu weiteren Infos über den Palast von Knossos und dem Onlineticket-Verkauf.

Eine lange Geschichte

Der erste Palast von Knossos wurde ca. 1900 v. Chr. erbaut, um 1700 v. Chr. durch ein Erdbeben zerstört und anschließend in größerer und prächtigerer Gestalt neu errichtet. Zwischen 1500 und 1450 v. Chr. wurde der Palast erneut teilweise zerstört, blieb aber noch bewohnt, bis 50 Jahre später ein Feuer alles verschlang. Der neue Palast wurde sorgfältig geplant, um den Bedürfnissen einer komplexen Gesellschaft gerecht zu werden, und beherbergte Wohnquartiere für Herrscher, Beamte, Priester und gemeines Volk, ebenso wie Empfangssäle, Andachtsstätten, Werkstätten, Schatzkammern und Vorratsräume.

Der größte Teil von Knossos wurde zwischen 1900 und 1930 vom britischen Archäologen Sir Arthur Evans ausgegraben. Er war von der Stätte so begeistert, dass er 35 Jahre seines Lebens darauf verwendete, die Ausgrabungen voranzutreiben und Teile des Palasts zu rekonstruieren. Seine Methoden sind nach wie vor umstritten: Viele Archäolog:innen meinen, dass er die wissenschaftliche Genauigkeit seiner lebhaften Vorstellungskraft opferte. Doch gewöhnlichen Besucher:innen helfen die Rekonstruktionen dabei, sich vorzustellen, wie der Palast zu seiner Blütezeit ausgesehen haben könnte.

Nichtsdestotrotz staunten Archäologen aus aller Welt über Evans' Entdeckungen. Dass parallel zu den großen Pharaonen Ägyptens eine so hoch entwickelte Zivilisation in Europa existiert hatte, erschütterte die Annahmen der damaligen Zeit.

Archanes

MITTAGESSEN | MUSIK | MINOER

Das malerische Archanes, ein Weinbauzentrum mit minoischen Wurzeln, liegt 15 km südlich von Iraklion vor der Kulisse des Giouchtas (811 m). Sein Gewirr aus engen, blumenverzierten Gassen und sorgfältig restaurierten Häusern gilt als Modell für die Wiederbelebung ländlicher Orte und lädt zum ziellosen Flanieren ein, vielleicht gekrönt von einem geruhsamen Mittagessen auf dem schattigen Dorfplatz. Archanes bietet sich auch zum Übernachten an. Im reizenden Ortskern gibt's Unterkünfte mit altmodischem Charme, in den umgebenden Weinbergen Ferienhäuser und Boutique-Gästehäuser, einige davon recht nobel.

Ausgrabungsfunde legen nahe, dass Archanes wohl Teil einer größeren minoischen Siedlung war. Außer einem Palast im Dorf selbst wurden bisher der riesige Friedhof bei Fourni, das Wohngebiet Vathypetro und das Anemospilia-Heiligtum entdeckt.

Ein weiteres Heiligtum krönt den Giouchtas, zu erreichen nach einer schweißtreibenden Wanderung oder holprigen Autofahrt.

UNTERWEGS VOR ORT

Das kleine Archanes lässt sich am besten zu Fuß erkunden. Die umliegenden archäologischen Stätten sind alle höchstens eine Fußstunde oder eine kurze Autofahrt entfernt. Busse von der Hafenstation in Iraklion halten in der Nähe des Dorfplatzes. Im Dorf kann kostenlos an den Straßen geparkt werden.

Die Einbahnstraßen und schmalen Gässchen sind etwas unübersichtlich. Regelmäßige Busse verbinden Archanes mit Iraklion (30 Min.).

Vergnügliche Tage & Abende

Stimmungsvolle Tavernen, Cafés und Musik

Der schattige Dorfplatz von Archanes bildet die ideale Kulisse für ein geruhsames mehrgängiges Mittagsmahl mit erstklassigem Wein und netter Konversation. Ein guter Ort dafür ist z. B. das **Bakaliko** (S. 148). Wie seine Kollegen am Platz und in den umliegenden Straßen steht das entspannte Lokal für genussreiche Mahlzeiten, die je nach Anzahl der Gänge und der geleerten Flaschen Wein zwischen heiter und träge schwanken.

Egal ob Tagesausflug oder längerer Aufenthalt – durch die Straßen von Archanes zu schlendern, lohnt sich unbedingt. Neben den hübschen restaurierten Häusern und einigen minoischen Relikten lockt auch tolle abendliche Unterhaltung.

Im von einer örtlichen Kooperative betriebenen Café **Ploumi** *(ploumi.blogspot.com)* gibt's an vielen Tagen der Woche Live-Darbietungen kretischer Volksmusik. Musiker:innen aus der

TOP TIPP

Archanes ist zweigeteilt, die meisten Sehenswürdigkeiten befinden sich im unteren Abschnitt; am besten stellt man das Auto ab und geht zu Fuß.

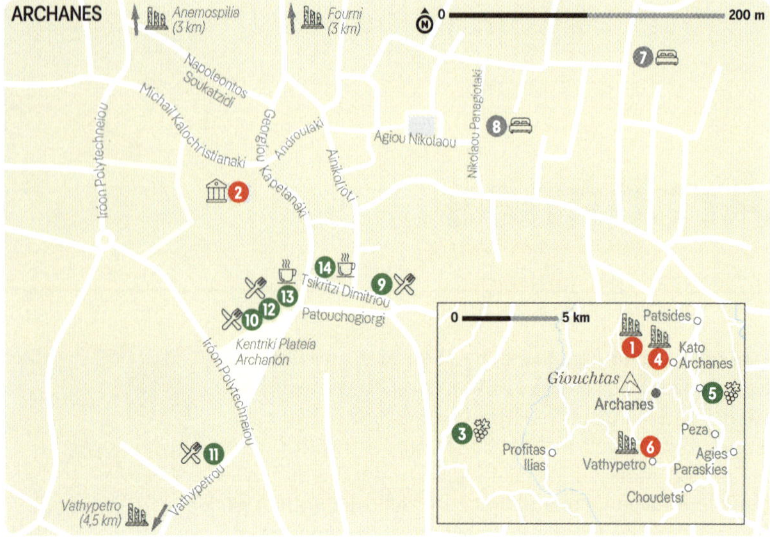

SEHENSWERTES
1 Anemospilia
2 Archäologisches Museum Archanes
3 Douloufakis Winery
4 Fourni
5 Stilianou Winery
6 Vathypetro

SCHLAFEN
7 Arhontiko Archanes Suites
8 Troullos Traditional Houses

ESSEN
9 Agora
10 Bakaliko
11 Kritamon
12 Likastos

AUSGEHEN & FEIERN
13 Istorikón
14 Ploumi

gesamten Region kommen hierher, um zu spielen und anderen Musizierenden zuzuhören. Außerdem werden einfache, hausgemachte Gerichte serviert.

Schräg gegenüber residiert das **Istorikón**, ein wunderschön restauriertes Café mit großen Fenstern und hohen Decken. Es bietet einfache kleine Teller und regelmäßig Live-Volksmusik – eine gute Gelegenheit, um der Lyra zu lauschen.

Leben & Tod der Minoer

Das Archäologische Museum besuchen

Schau bei deinem Spaziergang durch Archanes im einfallsreich gestalteten **Archäologischen Museum** *(archaeological museums.gr; Erw./Kind 3/2 €)* vorbei, das einige außergewöhnliche Funde aus der Nekropole Fourni, dem Anemospilia-Tempel und dem Palast von Archanes in einem einzigen Raum, in dem sich einst die erste Grundschule des Orts befand, versammelt.

ESSEN IN ARCHANES: TAVERNEN

Bakaliko: Der „Treffpunkt" bildet den Mittelpunkt des Dorfplatzes; gutes Essen, Kochkurse und ein Laden mit lokalen Produkten. *11.30–22 Uhr* €

Likastos: Am Dorfplatz; hier freuen sich die Gäste über die bodenständige kretische Küche und den Orangenkuchen *(portokalopita)*. *12–23 Uhr* €

Agora: Familiengeführtes Lokal in einer stimmungsvollen Fußgängerstraße mit einer Auswahl an *mezedhes* aus lokalen Zutaten. *8–23 Uhr* €

Kritamon: In dieser gehobeneren Gartentaverne abseits einer Kopfsteinpflastergasse trifft traditionell kretisch auf kreativmodern. *6–23 Uhr* €€

Goldschmuck legt nahe, dass die alten Kreter:innen zum Teil vermögend waren und Geschmack hatten; ein Tamburin-ähnliches Musikinstrument, ein *sistro*, zeugt von ihrer Musikalität. Gruseliger sind die Kopie eines Dolches vom Anemospilia-Tempel und eine Reihe von Begräbnisbehältnissen mit 4000 Jahre alten Skeletten in Embryonalstellung aus Fourni.

Die Minoer nebenan

Wein, Tod und Opfer

Der hiesige Weinanbau reicht in minoische Zeiten zurück – zu sehen in **Vathypetro** *(gratis)*, einer von drei bedeutenden minoischen Stätten in der Gegend. Hauptattraktion dieses Wohnkomplexes ist die weltweit älteste Weinpresse (ca. 1580 v. Chr.), aber auch die tollen Ausblicke auf den Giouchtas und die umliegenden Hügel lohnen die Fahrt hierher. Der Komplex wurde um 1550 v. Chr. durch ein Erdbeben zerstört. Er liegt 4 km südlich von Archanes. **Fourni** *(gratis)* auf einem Hügel 3 km nördlich von Archanes ist die bedeutendste minoische Nekropole Kretas – die ältesten Begräbnisse hier datieren von 2600 v. Chr. Der sensationellste Fund war das ungeplünderte Grab einer Adligen, deren Schmuck heute im **Archäologischen Museum Heraklion** (S. 140) zu bestaunen ist. Vom Ort fährt man einen Bogen, oder man läuft den Hügel hinauf. Die Stätte **Anemospilia** *(gratis)* am Nordhang des Giouchtas rund 3 km nordwestlich von Archanes umfasst ein kleines Heiligtum, das Belege dafür lieferte, dass Menschenopfer in der minoischen Gesellschaft vielleicht eine gewisse Rolle spielten. Falls die Stätte geschlossen ist, entschädigt die schöne Aussicht.

Die Ausgrabungen in Fourni und Anemospilia dauern an; erkundige dich im Archäologischen Museum in Archanes nach Öffnungszeiten und Wegbeschreibungen.

„Heiliger Berg" mit Panoramablick

Hoch aufragender Gipfel

Das markante Profil des **Giouchtas** (811 m) thront über der Landschaft rund um Archanes. Etwa 4 km südlich des Dorfs beginnt ein schmales, 5 km langes Sträßchen hoch auf den Gipfel des Berges mit mythologischen Wurzeln als Begräbnisstätte des Zeus. Nach einer Holperfahrt (oder anstrengenden Wanderung) wird man mit herrlichen Blicken auf Iraklion, den Psiloritis im Westen und den Dikti im Osten belohnt.

Ganz oben steht neben einer großen Zypresse und einem riesigen, nachts beleuchteten Kreuz die kleine **Afentis-Christos-Kapelle**. Am Abend des 6. August ist dies für Kreter:innen, die zu Hunderten hier hinaufsteigen, eine wichtige Pilgerstätte. Hinter der Kirche geht's fast senkrecht bergab – halte nach kreisenden Geiern Ausschau.

Leider wird die Idylle von Sendemasten hier und auf der anderen Seite des Gipfels getrübt; dort gibt's Spuren eines **minoischen Gipfelheiligtums**, das von den Bewohner:innen von Archanes und Knossos genutzt worden sein soll. Ein gepflasterter Weg führt hoch zur eingezäunten Ausgrabung, aber es ist nicht viel zu sehen.

LIEBLINGS-WEINGÜTER

Pierre Graff, Inhaber des Weintourenanbieters Made in Crete *(madeincrete.com)* beschreibt seine Lieblingsweingüter in Iraklions Weinregion:

Douloufakis (S. 152), **Dafnes** Nikos Douloufakis ist auf diesem großen Weingut, das stets gute Weine keltert, Winzer in dritter Generation. Besonders gut kennt er sich mit Vidiano-Reben aus; daraus macht er z. B. einen in Eichenfässern gereiften Wein und einen Schaumwein.

Idaia Gi, Venerato Das kleine Weingut im Weintal Dafnes keltert ein Dutzend Weine aus acht der elf kretischen Rebsorten und verbessert ständig ihre Qualität.

Stilianou (S. 154), **Kounavi** Stilianou, eins der kleinsten Weingüter Kretas, produziert – inzwischen in vierter Generation – 20 000 Flaschen hochwertiger traditioneller und biologischer Weine, außerdem seltene Natur- und Orangenweine.

Rund um Archanes

Eine Fahrt über gewundene Landstraßen durch ein Mosaik aus idyllischen Dörfern und üppigen Weinbergen ist ein Vergnügen.

Ziele

Archanes ist der ideale Ausgangspunkt für eine Tour durch Iraklions Weinregion, eine Landschaft mit sanften Hügeln und üppigen Tälern voller Weinreben. In einem Museum im verschlafenen weißen Dorf Myrtia können Literaturfreund:innen ins Werk des auf Kreta geborenen Schriftstellers Nikos Kazantzakis eintauchen. Ein Stück weiter östlich liegt das kretische Töpferzentrum Thrapsano mit Werkstätten, wo noch immer von Hand große minoische *pithoi* (Vorratskrüge) hergestellt werden.

Ein völlig anderes Bild bietet sich südwestlich in Zaros am Fuß des Psiloritis. Das Dorf ist nicht nur für sein Quellwasser berühmt, das hier abgefüllt und in ganz Griechenland verkauft wird, sondern bietet auch schöne byzantinische Klöster, tolle Wandermöglichkeiten und leckere Zuchtforellen.

UNTERWEGS VOR ORT

Busse von Iraklions Hauptbusbahnhof nach Arkalochori halten in Archanes und Peza, der Bus nach Kamares fährt über Zaros.

In der gesamten Region weisen weinrote Schilder den Weg zu örtlichen Weingütern. Um mehrere Weingüter zu besuchen, mietet man am besten ein Auto mit Fahrer oder nimmt an einer der vielen organisierten Touren teil. Alternativ fährt man mit dem Leihwagen und bestimmt eine:n abstinente:n Fahrer:in.

Iraklions Weinregion

DAUER AB ARCHANES: **20–45 MIN.** 

Auf Weingütertour

Praktischerweise räumen die Vororte Iraklions gleich hinter Knossos das Feld für ein sonniges Weinbaugebiet mit kleinen Dörfchen – und über allem thront der Giouchtas.

Der Weinanbau hier reicht 4000 Jahre in minoische Zeiten zurück. Heute stammen rund 70 % des kretischen Weins von rund einem Dutzend Winzer:innen vor allem bei Archanes, Peza und Dafnes. Zweispurige Straßen mäandern über und um die sanften Hügel voller Weinreben.

Weingüter zu besuchen und Weine zu verkosten bietet eine Gelegenheit, eine Auswahl ungewöhnlicher Jahrgänge kennenzulernen, die es nur auf der Insel gibt. (Einen Überblick über kretische Weine gibt's auf S. 35.) Die meisten Weingüter bieten Touren und/oder haben Probierstuben, wo man Weine verkosten kann – meist für einen Unkostenbeitrag von 5–60 € je nach Extras, häufig 10 € für sechs Proben. In der Hauptsaison sollte man telefonisch oder online buchen. Besonders zur Frühlingsblüte und Weinlese im Herbst lohnt sich ein Besuch.

Die Einrichtungen variieren stark, einige Kellereien verfügen auch über kleine Museen zur Weinherstellung mit alten Werkzeugen und Gerätschaften. Achtung, Kartenapps sind bei abgelegeneren Weingütern oft unzuverlässig und schicken

BASTIAN PARSCHAU/GETTY IMAGES ©

Nikos-Kazantzakis-Museum

einen über Ziegenpfade, also besser anrufen und nach einer Wegbeschreibung fragen.

Ein Roadtrip zu acht Weingütern ist auf S. 154 beschrieben. Wer von Iraklion nach Matala fährt, kann unterwegs die Weingüter von Dafnes (S. 152) besuchen.

Myrtia

DAUER AB ARCHANES: **20 MIN.** 

Heimat des Schöpfers von Alexis Sorbas

Myrtia wäre nur ein weiteres nettes, weißes kretisches Dorf, wäre da nicht das kleine, aber feine **Nikos-Kazantzakis-Museum** *(kazantzaki.gr; Erw./Kind 6/4 €)*, das dem Leben und Schaffen des griechischen Literaturstars des 20. Jhs. gewidmet ist, der *Alexis Sorbas* schrieb und neunmal für den Nobelpreis nominiert war.

Ein ausgezeichneter Dokumentarfilm erzählt in nur 20 Minuten von Kazantzakis' Leben, Philosophie, Vorbildern und Werk. Anschließend begutachtet man, ausgestattet mit einem Audioguide, die Ausstellungsstücke wie Briefe, Fotos und persönliche Gegenstände, ergänzt durch einen Überblick über Kazantzakis' berühmteste Werke.

Vor dem Museum spielen zwei Skulpturen auf seine Bücher an; im Ort Myrtia gibt's auf einigen Fassaden entsprechende Wandbilder. Ansonsten hat sich hier seit Kazantzakis' Tagen wenig verändert.

DER ECHTE SORBAS

Nikos Kazantzakis lehnte Alexis Sorbas, die Hauptfigur seines gleichnamigen Romans von 1946, an die echte Person Georgos Zorbas an. Den Arbeiter aus Makedonien traf er 1915 bei einem Aufenthalt im Kloster am Berg Athos; zwei Jahre später heuerte er ihn dann an, um auf dem Peloponnes eine Braunkohlemine für die Versorgung mit Kohle im Ersten Weltkrieg mit aufzubauen. Die beiden wurden enge Freunde und verbrachten viel Zeit miteinander.

Kazantzakis bewunderte das überschäumende Wesen und die starke Persönlichkeit von Zorbas – Eigenschaften, mit denen er seinen fiktionalen Charakter ausstattete. Im Buch führt Sorbas einen jungen Intellektuellen durch eine Reihe von lebensverändernden Abenteuern, die die Lektionen des Lebens verkörpern, während sie daran arbeiten, eine Mine auf Kreta einzurichten.

ESSEN RUND UM ARCHANES: UNSERE TIPPS

Peteinos Alaniaris: Das Inhaberpaar Tasos und Filia bezaubert alle, die hier essen. Großartige kretische Kost in Peza. *12.30–23 Uhr* €

Taverna Onisimos: Gute Wahl für Familien in Peza; serviert kretische Klassiker von gegrilltem Lamm bis zu Schnecken. *11–22 Uhr* €

Earino Tavern: Schlemme *mezedhes*, zartes Fleisch und herzhafte Eintöpfe in diesem tollen Lokal mit weitem Blick über die Weinberge. *11–22 Uhr* €€

Roussos Taverna: Clevere Gäste fahren für kretische Speisen wie fantastische Lammkoteletts und lokales *chorta* (Wildgemüse) nach Choudetsi. *8–23 Uhr* €

KAZANTZAKIS' LEBEN & GRAB

Mehr über Nikos Kazantzakis steht auf S. 249. Fans können ihm an seinem **Grab** (S. 137) in Iraklion die Ehre erweisen. Da er die griechisch-orthodoxe Kirche gegen sich aufgebracht hatte, befindet es sich oben auf der venezianischen Stadtmauer bei der Martinengo-Bastion.

FISCH IN DEN BERGEN

Angesichts von 1000 km Küste herrscht auf Kreta sicher kein Mangel an frischem Fisch. Wie also wurde Zaros berühmt für seine Süßwasserforellen, nicht gerade eine heimische Art? Die Antwort liegt in den 1980ern, als ein geschäftstüchtiger Bauer, angeregt durch einen Zeitschriftenartikel, aus Kanada einige Forelleneier bestellte und in einen Teich legte. Sein Einsatz zahlte sich aus: Die kanadischen Forellen liebten das üppig fließende Quellwasser von Zaros. Schon bald strömten Einheimische und Tourist:innen herbei, um die köstliche *pestrofa* zu probieren.

Heute flitzen Forellen neben Schildkröten und Enten durch den Votomos-See. Mehrere Tavernen servieren den Fisch frisch aus dem See auf kretische Art: gegrillt mit Knoblauch.

Thrapsano

DAUER AB ARCHANES: **30 MIN.**

Ein Dorf der Töpferkunst

Wer sich je gefragt hat, wo all die schönen *pithoi* (Vorratskrüge) im minoischen Stil in Hotellobbys und Restaurants herkommen, sollte sich nach **Thrapsano** aufmachen, dem „Töpferdorf" Kretas rund 18 km südöstlich von Archanes. Unter den zahlreichen Werkstätten hier ist **Koutrakis Art** *(cretan-pottery.gr)* von Giorgios Koutrakis ein prima Startpunkt. Mit dreißig Jahren Erfahrung kann Koutrakis super erklären, wie seine rotbraunen Kreationen entstehen. Wenn er Zeit hat, zeigt er gern seinen traditionellen Brennofen, der wie in der Antike mit mehreren Tonnen gemahlenen Olivenkernen befeuert wird.

Direkt gegenüber bietet der **Pottery Workshop** eine breite und bunte Auswahl besucherfreundlicher Töpferwaren (originalgroße *pithoi* sind 1,6 m hoch und 65 kg schwer). Schau dir schließlich noch im Ortskern die gut erhaltenen Fresken in der **Timios-Stavros-Kirche** aus dem 15. Jh. an.

Dafnes

DAUER AB ARCHANES: **40 MIN.** 

Stimmungsvoller Weingutstopp

Das unscheinbare Dorf **Dafnes** ist umgeben von tiefen Tälern, die es in der Vergangenheit vom benachbarten Siva abschnitten. Heute ist es über die Hauptverbindungsstraße von Iraklion nach Süden leicht zugänglich. Die geschützten Hanglagen beherbergen zahlreiche Weingüter. Das Relief isoliert die Gegend von Iraklions Weinregion weiter östlich, doch wer auf der Durchfahrt ist, kann hier gut einen Verkostungsstopp einlegen.

Die **Douloufakis Winery** *(douloufakis.wine)* ist bekannt für ihre Produktreihe Aspros Lagos (Weißes Kaninchen; Vidiano-Weißwein und Cabernet-Sauvignon-Rotwein, Di–Fr 10–15 Uhr).

Die **Silva Daskalaki Winery** *(silvawines.gr)* ist ein von einem Mutter-Tochter-Team geführtes biodynamisches Weingut in Siva mit Anbau und Ernte nach dem Mondkalender sowie preisgekrönten Weißweinen (Di–Sa 10–17 Uhr).

Zaros

DAUER AB ARCHANES: **1 STD.** 

Genuss in den Bergen

Zaros am Fuß des Psiloritis ist bekannt für sein Quellwasser, das hier abgefüllt und auf ganz Kreta verkauft wird. Doch das urige Bergdorf hat mehr zu bieten als kühles Nass. Die gewundene Hauptstraße, von der sich hier und da Blicke auf das Libysche Meer bieten, wird von einem verlockenden Mix aus Läden, Cafés und Tavernen gesäumt.

Das **Vegera** in einem gelben Haus ist typisch für die lokale Bodenständigkeit und vor Ort eine Institution. Hier herrscht die muntere Vivi, die mithilfe traditioneller Rezepte aus frischen lokalen Zutaten denkwürdige Gerichte zaubert. Ihre behagliche Taverne ist herzerwärmend wie eine Schüssel Zitronen-Hühner-Suppe *(avgolemono)*. Sie bietet auch Kochkurse an.

Zaros

Bei **Mitos Traditional Art** schräg gegenüber sitzen Frauen aus dem Dorf draußen vor der Tür und produzieren traditionelle Handarbeiten für den Verkauf. Schau dich um und bummele dann noch ein bisschen durch diesen angenehmen Ort.

Spaziergang durch Zeus' Garten

In der Gegend um Zaros soll Zeus sich getummelt haben. Beliebt bei Wanderfans, Vogel- und sonstigen Naturkundler:innen ist die **Rouvas-Schlucht**, besonders reizvoll ist die Wanderung (10 km hin und zurück, 700 m Anstieg) im Frühling, wenn Orchideen, Mohn, Schwertlilien und andere Wildblumen die Landschaft in ein impressionistisches Gemälde verwandeln.

Vom smaragdgrünen **Votomos-See** (alias Zoros-See), einem Stausee voller Forellen rund 1 km nördlich vom Hauptdorf, führt der Weg zunächst steil an einem Berghang hinauf. Etwa 1 km später erreicht er die Schlucht, gleich hinter dem **Moni Agios Nikolaos**, einem modernen Kloster rund um eine alte Kirche voller Ikonen und Freskenfragmente. Ab jetzt wird die Vegetation immer üppiger, mit Kermeseichen, Süßwasserbecken, einer Holzbrücke und mehreren nicht geräumten Felsstürzen, wo man ein bisschen kraxeln muss. Schließlich öffnet sich eine wunderschöne Lichtung: Neben der kleinen **Agios-Ioannis-Kapelle** laden mehrere Bänke und Tische zu einem gemütlichen Picknick ein.

Inklusive Pause solltest du etwa fünf Stunden einplanen. Trage feste Schuhe und bring reichlich Wasser mit, von Mai bis Oktober besteht sonst die Gefahr einer Hitzeerschöpfung.

KRETAS NEUER FLUGHAFEN

Wenn alles nach Plan läuft – oder besser: falls –, wird der in die Jahre gekommene Nikos-Kazantzakis-Flughafen in Iraklion, der seit 1937 in Betrieb ist, in den kommenden Jahren vom Kastelli International Airport abgelöst. Nach jahrzehntelangen Debatten und Verzögerungen (die Idee stammt von 1986) haben die Bauarbeiten für den neuen Flughafen 2020 endlich begonnen. Er entsteht neben dem bestehenden Luftwaffenstützpunkt Kastelli rund 35 km südöstlich von Iraklion.

Der neue Flughafen soll zunächst bis zu 15 Mio. Passagiere pro Jahr abfertigen, – damit wäre er nach Athen der verkehrsreichste Flughafen Griechenlands. Wie alles andere an dem Projekt wird der Eröffnungstermin immer wieder verschoben – aktuell peilt man 2028 an. Für eine schnellere Anbindung nach Ostkreta und Iraklion werden bereits neue Straßen gebaut.

ESSEN IN ZAROS: UNSERE TIPPS

Vegera: Täglich drei wechselnde mehrgängige Menüs – Fleisch, Fisch und vegetarisch, alles superfrisch. *Mo–Sa 8–16 & 19–22.30 Uhr* €

Votomos Taverna: Die Forellen schwimmen in den Tanks, bis sie auf dem Teller landen. Zwischen dem See und einer alten Wassermühle. *11–23 Uhr* €€

Brýses: Taverne mit leckeren Grillklassikern und fabelhaftem hausgemachten Fladenbrot. Große Terrasse; gute Heißgetränke. *7–23 Uhr* €

Za Rou's: Winziges Café mit gutem Kaffee sowie Waffeln und Crêpes. Wer hier draußen sitzt, sieht ganz Zaros kommen und gehen. *7–23 Uhr* €

AUTOTOUR

Iraklions Weinregion

Die Weinproduktion in der Region Iraklion reicht rund 4000 Jahre zurück: Zuerst stampften die Minoer ihre Trauben zu Wein, Jahrhunderte später verschifften die Venezianer Malvasia über das Mittelmeer. Viele Rebsorten wird man noch nicht kennen, was eine Verkostungstour zu einer Entdeckungsreise macht. Auf 43 km kannst du in etwas mehr als einem halben Tag verschiedene Typen von Weingütern erkunden.

1 Archanes

Archanes (S. 147), die ideale Basis, um die Weinregion zu erkunden, bietet reichlich Unterkünfte und Esslokale. Lass das Auto stehen und genieße das Dorfleben.

Route: Fahre unkomplizierte 7 km durch Weinberge und fruchtbare Felder bis Skalani.

2 Skalani

Das Dorf Skalani ist ein guter Ort für eine **Mahlzeit** (S. 143). Außerdem sitzt hier die **Boutari Winery** *(scalareaestate.gr)*, einer der größten Weinproduzenten Griechenlands, mit einem riesigen, luftigen Degustationsraum (11–18 Uhr).

Route: Weiter geht's 7 km über kleine Straßen, die durch sanfte Hügel mäandern, nach Kounavi.

3 Kounavi

Das kleine Dorf Kounavi scheint drauf und dran zu sein, das neue Archanes zu werden, und beheimatet die rustikale, bodenständige **Stilianou Winery** *(stilianouwines.gr)*. Sie ist auf Bioweine rein aus hiesigen Rebsorten spezialisiert, z. B. einen Theon-Dora-Verschnitt. Probiere unbedingt auch

SYNNE JOHNSSON / ALAMY STOCK PHOTO ©

Ayrarakis Wines

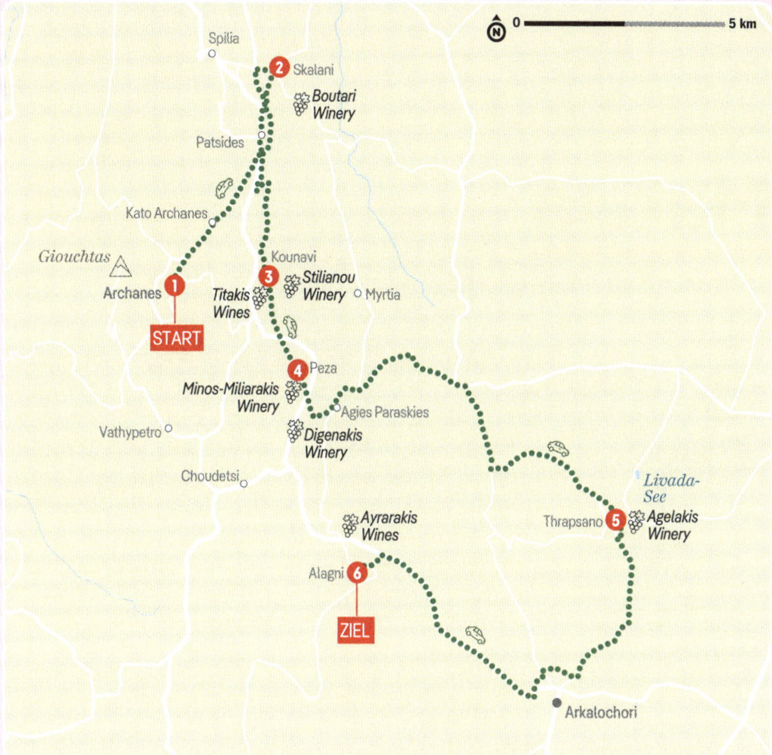

den einzigartigen Kotsifali-Dessertwein (April–Okt. 11–18 Uhr). Die riesige Anlage von **Titakis Wines** *(titakis.gr)* hat einen Garten mit Musterparzellen elf kretischer Rebsorten. Der „Impetus White" wird aus den Rebsorten Vidiano und Malvasia di Candia gekeltert (9–17 Uhr).

Route: Fahre knapp 3 km auf einer modernen Straße durch Wein- und Obstgärten nach Peza.

4 Peza

Das Zentrum der kretischen Weinproduktion ist ideal für eine **Mittagspause** (S. 151). Hier bieten mehrere Weingüter Verkostungen und Führungen an. Die **Minos-Miliarakis Winery** *(minoswines.gr)*, ein großer Betrieb von 1952, hat einen riesigen Verkostungssaal mit Ausstellung (Mai–Okt. 10–18 Uhr), die moderne **Digenakis Winery** *(digenakis.gr)* bietet ungewöhnliche Weine und eine Designer-Probierstube (11–17 Uhr).

Route: Eine kurvenreiche 14-km-Fahrt bringt dich über bewaldete Hügel nach Thrapsano.

5 Thrapsano

In dem zeitlosen kretischen Dorf, das für seine **Töpfereien** (S. 152) bekannt ist, kramt der Inhaber des alten Lebensmittelladens das Wechselgeld aus einem Schuhkarton. Auf rund 4,5 ha Weinbergen produziert die schnörkellose **Agelakis Winery** *(agelakiswinery.gr)* hier Favoriten wie „Takimi Red", einen Verschnitt aus Kotsifali und Merlot (Mo–Fr 8–16 Uhr).

Route: Fahre 13 km erst Richtung Süden, später Richtung Nordwesten bis nach Alagni.

6 Alagni

Ayrarakis Wines (lyrarakis.gr) ist für die Wiederbelebung dreier fast ausgestorbener weißer Rebsorten (Dafni, Plyto und Melissaki) bekannt. Hier wird auch ein gefragter Mandilari-Rotwein produziert (April–Okt. 10.30–17.30 Uhr). Abseits der Hauptstraße lockt das Bio-Weingut **Domaine Paterianakis** *(paterianakis.gr)* mit einer Probierstube mit Aussicht (Mo–Sa 10.30–16 Uhr).

Matala

BOHEME-FLAIR | TRAUMSTRÄNDE | NACHTLEBEN

UNTERWEGS VOR ORT

Wer in Matala selbst absteigt, kann alles zu Fuß erledigen. Die Busse vom rund 65 km entfernten Hauptbusbahnhof von Iraklion halten etwa 800 m vom Hauptdorf entfernt. Parken kann man gratis an den Straßen oder kostenpflichtig auf einem Parkplatz am Strand.

Leider gibt es keinen regulären Fährverkehr zu nahegelegenen Küstenorten wie Agia Galini. Im Sommer kann man evtl. mit kleinen Booten zu Stränden in der Nähe schippern.

TOP TIPP

Wer in Matala übernachtet oder in der Zwischensaison hier ist, kann den Zauber des Orts noch immer spüren: Die Lage an einer Bucht zwischen Landspitzen ist besonders zum Sonnenuntergang einfach spektakulär.

Über fünf Jahrzehnte nach Woodstock ist der Geist der Hippies in Matala, einem Strandort an der Südküste Kretas, dessen Größe in keinem Verhältnis zu seiner Berühmtheit steht, noch immer lebendig. Hauptattraktion ist der von Kliffs gerahmte Strand; eins der Kliffs ist mit Höhlen gespickt, in denen die Römer ihre Toten bestatteten. In den späten 1960ern machten es sich viele Hippies in den Höhlen gemütlich, angelockt von freier Liebe und Gras ohne Ende. Zu ihnen zählte die Singer-Songwriterin Joni Mitchell: 1971 verewigte sie die Szene in ihrem Song *Carey*.

Heutzutage schlachtet Matala sein Boheme-Image fast schon bis zur Parodie aus. Es ist ein prima Basislager, um die Region zu erkunden. Besonders zauberhaft ist es abends, wenn am Horizont kupferrot die Sonne untergeht und die Tagesausflügler:innen an die Nordküste zurückgekehrt sind. Durch die Cafés und Tavernen des Dorfs zu ziehen, während die Bucht im Mondlicht glitzert, ist traumhaft.

Peace & Love in römischen Gräbern

Die Höhlen erkunden

Matalas Hauptsehenswürdigkeit sind seine berühmten Höhlen, in denen in den 1960er- und 1970er-Jahren die Hippies kampierten. Die Ursprünge der Höhlen liegen nach wie vor im Dunklen, doch wahrscheinlich wurden sie in prähistorischer Zeit in den porösen Sandstein der Felsen gehauen. Die Römer bestatteten hier ihre Toten, als sie von ihrer Hauptstadt im nahen Gortys (S. 162) aus auf Kreta den Ton angaben.

Auch Cat Stevens und Joni Mitchell zählten zu den Hippie-Höhlenbewohnern. Mitchell inspirierte ihr Aufenthalt hier zu ihrem Superhit *Carey* vom Album *Blue* von 1971. In einem Interview mit der Zeitschrift *Rolling Stone* im selben Jahr erinnert sich Mitchell an Matala, das damals nur aus vier oder fünf kleinen Häusern und ein paar Fischerhütten bestanden habe.

Die Zeiten haben sich geändert, doch die spektakuläre Kulisse besteht fort: Die Felsen am Nordende der Bucht stürzen

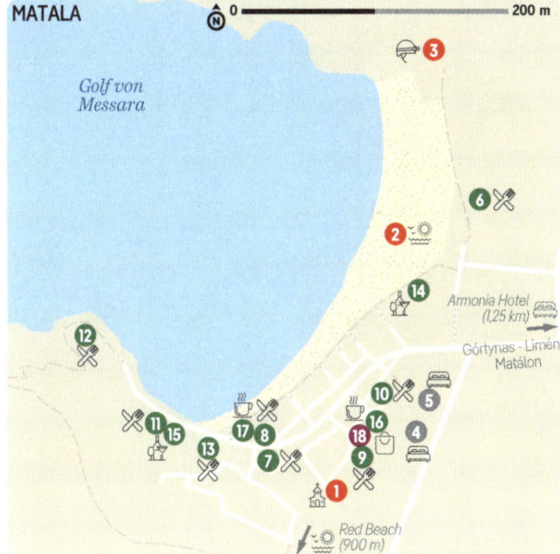

SEHENSWERTES
1 Panagia-Kirche
2 Matala-Strand
3 Höhlen von Matala

SCHLAFEN
4 Fantastic Matala
5 Hotel Nikos

ESSEN
6 Anemi Restaurant & Wine Bar
7 George's Yard
8 Giannis Family Taverna
9 Mad Irie
10 Mama's Bakery
11 Plaka
12 Scala
13 Tsachakia

AUSGEHEN & FEIERN
14 Boho Beach Bar
15 Marinero Bar
16 Music Cafe Bar Matala
17 Port Side

SHOPPEN
18 Moozart Wood Art Shop

dramatisch ins Meer. Einfache Wege führen den Hang hinauf, verbinden die Höhlen und bieten weite Aussichten über den braunen Strand, das blaue Wasser und das weißgetünchte Dorf.

Einen Tag am Strand verbummeln

Baden, sonnen und abhängen

Der **Hauptstrand** von Matala ist ein 300 m langer Sandstreifen an einer glitzernden Bucht. Westwinde lassen häufig Wellen heranrollen und sorgen so für Badevergnügen. Der Sand erstreckt sich ein gutes Stück vom Wasser landeinwärts, sodass man außerhalb der vollen Sommermonate leicht ein ruhiges Plätzchen findet. Außer im tiefsten Winter werden Liegestühle und Ausrüstung vermietet und viele Strandcafés haben geöffnet.

Eine Höhlenkapelle

Eine versteckte Kirche aufspüren

Die leicht zu übersehende klitzekleine **Panagia-Kirche** (Marienkirche) wurde direkt in die Felsen gehauen und beherbergt hübsche Ikonen und eine geschnitzte Ikonenwand. Zur Zeit der christlichen Verfolgungen diente sie möglicherweise als Katakombe. Und nein, sie gehört nicht zu den Hippie-Höhlen am nördlichen Ortsrand, sondern liegt am südöstlichen Ende einer Gasse, die am Dorfplatz beginnt.

ESSEN IN MATALA: TOP TIPPS

George's Yard: Knackige Salate, Fleischgerichte mit Kräutern und freundliche Betreiber locken Gäste in diese gehobene Taverne. *17–23 Uhr* €€

Scala: Das Lokal auf mehreren Ebenen oberhalb der Bucht serviert eine täglich wechselnde Auswahl an frischem Fang aus dem Meer. *9–24 Uhr* €€

Anemi Restaurant & Wine Bar: Abseits der Bars direkt am Strand. Erstklassige Seafood-Gerichte und aufmerksamer Service. *12–24 Uhr* €€

Plaka: Lehn dich auf bequemen Sofas zurück und genieße den Blick auf die Bucht. Ausgezeichnete, hochwertige griechische Speisen. *12–23 Uhr* €€

VON ZEUS BIS HIPPIE-RUHM

Matala gilt in der Mythologie als der Ort, wo Zeus mit der entführten Europa auf dem Rücken an Land ging. Von hier aus vermied er eine schwierige Überlandreise und verwandelte sich stattdessen in einen Adler und trug Europa nach Gortys, wo er mit ihr den zukünftigen König Minos zeugte. Die Minoer nutzten Matala als Hafen für Festos und unter römischer Herrschaft diente der Küstenort bis ins 8. Jh. als Hafen von Gortys.

In späteren Jahrhunderten dümpelten in Matala höchstens ein paar Fischerboote im Hafen. Das änderte sich dramatisch, als Hippies in den 1960ern die Höhlen entdeckten und Unterkünfte mit Blick auf den Strand einrichteten. Dieser hedonistischen Szene bereitete die konservative griechische Junta in den 1970ern ein Ende. Auf matala.nl gibt's Erfahrungsberichte und Fotos aus der Hippie-Ära.

Moozart Wood Art Shop

Matalas künstlerische Seite

Kreative aller Couleur

Als in Pitsidia ein 600 Jahre alter Olivenbaum zu Feuerholz verarbeitet werden sollte, überzeugte der kretische Bildhauer Spyros Stefanakas den Bürgermeister davon, den Baum zu retten und ihn in etwas Schönes zu verwandeln. Das Ergebnis ist ein prächtiger alter Baum, in den die Gesichter von griechischen Göttern geschnitzt sind, die jetzt die Gäste in Matala begrüßen – er steht im Kreisverkehr am Dorfeingang. Mehr Holzschnitzkunst gibt's im **Moozart Wood Art Shop** *(moozart.gr)*.

Der Baum ist nicht der einzige künstlerische Gruß im Dorf. „Welcome to Matala George" lautet ein Schriftzug an der Mauer am Strand. Der besagte George ist nicht George Harrison von den Beatles (wie teils angenommen wurde), sondern Giorgios Germanakis, der einsame Einheimische, der sich in den 1970er-Jahren zu den Hippies gesellte und Matalas Motto „Today is life. Tomorrow never comes" prägte.

Überall in Matala sieht man psychedelische Wandbilder, fröhliche Muster auf den Cafétischen oder polychromatisch bemalte Straßen, vieles davon stammt von Besucher:innen.

Feiern nach dem Strandtag

Das gute Leben genießen

Abends, wenn die Tagesgäste weg sind, entfaltet Matala seinen Zauber. Die beste Unterhaltung bietet der Sonnenuntergang, be-

ENTSPANNT ESSEN IN MATALA

Giannis Family Taverna: Zeitloses familiengeführtes Lokal mit schnörkellosem griechischem Essen und fröhlichen blauen Möbeln. *12–24 Uhr* €

Mad Irie: Vegetarisches Cafés abseits des Dorfplatzes. Hier ist alles frisch und das Sonntagsbuffet ist der Hit. *8–22 Uhr* €

Tsachakia: Der Duft köstlicher Crêpes lockt viele Gäste an, die sich auch mit diversen Eiscreme-Leckereien abkühlen können. *10–23 Uhr* €

Mama's Bakery: Irgendetwas kommt immer gerade frisch aus dem Ofen, z. B. Frühstücksgebäck oder Focaccia-Sandwiches als Picknick. *8–23 Uhr* €

staunt direkt am Strand oder bei einem Cocktail in einem Café am Wasser. Auch die Straßen am südlichen Ortsrand den Hang hinauf bieten einen schönen Blick auf das Spektakel. Für einen Aperitif und zum Leutegucken sicherst du dir am besten ein Plätzchen in einem der Cafés auf dem Dorfplatz. Abends wird bis spät in den Cafés und Bars am Südufer der Bucht gefeiert.

Abgelegene, sandige Perfektion

Zu einem Traumstrand wandern

Matalas Hauptstrand unterhalb der Höhlen ist zwar hübsch, kann aber unangenehm voll werden. Wer den Massen entfliehen will, kommt bei einer 30- bis 40-minütigen Kraxelei über einen felsigen Pfad nach Süden zum Red Beach (alias Kokkino Ammos, im Dorf ausgeschildert) ordentlich ins Schwitzen – man läuft schattenfreie 800 m. Der Lohn für die Mühe sind herrliche Ausblicke und eine Bucht mit rötlichem Sand und glitzerndem Wasser – ideal für ein kühlendes Bad. Der **Red Beach** ist zwar kein Geheimtipp, zieht aber weniger Leute an; das nördliche Ende gilt als einer der schönsten FKK-Strände Europas. In der Hauptsaison werden an einer Bar Getränke verkauft und Liegestühle vermietet, zu anderen Zeiten ist es hier sehr ruhig.

Die Ritzungen im Felsen am Nordende des Strands sehen zwar alt aus, stammen aber von Tourist:innen. Wer mag, legt auf der Wanderung über die felsige Landzunge einen Abstecher nach Westen zum Ende des Kliffs ein. Von hier aus sieht man einen Großteil von Kretas Südwestküste und im seichten Wasser vor dem Kliff vielleicht eine seltene Mittelmeer-Mönchsrobbe. Ansonsten muss man sich mit grasenden Ziegen begnügen.

Wer nicht wandern möchte, kann in Matala nach einem Boot fragen, das einen zum Red Beach fährt.

Beach Festival

Matalas Sommerhighlight

Das **Matala Beach Festival** *(matalabeachfestival.org)* ist eine dreitägige Party Ende Juni oder Anfang Juli. Die Stimmung ist psychedelisch, auf Bühnen am Strand und im Dorf spielen Tribute-Bands klassischen Rock – Joni Mitchell und die Doors stehen hoch im Kurs.

Ein paar Wochen vor dem Festival sponsern Unternehmen vor Ort ein Wochenende der **Straßenmalerei**. Wer mag, kann mit kostenloser Farbe seine/ihre eigene öffentliche Kunst im Dorf schaffen. Leute jeden Alters verwandeln den Bürgersteig an der Hauptstraße in eine lange Leinwand. Bis zum Winter sind die Peace-and-Love-Messages weitgehend verblasst, sodass Platz für neue Inspirationen im nächsten Jahr ist.

WARUM ICH MATALA LIEBE

Ryan Ver Berkmoes, Lonely Planet Autor

Als ich in einem Zug im verschneiten Balkan festsaß (wie bei *Mord im Orient-Express*, nur ohne die Toten), schwor ich mir in jenem eiskalten Winter in Europa, am südlichsten Punkt des Kontinents einen warmen Ort zu finden.

Tage später saß ich in einem Bus quer durch Kreta nach Matala. Wir schlingerten die holprigen Straßen von damals entlang; in einem Dorf rammte der Fahrer ein Steinhaus, sodass die Frontscheibe zerbarst. Statt anzuhalten, kicherte er manisch und trat aufs Gaspedal.

In Matala fand ich Shorts-Wetter im Januar und ein winziges Dorf mit einem geöffneten Café vor. Eine bunte Backpacker-Schar traf sich jeden Abend zu billigem Bier nach einem faulen Strandtag. Was braucht man mehr?

AUSGEHEN IN MATALA

Port Side: Entspanne bei gechillter Musik, kaltem Bier, krassen Cocktails und Blick auf die Höhlen oder starte den Tag mit gutem Kaffee. *8–24 Uhr*

Boho Beach Bar: Genieße mit den Zehen im Sand in modernem Hippieflair den Sonnenuntergang und den Blick auf die beleuchteten Höhlen. *9–2 Uhr*

Music Cafe Bar Matala: Hänge an der VW-Bulli-Bar ab oder schau dir die Action auf dem Dorfplatz aus der ersten Reihe an. *8.30–3 Uhr*

Marinero Bar: Ein tolles Lokal mit einer guten Weinkarte mit erstklassigen kretischen Weinen am Uferweg am Südrand der Bucht. *10–24 Uhr*

Rund um Matala

Stille Strände, minoische Ruinen, friedliche Dörfer und eine wilde Schlucht zählen zu den vielfältigen Vergnügen im Umland von Matala.

Ziele

Leicht von Matala erreichbar liegen zahlreiche lohnende Ziele für alle Stimmungen und Interessen. Breite Sandstrände locken in Kommos und Kalamaki, während landeinwärts Dörfer wie Pitsidia, Sivas und Kamilari noch immer ein beschauliches traditionelles Flair verströmen. Abends treffen sich hier Locals und Besucher:innen in ausgezeichneten Dorftavernen.

Drei herausragende Kulturstätten zeigen Kretas Erbe. Genieße die fantastische Aussicht von der bedeutenden minoischen Palaststadt Festos, erkunde die nahegelegenen Ruinen von Agia Triada und staune im römisch-kretischen Bollwerk Gortys über Gesetzestafeln aus dem 6. Jh. v. Chr.

Ein Highlight für Wanderfans ist der Weg durch die Agiofarango-Schlucht hinab zu einem einsamen Strand. Das abgelegene Lentas könnte Kretas nächster Lieblings-Badeort werden.

UNTERWEGS VOR ORT

Busse zwischen Iraklion und Matala halten auch in Pitsidia, Mires, Festos und Gortys. Um andere Ziele zu erreichen, braucht man ein eigenes Gefährt. In den meisten Dörfern werden Fahrräder, Autos und Motorroller vermietet. Die Dörfer Kommos, Pitsidia und Kalamaki liegen in der Nähe von Matala.

Festos

DAUER AB MATALA: **20 MIN.**

Einen minoischen Palast erkunden

In seinem griechischen Reisebericht *Der Koloss von Maroussi* (1941) beschreibt Henry Miller, wie ihn ein Wächter in **Festos** bat, etwas länger zu bleiben, da er sich angesichts der wenigen Besucher:innen so einsam fühle. Das könnte heute nicht mehr passieren, auch wenn Festos, der zweitgrößte minoische Palastkomplex auf Kreta – sich einen gewissen privaten Charme erhalten hat. Wer außer Knossos nur eine weitere minoische Stätte besucht, sollte diese hier 11 km nordöstlich von Matala ansteuern. Die Kammlage mit weitem Panorama der Messara-Ebene mit ihren Olivenbäumen und des häufig schneebedeckten Psiloritis ist atemberaubend.

Festos *(odysseus.culture.gr; Erw./Kind 8/4 €)* wurde um 1700 v. Chr. auf den Überresten eines zerstörten Palasts errichtet. In der griechischen Mythologie regierte hier König Rhadamanthys, Bruder von König Minos.

Wer schon in Knossos war, wird hier vieles wiedererkennen: den zentralen Innenhof, das Theaterareal, die Magazine, Tempel und Privatgemächer. Lass die Palastmauern in deiner Fantasie wiedererstehen – es macht Spaß, das Puzzle zusammenzusetzen.

Informative Schilder auf Englisch und grafische Darstellungen an wichtigen Stellen helfen die Ruinen zu entschlüsseln. Da

DEAGOSTINI/GETTY IMAGES ©

Agia Triada

die Stätte weniger von Reisegruppen überrannt wird als Knossos, bietet sie eine gewisse Ruhe, Holzbänke unter duftenden Kiefern laden zu einer Pause ein. Mal dir aus, wie Minoer:innen herumlaufen, in den Werkstätten riesige *pithoi* (Vorratskrüge) herstellen, im Schrein heilige Rituale abhalten und vielleicht von den Steinsitzen im Theater Stierspringern zuschauen. So vieles ist noch immer unbekannt über dieses Volk der Antike und ihre friedliche Hochkultur, die vor fast 4000 Jahren auf europäischem Boden existierte.

Ein geniales Café auf dem Gelände hat ein tolles Angebot an Reiseführern und Karten für Festos und das übrige Kreta.

Unmittelbar westlich des Parkplatzes ist die venezianische Kirche **Agios Georgios Phalandras** alles, was von einem Kloster des 16. Jhs. an dieser Stelle übriggeblieben ist. Die Ruinen überlebten bis in die 1950er-Jahre, dann wurden die Steine für Baustellen anderswo recycelt. Die restaurierte Kirche wirkt mit ihren dicken Mauern und kleinen Fenstern wie eine Burg.

Das antike Agia Triada entdecken

Agia Triada *(odysseus.culture.gr; Erw./Kind 4/2 €)* in reizvoller Lage gleich westlich von Festos umfasst die Überreste zweier L-förmiger minoischer Villen, einer einst ins Meer hinausführenden Rampe und eines Dorfs mit Häusern und Geschäften.

Das um 1550 v. Chr. erbaute Agia Triada fiel um 1400 v. Chr. einem Feuer zum Opfer, wurde aber nie geplündert. Daher konnten hier außergewöhnlich viele Meisterwerke minoischer Kunst geborgen werden – darunter der Sarkophag von Agia Triada, heute eine der größten Attraktionen des **Archäologisches Museums Heraklion** (S. 140).

Leider ist die hügelige Stätte nicht sehr besucherfreundlich. Es gibt keine Beschriftungen und die Wege sind ungepflegt. Doch ist man auf archäologische Erkundungen auf eigene

FESTOS ERFORSCHEN

Festos lässt sich gut durch zielloses Umherstreifen erkunden. Zu den wichtigsten Elementen gehören die folgenden.

Hinter dem Eingang liegt der einst von Kolonnaden gesäumte **Nordhof**, der durch eine lange Treppe mit dem **Westhof** verbunden ist. Im Osten führte damals eine 15 m breite **Schautreppe** zum Propylon, dem Haupteingang des Palasts, von dem jedoch nur die Säulensockel erhalten sind.

Der große rechteckige **Zentralhof**, das gesellschaftliche Herz des Palasts, war früher von Säulengängen flankiert – er vermittelt einen Eindruck von der Größe und Pracht der Anlage. Rechts befinden sich mehrere **Schreine**. Gegenüber liegt der Ostflügel mit dem **Megaron** (Schlafgemach) **der Königin** und dem **Megaron des Königs**. Das von Säulen gesäumte **Peristyl** im Nordflügel ist der eleganteste Innenhof.

Der QR-Code führt zu weiteren Infos über Festos.

AGIA TRIADA BESICHTIGEN

Vom Eingang blickt man auf Ruinen des **Palasts**. Dahinter liegt der gepflasterte **Zentralhof** mit dem Wohntrakt rechter Hand unter einem Schutzdach. Der Westflügel am anderen Ende des Hofs beherbergt ein Geflecht aus **Magazinen und Werkstätten**. Einer der schönsten Räume ist der sogenannte **Freskensaal** in der nordwestlichen Ecke, der mit einer modernen Zementdecke versehen wurde. Er weist eingebaute Bänke, Alabasterverkleidungen an den Wänden und einen Gipsboden auf.

Entlang der Nordseite des Palasts führt eine Rampe zum **Dorfgelände**, wo sich Marktplatz und Wohnhäuser befanden. Interessant ist die Reihe von **Geschäften**, vor denen einst ein Säulengang stand.

Faust eingestellt, ist Agia Triada ein wunderbarer Ort: ruhig, mit historischem Flair und leer. Manchmal hört man nur den allgegenwärtigen Wind und Ziegengeläut in der Ferne.

Hinter dem Eingang stehen die Ruinen des Palasts, dessen zentraler Hof an zwei Seiten von Bauten gesäumt ist. Die **byzantinische Agios-Georgios-Kapelle** zur Linken beherbergt einige schöne Fresken (am Kartenschalter um den Schlüssel bitten). Rechts vom Palast erstreckt sich das Dorfgelände. Hinter dem Zaun liegt der (nicht öffentlich zugängliche) Friedhof.

Ein Feldweg, der zu einem malerischen 3 km langen Spaziergang einlädt, verbindet Agia Triada und Festos.

Gortys

DAUER AB MATALA: **40 MIN.** 

Kretas römische Hauptstadt

Die faszinierende archäologische Stätte **Gortys** (auch Gortyna oder Gortyn) bei Agioi Deka rund 23 km nordöstlich von Matala ist schon seit der Jungsteinzeit besiedelt, doch erst als Hauptstadt des römischen Kreta ab dem 1. Jh. v. Chr. trat es ins Rampenlicht. In der Blütezeit der Stadt könnten hier bis zu 100 000 Menschen gelebt haben.

Die Hauptgrabungsstätte *(odysseus.culture.gr; Erw./Kind 6/3 €)* befindet sich nördlich der Fernstraße. Gleich hinter dem Ticketschalter erhebt sich die restaurierte Apsis der **byzantinischen Agios-Titos-Basilika** aus dem 6. Jh., die als die schönste erhaltene frühchristliche Kirche auf Kreta gilt.

Dahinter taucht das **Odeon** auf, ein römisches Theater mit Marmorbühne und Bänken im Halbkreis. Das moderne Gebäude an der Rückseite beherbergt die Hauptattraktion der Stätte: die Steintafeln mit dem **Stadtrecht von Gortys**, dem ältesten Gesetzestext der griechischen Kultur. Hinter dem Odeon steht eine immergrüne Platane, hier soll der Sage nach Zeus Europa geschwängert haben.

Archäologiefans können südlich der Fernstraße in einem großen Hain zerzauster Olivenbäume weiter nach Spuren der römischen Stadt suchen *(Eintritt frei)*. Highlights sind der **Tempel der ägyptischen Götter** und das **Prätorium**, der Palast des römischen Statthalters auf Kreta. Nicht verpassen: den **Tempel des pythischen Apollon**, das bedeutendste Heiligtum des vorrömischen Gortys. Im 7. Jh. v. Chr. erbaut, wurde der Tempel im 3. Jh. v. Chr. erweitert und im 2. Jh. n. Chr. in eine christliche Basilika verwandelt. Der rechteckige Grundriss und das Fundament des Hauptaltars sind noch zu erkennen.

Über den Weblink, der am Haupteingang von Gortys angeschlagen ist, kannst du eine informative Broschüre und eine Karte herunterladen. Von der Hügelkuppe mit der **Akropolis** bietet sich ein Rundumblick auf Gortys. Hier oben stehen zudem eindrucksvolle Überreste vorrömischer Befestigungen. Der Weg hinauf beginnt rund 100 m westlich des Eingangs nördlich der Nationalstraße; der Anstieg dauert 20 bis 30 Minuten.

RÄTSELHAFTE SCHEIBE

Der berühmte Diskos von Festos, heute im **Archäologischen Museum Heraklion** (S. 140), wurde nordöstlich des Zentralhofs des Palasts gegenüber den königlichen Gemächern gefunden. Die Tonscheibe ist beidseitig mit einer Spirale aus Symbolen versehen, die bis heute nicht schlüssig entziffert wurden.

Kommos-Strand

Kommos & Umgebung

DAUER AB MATALA: **10 MIN.**

Ruhiger Strand bei Matala

Der von Matala durch die höhlengespickte Landspitze getrennte, 2 km lange **Kommos-Strand** besteht aus einem breiten und unerschlossenen Sandstreifen. Von der Straße von Matala nach Gortys führt eine kurvenreiche Straße hinab zu zwei Tavernen, die Liegestühle und Sonnenschirme vermieten.

Unterwegs ist von verschiedenen Stellen die eingezäunte **archäologische Stätte** des minoischen Hafens von Festos am Strand zu sehen. Man kann leicht die Straßenführung, ein paar Fundamente und sogar Wagenspuren in den Überresten einer Steinstraße erkennen, die in die Richtung der Hauptstätte von Festos in den Hügeln gut 6 km nordöstlich zeigt.

Von Mai bis September nisten bedrohte **Unechte Karettschildkröten** (S. 164) in den Dünen oberhalb des Strands. Etwa auf halber Strecke ist ein FKK-Bereich.

Von Matala kannst du die 2 km über sonnige, hügelige Weg hinüberlaufen oder -radeln.

Entspannter Badeort

Am Nordende des Kommos-Strands liegt der moderne Urlaubsort **Kalamaki**. Neben einfachen und bezahlbaren Unterkünften bietet das Fischerdorf am Meer eine von Tavernen und Bars gesäumte **Uferpromenade**. Zwar ist der Strand hier schmal und hart, doch nach einem Tag am Kommos-Strand kann man prima in einem der Lokale hier einkehren.

LAW & ORDER IM ALTEN KRETA

Das Highlight von Gortys sind die Steintafeln aus dem 6. Jh. v. Chr. mit dem **Stadtrecht von Gortys**. Die 600 in einem dorischen Dialekt verfassten Zeilen bilden den ältesten bekannten Gesetzestext der griechischen Kultur und gewähren einen Einblick in die soziale Struktur des vorrömischen Kretas. Offenbar plagten sich die alten Kreter:innen mit den gleichen Rechtsfragen herum, die uns auch heute noch das Leben schwer machen: Heirat, Scheidung, Eigentumsrecht, Erbschaft, Adoption, Straftaten usw.

Das Stadtrecht beschreibt überdies Regeln, die für jede Gruppe der streng hierarchischen Gesellschaft galten: Bürger, Leibeigene und Sklaven. Die 17 000 Zeichen sind auf einer Zeile von links nach rechts und auf der nächsten von rechts nach links geschrieben – dieser Stil heißt *boustrophedon* („wie der Ochse pflügt").

ESSEN IN KOMMOS & KALAMAKI: TOP TIPPS

Mystical View: Für Fisch- und Fleischgerichte bekanntes Lokal am Hang am Südende von Kommos mit schönem Blick auf den Strand. *13–22 Uhr* €€

Bunga Bunga: Flippiger Laden am Kommos-Strand mit frischer Biokost; nach einem Kriegsbunker im Kliff oberhalb benannt. Gute Cocktails. *12–21 Uhr* €

Delfinia: Schicke Taverne in Kalamaki mit auf alt getrimmten weißen Möbeln und einem herausragenden Ruf für frischen Fisch. *11–23 Uhr* €€

Athivoles tou Kara: Kretisches Soulfood am Dorfplatz, bekannt für Fleisch vom Grill und Lyra-Konzerte von Sohn Giorgios. *8–14 & 18–23 Uhr* €€

UNECHTE KARETT-SCHILDKRÖTE

Kreta kämpft um seine Population an Unechten Karettschildkröten, die seit der Zeit der Dinosaurier am Kommos-Strand zwischen Kalamaki und Matala nisten. Von Ende Mai bis September kommen die Weibchen an diese Strände, um ein Loch in den Sand zu graben, 100 tischtennisballgroße Eier darin abzulegen und sie zu bedecken, bevor sie ins Meer zurückkehren. Nach 60 Tagen schlüpfen winzige Schildkröten und graben sich ihren Weg aus dem Sand.

Leider überleben nur wenige Schlüpflinge den langen Weg ins relativ sichere Meer – bei Möwen, Ratten, Katzen und anderen Raubtieren gelten sie als leckerer Snack. Weitere Infos (auch zu Freiwilligenarbeit) hat Archelon, die Sea Turtle Protection Society of Greece *(archelon.gr)*.

Reizendes Pitsidia

Im Hinterland von Matala locken einige reizend rustikale Dörfer, statt Boheme-Trubel herrscht hier ein wohltuender Mix aus traditionellem Alltagsleben und Urlaubsstimmung. Dank günstigeren Esslokalen und Unterkünften sind sie eine prima Alternative als Basis für Erkundungen.

Nur 5 km Richtung Nordosten und damit Matala am nächsten liegt das ruhige **Pitsidia**, das mit einer gelassenen Atmosphäre, schön restaurierten Steinhäusern und einem Geflecht enger Gassen punktet, die mit Blumenkästen geschmückt sind. Betriebsame Cafés säumen die Hauptstraße an die Küste, an kleinen **Plätzen** im Dorf servieren Tavernen gutes Essen.

Beschauliches Sivas

Bezaubernd ist auch **Sivas**, dessen alte Steinhäuser sich um einen der schönsten Dorfplätze des südlichen Kretas scharen. Mach's dir in einem der Cafés am Platz gemütlich und erfreu dich am gemächlichen Rhythmus oder lass den Tag in einer der traditionellen Tavernen ausklingen. Das Dorf voller denkmalgeschützter Steinhäuser verströmt ein heimeliges Flair, dem man sich kaum entziehen kann. Es liegt 3 km über schmale Landstraßen von Pitsidia Richtung Osten.

Refugium für alternde Esel

Die engagierten Leute vom **Agia Marina Donkey Sanctuary** *(agia-marina-donkey-rescue.com; Spenden willkommen)* kümmern sich um herrenlose Esel sowie Gänse, Ziegen, Hunde und andere Tiere. Pferde, Esel und Maultiere spielen in der kretischen Landwirtschaft schon seit Jahrtausenden eine wichtige Rolle, doch dank moderner Technik wurden sie langsam überflüssig. Auf diesem gemeinnützigen Gnadenhof können sie gut umsorgt ihre restlichen Jahre verbringen.

Besucher:innen erfahren etwas über die Lebensgeschichten der Esel und können den Tieren Gutes tun. Öffnungszeiten vorab checken, denn viele der Esel sind alt und brauchen ihre *ypnáko* (Siesta).

Der Gnadenhof liegt inmitten von Olivenhainen gut 2 km nordöstlich von Sivas.

Geschichtsträchtiges Kamilari

Das hübsche kleine Dorf **Kamilari** erstreckt sich über drei kleine Hügel und gehört zu jenen Orten, die einem umso besser gefallen, je länger man bleibt. Tavernen und ein uriges *kafeneio* sind gute Gründe für einen Boxenstopp auf der Fahrt zwischen Matala und Festos. Es liegt 2,5 km nordöstlich von Pitsidia.

Inmitten von Feldern außerhalb des Orts befindet sich das ungewöhnlich gut erhaltene, kreisrunde minoische **Tholos-**

ESSEN IN PITSIDIA: UNSERE TIPPS

Raftis: Gehobene Küche eine Stufe über der üblichen Kost; schlemme erstklassige *farm-to-table*-Bio-Speisen. Super Weinkarte. *6–23 Uhr* €€

Livas: Kreative griechisch-marokkanische Fusionsküche in schönem, farbenfrohem Ambiente in stimmungsvoller Seitengasse. *6–23 Uhr* €€

Kantifes: Im Schatten einer Platane unkompliziert essen, von Pfannkuchen zum Frühstück bis zu kretischen Klassikern am Abend. *8–24 Uhr* €

Bougainvillea Restaurant: Ausgezeichnete traditionelle kretische Kost und moderne Cocktails unter … genau, Bougainvilleen. *18–23.30 Uhr* €€

HANS-GEORG ROTH/GETTY IMAGES ©

Botano

Grab von Kamilari mit 2 m hohen Steinmauern und für rituelle Zwecke genutzten Nebenräumen. Die eingezäunte Grabstätte liegt 1,3 km nördlich von Kamilari, es ist ein angenehmer Spaziergang auf einem Feldweg durch Olivenhaine.

Listaros

DAUER AB MATALA: **20 MIN.** 

Wunderbarer Kräuterladen

Wer **Botano** *(botano.gr)* betritt, wird vom Duft kretischer Bergkräuter empfangen. Dieser erstklassige Händler für getrocknete Bio-Kräuter, gesunde Tees, heimische und exotische Gewürze und interessante saisonale Mischungen verkauft seine aromatische Ware in einem modernen Laden im alten Dorf Listaros.

Auf den vom Boden bis zur Decke reichenden Holzregalen stapeln sich wie in einer alten Apotheke Dutzende Behälter mit Bergtee, kretischem Diptam oder kretischem Sommertee. Viele der Kräuter hat Inhaber Ioannis mit Familie und Personal selbst gesammelt. Dazu gibt's eine Auswahl an Kosmetik, Gewürzen, Trockenobst, allerlei Lebensmittel und noch vieles mehr aus ganz Griechenland. Mit „Boukovo Hot Chili Flakes" kannst du eintönige Tavernenkost aufpeppen. Über der einladenden Terrasse vor dem Geschäft hängen jede Menge Kräuter zum Trocknen.

Vori

DAUER AB MATALA: **25 MIN.** 

Kretas Alltagskultur kennenlernen

Man hört ihr Bimmeln auf Kreta überall auf dem Land, doch wer weiß schon, dass es einen Unterschied zwischen Schafs- und Ziegenglöckchen gibt? Tatsächlich: Erstere sind rund, Letztere länglich.

Dies zum Beispiel erfährt man im **Museum für kretische Ethnologie** *(cretanethnologymuseum.gr; Erw./Kind 4/2 €)* in Vori, einem stillen Dorf bei Festos. Die Exponate behandeln

DER MINOTAUROS

König Minos verärgerte Poseidon, als er sich weigerte, den prächtigen weißen Stier zu opfern, der ihm zu diesem Zweck gesandt worden war. Poseidon rächte sich, indem er dafür sorgte, dass Pasiphae, König Minos' Frau, sich in den Stier verliebte.

Um den Stier zu verführen, überredete Pasiphae Dädalus, ihr eine hölzerne Kuh zu konstruieren, in der sie sich verstecken und sich so mit dem Stier vergnügen konnte. Einige Monate später gebar sie das schreckliche Ergebnis: den Minotauros, ein Monster, halb Stier, halb Mensch.

Entsetzt befahl König Minos Dädalus, ein Labyrinth zu bauen, um den Minotauros darin einzusperren. Später erfuhr Minos von der Rolle Dädalus' als Kuppler. Erbost ließ er den Architekten und seinen Sohn Ikarus in das Labyrinth werfen. Dädalus konstruierte daraufhin Flügel aus Federn und Wachs und plante ihre Flucht. Leider flog Ikarus zu nah an die Sonne heran (S. 126).

DIE FRUCHTBARE MESSARA-EBENE

Messara ist Kretas größte fruchtbare Ebene und ein Schwerpunkt der hiesigen Landwirtschaft. Sie erstreckt sich über rund 350 km² um die antiken Stätten Festos und Gortys. Bäuerliche Familienbetriebe produzieren hier fast das ganze Jahr über. Normalerweise gibt es wenig Grund, in **Mires**, dem kommerziellen Zentrum der Ebene, zu halten, doch Samstag morgens ist das anders: Dann findet auf der Hauptstraße und in den Nebenstraßen des Orts ein riesiger Markt statt.

Rubinrote Tomaten leuchten neben Gurken und Zucchinis in der Sonne, der Duft aromatischer Kräuter und Käse liegt in der Luft. Geselle dich zu den Bewohner:innen die aus den umliegenden Dörfern kommen, um Lebensmittel, Olivenöl, Honig und mehr zu verkaufen oder zu kaufen. Es gibt auch Haushaltswaren und Kleidung. Und in den *kafeneia* werden die neuesten Neuigkeiten ausgetauscht.

Themen wie Lebensmittelproduktion, Krieg, Sitten und Gebräuche, Architektur und Musik. Mit Ausnahme des Blasebalgs eines Kupferschmieds handelt es sich zumeist um ganz gewöhnliche Alltagsgegenstände wie Spitzhacken, Olivenpressen, Korbwaren, Textilien und Instrumente – doch sie werden ansprechend mit Erläuterungen zu ihrer wichtigen Rolle im täglichen Leben präsentiert.

Eine interessante Abteilung widmet sich der Lebensmittelproduktion und -zubereitung. Nach dem Besuch lockt die **Taverna Alekos** unmittelbar westlich des Museums mit traditionellen Gerichten aus dem Holzofen.

Agiofarango-Schlucht

DAUER AB MATALA: **40 MIN.**

Durch den Canyon zum Strand

Die Wanderung durch die **Agiofarango-Schlucht** (Schlucht der Heiligen) ist eine der schönsten und einfachsten auf Kreta. Sie endet am abgelegenen **Agiofarango-Strand**, wo kristallklares Wasser Kieselsteine und Sand umspielt. Höhlen, provisorische Kapellen und Einsiedlerklausen spicken die Felswände; auch ein byzantinisches Kirchlein wird unterwegs passiert.

Vom Startpunkt führt die Wanderung 2 km lang ein von nahezu vertikalen, rötlichen Felsen flankiertes Flussbett entlang. Die Schlucht ist üppig mit Oleander bewachsen, der von April bis September blüht; die Klangkulisse bilden der Gesang der Vögel und das Klingeln der Ziegenglöckchen. Kurz bevor man eine kleine Bucht erreicht, taucht die kleine weißgetünchte byzantinische **Agios-Antonios-Kirche** aus dem 14. Jh. auf, die hier in herrlicher Einsamkeit steht.

Trotz seiner abgeschiedenen Lage kann es an diesem Strand voll werden, da Ausflugsboote Leute aus Matala und anderen Touristenorten herbringen. Wie so oft ist es am besten, früh am Morgen oder nachmittags herzukommen. Im Westen kann man unter einem Felsbogen hindurchschwimmen.

Einen Parkplatz zu finden ist mitunter schwierig. Vom **Moni Odigitrias** südöstlich von Matala folgt man einer Staubpiste, die mit Agios Antonios ausgeschildert ist, bis an einer Gabelung ein Schild Richtung Agiofarango nach scharf rechts weist. Diese holprige Piste endet nach etwa 2,5 km. Das Auto hier besser nicht im Schatten von Bäumen abstellen – manchmal springen Ziegen aufs Dach, um an die Blätter zu kommen.

Lentas

DAUER AB MATALA: **50 MIN.** 

Aufstrebender Badeort

Lentas ist attraktiv für alle, die ein abgeschiedenes Strandrefugium suchen. Der Weg in das Dorf, das sich hinter ei-

ESSEN RUND UM MATALA

Kentrikon Cafe: Mit alten Fotos dekoriertes *kafeneio*, super für einfaches Essen, einen Absacker und alles dazwischen. *18–1 Uhr* €

Taverna Acropolis: Das angenehme, bewährte Lokal in einem alten Haus in Kamilari ist immer noch klasse. Sonnige Terrasse mit Aussicht. *17–24 Uhr* €€

Taverna Lamb House: Eine der Familientavernen unterhalb von Festos, sonntags voll. Das gegrillte Lamm ist kaum zu überbieten. *13–22 Uhr* €€

Taverna El Greco: In einem Garten in Lentas mit Blick auf die Wellen gibt's griechische, Fusions- und Fischgerichte plus Frühstücksklassiker. *8–21 Uhr* €€

PANTERIS ANTONIO/SHUTTERSTOCK ©

Kapetaniana

nem kleinen Strand zwischen die Felsen schmiegt, gleicht einer Achterbahnfahrt. Einfache Pensionen und eine wachsende Anzahl an Ferienapartments liegen verstreut in den Hügeln. Abgesehen von ein paar Strandbars und Tavernen ist der Hauptzeitvertreib hier das süße Nichtstun – mit der Brandung als Soundtrack.

Der Dorfstrand selbst ist recht schmal und steinig. Der nahegelegene **Diskos-Strand** ist bei FKK-Fans beliebt, während der **Loutra-Strand** zwischen dramatischen Felsen ein Traum zum Selfies-Knipsen ist. Beliebte Aktivitäten sind Wandern, Canyoning und Bootstouren.

Kapetaniana

DAUER AB MATALA: **1 STD.**

Rückzugsort in den Bergen

Lass den Alltagstrott hinter dir in **Kapetaniana**, einem abgelegenen, autofreien Bergweiler an den Hängen des Kofinas (1231 m), des höchsten Bergs des Asterousia-Gebirges. Mit fast 200 Routen ist dies Kretas unangefochtene Kletterhochburg.

Zwar liegt Kapetaniana nur 40 km östlich von Matala, doch die Fahrt hierher ist eine der spannendsten Kretas – die letzten 8 km schrauben sich steil in die Berge hinauf. Um hierher zu kommen, braucht man ein eigenes Gefährt.

Zwar hat Kapetaniana weniger als 100 Einwohner:innen, bietet aber eine der interessantesten Unterkünfte Kretas, das **Thalori Retreat** *(thalori.com)*. Das Inhaberpaar Marcos und Popi hat dem „sterbenden" Dorf neues Leben eingehaucht, indem es 22 alte Steinhäuser renoviert und in stimmungsvolle Unterkünfte mit modernem Komfort sowie ein kretisches Restaurant verwandelt hat. Ausritte, Touren im Geländewagen, geführte Wanderungen und andere Aktivitäten können arrangiert werden.

DIE LEGENDE VON XOPATERAS

Moni Odigitrias, eins der ältesten Klöster Kretas, spielte eine wichtige Rolle während des kretischen Aufstands gegen die Türken in den 1820er-Jahren. Besonders einer der Mönche, Xopateras, ging in die Geschichtsbücher ein: Er führte den Kampf gegen eine Übermacht türkischer Soldaten an, die das Kloster 1828 belagerten. Xopateras verschanzte sich im Turm und hielt sie drei Tage lang standhaft in Schach, bis die Türken ihn herauszwangen, indem sie das Gebäude in Brand steckten. Er wurde sofort enthauptet.

Von der schrecklichen Geschichte mal abgesehen – vom wiederaufgebauten, nach ihm benannten Turm bieten sich weite Ausblicke auf die Berge. Anschließend kann man noch eine Runde übers Klostergelände drehen und in das kleine Volkskundemuseum in einer alten Olivenmühle hineinschauen.

Chersonisos

FERIENANLAGEN | STRÄNDE | FAMILIENSPASS

UNTERWEGS VOR ORT

Häufige Busse aus Iraklion halten mehrfach entlang der Venizelou. In der Sanoudaki befindet sich ein Taxistand. Nach Alt-Chersonisos, Koutouloufari und Piskopiano besser laufen oder Taxi fahren – Parken ist dort schwierig. Kostenlose Stellplätze in Strandnähe gibt's in der Petraki oder hinter den Hotels.

Auf dem Weg von Iraklion auf der E75 Richtung Osten eröffnet sich nach etwa 20 km das weite Panorama der Bucht von Malia – kurz darauf erreicht man Chersonisos. Die Fertigstellung der Nationalstraße 1972 löste eine rasante Tourismusentwicklung an diesem malerischen Küstenabschitt aus.

Chersonisos entwickelte sich vom kleinen Fischerdorf zum größten und meistbesuchten Pauschalziel Kretas. An der Hauptstraße Eleftherios Venizelou und der Strandpromenade reihen sich Hotels und Apartmentkomplexe, Supermärkte, Souvenirläden, Auto- und Quadbike-Verleihe, Bars, Cafés und Clubs aneinander. Der Hauptstrand wird proppenvoll, die Buchten in Limanakia bieten idyllische Zuflucht.

Friedlich und ruhig ist es hier nicht, doch wer mit Kids unterwegs ist, findet in der Gegend mehrere familienfreundliche Attraktionen wie Wasserparks zum Abkühlen. Am kleinen Hafen starten Bootsausflüge und es wird jede Menge Wassersport angeboten.

TOP TIPP

Dem Trubel am Strand entgehen kann man bergauf in Koutouloufari, Piskopiano und Alt-Chersonisos. Diese Dörfer sind zwar auch touristisch, aber trotzdem nett und bieten ausgezeichnete Tavernen und Unterkünfte.

Schöne Strandbuchten

Wie eine Perlenkette

Von April bis Oktober sind die Strände im Zentrum von Chersonisos überfüllt mit Tourist:innen und von lauter Musik beschallt. Unter all dem Lärm geht der natürliche Reiz der kretischen Küste leicht verloren. Zum Glück liegt die Alternative nur ein paar Kilometer nördlich.

An der zerklüfteten Küste von **Limanakia** reihen sich mehrere sandige Buchten aneinander. Manche, klein und namenlos, bieten kaum Platz für zwei Strandtücher. Andere, versteckt

ESSEN IN CHERSONISOS: NAH AM MEER

Saradari: Die auffälligen Gäste, der fabelhafte Meerblick und das erstklassige Seafood verleihen diesem Lokal Promistatus. *10–24 Uhr* €€

Mythos: Die Taverne von Gianna und Manos, zurückgesetzt vom Meer in einer ruhigen Straße, ist aus gutem Grund schon lange beliebt. *16–23.30 Uhr* €€

Ya Seafood Restaurant: Erstklassige Taverne am Strand in einem unauffälligen Teil von Limanakia. Ausgezeichneter frischer Fisch. *12–24 Uhr* €€

Karavi Restaurant: Die beste Wahl am Hauptstrandbereich. Umfangreiche mediterrane Karte, große Terrasse, gute Cocktails. *8–1 Uhr* €€

hinter kurzen Treppen die Felsen hinab, sind größer und man kann Ausrüstung leihen und Getränke kaufen. Alle bieten weißen Pudersand, der von azurblauem Wasser umspielt wird.

Manche Strände sind beliebt bei FKK-Fans, andere bei Familien mit kleinen Kindern. Toll sind der **Chersonisou-Strand**, ein perfekter Streifen alabasterfarbenen Sands am Südende von Limanakia, oder der lauschige **Saradari-Strand** vor dem gleichnamigen Kap, wo Tamarisken das schneeweiße Kirchlein **Agios Georgios Sarantaris** rahmen.

Schmale Küstenstraßen folgen dem Ufer, Parkplätze sind so selten wie Mittelmeer-Mönchsrobben, also zugreifen, wenn einer auftaucht. Einfach an der Küste entlangzuspazieren ist wunderschön, es locken auch erstklassige Strandtavernen, darunter das spektakuläre **Saradari** und **Ya Seafood Restaurant**.

TIPPS FÜR KIDS

Rund um Chersonisos gibt's jede Menge familienfreundlicher Attraktionen, neben unzähligen Minigolfplätzen und Gokart-Bahnen vor allem Wasser- und Themenparks:

Acqua Plus: Kretas größter Wasserpark hat eine Abteilung für Erwachsene mit einem Dutzend Rutschen und eine für Kinder mit Pools, Spielplatz und einer 270 m langen Wildwasserbahn. *(acquaplus.gr)*

Watercity: Kompakter Wasserpark in Anopoli, rund 12 km östlich von Iraklion, sein Slogan ist: „Let's get wet!" *(watercity.gr)*

Dinosauria Park: Dinosaurier-Themenpark 15 km östlich von Iraklion. Freu dich auf ein Jurassic-Universum mit animatronischen Viechern. *(dinosauriapark.com)*

Star Beach Village & Water Park: Die Spielwiese mit Pools, Rutschen und Wassersportangeboten gehört zum gleichnamigen Resort am Südende des Strands von Chersonisos.

Ein Blick in Kretas Vergangenheit

Kretische Alltagsgeschichte

Das familienbetriebene **Freilichtmuseum Lychnostatis** *(lychnostatis.gr; Erw./Kind 8/4 €)* in schöner Meereslage am Ostrand von Chersonisos ist die bemerkenswert authentisch wirkende Nachbildung eines traditionellen kretischen Dorfs. Alles, was man hier sieht, von landwirtschaftlichen Gerätschaften bis zu einer kompletten Kapelle, ist original und wurde vom Gründer, dem verstorbenen Yiorgos Markakis, einem Augenarzt mit einem Faible für Heimatkunde, von Orten auf ganz Kreta hierher verfrachtet. Das Ergebnis ist eine erhellende Einführung ins traditionelle Kreta.

Schau dir einen von seinem Sohn, dem heutigen Kurator, gedrehten Film über Markakis und seine Vision an und schlendere dann über das Gelände, spähe in das alte Schulhaus hinein, inspiziere das Innere einer Windmühle und schau dich in einem komplett eingerichteten Bauernhaus um.

Es werden auch Webworkshops, Vorführungen im Töpfern und Färben mit Pflanzen sowie im Olivenölpressen und Rakibrennen angeboten, dazu Kochunterricht und Tanzdarbietungen (Näheres auf der Website). Der von Yiorgos selbst eingesprochene Audioguide lohnt die kleine Leihgebühr.

Vor dem Museum erstreckt sich ein öffentlich zugänglicher Sandstrand mit billigen Liegestühlen – hier lassen sich prima die Erfrischungen aus dem Museumscafé genießen.

Das **Museum für bäuerliches Leben Menelaos Parlamos** *(historical-museum.gr)* in einer hübsch renovierten Olivenölmühle und einem angrenzenden Haus in Piskopiano, von Chersonisos ein Stückchen hangaufwärts, nutzt analoge Exponate und digitale Technik, um verschiedene Aspekte des Landlebens zu beleuchten, vom Rakibrennen bis zur Fassherstellung, von der Olivenölproduktion bis zum Teppichknüpfen. Das gesamte Museum wurde 2024 neu gestaltet, ein neuer Flügel beherbergt die Theano Metaxa-Kanakaki Collections, die herrliche Beispiele traditioneller kretischer Webkunst versammeln.

Historischen Charme entdecken

Drei alte Dörfer

In all dem modernen Touristentrubel leicht zu übersehen ist **Alt-Chersonisos** mit seinem Gewirr aus schmalen Gassen. Zusammen mit den stimmungsvollen Ortskernen der Nachbardörfer **Koutouloufari** und **Piskopiano** ist dieses Gebiet voller weißgetünchter Anmut in den Hügeln abseits des Strandbereichs schön zum Spazierengehen. Neben guten Tavernen gibt's hier auch ein paar interessante Läden, schau dir z. B. die kreativen Töpferwaren im **Maria Sanoudaki Ceramic Art Studio** an, oft in sanften griechischen Blautönen.

ESSEN IN CHERSONISOS: IN DEN DÖRFERN

David Vegera: Billig, fröhlich und familiengeführt – dieses Lokal in Piskopiano serviert seit 1954 traditionelle *mezedhes. 10–24 Uhr* €

Almi: Warmherziger Service, schöne Aussicht und gute kretische Gerichte sind das Highlight in diesem Restaurant in Koutouloufari. *17–23 Uhr* €

Emmanuel Taverna: Der über 100-jährige Familienbetrieb in Koutouloufari besticht mit tollem langsam im Holzofen gegartem Lamm. *12–24 Uhr* €€

Taverna 1930: Dieses Kleinod in Alt-Chersonisos trägt sein Alter im Namen. Zeitlose kretische Kost und frischer Fisch. *13–23 Uhr* €€

Rund um Chersonisos

Nahe Chersonisos locken Partystrände, ein stattlicher Palast, reizende Dörfer, herrliche Wanderungen und ein tolles Aquarium.

Malia, von Chersonisos nur ein kurzes Stück die Küste entlang, ist berüchtigt für sein hedonistisches Flair (lebhaft dargestellt in der britischen Sitcom *The Inbetweeners* von 2011). Stimmungsvoller und ruhiger ist die Altstadt von Malia mit ihrem historischen Labyrinth aus engen Gassen, wo sich auch einige der besten Restaurants des Orts befinden.

Von hier aus lässt sich wunderbar die Umgebung erkunden. Kurvenreiche Straßen führen schnell hinauf in die Hügel mit byzantinischen Kirchen, urigen Dörfern wie Krasi und versteckten Höhlen wie der Agia Fotini. Die wichtigste Kulturattraktion der Gegend sind die Ruinen des minoischen Palasts von Malia außerhalb des Orts. In der Nähe des Palasts liegt der hübsche und nicht so volle Strand Potamos mit guten Tavernen.

Ziele

Malia

DAUER AB CHERSONISOS: **25 MIN.** 

Ein minoischer Palast am Meer

Eins der bezauberndsten Stücke minoischen Schmucks im **Archäologischen Museum Heraklion** (S. 140) ist der goldene Bienenanhänger, der im **Palast von Malia** ausgegraben wurde. Die Anlage auf einem schönen Gelände am Meer rund 3 km östlich von Malia und 12 km von Chersonisos teilte ihr Schicksal mit den Palästen von Knossos (S. 144) und Festos (S. 160): Der um 1900 v. Chr. erbaute Palast wurde 1700 v. Chr. zerstört, wiederaufgebaut und um 1450 v. Chr. erneut zerstört.

Malia ist zwar kleiner als die anderen Paläste, aber ähnlich aufgebaut, mit einem von Bauten für religiöse, Wohn-, Verwaltungs- und Vorratszwecke gesäumten Zentralhof (Genaueres s. S. 172). Das rätselhafteste Relikt hier ist der Kernos, ein runder Kalkstein mit Vertiefungen am Rand (linker Hand, wenn man den Hof betritt). Diente er als Opfertisch oder Spielbrett? Die Archäolog:innen stehen vor einem Rätsel.

Sicher ist, dass Malia von einer Art Stadt umgeben war, von der Teile freigelegt wurden. Das sogenannte Quartier M liegt nordwestlich des Palasts hinter der als „Krypta" beschrifteten Stätte; beide sind durch ein Dach geschützt. Von einem erhöhten Steg hat man einen Überblick über das Areal.

Am besten schaut man in die kleine Ausstellungshalle, bevor man über das Gelände spaziert. Sie zeigt hilfreiche Modelle, die man fotografieren kann, um die Gebäude draußen wiederzuer-

UNTERWEGS VOR ORT

In der Hauptsaison fahren ab Iraklion Hafen alle 15 Minuten Busse über die Hauptstraße durch Chersonisos und Malia und halten unterwegs u. a. nahe dem Palast. Die Bergdörfer Avdou, Krasi und Kerá liegen alle an der Hauptstraße Richtung Süden zur Lassithi-Hochebene.

Erkunde die Küste per Fahrrad (einfach zu mieten). Oder du läufst die Küstenstraßen entlang, vorbei an jeder Menge Bars, billiger Läden und kitschiger Restaurants.

kennen. Es gibt auch ein paar interessante Exponate und eine informative Broschüre wird verkauft. Manche Schilder haben QR-Codes, die zu weitergehenden Infos über die Ruinen führen. Viele wichtige Funde werden im **Archäologischen Museum Agios Nikolaos** (S. 183) in Lassithi gezeigt.

Gournes

DAUER AB CHERSONISOS: **20 MIN.**

Kretas sensationelles Aquarium

Auf einem alten US-Luftwaffenstützpunkt zwischen Chersonisos und Iraklion kannst du Quallen tanzen, Meeresschildkröten gleiten und Skorpionfische jagen sehen. Das **Cretaquarium** *(cretaquarium.gr; Erw./Kind 12/6 €)* ist eine Art Hightech-Hallenmeer, in dem das reiche mediterrane Meeresleben nach seinen bevorzugten Lichtverhältnissen angeordnet ist. Beginne in den dunklen Tiefen bei Stechrochen und massigen Zackenbarschen. Weiter geht's zum hell beleuchteten Wasser des offenen Meers, wo sich Meeresschildkröten und Haie tummeln.

In der Abteilung für den östlichen Mittelmeerraum leben über 2500 Meereskreaturen, die rund um Kreta zuhause sind. Nach dieser außergewöhnlichen Erfahrung wirst du das hübsche türkise Wasser mit ganz neuen Augen betrachten.

Es stehen zahlreiche Touroptionen (darunter Führungen hinter die Kulissen und Angebote für Kinder) sowie Audioguides zur Verfügung. Das Aquarium gehört zum staatlich finanzierten Hellenic Center for Marine Research ganz in der Nähe.

Potamies

DAUER AB CHERSONISOS: **15 MIN.**

Fresken und Kräuter in einem mittelalterlichen Kloster

Ein schöner Stopp auf einer Tour durchs Hinterland von Chersonisos ist das Kloster **Panagia Gouverniotissa** mit überraschend gut erhaltenen byzantinischen Fresken aus dem 14. Jh. Das Kloster liegt nur 11 km direkt südlich von Chersonisos.

Hinter der Kirche duftet es in einem kleinen felsigen botanischen Garten neben Granatapfel- und Johannisbrotbäumen nach Salbei, Rosmarin und Thymian. Ein kleines Museum präsentiert tolle alte Schwarz-Weiß-Fotos, u. a. von einem schnurrbärtigen Mann in einem Kleid – anscheinend ist diese Verkleidung eine Karnevalstradition.

Agia-Fotini-Höhle

DAUER AB CHERSONISOS: **35 MIN.** 

Unterschlupf für Revolutionäre und geheime Kapelle

Die Hügel oberhalb von Chersonisos sind ein erstklassiges Wanderrevier mit Wegen zu entlegenen Fleckchen in der freien Natur. Ein tolles Ziel ist die **Agia-Fotini-Höhle**: Ende des

TOUR DURCH DEN PALAST VON MALIA

Vom **Westhof** aus geht's nach Süden, vorbei an den **Getreidesilos**, einer Reihe von Magazinräumen für acht *kouloures* (runde Gruben). Betrittst du den **Zentralhof** des Palasts, der einst von Arkaden gesäumt war, liegt linker Hand der **Kernos**, eine Kalksteinscheibe mit 34 Vertiefungen am Rand.

In der Hofmitte befindet sich eine **Altargrube** mit den beachtlichen Dimensionen von 48 m Länge und 22 m Breite. Unter einem Schutzdach zur Rechten stehen die **östlichen Magazine**, wo in riesigen *pithoi* Flüssigkeiten aufbewahrt wurden. Der **Südflügel** beherbergte Gemächer und einen kleinen Schrein, der **Nordflügel** Lagerräume und einen Bankettsaal für Zeremonien. Das nördlichste Bauwerk im Westflügel, die **Loggia**, diente vermutlich zeremoniellen Zwecken.

ESSEN RUND UM CHERSONISOS: IN MALIA

Milos: Im alten Ortskern von Malia mit blumengeschmückter Terrasse, Fleischgerichte aus dem Holzkohleofen. Reservieren. *18–23.30 Uhr* **€€**

Avli: Feine *farm-to-table*-Küche in einer Villa aus dem 18. Jh. in Malias Altstadt mit hausgebackenem Brot und elegantem Service. *14–23.30 Uhr* **€€**

Kalesma: Behagliches Lokal in der Altstadt mit leckeren griechischen Klassikern. Saisonale kretische Specials und gute Weinkarte. *16–24 Uhr* **€€**

Taverna Kalyva: Strandtaverne gleich westlich vom Palast von Malia mit Terrasse mit Strohdach und einer riesigen Tamariske. *9–22 Uhr* **€**

Panagia Gouverniotissa

19. Jhs. versteckten sich hier Aufständische, die gegen die Türken kämpften; heute beherbergt sie eine Kapelle. Die Höhle liegt am Berg Louloudaki am Ende einer holprigen, 7 km langen Staubpiste oberhalb von Avdou; in Avdou weist ein kleines Schild den Weg. Der Wanderweg führt unablässig bergauf, doch die Panoramablicke ins Tal und auf den Aposelemis-Stausee lohnen die Mühe.

Am Ende des Wegs sind 200 Stufen in den Fels geschlagen, sie führen zum Eingang der Höhle. Wer sich vom ersten Teil der Kapelle durch eine schmale Öffnung links in der Kammer quetscht, gelangt in eine direkt ins Gestein gehauene **geheime Kapelle**. Natürlich ist es hier zappenduster, doch mit dem Handylicht oder besser einer Taschenlampe kann man die Ikonen und das Steinbehältnis sehen, das mit von der Decke tropfendem „heiligem Wasser" gefüllt ist.

Man kann auch zur Höhle hinauffahren, doch es ist sehr holprig. 3 km den Berg hinauf taucht wie eine Fata Morgana das schicke **Velani Restaurant** auf, ein willkommener Boxenstopp für ein kühles Getränk oder ein köstliches Mahl. Noch besser: Verbringe eine Nacht in seinem blumengeschmückten Hotel.

Krasi

DAUER AB CHERSONISOS: **30 MIN.**

Ein Touristenort mit Riesenbaum

Das nette, aber touristische **Krasi** liegt nur 10 km südlich von Malia an einer kurvenreichen Bergstraße auf dem Weg zur

DIE SCHÖNSTEN STRÄNDE UM CHERSONISOS

Östlich von Chersonisos erstrecken sich über ein Dutzend Strände mit unterschiedlichem Reiz. Manche sind steinig oder voller Gäste aus touristischen Resorts, andere sind einladender:

Drepano-Strand: Der Strand, umgeben von großen Resorts, ist durch Molen geschützt und daher ideal für Familien.

Stalida-Strand: Außerhalb der Hochsaison verströmt dieser nette Allround-Strand noch immer ein gewisses Dorfflair.

Malia-Strand: Der Ort zum Feiern. Im Sommer bedecken Strandliegen den Sand, Musik dröhnt aus den Bars und die Drinks strömen fast rund um die Uhr. Als Zeitvertreib dienen Wassersport und Selfie-Wettbewerbe.

Potamos-Strand: Der Strand direkt an der Grenze zur Provinz Lassithi ist der beste der Region, breit und nicht von Kommerz geplagt.

ESSEN RUND UM CHERSONISOS: IM HINTERLAND

Velani Restaurant: Vortreffliche Kretakost mit herrlichem Ausblick, 3 km oberhalb von Avdou über eine Staubpiste. *8–22 Uhr* €€

Taverna Krassopsychia: An der Hauptstraße von Krasi; aromatische Landküche, z. B. gegrillte Lammkoteletts. Super Hauswein. *9–23 Uhr* €€

Taverna Niki: Traditionelle Straßentaverne bei Kerá mit hübschem Blick und zartem, rauchigem, langsam gegrilltem Fleisch. *10–22 Uhr* €€

Taverna Rodamanthis: Kündigt „original kretische Rezepte" an, und Gerichte wie frisch gesammelte Schnecken sind in der Tat traditionell. *8–24 Uhr* €€

DIE MACHT DER IKONEN

Unterschätze nie die Kräfte, die Griech:innen religiösen Symbolen zuschreiben. Ein gutes Beispiel dafür findet sich im winzigen **Kerá**, rund 25 km südöstlich von Chersonisos, im sehr verehrten Kloster **Panagia Kardiotissa**, das auch heute noch von Nonnen bewohnt wird. Es ist bekannt für eine Ikone, die die Türken angeblich dreimal nach Konstantinopel verschleppten. Obwohl an einen Marmorpfeiler gekettet, kehrte sie auf wundersame Weise jedes Mal selbsttätig wieder zurück!

Das Original wird heute sicher in der San-Alfonso-Kirche in Rom verwahrt, doch die Einheimischen beten nun eine andere (genauso wundertätige) Ikone aus dem 18. Jh. an. Sie befindet sich in der Nähe von ein paar unheimlichen und mystischen Fresken aus dem 14. Jh.

PHOTOPICTURES/SHUTTERSTOCK ©

Panagia Kardiotissa

Lassithi-Hochebene (S. 192). Es verdankt seine Berühmtheit einer angeblich 2000 Jahre alten **Platane** mit dem gewaltigen Umfang von 16 m. Gleich daneben sprudelt aus einem Steinbecken eine Quelle und versorgt den Baum mit Wasser. Der wiederum spendet den Tavernentischen Schatten, die unter seinem riesigen Blätterdach aufgestellt sind. Über einem Bogen befindet sich ein Zitat des berühmten kretischen Autors **Nikos Kazantzakis** (S. 151), der samt Frau und Freunden mehrere Sommer hier verbrachte und unter dem Baum trank und diskutierte. Die engen Gassen des Dorfs sind von traditionellen Steinhäusern mit den üblichen Tavernen, Cafés und Souvenirläden gesäumt.

Avdou

DAUER AB CHERSONISOS: **20 MIN.**

Kapellen, Tradition und vortreffliches Olivenöl

Avdou inmitten von Obst- und Olivenbäumen 16 km südlich von Chersonisos ist ein reizendes kretisches Dorf, berühmt für seine sechs byzantinischen Kapellen. Besonders kräftig leuchtende Fresken beherbergt die Agios-Konstantinos-Kirche.

Viele der gut 300 Einwohner:innen von Avdou arbeiten hart, um das ausgezeichnete örtliche Olivenöl zu produzieren, das im **Assargiotakis Olive Oil Shop** an der Hauptstraße probiert werden kann.

Überdies ist Avdou ein guter Ausgangspunkt für Wanderungen in die Berge, z. B. zur **Agia-Fotini-Höhle** (S. 173) mit Einkehrpause im **Velani Restaurant** (S. 173) etwa auf halber Strecke.

Die Tour nach Avdou lässt sich mit dem Besuch des Klosters **Panagia Gouverniotissa** (S. 172) kombinieren; oder man fährt eine Schleife mit Stopps im Kloster **Panagia Kardiotissa** und beim Riesenbaum in **Krasi**.

Hier schläfst du gut

€ Budget €€ Moderat €€€ Gehoben

Iraklion

KARTE S. 134

Intra Muros Boutique Hostel € Familiengeführt und zentral, mit voll ausgestatteter Gemeinschaftsküche und geselliger Veranda.

Olive Green Hotel €€ Zeitgenössisches Hotel mit minimalistischem weiß-olivgrünen Dekor und Solarpanelen, erbaut aus nachhaltigen Materialien.

Crops Suites €€ Hippe 1-Zimmer-Apartments mit voll ausgestatteter Küche und geräumigem Balkon im Stadtzentrum.

Lato Boutique Hotel €€ Iraklion trifft Hollywood – mit Pomp, aber ohne Protz – in diesem modernen Boutiquehotel mit Blick auf den alten Hafen.

Pagopoieion €€€ Elegante Suiten nur für Erwachsene mit viel Platz, gutem Speisen- und Getränkeangebot und einer zentralen Lage in der Altstadt.

Agia Pelagia

Acro Suites €€€ Luxuriöses Resort nur für Erwachsene mit 49 Suiten und Ferienhäusern mit eigenen Pools und Top-Aussicht von der felsigen Landspitze.

Seaside A Lifestyle Resort €€€ Großes und nobles Resort auf den Felsen am Mononaftis-Strand. Jede Menge Restaurants, Bars und Aktivitäten, moderne, schicke Ausstrahlung.

Archanes

KARTE S. 148

Troullos Traditional Houses €€ Entspannte Bleibe rund um einen schönen Steinhof mit Apartments im traditionell-ländlichen Stil. Hausgemachte Limonade aus eigenen Zitronen.

Arhontiko Archanes Suites €€ Reizende rustikal-kultivierte Gartenvilla von 1893 mit zweistöckigen Apartments mit traditionellem Dekor. Schöne Terrasse.

Iraklions Weinregion

Earino €€ Familiengeführte Unterkunft aus Holz und Stein in Kato Asites mit weitem Blick, handgefertigten Holzarbeiten und einer guten **Taverne** (S. 151).

Villa Kerasia €€ Entspanntes Refugium in umgebautem Bauernhaus aus dem 18. Jh. im winzigen Vlachiana, mit opulentem hausgemachtem Frühstück.

Zaros

Keramos Hotel € Altmodische Pension mit kretischem Kunsthandwerk, Webarbeiten und Familienerbstücken mitten im Dorf. Traditionelles Frühstück.

Eleonas Country Village €€ In dem stillen terrassierten Gartenretreat inmitten von Olivenhainen oberhalb des Orts beginnt der Tag mit einem üppigen Frühstück.

Matala

KARTE S. 157

Armonia Hotel € Zu den Pluspunkten des reizenden Hotels zählen ein Pool, ein Bio-Frühstücksbuffet und die ruhige Lage gleich außerhalb des Dorfs.

Fantastic Matala € In dem kleinen Hotel mit Zimmern in zwei Steingemäuern (alle mit Balkon) fühlt man sich als Teil der Familie.

Hotel Nikos €€ Moderne, mit Bedacht eingerichtete Zimmer an einem Hof voller Blumen, zwei Minuten vom Strand.

Kalamaki

Arsinoi Studios € Die Verkörperung der *filoxenia* (Gastfreundschaft) mit geräumigen Zimmern und köstlichen Speisen und Getränken vom Hof der Familie.

Alexander Beach € Im Strandhotel am ruhigen Südende der Promenade vom Balkon den Sonnenuntergang genießen.

Kamilari

Aloni Apartments €€ Kompakte Studios in Gartenambiente mit geschmackvoller Einrichtung in Blau-Weiß und Gemälden von der Frau des Inhabers; Balkone mit weiten Ausblicken.

Niriida House €€ Erstklassiger Komfort, leckeres Frühstück und von Olivenbäumen gesäumter Pool. Dachterrassen mit Aussicht.

Chersonisos

KARTE S. 169

Villa Ippocampi €€ Stilvolles Refugium am Hang nur für Erwachsene, mit Hängematten, Pool, freundlichen Betreiber:innen und schönem Garten.

Abaton Island Resort & Spa €€€ Elegante, sehr romantische Anlage am Meer, Apartments mit privaten Pools und muntere Bar.

Malia

Sunshine Hotel € Stylishes, sehr preisgünstiges Hotel mit gehobener Einrichtung im Stil der Nachkriegsmoderne.

Ikaros Beach Resort €€€ Edles dorfartiges Resort auf felsiger Landspitze mit Spa, verschiedenen Restaurants und Pools.

Rund um Chersonisos

Krassopsychia Apartments € Gemusterte Kacheln, Kamine oder freistehende Badewannen prägen die individuell eingerichteten Apartments in Krasi.

Country Hotel Velani €€ Stylishes Refugium oberhalb von Avdou mit Insta-würdigem Blick von Pool und **Restaurant** (S. 173), plus eigenen Stallungen.

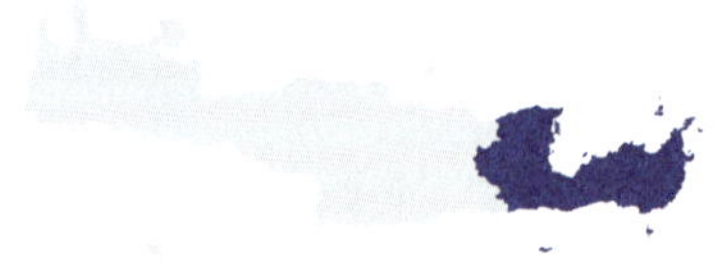

Lassithi

NATURLANDSCHAFTEN UND ANTIKE STÄTTEN

Unberührte Strände, einsame Schluchten, Bergdörfer und bodenständige und elegante Städte bilden im weniger bekannten „Wilden Osten" Kretas einen berauschenden Abenteuermix.

Kretas östlichste Region ist wie geschaffen für Zivilisationsflüchtlinge und Reisende auf der Suche nach Abenteuern, leeren Stränden und geschichtsträchtigen Orten. Sie bietet die reichste Artenvielfalt und die einsamsten Berge der Insel. Stellenweise ist diese Gegend so wild, dass man fast erwartet, gleich Pan mit Flöte in der Hand zu begegnen.

Die Hauptstadt von Lassithi, Agios Nikolaos am glitzernden Golf von Mirabello, verströmt tagsüber eine relaxte Atmosphäre, bevor abends in den Bars am Hafen der Bär tanzt. Das nicht weit entfernte Elounda beherbergt Kretas exklusivste Resorts, die gern von Promis auf der Suche nach Abgeschiedenheit angesteuert werden. Die Hauptattraktion hier ist die beeindruckende venezianische Festung Spinalonga.

Abseits des Golfs von Mirabello locken allerlei Outdoor-Abenteuer. Radler:innen und Naturfreaks machen sich auf zur Lassithi-Hochebene, Wandernde erkunden spektakuläre Schluchten wie die berühmte Zakros-Schlucht und Foodies lassen es sich in Tavernen und Restaurants gut gehen. Man kann die Höhle besuchen, in der Zeus geboren worden sein soll, und durch eine üppige Schlucht zu einem Wasserfall wandern. Oder auch am hintersten Ende der Insel, in Xerokambos, in Einsamkeit schwelgen.

Weitere Highlights sind das geschichtsträchtige Kloster Toplou, der zauberhafte und einzigartige Palmenstrand von Vai und Kretas Windsurfzentrum Kouremenos. Von der antiken Vergangenheit Lassithis zeugen zahlreiche minoische und dorische Stätten.

© GEORGIOS TSICHLIS/SHUTTERSTOCK

DIE WICHTIGSTEN ZIELE

AGIOS NIKOLAOS
Resorts, herrliche Bergwelten und tolle Sehenswürdigkeiten. **S. 180**

LASSITHI-HOCHEBENE
Kühle Luft, fruchtbare Felder und Zeus' Geburtsstätte. **S. 192**

IERAPETRA
Traumstrände, eine tropische Insel und Schluchtwanderungen. **S. 196**

SITIA
Freundlicher Küstenort und Tor zum „Wilden Osten". **S. 204**

ZAKROS
Schluchten, Minoer und zauberhafte Strände. **S. 212**

DZIEWUL/SHUTTERSTOCK ©

Oben: Moni Toplou (S. 209); links: Mochlos (S. 208)

Erste Orientierung

Lassithi mit seinen kargen Bergen und dem glitzerndem Meer ist die am dünnsten besiedelte Region Kretas. Die meisten Leute leben in den drei Städten Agios Nikolaos (der Hauptstadt), Sitia und Ierapetra.

AUTO

Außer in und um Agios Nikolaos, Sitia und Ierapetra benötigt man ein Auto, um zu den zauberhaftesten Orten Ostkretas zu gelangen. Um abgelegene Strände und Wanderwege zu erreichen, ist es sinnvoll, ein Allradfahrzeug zu mieten.

BUS

Zwischen Agios Nikolaos, Sitia und Ierapetra verkehren vor allem an Wochentagen regelmäßig Busse. Kleinere Orte wie Palekastro und Zakros werden seltener angesteuert. Im Sommer gibt's Busse nach Vai, auf die Lassithi-Hochebene jedoch gar keine.

Lassithi-Hochebene (S. 192)
Nach der Visite in der Höhle, in der Zeus geboren wurde, taucht man in die ländliche Stille 800 m über dem Meer ein.

Agios Nikolaos (S. 180)
Die Hauptstadt von Lassithi mit zauberhaftem See und glitzernder Bucht verströmt trotz ihrer bescheidenen Größe das kultivierte Flair einer Großstadt.

Ierapetra (S. 196)
Kretas südlichste Stadt ist ein relaxter Küstenort mit kurzen Wegen zu Stränden und Bergen mit reizenden Dörfern.

Sitia (S. 204)
Eine lebhafte Uferpromenade macht Sitia mit seiner Kleinstadtatmosphäre zum perfekten Ausgangspunkt für Tagestouren entlang der östlichen Küste Kretas.

Zakros (S. 212)
Die ungezähmten Berge und die wilde Küste an der Südostspitze Kretas laden zum Entschleunigen und zum Eintauchen in die Natur ein.

VLADIMIRSKLYAROV/GETTY IMAGES ©

Agios Nikolaos (S. 180)

Perfekte Tage

Lassithi ist wie geschaffen für Abenteuer auf eigene Faust. Man kann am Strand abhängen, zeitlose Schluchten erforschen, Dörfer erkunden und traditionelle kretische Küche genießen.

Kurztrip

- Erkunde zu Fuß **Agios Nikolaos** (S. 180) mit Jachthafen und Voulismeni-See. Genieße schöne Küstenblicke auf dem Weg nach **Elounda** (S. 185), dann geht's mit der Fähre auf die Insel **Spinalonga** (S. 190). Bewundere sodann die **Panagia-Kera-Kirche** in Kritsa (S. 187) und kurve über die **Lassithi-Hochebene** (S. 192) mit ihren Dörfern, Windmühlen und Ausblicken.

Länger Zeit

- Starte in **Ierapetra** (S. 196) zu einem **Roadtrip durch die Berge** (S. 202) und übernachte im relaxten **Sitia** (S. 204). Über **Moni Toplou** (S. 209) geht's zum Palmenstrand von **Vai** (S. 211) sowie zu Strand und Ruinen von **Itanos** (S. 210). Schau den Minoerpalast von **Kato Zakros** (S. 214) an und wandere durch die **Zakros-Schlucht** (S. 214). Entspanne abschließend in **Xerokambos** (S. 216).

BESTE REISEZEIT

FRÜHLING
Das Frühjahr bringt Wildblumen und Kräuter. Am 23. April wird dem hl. Georg gehuldigt, dem Schutzpatron der Hirten.

SOMMER
Typisch sind laue Nächte, sternklarer Himmel und *meltemi*-Winde. Das **Kyrvia Festival** bietet viele Kulturevents.

HERBST
Mit der Erntezeit kommen die Herbstfarben. Ziegen- und Schafherden werden von den Sommerweiden geholt.

WINTER
Schneebedeckte Berge bilden einen Kontrast zum blauen Meer. Am 6. Dezember feiert Agios Nikolaos seinen Schutzheiligen.

Agios Nikolaos

SPEKTAKULÄRE LAGE | TOLLES NACHTLEBEN | SCHÖNE TAGESAUSFLÜGE

UNTERWEGS VOR ORT

Das hügelige, kompakte Agios Nikolaos lässt sich am besten zu Fuß erkunden. Die Straßen sind schmal und es gibt viele Einbahnstraßen; Mietwagen am besten gegen eine geringe Gebühr auf dem großen Parkplatz an der Akti Themistokleous beim Hafen abstellen. Vom Fernbusbahnhof an der Epidemidou westlich des Krankenhauses rund 750 m nördlich vom See bestehen regelmäßige Verbindungen nach Elounda, Ierapetra, Sitia, Kritsa und Iraklion über Malia und Chersonisos.

TOP TIPP

Agios Nikolaos hat eine aktive und lebhafte Touristeninformation mit einer umfassenden Website mit allerlei Infos von Inspiration bis zu Praktischem *(agios nikolaoscrete.com)*.

Agios Nikolaos genießt eine herrliche Lage in hügeligem Terrain mit Blick auf den geschwungenen Golf von Mirabello. Vor der Küste liegen zwei unbewohnte Inseln, während in der Ferne das Thripti-Gebirge mit seiner kargen Schönheit einen scharfen Kontrast zur schimmernden Ägäis bildet.

Die Hauptstadt von Lassithi ist zwar touristisch, hat sich aber ein entspanntes kretisches Flair bewahrt. Ein schmaler Kanal trennt den kleinen Hafen vom runden Voulismeni-See, dessen Ufer von Tag und Nacht belebten Cafés und Restaurants gesäumt ist. Die Stadtstrände sind zwar nicht besonders groß oder hübsch, bieten sich aber für ein paar Stunden Entspannung an. In den autofreien Straßen im hügeligen und kompakten Zentrum kann man auch schön shoppen. Allein ein Spaziergang durch die hübschen Gassen lohnt schon einen Besuch.

An Sommerabenden dreht Agios Nikolaos auf, wenn sich Bars mit Feierfreudigen von nah und fern füllen und die Partygeräusche am Ufer widerhallen.

Verlockender Voulismeni-See

Der mythenumrankte See von Agios Nikolaos

Der Golf von Mirabello ist atemberaubend, doch das berühmteste Gewässer von Agios Nikolaos ist der runde, von Cafés gesäumte **Voulismeni-See** (einfach „der See“ genannt) direkt im Ortszentrum. Mit dem Hafen ist er durch einen schmalen Kanal verbunden, den ein osmanischer Statthalter in den 1860er-Jahren buddeln ließ und der 40 Jahre später durch die französische Armee verbreitert und vertieft wurde.

Der See liegt vor einer dramatischen Felskulisse und Fußwege mit Aussicht auf die Bucht führen zu Cafés und Tavernen mit schönem Blick.

Wer nicht viel Zeit hat, nimmt die steilen Treppen hinauf auf die schroffen Felsen am südlichen und westlichen Seeufer und genießt das herrliche See-Stadt-Meer-Panorama vom **Aussichtspunkt** nahe **Gioma Meze** (S. 182). Beim Blick hi-

SEHENSWERTES
1 Skulptur „Die Entführung der Europa"
2 Ammos-Strand
3 Ammoudi-Strand
4 Archäologisches Museum
5 Kytroplatia-Strand
6 Minotauros-Wandbild
7 Voulismeni-See

AKTIVITÄTEN, KURSE & TOUREN
8 Creta's Happy Divers

SCHLAFEN
9 Hotel Port 7
10 Minos-Strand Art Hotel
11 Palazzo Arhontiko

ESSEN
12 Fysalida
13 Gioma Meze
14 Karnagio
15 Migomis Piano Restaurant
16 Ofou To Lo
17 Patriko
18 Pelagos
19 Piato

AUSGEHEN & FEIERN
20 Alexandros Roof Garden
21 Arc Espresso & Cocktail Bar
22 Peripou Coffeehouse
23 Yanni's Rock Bar

SHOPPEN
24 Straßenmarkt

DIE GESCHICHTE VON AGIOS NIKOLAOS

Agios Nikolaos entstand in der Frühphase des Hellenismus als Hafen für den Stadtstaat Lato und war damals als Lato pros Kamara bekannt. Während der Römerzeit und bis in frühchristliche Zeit im 8. oder 9. Jh., als die kleine byzantinische Kirche Agios Nikolaos erbaut wurde, blieb es ein bedeutender Hafen.

Als die Venezianer Kreta im 13. Jh. einnahmen, bauten sie auf einem Hügel mit Blick aufs Meer im heutigen Stadtgebiet die Festung Mirabello. Sie überlebte Erdbeben und Piratenüberfälle, bevor sie schließlich 1645 von den Türken zerstört wurde. Übrig blieb nur der Name, den sie der Bucht verlieh: Mirabello oder „schöne Aussicht".

Ab Mitte des 19. Jh. entwickelte sich das moderne Agios Nikolaos und in den 1970ern gewann der Tourismus an Bedeutung.

NITO/SHUTTERSTOCK ©

Voulismeni-See (S. 180)

nunter auf den in Blau- und Grüntönen schimmernden See glaubt man, in den Grund der Stadt zu schauen.

Mit dem Voulismeni-See sind zahlreiche Mythen verbunden; am reizendsten ist der von den Göttinnen Artemis und Athene, die hier badeten. Zu den abwegigeren Geschichten zählt jene, bei dem See handle es sich um einen bodenlosen Krater, der über unterirdische Kanäle mit dem Vulkan auf Santorin verbunden sei. Tatsächlich ist der See ein 49 m tiefer Karsttrichter – das sollte eindrucksvoll genug sein

Am besten nimmt man sich ein paar Stunden Zeit und umrundet den See komplett auf dem gepflasterten **Weg** vorbei an Fischerbooten, einer winzigen Felsenkapelle und ein paar fetten Enten. Es gibt ein paar ordentliche An- und Abstiege, da der Fels in weiten Teilen der Süd- und Westseite direkt ins Wasser stürzt, aber auch stimmungsvolle Cafés, die eine oder andere Bank, knutschende Paare bei Sonnenuntergang und schöne Blicke über die Stadt. Am Ost- und Nordufer locken einladende Cafés und Tavernen auf Wasserebene.

Zum orthodoxen Osterfest versammeln sich die Leute hier zum Feuerwerk.

Tauchen im Golf von Mirabello

Schiffswracks, antiker Abfall und Fische

Der Golf von Mirabello ist ein spannendes Tauchrevier: Über zwei Dutzend Spots sind nur eine kurze Bootsfahrt von Agios

ESSEN IN AGIOS NIKOLAOS: MIT AUSSICHT

Gioma Meze: Fantastische *mezedhes* an Tischen auf den Felsen hoch über dem Westufer des Voulismeni-Sees. *16–23 Uhr* €€

Ofou To Lo: Oberhalb des Kytroplatia-Strands mit fröhlicher Einrichtung und leckerem und innovativem Essen. Immer frisches Seafood. *10–23 Uhr* €€

Migomis Piano Restaurant: Romantischer Adlerhorst auf den Felsen, toller Blick, Live-Piano und klassische Küche. *13–23 Uhr* €€€

Piato: Direkt an der Hauptuferpromenade. Etwas besser als die anderen, mit kreativer mediterraner Karte und gutem Service. *18–23.30 Uhr* €€

Nikolaos entfernt. Tief unten in der kristallklaren Unterwasserwelt gewähren Hinterlassenschaften aus dem Krieg, Schiffswracks und antike Amphoren einen faszinierenden Einblick in die Vergangenheit Kretas. Im stillen Wasser reicht die Sicht teils über 30 m weit, sodass man hier sehr wahrscheinlich Zackenbarsche, Tintenfische, Muränen, Skorpionfische und anderes Meeresgetier zu sehen bekommt. Die empfehlenswerten Tauchveranstalter **Creta's Happy Divers** und **Pelagos Dive Centre** bieten neben Touren auch PADI-Kurse.

Regionale Erzeugnisse & Schnäppchen

Lassithis bester Straßenmarkt

Einen Einblick in den Alltag gewährt mittwochvormittags der quirlige **Straßenmarkt** von Agios Nikolaos an der schmalen Ethniki Antistaseos. An Dutzenden Ständen werden Kretas Erzeugnisse wie frisches Obst und Gemüse, Kräuter, Oliven, Fleisch und Käse verkauft. Dazu kommen Haushaltswaren sowie Hoodies, Flip-Flops und andere Klamotten. Die Preise sind niedrig und es geht hoch her. Schau dir die Action an, trink einen Kaffee oder iss ein Souvlaki, erstehe ein Andenken oder zwei und deck dich mit Proviant für ein Picknick ein.

Kreative Treppen

Öffentliche Kunst

Es gibt Streetart und es gibt „Treppenkunst", zumindest im hügeligen Agios Nikolaos mit seinen über 70 Treppen, die fest zur architektonischen DNA des Städtchens gehören. Seit 2018 sind im Zuge der von der Stadt gesponserten Initiative **The Spirit of the Stairs** nach den Vorstellungen von über einem Dutzend griechischer Künstler:innen einige dieser schweißtreibenden Verbindungen zwischen den Wohngebieten und dem Meer verziert worden. Die eindruckvollste dieser kreativen Schöpfungen ist das **Minotauros-Wandbild** des in Athen geborenen Künstlers Manolis Anastasakos. Dieses wunderbare perspektivische Wandbild zeigt das mythologische Mischwesen in blauer Farbe an der Zickzacktreppe der Akti Koundourou, der Straße am Wasser entlang nach Elounda.

Archäologische Funde

Schätze aus Lassithi und darüber hinaus

Es fällt schwer, nicht von der Menschlichkeit der Figurinen von 2000 v. Chr. im **Archäologischen Museum Agios Nikolaos** *(archaeologicalmuseums.gr; Erw./Kind 6/3 €)* berührt zu sein. Aufgereiht in naturalistischen Posen starren diese männlichen

DIE BESTEN STRÄNDE IN AGIOS NIKOLAOS

Ammoudi-Strand: Kleiner, aber beliebter Strand im Norden der Stadt mit Bars, Tavernen und Wassersport.

Almyros-Strand: Rund 2,5 km südlich des Zentrums; der größte Strand, mit feinem Sand und stillem Wasser.

Kytroplatia-Strand: Klein, aber zentral, mit Cafés, eher für ein schnelles Bad als für einen langen Tag am Strand geeignet.

Gargadoros-Strand: Bei Anwohner:innen beliebter Kieselstrand mit sympathischer Café-Bar als einziger Einrichtung.

Ammos-Strand: Der zentrale Sandstrand mit ruhigem, seichtem Wasser beginnt am Jachthafen und erstreckt sich gen Süden bis zum Stadion. Er ist klein und wird im Sommer voll.

ESSEN IN AGIOS NIKOLAOS: TAVERNEN

Karnagio: Locals beim Date, Familien beim Festmahl und gut gelaunte Besuchende verleihen dem Lokal eine erstaunliche Energie. *12–24 Uhr* €

Pelagos: Lokaler Liebling in elegant-rustikaler Villa mit romantischem Garten, spezialisiert auf Seafood. Großartige hausgemachte Pasta. *12–24 Uhr* €€

Patriko: Verlässlich köstliches Angebot verlockender griechischer Küche, vor allem Fisch, in relaxter Taverne am Ammoudi-Strand. *14–24 Uhr* €€

Fysalida: Noble Taverne mit Tischen am See und im stilvollen Speisesaal. Teller zum Teilen und umfangreiche Weinkarte mit offenen Weinen. *17–1 Uhr* €€

MITBRINGSEL SHOPPEN

Nimm dir Zeit zum Stöbern. Das Haupteinkaufsviertel ist kompakt, bummele die Roussou Koundourou und die 25is Martiou entlang, biege in jede verlockende Nebenstraße und halte Ausschau nach:

Kleidung Schräge kleine Boutiquen verkaufen stylishe Kleider, T-Shirts, Schuhe und Strandklamotten.

Kunstobjekte Auffällige Halsketten, Armreifen und Ringe, Masken und Marionetten mit Bezug zum antiken griechischen Theater oder Skulpturen und Töpferware von griechischen Kunsthandwerkenden und Künstler:innen.

Essen & Trinken Hochwertige, vor Ort geröstete Kaffeebohnen, hübsche handgefertigte Kupfer-*briki* (Mokkakännchen) oder hausgemachte Plätzchen, Bonbons, Pralinen und andere Leckereien. Saisonaler und festlicher Krimskrams ist immer beliebt, vor allem zu wichtigen Feiertagen wie dem Osterfest.

KVN1777/SHUTTERSTOCK ©

Am Meer in Agios Nikolaos

und weiblichen Figuren klagend die Betrachtenden an. Und sie sind nur einige der Schätze in diesem Museum, das antike Artefakte aus der ganzen Region versammelt, darunter einige der schönsten Stücke aus dem Palast von Malia (S. 171), wie ein zebragestreiftes Steingefäß. Noch älter ist ein offenkundig phallischer Stein, der bei Sitia gefunden und auf 3000 v. Chr. datiert wurde. Auch die exquisite griechische Flasche von 750 v. Chr. ist einen Blick wert

Die Entführung der Europa würdigen

Symbolträchtige Skulptur

Am Ende eines banalen Parkplatzes in Hafennähe (abseits der Akti Themistokleous) thront auf einem Stier stolz eine dralle Schönheit, mit einem Globus in der einen und einer Friedenstaube in der anderen Hand. Die riesige Skulptur **Die Entführung der Europa** zeigt die von Zeus entführte phönizische Prinzessin, der der Kontinent seinen Namen verdankt. Sie wurde vom verstorbenen Nikos Koundouros entworfen, einem bedeutenden griechischen Filmregisseur (*O Drakos* etc.), der 1926 in Agios Nikolaos geboren wurde. Die Skulptur wurde 2012 enthüllt und soll Einheit, Frieden und Solidarität unter den Menschen Europa symbolisieren.

Der Geschichte von Europa und Zeus begegnet man auf Kreta häufig: In Matala (S. 156) schwamm das Paar an Land, im nahen Gortys (S. 162) schwängerte er sie unter einer Platane.

AUSGEHEN IN AGIOS NIKOLAOS: TOP TIPPS

Yanni's Rock Bar: Die Musik ist laut und die Stimmung heiter in dem coolen Laden zwischen vielen anderen an der Akti Koundourou. *23–3 Uhr*

Peripou Coffeehouse: Die Tische am Seeufer sind super für Kaffee am Tag und Drinks am Abend. Oft Livemusik bis spät in den Abend. *9–24 Uhr*

ARC Espresso & Cocktail Bar: Die Bar mit offener Front auf den Felsen an der Westseite des Sees bietet grandiose Aussicht. *16–23 Uhr*

Alexandros Roof Garden: Hängepflanzen, Büsche und ein ausgefallenes Dekor zieren diese Dachbar mit Blick über See, Hafen und Meer. *20–4 Uhr*

Rund um Agios Nikolaos

Am Golf von Mirabello kommt dank zauberhafter Strände und faszinierender Sehenswürdigkeiten keine Langeweile auf.

Agios Nikolaos ist eine tolle Basis für Erkundungen. Die kurvenreiche Küstenstraße führt gen Norden nach Elounda, einem noblen Ferienort mit Top-Restaurants. Überdies geht's von hier zur größten Attraktion der Gegend, der Insel Spinalonga, einer venezianischen Festung mit dramatischer jüngerer Geschichte.

Richtung Süden lockt der Voulisma-Strand bei Istron mit goldenem Sand. Landeinwärts liegt Kritsa, ein Dorf mit viel Flair, einer rauen Schlucht, einer mit Fresken geschmückten Kirche, einer antiken dorischen Siedlung und guten Tavernen. Atemberaubende Ausblicke und eine tief in der Tradition verwurzelte ländliche Welt eröffnen sich weiter die Berge hinauf auf der Katharo-Hochebene. Ganz in der Nähe ist Kroustas eine Top-Adresse für gehobene kretische Küche.

Ziele

UNTERWEGS VOR ORT

Die Gegend um Agios Nikolaos ist gut ans Busnetz angeschlossen: Täglich fahren mehrere Busse nach Elounda, Kritsa, Sitia oder Ierapetra, in die Küstenorte Richtung Westen und nach Iraklion. Für ländliche Ziele wie die Lassithi-Hochebene braucht man ein Auto.

Nach Spinalonga verkehren häufig Fähren ab Elounda, schneller und billiger ist's jedoch ab Plaka. Praktisch sind Ausflugsboote ab Agios Nikolaos.

Elounda

DAUER AB AGIOS NIKOLAOS: **20 MIN.**

Mondäner Badeort und Tauchzentrum

Elounda beherbergt zwar einige der luxuriösesten Hotelanlagen Kretas, dennoch hat es sich seinen bodenständigen Charme bewahrt. Im kleinen Hafen schaukeln salzverkrustete Fischkutter auf dem Wasser. Von hier setzen Boote zur berüchtigten venezianischen Festung auf der **Insel Spinalonga** (S. 190) über.

Auf der 10 km langen Strecke von Agios Nikolaos eröffnen sich von der Küstenstraße bezaubernde Ausblicke auf die Bucht. Parken kann man am Hafen mit seinen schönen Geschäften, Bars und Tavernen sowie Richtung Norden am sandigen Stadtstrand und Richtung Süden an der Uferpromenade Akti Olountos.

Im kristallklaren Meer vor Elounda herrschen ausgezeichnete Tauchbedingungen, es gibt um die 20 Spots zu erkunden, wie das legendäre Olous (S. 189). Das **Diving Center Blue Dolphin Elounda** *(dive-bluedolphin.com)* bietet Touren und Verleih.

ESSEN IN ELOUNDA: TOP TIPPS

Ferryman: Kretische Küche auf hohem Niveau in der Taverne am Meer von Yiannis Baxevanis, einem griechischen Promikoch. *12–16 & 19–23.30 Uhr* €€

Okeanis: Elegantes Lokal mit moderner Küche und flinkem Service – super ausbalanciert wie das Lammgericht des Hauses. *12–15 & 18–23 Uhr* €€

Ergospasio: Hipper Außenposten in alter Carob-Fabrik mit *antikristo*-Grill und Tischen über dem Wasser, abends am besten. *12–15 & 18–23 Uhr* €€

Hope Mezestaurant: Die Terrasse der lokalen Institution (seit 1938) am Hang ist voller Leute, die *mezedhes* und Meerblick genießen. *13–23 Uhr* €€

DIE BESTEN STRÄNDE RUND UM AGIOS NIKOLAOS

Kolokytha-Strand: Abgelegene Sandbucht auf der Halbinsel Spinalonga (Kalydon), ideal zum Schnorcheln; von Elounda zu Fuß, per Rad, Auto oder Boot erreichbar.

Skisma-Strand: Sandstreifen nördlich von Eloundas Hafen, mit Spielplatz, Toiletten und Wassersport sowie Tavernen auf der anderen Straßenseite.

Plaka-Strand: Langer, schmaler und kieseliger Strand in der Nähe von Cafés und Tavernen mit Blick auf die Insel Spinalonga.

Voulisma-Strand: Der feine goldene Sandstreifen, der sich in eine halbmondförmige Bucht rund 12 km südlich von Agios Nikolaos schmiegt, wird von seichtem und außergewöhnlich ruhigem, karibisch klarem Wasser umspült. Er liegt idyllisch beim Feriendorf Istron.

Halbinsel Spinalonga

DAUER AB AGIOS NIKOLAOS: **20 MIN.**

Wild und dramatisch

Die aride **Halbinsel Spinalonga** (alias Kalydon) ist über einen schmalen Damm mit Elounda verbunden, der über den Isthmus von Poros führt. Die Halbinsel Spinalonga wird zur besseren Unterscheidung von der Insel gleichen Namens direkt nördlich manchmal Big Spinalonga genannt. Von der Hauptstraße nach Elounda führt ein scharfer rechter Abzweig hinab.

Einst erstreckte sich an und in der Landenge die alte griechische Siedlung Olous (S. 189), das Wenige, das von ihr übrig ist, befindet sich zu beiden Seiten des Damms unter Wasser.

Rechts des Damms kann man noch die seichten Salzpfannen ausmachen, die im 15. Jh. von den Venezianern angelegt und bis 1972 genutzt wurden. Gleich dahinter erheben sich drei verfallene Windmühlen und ein Stückchen weiter rechts die Ruinen einer frühchristlichen Basilika. Interessant ist vor allem das Mosaik mit Fischen, Vögeln und mehr.

Ein 7 km langer Rundwanderweg folgt alten Pfaden auf der Halbinsel. Autofahrer können einen ungeteerten Weg über die Landenge bis zu einem Parkplatz unterhalb der Kapelle Agios Loukas nehmen. Von dort aus läuft man etwa 500 m bis zum schönen **Kolokytha-Strand**, an dem es gegen Mittag voll wird, wenn Ausflugsboote ihre Passagiere hier zum Baden und Grillen absetzen. In der Bucht gleich nördlich des Strands stehen die Ruinen einer weiteren frühchristlichen Basilika.

Der erodierte Basaltsockel der Halbinsel ist vielerorts von Höhlen durchlöchert und von schwarzen Streifen durchzogen. Am besten kann man das bei einer Bootstour sehen.

Kritsa

DAUER AB AGIOS NIKOLAOS: **15 MIN.** 

Romantik, Ruinen und Religion

Kritsa, das sich 10 km südwestlich von Agios Nikolaos an die zerklüfteten Hänge des Bergs Kastellos klammert, ist eins der ältesten und hübschesten Bergdörfer Ostkretas. Um die Hauptstraße Kritsotopoula rankt sich eine dramatische Geschichte (S. 188). Sie ist gesäumt von Geschäften mit lokalen Produkten, unerwartet schicken Boutiquen und stimmungsvollen Tavernen.

Doch erst jenseits des letzten Ladens entfaltet Kritsa seinen ganzen Reiz. Hier kann man ziellos an rosa Bougainvilleen, Türen in verblichenem Türkis und Mitternachtsblau und mit Geranientöpfen geschmückten Treppen entlangschlendern.

Am schönsten ist das Dorf morgens und abends, wenn die Tagesausflügler:innen abgefahren sind und man entspannt in den guten Tavernen essen kann. Es gibt viele tolle Unterkünfte.

AUSGEHEN IN ELOUNDA: TOP TIPPS

Radys Cocktail Bar: Relaxte Lounge am Wasser mit akribisch gemixten Drinks und DJ, der sanften Jazz, Funk und Soul spielt. *15–2 Uhr*

Alyggos Bar: Freundliche, tags und abends geöffnete Bar mit großer Auswahl an Drinks zu vernünftigen Preisen und gutem Kaffee. *9–2 Uhr*

Babel Bar: Feuere bei einem Kaffee dein Team auf dem großen Bildschirm an. Die hochkonzeptionelle Deko leuchtet nachts grün. *9–3 Uhr*

Rudis Bar: Das Lokal am Skisma-Strand hat eine große Palette an Getränken, die man am Strand genießen kann, dazu Snacks und Sandwiches. *11–23 Uhr*

RODKARV/SHUTTERSTOCK ©

Antikes Lato

Das antike Lato

Die befestigte **antike Stadt Lato** *(odysseus.culture.gr; Erw./Kind 3/2 €)* auf einem Hügel 3 km nördlich von Kritsa ist eine von Griechenlands besterhaltenen Stätten aus der hellenistischen Periode. Der im 7. Jh. v. Chr. von den Dorern gegründete Stadtstaat lohnt schon wegen der ländlichen Stille und der herrlichen Aussicht auf den Golf von Mirabello einen Besuch.

Etwa 100 m hinter dem Ticketverkauf betritt man die Stätte durch das **Stadttor**. Von hier führt eine lange Straße über Stufen zur **Agora** (Marktplatz) hinauf, vorbei an einer Mauer mit zwei Türmen, Wohnhäusern und Gebäuden, die einst Geschäfte und Werkstätten beherbergten. Oben angekommen sind Überreste einer **Stoa** (Säulengang) zu sehen. Direkt dahinter steht ein rechteckiger Tempel, in dem zahlreiche Figuren aus dem 6. Jh. v. Chr. geborgen wurden. Bei dem tiefen Loch links des Tempelgebäudes handelte es sich um Latos öffentliche **Zisterne**. Dahinter führt eine monumentale Treppe zum **Prytaneion** (Verwaltungszentrum) hinauf. In seiner Mitte brannte einst rund um die Uhr ein Feuer, umringt von Bänken. Hier hielten die Stadtobersten ihre Treffen ab. Achtung, die Wege hier sind steil und steinig.

Ein Fest der Fresken

Unbedingt einen Stopp wert für alle, die sich für Kunst und Religion interessieren, ist die Kapelle **Panagia Kera**, gleich östlich von Kritsa. Die von Zypressen umrahmte Kirche ist von außen unauffällig, doch innerhalb der kräftigen Mauern birgt sie

DAS ANTIKE LATO ERKUNDEN

Lato erreichte seine Blütezeit im 3. Jh. v. Chr., wurde aber nach und nach verlassen. Im 2. Jh. hatte man das Verwaltungszentrum an den Hafen im heutigen Agios Nikolaos verlegt.

Nearchos, ein Admiral unter Alexander dem Großen, soll aus Lato stammen, dessen Name von der Göttin Leto abgeleitet ist. Der Sage nach sollen aus der Verbindung von Zeus und Leto Artemis und Apollo hervorgegangen sein.

Bei einem ambitionierteren Besuch der Stätte kraxele südlich der Agora weiter über Felsen und einen Hang hinauf zu einer Terrasse mit einem **Heiligtum**, vor dem sich ein dreistufiger **Altar** befindet. Hier oben hat man einen fabelhaften Blick über das Gelände. Unterhalb zur Rechten (Osten) siehst du ein **Theater**, das Platz für um die 350 Zuschauer bot. Diese saßen auf in den Fels gehauenen Steinbänken und auf der **Exedra** (offener Portikus mit Sitzplätzen).

ESSEN IN KRITSA & KROUSTAS: TOP TIPPS

Taverna Platanos: In Kritsa herrlich unter einer riesigen 200-jährigen Platane gelegen, Karte voller leckerer Lieblingsgerichte. *8–23.30 Uhr* €

Cafe Massaros: In die Seele von Kritsa kommen Locals tagsüber wie abends für Kaffee, Hausmannskost und zum Quatschen. *7–23 Uhr* €

Xatheri: Top-Lokal im Bergdorf Kroustas; unter Maulbeerbäumen tischen Konstantinos und seine Eltern traditionelle kretische Kost auf. *7–24 Uhr* €

Taverna Stavrakakis O Kroustas: Zu recht beliebt in Kroustas, serviert tolle *lazania* (handgemachte, gedrehte Nudeln) aus dem Holzofen. *13–23.30 Uhr* €

DIE GESCHICHTE VON KRITSOTOPOULA

Nach der Geschichte einer Frau, die während der osmanischen Besatzung zur Widerstandskämpferin mutierte und noch immer als Symbol kretischen Widerstands verehrt wird, heißt die Hauptstraße von Kritsa **Kritsotopoula** (Mädchen aus Kritsa). Rhodanthe, die schöne Tochter des örtlichen Priesters, erregte leider die Aufmerksamkeit eines türkischen Herrschers. Er ließ sie entführen und zwang sie zur Ehe. In der Hochzeitsnacht durchschnitt Rhodanthe ihrem Peiniger die Kehle, zog seine Kleider an und floh in die Berge, wo sie sich als junger Mann verkleidet den Aufständischen anschloss.

Leidenschaftlich kämpfte sie gegen die Türken, erlag dann aber den Wunden, die sie in einer blutigen Schlacht beim antiken Lato erlitten hatte. An Rhodanthe erinnern eine kleine Statue an der nach ihr benannten Gasse, das liebenswerte Kritsotopoula-Museum und ein Roman der im Ort ansässigen Yvonne Payne.

wie eine reich verzierte Bibel die besterhaltenen byzantinischen Fresken Kretas. In der Kuppel sind vier Szenen des Evangeliums *(Darbringung des Herrn, Jesu Taufe, die Auferstehung des Lazarus und der Einzug nach Jerusalem)* zu sehen. Die ältesten Malereien im Hauptschiff gehen auf das 13. Jh. zurück und zeigen Szenen aus dem Leben Christi, darunter ein herrliches *Letztes Abendmahl*. Nach der Besichtigung kann man im Gartencafé ein Päuschen mit frischem Orangensaft einlegen.

Bezaubernde Kritsa-Schlucht

Flankiert von steilen Felsen folgt die **Kritsa-Schlucht** einem Flussbett mit Eichen und Olivenbäumen und im Frühling blühenden Wildblumen. Es gibt zwei Routen. Die kürzere (rund 5 km) führt 2 km durch den Canyon, dann bergauf und zum Parkplatz zurück. Bei der längeren (rund 11 km) geht man weiter bis ins Dorf Tapes. Die Zäune, die man unterwegs sieht, haben Hirten aufgestellt, um die Ziegen zusammenzuhalten.

Der Weg zur Schlucht ist an der Straße nach Lato ausgeschildert. Festes Schuhwerk und eine gewisse Fitness sind vonnöten, der Weg ist steinig und erfordert gelegentliche Kraxelei.

Katharo-Hochebene

DAUER AB AGIOS NIKOLAOS: **45 MIN.** 

Wege durch eine Zeitschleife

Um der Sommerhitze zu entfliehen, steuere die **Katharo-Hochebene** an, eine außerweltlich anmutende Landschaft 1150 m über dem Meer. Nur 26 km von Agios Nikolaos entfernt fühlt man sich hier auf einer Reise zurück in eine Zeit, in der es

Kritsa-Schlucht

noch keinen Massentourismus gab und Kreta Bauern, Hirten und Partisanen gehörte. Auch heute noch ist die Katharo-Hochebene nur von Mai bis Oktober bewohnt, wenn die Schäfer ihre Schafe und Ziegen auf den Bergwiesen weiden lassen.

Von Kritsa windet sich eine glatte Straße 16 km lang in Serpentinen hinauf und eröffnet schöne Ausblicke auf die zerklüfteten Spitzen des Bergs Tsivi und nach Osten zum Golf von Mirabello. Wo Olivenbäume Steineichen Platz machen, hört man nur noch den Wind und die Glöckchen der Ziegen, die zwischen den Felsbrocken grasen. Im Frühjahr ist die raue Landschaft von einem Meer aus Wildblumen überzogen und wirkt dann wie ein Gemälde von van Gogh. Wettergebeutelte Schilder weisen Waldpfade aus, die auf minoische Zeiten zurückgehen.

Weitere Pfade beginnen oben in Avdeliakos, wo die geteerte Straße endet. Die meisten kehren jedoch einfach nur in einer der saisonalen Tavernen ein. In der **Tavernas Stereos** *(9–19 Uhr)* sitzt man auf der von einer Pergola überdachten Terrasse oder drinnen am Kamin zwischen Familienerbstücken.

Milatos-Höhle

DAUER AB AGIOS NIKOLAOS: **40 MIN.**

Höhle mit bewegender Geschichte

Die interessante **Milatos-Höhle**, in der 1823 türkische Soldaten Hunderte Einheimische massakrierten, lohnt den kurzen Abstecher von der E75 auf dem Weg nach Iraklion. Eine der Kammern beherbergt eine Kapelle und ein Beinhaus mit Knochen einiger der Opfer. Am Sonntag nach Ostern wird ein berührender Gedenkgottesdienst in der Höhle abgehalten. Nimm dir Zeit, um das großartige Küstenpanorama zu genießen.

OLOUS, DIE VERSUNKENE STADT

Im Wasser um den schmalen Isthmus, der die Halbinsel Spinalonga mit dem Festland verbindet, liegen Überreste der antiken Stadt **Olous**, einer der bedeutendsten dorischen Städte. Sie bestand seit dem 8. Jh. v. Chr., bis sie, vielleicht nach einem Erdbeben, etwa im 8. Jh. n. Chr. wieder von der Bildfläche verschwand.

Wegen ihrer Lage unter Wasser gibt es natürlich Anspielungen auf Atlantis, dafür gibt es jedoch nicht den geringsten Beleg. Bekannt ist dagegen, dass die Stadt zu ihrer Blütezeit mit Lato hoch auf dem Hügel im Westen konkurrierte.

GEORGIOS TSICHLIS/SHUTTERSTOCK ©

Venezianische Festung, Insel Spinalonga

TOP-ERLEBNIS

Insel Spinalonga

Die winzige **Insel Spinalonga**, einst venezianisches und türkisches Bollwerk, ist noch heute eine beeindruckende Festung und ein ideales Ausflugsziel. Ein interessanter Spaziergang rund um die Insel verbindet herrliche Aussichten mit Geschichte, dabei steht die Rolle der Insel als Quarantänestation für Menschen mit Lepra über 53 Jahre im 20. Jh. im Vordergrund. Ausflüge hierher sind ein Highlight eines Aufenthalts in Agios Nikolaos und der Region.

NICHT VERSÄUMEN

- Dantes Tor
- Historische Exponate
- Rundgang
- Bastionen
- Weite Ausblicke
- Bewegte Geschichte
- Erkundung auf eigene Faust

Venezianische Festung

Die Insel Spinalonga war ein mächtiges Bollwerk der Venezianer, die hier 1579 zum Schutz der Bucht von Elounda und des Golfs von Mirabello diese massive Festung errichteten. 1715 fiel die Insel unter osmanische Kontrolle. Über 200 Jahre lang sicherten verschiedene Besatzer von der Insel aus die nahegelegenen Häfen vor den Piraten, die in großer Zahl das Mittelmeer unsicher machten und die kretische Küste ausplünderten.

PRAKTISCHES

Der QR-Code führt zu Preisen und Öffnungszeiten.

Noch heute beeindruckt, während man sich über das Wasser nähert, das schiere Ausmaß der Befestigungsanlagen, die bereits mehrfach instandgesetzt wurden. Und nur wenigen wird an Dantes Tor, dem 20 m langen Tunnel unter einer Bastion hindurch, den Patient:innen bei ihrer Ankunft durchqueren mussten, kein Schauer über den Rücken laufen.

Erzwungener Rückzug

Die Insel Spinalonga wurde 1903 zu einer der größten Kolonien Europas für Leprakranke. Dank ihrer isolierten Lage vor der Nordspitze der Halbinsel gleichen Namens erschien einem Beamtenapparat, der die Krankheit nicht verstand und der die betroffenen Menschen am liebsten „verschwinden“ lassen wollte, Spinalonga als ideale Quarantänezone für Betroffene. Zudem war sie weitgehend verfallen und unbewohnt.

Insgesamt 1000 Griechen wurden nach Spinalonga in Quarantäne geschickt. Anfangs waren die Lebensbedingungen dort elend. Das änderte sich 1936 mit der Ankunft eines Jurastudenten, Epaminondas Remoundakis, der sich im Alter von 21 Jahren angesteckt hatte. Er kämpfte verbissen für eine bessere medizinische Versorgung und den Ausbau der Infrastruktur auf der Insel. 1948 wurde endlich ein Heilmittel entdeckt; der letzte Kranke verließ Spinalonga 1957.

Zur erhaltenen Infrastruktur aus den 53 Jahren der Insel als Isolationszentrum gehören ein großes Krankenhausgebäude aus Beton und mehrere Schlafsäle für Personal und Patient:innen. Die meisten Gebäude befinden sich auf der Westseite unten in Ufernähe an der Hauptstraße um die Insel.

Die Insel erkunden

Man kann die 1 km lange Runde um die Insel in 30 Minuten absolvieren, sollte sich aber viel mehr Zeit nehmen. Nach dem berüchtigten Tunnel Dantes Tor steht man zunächst mitten in einem stärker bebauten Bereich. Auf der Hauptstraße der Insel gelangt man zu einer Reihe restaurierter Dienstgebäude mit Ausstellungen und Exponaten, die die Geschichte der Insel von venezianischen Zeiten bis heute abdecken.

Zahlreiche informative Schilder bieten faszinierenden Lesestoff, viele befassen sich mit den Bemühungen der griechischen Regierung, eine Anerkennung der Insel als Unesco-Welterbestätte zu erreichen.

Läuft man im Uhrzeigersinn, bieten sich immer neue Ausblicke auf die Bucht von Elounda. Die kahlen umbrabraunen Hügel bilden einen schönen Kontrast mit dem leuchtend blauen Wasser. Nach Norden hin nehmen die Befestigungsanlagen zu. Jahrhundertelang galt Spinalonga als eine der stärksten Festungen des Mittelmeerraums.

Von der Ostseite blickt man aufs Meer, hier findet sich leicht ein ruhiges Plätzchen für eine Pause. Abzweigende Pfade führen die Hänge hinauf, wo labyrinthische Grundmauern verraten, wie dicht die Insel in venezianischen Zeiten bebaut war. Halte Ausschau nach der kleinen Kirche und dem Friedhof.

Bald ist man wieder zurück am Anleger. Hier und an der Ostseite führen Pfade zum Ufer, wo man schwimmen gehen kann.

LEPRA

Lepra ist auch unter dem Namen Morbus Hansen bekannt und verursacht Hautläsionen, Nervenschädigungen und Muskelschwäche. Mythen und Missverständnisse über die Krankheit waren schon immer weit verbreitet, z. B. dass sie hochansteckend sei, was nicht stimmt. Manche empfinden das Wort „Lepra“ als beleidigend. Heute gibt es weltweit weniger als 200 000 Fälle, vorwiegend in tropischen Ländern mit Problemen bei der Gesundheitsversorgung.

Lassithi-Hochebene

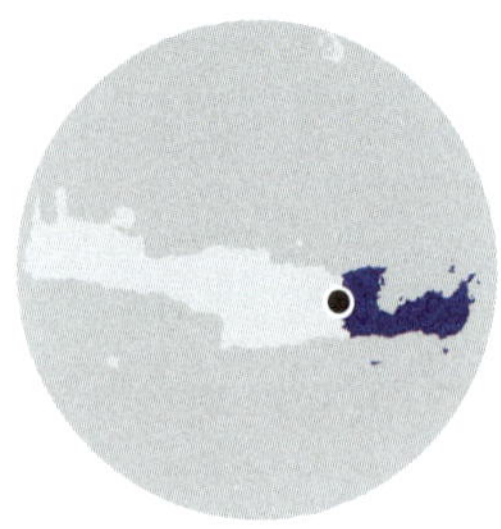

ABGESCHIEDENHEIT | MYTHOLOGISCHES ERBE | BERGDÖRFER

UNTERWEGS VOR ORT

Zur Lassithi-Hochebene fahren keine Busse. Ein Taxi nach Tzermiado oder Psychro kostet ca. 60 € ab Iraklion bzw. 50 € ab Agios Nikolaos. Oder du nimmst den Bus nach Malia und dort ein Taxi (ca. 25 €).

Da auch vor Ort keine Busse verkehren, benötigt man für die Hochebene einen Mietwagen oder man nimmt an einer Tour teil. Auf den schmalen Straßen radelt es sich auch sehr schön.

Hinter dem Seli-Ambelos-Pass, dem wichtigsten Tor zur Lassithi-Hochebene von Iraklion aus, wird man von alten Windmühlen begrüßt. Die weltabgewandte Landschaft wirkt wie ein Gegenstück zu den Städten und Küsten Kretas. Die fruchtbare Ebene ist mit Feldern und Obstgärten bestückt, die ein wahres Füllhorn an Feldfrüchten wie Kartoffeln, Tomaten und Salat liefern, die auf Märkten in ganz Kreta verkauft werden.

Eine 23 km lange Straße verbindet die 18 Dörfchen der Hochebene, jedes hat seinen ganz eigenen Charakter. Die Ebene ist die einzige ganzjährig bewohnte Gegend Kretas über 800 m.

Aschefarbene Berge umgeben die Hochebene, darunter das Dikti-Gebirge mit der Dikti-Höhle, wo der Sage nach Zeus geboren und als Kind versteckt wurde. Die wichtigste Sehenswürdigkeit der Hochebene lockt busweise Tagesausflügler an. Doch nur wer hier übernachtet, erlebt den Geist dieser abgeschiedenen und doch zugänglichen Ecke Kretas und ihrer Menschen wirklich hautnah.

☑ TOP TIPP

Die Lassithi-Hochebene besucht man am besten in einer Schleife von der E75, die entlang der Nordküste verläuft. Von Norden zweigt man in Chersonisos oder Malia Richtung Süden ab. Von Osten ist die Hochebene über eine kurvenreiche Bergstraße von Agios Nikolaos zu erreichen.

Zeus' Geburtsstätte – vielleicht

Kretas berühmte Höhle

Die Dikti-Höhle hoch über dem Dorf Psychro ist laut griechischer Mythologie der Ort, an dem Rhea Zeus gebar, weit entfernt vom Vater Kronos, der gern seinen Nachwuchs verschlang. Viele behaupten allerdings dasselbe von einer anderen Höhle, der viel weniger kommerzialisierten **Idäischen Grotte** (S. 116) in der Region Rethymnon.

Von der heißen Sonne draußen windet sich eine steile Betontreppe tief in die feuchte Dunkelheit und führt an Stalaktiten und surrealen Gesteinsformationen vorbei. Mit viel Fantasie kann man Zeus' Krippe, seinen Umhang oder sogar die Stelle ausmachen, an der er gestillt wurde. Hier unten ist es kühl und rutschig, also feste Schuhe tragen und einen Hoodie mitnehmen.

Viele der in der Höhle gefundenen Opfergaben wie Dolche, Speerspitzen, Figuren und Doppeläxte deuten darauf hin, dass

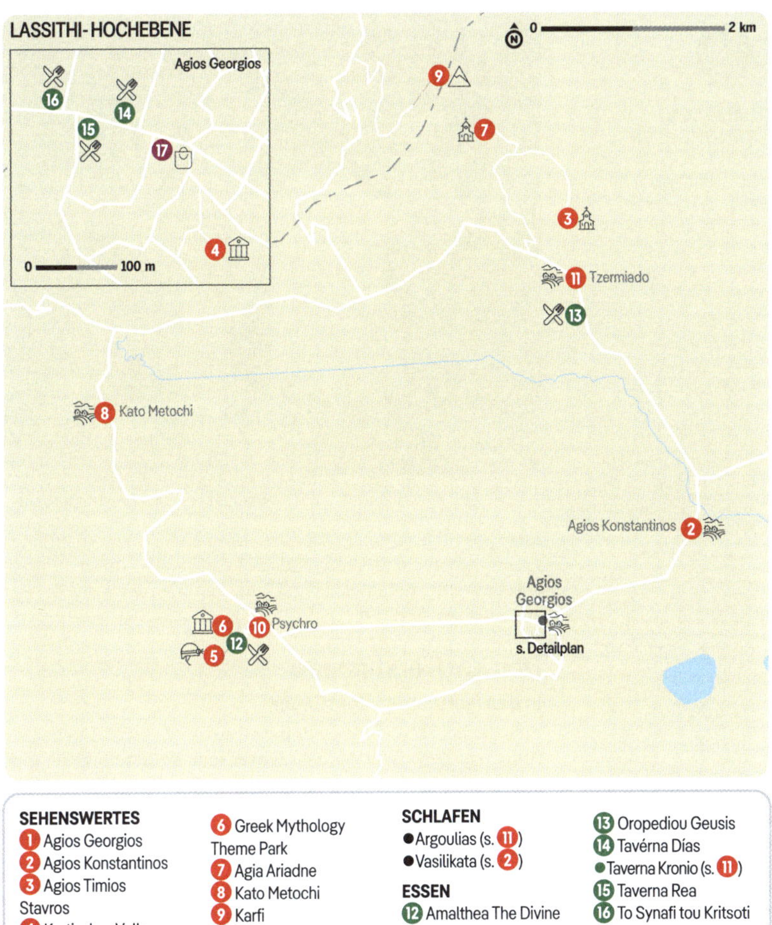

SEHENSWERTES
1 Agios Georgios
2 Agios Konstantinos
3 Agios Timios Stavros
4 Kretisches Volkskundemuseum
5 Dikti-Höhle
6 Greek Mythology Theme Park
7 Agia Ariadne
8 Kato Metochi
9 Karfi
10 Psychro
11 Tzermiado

SCHLAFEN
● Argoulias (s. 11)
● Vasilikata (s. 2)

ESSEN
12 Amalthea The Divine Goat
● Dikti Tavern (s. 2)
● Metochi (s. 8)
13 Oropediou Geusis
14 Taverna Días
● Taverna Kronio (s. 11)
15 Taverna Rea
16 To Synafi tou Kritsoti

SHOPPEN
17 Windmills.gr

dies von minoischer bis zu römischer Zeit eine Kultstätte war. Einige Funde sind heute im **Archäologischen Museum Heraklion** (S. 140) ausgestellt.

Am besten kommt man nachmittags her, um den üblichen Touristenmassen auszuweichen Vom Parkplatz sind es über einen sonnigen gepflasterten Weg steile 800 m zum Höhleneingang. Es sind auch Allradtaxis verfügbar.

Pluton in Gips

Griechische Mythologie nachempfunden

Am Parkplatz der Dikti-Höhle wartet reichlich Zerstreuung. Neben den üblichen Souvenirläden, die importierte „echt kretische" Schätze verkaufen, ist da der **Greek Mythology Theme**

LAND DER WINDMÜHLEN

Ein berühmtes Foto zeigt die Lassithi-Hochebene bedeckt mit einem Wald aus Windmühlen mit weißen Segeln. Sie wurden zuerst von den Venezianern errichtet, um die Felder der Lassithi-Hochebene zu bewässern. Es muss im 17. Jh. ein bemerkenswerter Anblick gewesen sein, als sich über 20 000 Mühlen drehten.

Heute erledigen effizientere mechanische Pumpen diese Arbeit und es sind nur ein paar Windmühlen übrig, die als Fotokulisse für Tourist:innen dienen. Auf dem Weg von Iraklion auf die Lassithi-Hochebene steht am Seli-Ambelou-Pass eine Reihe restaurierter Mühlen. Hier lohnt sich ein kurzer Stopp, um einen genaueren Blick auf die Mühlen zu werfen und sich von der Aussicht bezaubern zu lassen. Auf einer Tafel wird Geschichte und Funktionsweise erläutert. (Siehe auch den Laden Windmills.gr in Agios Georgios.)

Windmühlen, Lassithi-Hochebene

Park *(greekmythology.eu; Erw./Kind 8/4 €)*. Alle möglichen griechischen Gottheiten sind hier mit höchst unterschiedlicher Kunstfertigkeit nachgebildet, Schilder erklären die dazugehörigen Mythen.

Den Karfi erklimmen

In den Fußstapfen der Minoer

Eine der beliebtesten Wanderungen auf der Lassithi-Hochebene führt von Tzermiado auf den **Karfi**, eine Kalkstein-Felskuppe mit den Überresten einer spätminoischen Siedlung und weiten Ausblicken auf die Küste.

Als die Dorer Kreta um 1100 v. Chr. eroberten, flüchteten die verbliebenen Minoer in die Berge und ließen sich u. a. an der Südostflanke des Karfi nieder. Die harten Winter hier oben waren sicher kein Spaß, doch der Ort war leicht zu verteidigen und die Geflohenen lebten hier noch für Jahrhunderte; wahrscheinlich betrieben sie Ackerbau und Viehzucht.

Die Wanderung beginnt beim Arztzentrum an der Hauptstraße westlich von Tzermiado. Zuerst folgt man einer befestigten Straße rund 2 km auf die kleine Nisimos-Hochebene, dann geht's links auf einen Pfad in Richtung der klitzekleinen **Agia-Ariadne-Kirche**, gleich am eigentlichen Beginn des Aufstiegs.

Der steile Aufstieg über einen felsigen, von Disteln gesäumten Pfad hoch zum Gipfel und zu den Ruinen der archäologischen Stätte dauert etwa eine halbe Stunde. Für die gesamte Wan-

ESSEN AUF DER LASSITHI-HOCHEBENE: TOP TIPPS

To Synafi tou Kritsoti: Auf dem Holzkohlegrill vor der Tür garen all die kretischen Stars – Schnecken, Lamm, Schwein, Paprika. *9–24 Uhr* €

Taverna Kronio: Wunderbare Landküche in Tzermiados ältester Taverne (von 1966). Wie wär's mit dem 18-gängigen Degustationsmenü? *9–23 Uhr* €€

Metochi: Schattige Taverne in Kato Metochi mit hausgemachter Pasta, Lammkoteletts vom Grill und gefüllten Zucchiniblüten. *9–23 Uhr* €€

Dikti Tavern: Die Taverne in Agios Konstantinos wird für ihr saftiges Lamm gelobt, die vielen Tische auf der Straße zeugen von ihrer Beliebtheit. *12–23.30 Uhr* €€

derung sollte man hin und zurück etwa zwei Stunden einplanen – nur die Hälfte, falls man bis zur Kapelle fährt.

Lassithi von oben

Hoch hinauffahren

Atemberaubende Ausblicke auf das Patchwork der Felder der Lassithi-Hochebene sowie den Karfi eröffnen sich von der weiß getünchten Kapelle **Agios Timios Stavros**, die sich oberhalb von Tzermiado an einen Berg klammert. Sie ist leicht zu Fuß oder mit dem Auto zu erreichen: einfach der schmalen, aber geteerten Straße folgen (derselben wie zur Karfi-Wanderung) die 3,5 km zur Kapelle hinaufführt. Aufs Kirchengelände gelangt man durch ein Tor; dann kann man den Blick schweifen lassen und die nur vom Wind gestörte Stille genießen.

Das netteste Dorf der Hochebene

Agios Georgios erkunden

Das einladendste Dorf auf der Hochebene ist **Agios Georgios**. Es liegt an einer Kreuzung und ist eine gute Basis, um die Umgebung per Rad zu erkunden. Spaziere die Hauptstraße entlang, such dir ein Café und lass die Atmosphäre auf dich wirken.

Das **Kretische Volkskundemuseum** *(Erw./Kind 3/2 €)* gewährt einen Einblick in Kretas ländliche Vergangenheit und erstreckt sich über ein steinernes Bauernhaus aus dem 19. Jh. und ein etwas jüngeres klassizistisches Gebäude. Neben landwirtschaftlichen Geräten, Holzmöbeln, Textilien, verblassten Schwarz-Weiß-Fotos und Relikten aus dem Zweiten Weltkrieg ist auch eine Traubenpresse zu sehen, die clever zu einem Bett umfunktioniert wurde. Ein nahe gelegenes Gebäude bietet eine Ausstellung zum bekannten Politiker Eleftherios Venizelos.

Zurück an der Hauptstraße weisen kleine Windräder den Weg zu **Windmills.gr**. In dieser Werkstatt werden Windmühlen für den heutigen Gebrauch hergestellt und faszinierende Exponate erläutern ihre Verwendung und ihr Design.

Weitere Dörfer auf der Hochebene lohnen eine Erkundung. **Agios Konstantinos** ist ein sehr traditionelles Dorf mit ausgezeichneten Tavernen und mehreren zeitlosen Geschäften, die Kunsthandwerk wie die bekannten örtlichen Handarbeiten verkaufen. **Tzermiado**, günstig zwischen den beiden Hauptzugangsstraßen gelegen, ist das moderne Geschäftszentrum der Hochebene; hier kann man auch tanken. **Kato Metochi** ist winzig klein, doch die riesigen schattenspendenden Bäume hier am Rande der Ebene verlocken zu einem Halt, ebenso wie die Stände mit frischen Orangen. **Psychro** ist ein grüner Weiler gleich unterhalb des Touristenrummels an der Dikti-Höhle.

WILDBLUMEN AUF DER HOCHEBENE

Kreta ist bekannt für seine Wildblumen und die Lassithi-Hochebene ist fast das ganze Jahr über voller Blüten. Im Frühling blühen Mohn und violette Lupinen, von Juni bis August milchig weiße und rosa Oleander, während im Frühsommer Zistrosen und Ginster die Hänge schmücken. Von März bis Mai sieht man Felder mit gelben Chrysanthemen.

Im Frühling blühen auch viele Orchideenarten und lassen die Hügel und Wiesen rosa, purpurn und violett leuchten. Zu den botanischen Highlights gehören Gefleckter Waldwurz und Schmetterlings-Knabenkraut, aber auch das Kretische Alpenveilchen.

Lila und purpurne Anemonen aus dem zeitigen Frühjahr werden im Spätfrühling von gelben Ranunkeln und Hahnenfuß abgelöst. Fast das ganze Jahr über duften die Berghänge nach Oregano, Thymian, Salbei und Rosmarin.

ENTSPANNT ESSEN AUF DER LASSITHI-HOCHEBENE

Oropediou Geusis: Der freundliche *kafeneio*-artige Klassiker in Tzermiado verwöhnt seine Gäste mit herzhaften hausgemachten Speisen. *7–24 Uhr* €

Tavérna Días: Einfache, altmodische Taverne in Agios Georgios mit Stühlen auf der Straße und wechselndem Speisenangebot. *10–22 Uhr* €

Taverna Rea: Heitere Taverne in Agios Georgios mit hübsch dekorierten Steinwänden. Maria Spanakis Souvlaki ist legendär. *12–22 Uhr* €

Amalthea The Divine Goat: Schau der Jagd der Mietwagen nach einem Parkplatz vor der Dikti-Höhle zu. Guter Kaffee und frische Säfte. *9–20 Uhr* €

Ierapetra

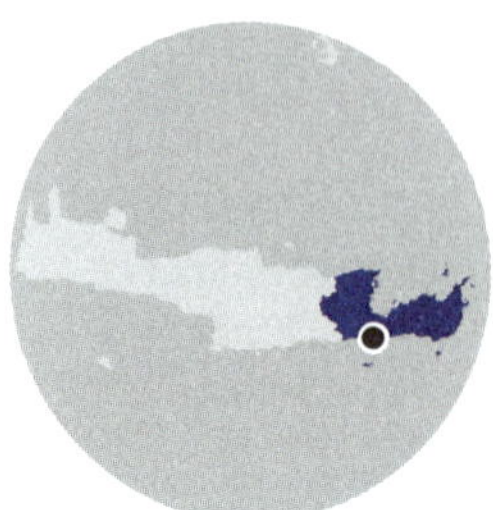

HISTORISCHES FLAIR | NACHTLEBEN | TOP-TAVERNEN

UNTERWEGS VOR ORT

Mit dem Auto durchs Zentrum von Ierapetra zu kurven ist eher nervig, besser parken und zu Fuß gehen. Einen großen Parkplatz gibt's direkt am Anleger für die Fähren nach Chrysi. Der zentrale Taxistand befindet sich vorm Rathaus wenige Schritte vom Anleger. Auf einer Tafel sind die Festpreise vermerkt. Greenride *(greenride.gr)* vermietet E-Bikes.

Das freundliche und bodenständige Ierapetra, der größte Ort an der Südküste, bietet eine traditionelle Kreta-Erfahrung. Mit der Eröffnung einiger moderner gehobener Resorts an den Stränden östlich des Zentrums hat jedoch auch hier der Tourismus stärker Einzug gehalten. Bis jetzt verläuft das Leben hier tagsüber in ruhigen Bahnen. Es gibt wenig mehr zu tun, als in den Cafés und Restaurants am Wasser abzuhängen, durch die alten Straßen zu schlendern oder am langen grauen Stadtstrand in der Sonne zu braten. Nach Einbruch der Dunkelheit füllen sich die Ufertavernen allerdings schnell und die Gelage dauern lang.

Ierapetra ist Ausgangspunkt für Touren zur Insel Chrysi (Gaidouronisi), aber auch Handelszentrum für die große Agrarindustrie Südostkretas. Eingeführt in den 1960ern von einem niederländischen Unternehmer, prägen die Treibhäuser heute die Region.

Schätze, Särge & eine Göttin

Eine Truhe antiker Schätze

Die **Archäologische Sammlung Ierapetra** *(archaeological museums.gr; Erw./Kind 3/2 €)* in einer 1899 von den Osmanen errichteten Schule wirkt zunächst vielleicht wie ein weiteres staubiges Sammelsurium aus Steinen und Tonscherben. Doch mit der prächtigen **intakten Statue** (hier fehlt nichts, liebe Venus von Milo!) der Göttin Persephone aus dem 2. Jh. n. Chr. beginnen erst die Überraschungen in dem kleinen Museumsjuwel, das Schätze aus 3500 Jahren von 3000 v. Chr. bis 500 n. Chr. birgt. Interessant ist etwa auch die große **Larnax** (Tonsarg) von 1300 v. Chr., geschmückt u. a. mit Jagdszenen und einem Tintenfisch.

Die Uferpromenade genießen

Ierapetras muntere Gastroszene

An Ierapetras Uferpromenade gibt's eine lebhafte Gastroszene, die vom Frühjahr bis in den Herbst allabendlich jede Menge Locals und Besucher:innen anlockt. Tavernen in der Stratigou

TOP TIPP

Wem der Stadtstrand von Ierapetra nicht reicht, der findet östlich des Orts zahlreiche hübsche Buchten und Strände, u. a. einen der längsten Strände Kretas in Koutsounari (Long Beach). Zu den schönen Sandstränden weiter östlich zählen der beliebte Agia Fotia mit ruhigem Wasser und der Makrygialos mit fröhlicher Strandpromenade.

SEHENSWERTES
1 Archäologische Sammlung Ierapetra
2 Afentis-Christos-Kirche
3 Ehem. Moschee
4 Napoleon-Haus
5 Festung Kales
7 Türkischer Brunnen

SCHLAFEN
8 Coral Boutique Hotel
9 El Greco Boutique Hotel

ESSEN
10 Napoleon
11 Pizzeria L'Angolo
12 To Bobu
13 Vira Potzi

AUSGEHEN & FEIERN
14 Boheme Cafe
15 Chocolicious
16 Ntoukiani
17 Saxo Bar

Samouil bieten entlang der Küste Plätze in verglasten Pavillons, weitere Tische breiten sich unter den Bäumen aus. An lauen Abenden wirkt es hier wie ein einziges großes Festmahl.

Schau dir an, welcher Fisch am frischesten aussieht und welche Karte am verlockendsten. Das **Vira Potzi** bei der Festung Kales setzt moderne Akzente. Zu altbewährten kretischen Klassikern gibt's Meerblick von der erhöhten Terrasse, die Weinkarte ist top. Die Tische des **To Bobu** erstrecken sich über die Straße bis auf den Strand; hier werden riesige Portionen von ausgezeichnetem frischen Seafood aufgetischt. Das **Napoleon** serviert beste kretische Kost mit Flair. Wer keinen Bauernsalat mehr sehen kann, geht zur **Pizzeria L'Angolo**, die Familien mit ihren großzügig belegten knusprigen Pizzen beglückt.

IERAPETRAS MARITIME GESCHICHTE

Ierapetra war eine bedeutende dorische Stadt und in minoischen Zeiten ein gefürchtetes Piratennest. Den Römern diente der letzte große Außenposten, den sie einnahmen, als wichtiger Anlaufhafen bei der Eroberung Ägyptens.

Im Mittelalter kehrten die Piraten zurück, bis die Venezianer die Festung Kales errichteten, die noch heute steht. Maritime Traditionen bestimmten weiterhin das Leben vor Ort. Selbst Napoleon soll vorbeigeschaut haben.

DIE BESTEN CAFÉS & BARS IN IERAPETRA

Boheme Cafe: Wer in diesem stilvollen zentralen Café lang genug an Kaffee, Bier oder Cocktail nippt, sieht ganz Ierapetra vorbeilaufen. *8–23 Uhr*

Ntoukiani: Winzige Bar mit Bohemeflair, geselligen Gästen und guten Cocktails. Drinnen gemütlich, draußen ein paar Hocker an einer kleinen Bar. *8–3 Uhr*

Saxo Bar: Alteingesessene Partybar auf drei Ebenen mit schick beleuchteter Theke und verführerischer Dachlounge. *23–3 Uhr*

Chocolicious: Das beliebte Café ist zu jeder Tageszeit ein Magnet für Naschkatzen, Familien, Pärchen, Kinder, die ihr Taschengeld verbraten usw. *8–1 Uhr*

SPAZIERGANG DURCH IERAPETRAS ALTSTADT

Diese kurze Tour führt vom Hafen an historischen Stätten vorbei durch die stimmungsvolle Altstadt.

START	ZIEL	LÄNGE/DAUER
Festung Kales	Türkischer Brunnen	500 m; 30 Minuten

Erkunde das venezianische Bollwerk aus dem 17. Jh., die ❶ **Festung Kales**, deren zinnenbewehrte Mauern sich über dem Fischerhafen erheben. Sie wurde auf noch älteren Verteidigungsanlagen Genueser Piraten aus dem 13. Jh. errichtet, die durch ein Erdbeben und von den Türken zerstört worden waren. Erklimme Festungsmauern und den einzigen Turm und genieße herrliche Blicke auf Bucht und Berge.

Ein paar Schritte westlich kommen in der Samouil die roten Kuppeln der ❷ **Afentis-Christos-Kirche** ins Blickfeld. Die Kirche aus dem 14. Jh. ist das älteste Gotteshaus Ierapetras und beherbergt einige schöne Ikonen.

Tauche ein in das Gewirr enger Gassen der winzigen Altstadt (Kato Mera). Die große Attraktion ist das kleine ❸ **Napoleon-Haus**. Der französische Staatsmann Napoleon Bonaparte soll hier 1798 auf dem Weg zu seinem Ägypten-Feldzug inkognito abgestiegen sein.

Vorbei an der Agios-Nikolaos-Kirche geht's zur dreieckigen Plateia Tzami am Nordrand der Altstadt. Die ❹ **Moschee** aus dem späten 19. Jh. ist inzwischen weitgehend baufällig, hat aber noch immer ihr schönes Minarett. Zusammen mit dem achteckigen überkuppelten ❺ **türkischen Brunnen** auf dem Platz erinnert sie an Ierapetras osmanische Ära.

0 200 m
ZIEL
Plateia Tzami
Kleine Häuser aus dem 19. Jh. mit dicken Mauern säumen die alte Straße Makedonomachon.
Makedonomachon
Altstadt (Kato Mera)
Auf der palmengeschmückten Plateia Tzami bietet sich ein einfaches Café als Pausenstopp nach dem Spaziergang an.
Agios-Nikolaos-Kirche
Stratigou Samouil
Stratigou Samouil
Die Afentis-Christos-Kirche hat einen freistehenden Glockenturm auf der anderen Straßenseite am Hafen.
START

Rund um Ierapetra

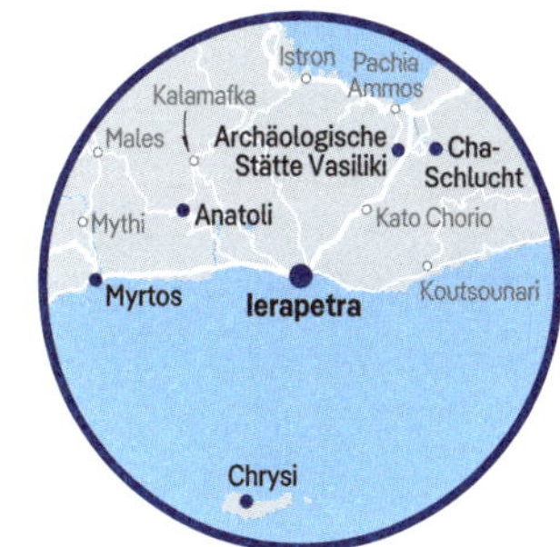

Faulenze an deinem Lieblingsstrand oder mach dich auf in die Berge, um zu schlemmen und Naturjuwele und historische Stätten zu entdecken.

Im Südosten Kretas um Ierapetra herrscht ein subtropisches Klima – daher üben die vielen Strände und Buchten einen so großen Reiz aus. Aber manchmal wird's auch zu viel: Der Zugang zu den Paradiesstränden auf der Insel Chrysi wurde wegen Überfüllung beschränkt. Das freundlichste der Küstendörfer ist das angenehm wenig erschlossene, blumengeschmückte Myrtos, das sich eine ausgeprägte eigene Identität bewahrt hat. Einsamer Strandgenuss wartet ein Stück weiter westlich in Tertsa. In den Bergen locken verschlafene Dörfer, der Duft von Kiefernwäldern und Wanderungen durch Schluchten. Nach der Erkundung eines frühen und abgelegenen minoischen Palasts laden stimmungsvolle Tavernen zu einer bodenständigen Mahlzeit ein.

Ziele

Myrtos

DAUER AB IERAPETRA: **20 MIN.** 

Unprätentiöser Charme und ein einladender Strand

Myrtos ist ein entzückender Badeort mit wohlorganisiertem Strand, wo auch Volleyball gespielt wird. Es ist eine gute Ausgangsbasis für Berg- und Schluchtwanderungen und hat sogar zwei kleine minoische Stätten. All das zieht ein Stammpublikum an, das Ruhe, blumengeschmückte Pensionen und ein paar Tavernen im Dorf und am Strand schätzt. Selbst wer nur auf der Durchfahrt ist, sollte hier einen Stopp einlegen.

Bohemegarten am Strand

Das winzige **Tertsa** nur 6 km auf der Küstenstraße von Myrtos nach Westen ist ein Stück Paradies, in dem Bananen, Trauben, Gurken und andere Feldfrüchte in Hülle und Fülle gedeihen. Sonntags kommen die Leute aus den Bergdörfern hierher, um sich auf dem Bauernmarkt einzudecken. Daran schließt sich meist ein entspanntes Mittagsmahl in einer Taverne an.

An Wochentagen ist Tertsas breiter grauer **Sandstrand** praktisch leer. Noch mehr Privatsphäre gibt's weiter westlich an einer Reihe abgeschiedener Strände, wo gern nackt gebadet wird.

UNTERWEGS VOR ORT

Busse fahren zu den wichtigsten Küstenorten westlich und östlich von Ierapetra, sowie nach Sitia und Agios Nikolaos. Für die Bergdörfer brauchst du ein eigenes Fahrzeug. Die Küstenstraße ist zum Radeln geeignet.

Anatoli

DAUER AB IERAPETRA: **30 MIN.** 

Bergluft und Rosen

Wenn nur Zeit für ein abgelegenes Bergdorf in Lassithi ist, dann ist das kleine **Anatoli** eine prima Wahl (z. B. im Rahmen

LOCAL TIPP: BERGTAVERNEN

Yiannis Zervakis, ein Koch, der auch Kochworkshops und kulinarische und Weintouren organisiert, verrät uns, wo es in den Bergdörfern tolles Essen gibt. *facebook.com/yiannis.zervakis*

Taverna Agia Paraskevi: In der Nähe von Christos kocht Giannis köstliche Schweinefleisch-, Lamm- und andere traditionelle Gerichte. Man sitzt auf einer schattigen Terrasse neben einer Kapelle und einem Bach.

Stella's Café: In dem Café in Selakano genießt man Stille, frische Luft und tolles Essen, vor allem Stellas berühmtes Kartoffelomelett. Und im umliegenden Wald kann man schön spazieren gehen.

Villa Mala: Die Villa Mala in einem renovierten alten Haus in Males bietet herrliche Blicke aufs Meer. Hier gibt's kretische Weine, tolle traditionelle und moderne Gerichte sowie fabelhaften Apfelkuchen.

der Autotour auf S. 202). Der Verfall dieses malerischen Dorfes „der aufgehenden Sonne" (so sein übersetzter Name) aus venezianischer Zeit wurde durch gut betuchte und traditionsbewusste Leute aus Ierapetra und Umgebung mit Hilfe von eimerweise EU-Subventionen gestoppt.

Es gibt hier keine besonderen Attraktionen, vielmehr ist es ein guter Ort, um das Auto stehenzulassen, durch die schmalen Gassen zu schlendern und architektonische Details wie Holzschnitzereien an den restaurierten Häusern zu bewundern. Auch die Gärten sind wunderschön. Zudem bieten sich weite Blicke auf die Bucht von Ierapetra, das glitzernde Meer und einen reflektierenden Ozean aus Folientunneln.

Archäologische Stätte Vasiliki

DAUER AB IERAPETRA: **15 MIN.**

Der früheste minoische Palast

Parke am Rand der kleinen Straße ins Bergdorf Vasiliki und folge dem Pfad durch einen Johannisbrot- und Olivenhain für etwa 100 m bis zur exquisiten **Archäologischen Stätte Vasiliki** *(odysseus.culture.gr; gratis).*

Sie gilt als Vorläufer minoischer Paläste wie Knossos und wird auf 2600 v. Chr. datiert. Es ist die erste geplante Siedlung und das sogenannte „Haus auf dem Hügel" weist Elemente auf, die in späteren, stattlicheren Gebäuden wiederverwendet wurden, etwa große rechteckige Räume, die durch lange Korridore verbunden sind. Ein beachtlicher Teil der erhaltenen Bausubstanz wurde aus Backsteinen aus Lehm, Stroh und Steinen erbaut.

Einige berühmte bunt gefleckte Keramikfundstücke wurden hier ausgegraben und sind jetzt im **Archäologischen Museum Heraklion** (S. 140) zu sehen. Die Öffnungszeiten sind erratisch, aber man kann eine Menge durch den Zaun sehen (oder einen Eingang finden).

Cha-Schlucht

DAUER AB IERAPETRA: **20 MIN.**

Ein Spalt durch Lassithi

Die haarsträubende Spalte der 1,5 km langen **Cha-Schlucht**, die die mächtige Felswand des Thripti-Gebirges zerteilt, ist die imposanteste Struktur entlang der nur 12 km breiten Landenge, die Kretas hakenförmiges Ostende mit dem Rest der Insel verbindet. Allerdings sollten nur erfahrene Schluchtprofis eine Durchquerung wagen. Biege stattdessen in Monastiraki ab, parke beim Schild zur Cha-Schlucht und folge dem leichten 1 km langen Pfad, um das geologische Drama

ESSEN RUND UM IERAPETRA: TOP TIPPS

Kapilion: Dorftaverne in Monastiraki mit weitem Blick in die Berge. Sonntags zum Mittag-, sonst nur zum Abendessen geöffnet. *16–23.30 Uhr* €

Kafemezedopolion Aposperís: Familiäres Lokal im idyllischen Anatoli mit umfangreicher Karte voller kretischer Klassiker. *11–23 Uhr* €

O Platanos: Unter einer riesigen Platane an der Hauptstraße von Myrtos, mit Livemusik an Sommerabenden. Verlässliche kretische Kost. *17–2 Uhr* €€

La Sera: Freiluftlokal in einer Seitengasse in Myrtos. Romantisches Licht, guter Wein, überschaubare mediterran inspirierte Karte. *17.30–24 Uhr* €€

Chrysi

GEORGIOS TSICHLIS / SHUTTERSTOCK ©

zu begutachten. **Monastiraki** selbst ist ein reizendes Dorf mit drei Kirchen und stimmungsvollen Tavernen, u. a. dem empfehlenswerten **Kapilion**.

Die Insel Chrysi

DAUER AB IERAPETRA: **1 STD.**

Überstrapaziertes Paradies

Ierapetra ist Ausgangspunkt für Bootstouren zu einer der schönsten Inseln Kretas, der unbewohnten **Insel Chrysi** (auch Gaidouronisi oder Chrissi), etwa 16 km vor der Küste. Sie ist berühmt für ihre silbrigen Strände, das in unzähligen Blautönen schimmernde Wasser, minoische Ruinen, den mit bergeweise Muscheln bedeckten Belegrina-Strand und vor allem den einzigen Wald mit Libanonzedern in Europa.

Doch das Naturjuwel hat stark unter den rund 200 000 Tagesausflügler:innen gelitten, die jedes Jahr hierhergeschippert wurden. Einige haben hier kampiert und dabei Setzlinge zertreten, das von den Pflanzen benötigte Grundwasser verbraucht, Müll hinterlassen, provisorische Tavernen errichtet und sogar Ziegen mitgebracht, die sich über die knorrigen Zedern hermachten. Man stellte zudem fest, dass am Strand errichteter improvisierter Windschutz die Auflösung der Dünen beschleunigte und so die Zedern zusätzlich gefährdete.

Im Jahr 2022 zog die griechische Regierung die Notbremse und sperrte Chrysi im Sommer für den Fremdenverkehr, damit die Natur sich erholen konnte. Doch die Tourismusindustrie vor Ort war empört und seither wurde die Insel langsam wieder geöffnet, wenn auch mit ein paar Einschränkungen. Besuche auf Chrysi werden nun viel strenger kontrolliert – keine Tavernen, kein Camping usw. – und die täglichen Besucherzahlen an den Stränden sind offenbar begrenzt.

Die Situation bleibt im Fluss, erkundige dich bei Touranbietern wie **Blue Cruises** *(blue-daily-cruises.com)* in Ierapetra nach dem aktuellen Stand.

TOMATEN UNTER FOLIEN

Schon seit die Minoer Oliven anbauten, bildet die Landwirtschaft das Rückgrat der kretischen Wirtschaft und Ierapetra stellt keine Ausnahme dar. Doch die Region blieb arm, bis der niederländische Agrarwirt Paul Kuijpers 1966 begann, hier Treibhäuser zu errichten – wie jene im Herzen der ganzjährigen Tomatenindustrie der Niederlande.

Die an ihre traditionellen Methoden gewöhnten Anwohner:innen waren bald überzeugt von den Gewinnen aus mehrfachen Ernten von Tomaten, Auberginen und anderen Feldfrüchten im Jahr.

Heute beherbergt Ierapetra die größte Zahl von Treibhäusern auf Kreta, die neben dem Tourismus die Haupteinnahmequelle der Region darstellen. Doch die Fülle hat ihren Preis: die visuelle Verschmutzung durch die Folientunnel, die rund um Ierapetra über 15 km² Landfläche bedecken, und die Plastikabfälle, die Land und Meer vermüllen.

AUTOTOUR

Quer durch die Berge

Diese Panoramatour ab Ierapetra führt über ein Netz aus kurvenreichen Bergstraßen am Dikti-Gebirge entlang. Es geht durch eine Landschaft der Felsspitzen, Kiefernwälder und in Blumen gehüllten Hänge mit Stopps in einem Küstendorf, an einer tiefen Schlucht, in einem steinernen Bergweiler, bei einer Höhlenkapelle und an einem fantastischen Sandstrand. Die Strecke ist 95 km lang – plane mindestens einen halben Tag ein (mit Wanderungen einen ganzen).

1 Ierapetra

Beginne die Tour im historischen Ierapetra und richte deinen Kompass nach Westen aus.

Route: Lass Ierapetra hinter dir und fahr 15 km an der Küste entlang Richtung Westen nach Myrtos.

2 Myrtos

Myrtos (S. 199) ist gesäumt von einem grauen Sand-Kiesel-Strand mit hellblauem Wasser. Die Tavernen und Cafés am Ufer sind ideal für eine Kaffee- oder Mittagspause.

Route: Folge den Schildern Richtung Norden in die Berge zum winzigen Dorf Mithi, bevor du 1,3 km weiter am Beginn des Wegs durch die Sarakinas-Schlucht parkst.

3 Sarakinas-Schlucht

Vom Parkplatz sind es fünf Minuten zu Fuß vorbei an einem kleinen Damm zum Eingang der Schlucht, die auf einer 1,5 km langen Wanderung zwischen 150 m hoch aufragenden Felswänden atemberaubende Schönheit bietet. Man muss allerdings ein bisschen kraxeln und durch Wasser

HERACLES KRITIKOS / SHUTTERSTOCK ©

Imker, Selekano-Wald

gehen. Vorher Wasserstände checken und ein Handtuch mitbringen.

Route: Fahre 7 km weiter, biege an der Christos-Males-Kreuzung links ab und fahre weitere 7 km nach Selekano. Die Straße wird teils sehr schmal, also besonders vorsichtig fahren.

4 Selekano-Wald

Vertritt dir die Beine im schönen Selekano-Wald. Neben Kiefern gibt's hier auch Kermeseichen, Platanen und Kreta-Ahorn. Der Wald ist ein Zentrum der kretischen Honigproduktion, sei also besonders im Sommer auf Begegnungen mit Bienen eingestellt.

Route: Zurück an der Kreuzung fährst du 10 km nach Osten über Males auf einer herrlichen Strecke mit Blick aufs majestätische Dikti-Gebirge.

5 Anatoli

Noch immer verschlafen, ist Anatoli (S. 199) dank restaurierter Ruinen, schönem Blick auf die Küste und Gärten voller Blumen und Vögel ein stimmungsvoller Stopp.

Route: Fahre auf der kurvenreichen Bergstraße 6 km weiter ins zwischen Kalksteinfelsen eingebettete Kalamafka.

6 Kalamafka

Einer der Felsen ist von der umwerfenden Höhlenkapelle Timios Stavros gekrönt. Die 220 Stufen sind die Mühe wert: Die winzige, weiß getünchte Kirche birgt allerlei Ikonen und man hat einen weiten Blick über das Dorf und die umliegenden Gipfel.

Route: Etwa auf halber Strecke der 15 km langen Fahrt hinunter nach Istron an der Küste blickt man von einem windigen Aussichtspunkt sowohl auf die Ägäis als auch auf die Libysche See.

7 Voulisma-Strand

Beende die Fahrt mit einer erfrischenden Pause an einem der beliebtesten **Strände** Ostkretas (S. 186). Von hier sind es nur 16 km und 20 Minuten Fahrt zurück nach Ierapetra. Vielleicht hältst du unterwegs noch in Vasiliki (S. 200) und an der Cha-Schlucht (S. 200).

Sitia

ENTSPANNT | ÜBERSCHAUBAR | EINLADENDE UFERPROMENADE

UNTERWEGS VOR ORT

Im ganzen Ort gibt's kostenpflichtige Parkplätze; kostenlose liegen hinter dem Archäologischen Museum und bei der Emmanouil Rouselaki kurz vorm Fährhafen. Der Busbahnhof – mit täglichen Bussen nach Agios Nikolaos, Ierapetra und Iraklion sowie gelegentlichen nach Palekastro und Zakros – ist gegenüber vom Archäologischen Museum an der Straße nach Palekastro.

Manchmal macht das Fehlen bestimmter Dinge einen Ort besonders. So ist es auch bei Sitia: Hier gibt's keine großen Hotelanlagen, keine schicken Designer-Boutiquen, keine glitzernden Clubs. Stattdessen hat der größte Ort im fernen Osten Kretas Ecken und Kanten – nie hat er seine Seele an den Massentourismus verkauft.

Das heißt nicht, dass Sitia unentdeckt geblieben wäre. Im Sommer erfreuen sich Gäste an seinem schlichten Charme und alle fühlen sich wie Locals. Dann herrscht an der von Tavernen gesäumten Uferpromenade am kleinen Fischerhafen eine karnevalsartige Stimmung.

Im stillen alten Ortskern oberhalb des Hafens ziehen sich weiße Häuser einen Hang mit steilen Treppen und der Ruine einer venezianischen Burg hinauf. Die Läden in den schmalen Straßen parallel zur Promenade sind auf den täglichen Bedarf ausgerichtet.

Viele Reisende nutzen Sitia als Ausgangspunkt für Touren nach Vai, zum Moni Toplou, nach Zakros und zu anderen abgelegenen Orten weiter östlich, doch es lohnt sich, hier ein wenig zu entspannen.

In die Geschichte Ostkretas eintauchen

Triff den Knaben von Palekastro

Das kompakte und gut kuratierte **Archäologische Museum Sitia** *(odysseus.culture.gr; Erw./Kind 3/2 €)* zeigt Funde aus Ostkreta von der Jungsteinzeit bis zu den Römern, jedoch mit Schwerpunkt auf minoischen Artefakten. Ein Besuch lohnt sich, allein um das berühmteste Stück zu sehen, den *Kouros von Palekastro*, die Statue eines jungen Mannes, zusammengesetzt aus acht Stücken Nilpferdelfenbein. Eventuell war die Figur früher vollständig mit Blattgold überzogen. Zwar ist sie unvollständig, aber dennoch ein echtes Meisterwerk.

Weitere tolle Funde stammen aus dem Palast von **Zakros** (S. 214), etwa eine Traubenpresse, eine Bronzesäge und sakrale

TOP TIPP

Im kleinen Ortskern von Sitia ist ein Auto völlig nutzlos, alles ist fußläufig erreichbar.

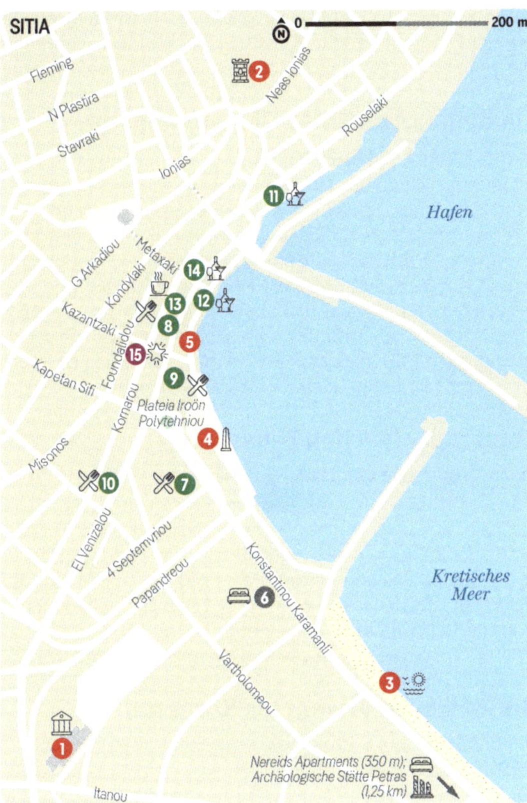

SEHENSWERTES
1 Archäologisches Museum Sitia
2 Festung Kazarma
3 Stadtstrand Sitia
4 Vitsentzos-Kornaros-Denkmal
5 Uferpromenade

SCHLAFEN
6 Hotel Elysee

ESSEN
7 Mitsakakis
8 Rakadika
9 Tzivaeri
10 Wai

AUSGEHEN & FEIERN
11 Black Hole Music Bar
12 Exo Lounge Cafe
13 Nouvelle Boutique
14 Wall Music Bar

UNTERHALTUNG
15 Stegi Vitsentzos Kornaros

Objekte, die Spuren des Feuers tragen, das den Komplex verschlang. Interessant sind auch Fragmente von Linear-A-Tafeln aus Petras und Zakros sowie minoische Larnakes (Tonsärge).

Schau nach, ob die **Archäologische Stätte Petras** mit Spuren minoischer Häuser 2 km südöstlich der Stadt geöffnet hat.

Festung mit Ausblick

Den Aufstieg wert

Die besten Ausblicke auf Sitia bieten sich von der **Kazarma-Festung** hoch oberhalb des Hafens. Das imposanteste Bauwerk des Orts wurde im 13. Jh. von den Venezianern errichtet, aber wiederholt zerstört (durch Erdbeben, Piraten und Plünderer) und wieder aufgebaut. Inzwischen ist sie fast vollstän-

ESSEN IN SITIA: TOP TIPPS

Rakadika: Probiere die saisonalen Spezialitäten in dieser Spitzentaverne am Meer mit rustikalem Charme und aufmerksamem Service. *9–23 Uhr* €

Mitsakakis: Eine Institution seit 1965, berühmt für ihr *galaktoboureko* (Gebäck mit Puddingfüllung) und *kataïfi* (Engelshaargebäck). *10–2 Uhr* €

Tzivaeri: Kulinarische Exzellenz, großzügige Portionen und freundliches Personal – eine Topadresse an der Uferpromenade. *11–24 Uhr* €

Wai: Abseits vom Ufer mit Tischen, die sich auf einem großen Platz ausbreiten. Umfangreiche Karte gut zubereiteter griechischer Klassiker. *11–1 Uhr* €

DIE GESCHICHTE SITIAS

Ausgrabungen deuten darauf hin, dass die Umgebung von Sitia in der Jungsteinzeit besiedelt war und es im nahegelegenen Petras eine bedeutende minoische Siedlung gab. In der griechisch-römischen Ära existierte eine Stadt namens Iteia in oder nahe dem modernen Sitia, doch ihre genaue Lage ist bisher nicht bekannt. Die Venezianer machten Sitia zum bedeutendsten Hafen in Ostkreta und auf ihre Bezeichnung für den Hafen, La Sitia, soll der Name Lassithi zurückgehen.

1508 wurde Sitia von einem verheerenden Erdbeben erschüttert – ein Schlag, der es ins Wanken brachte. Die türkische Belagerung gab ihr 1648 den Rest. Die verbliebenen Bewohner:innen flüchteten und die Stadt dämmerte vor sich hin, bis die Türken Sitia im späten 19. Jh. zu einem Verwaltungszentrum machten.

dig entkernt und hat eine neue Berufung als stimmungsvolle Kulisse für sommerliche Kulturveranstaltungen gefunden. Der Name stammt vom italienischen *casa di arma*, Kaserne.

Ein Bummel an Sitias Uferpromenade

Essen, trinken und Spaß haben

Im Sommer ist an der **Uferpromenade** am Hafen von Sitia mächtig was los: Eine dicht gedrängte Ansammlung munterer Tavernen, Cafés und Bars locken bis in die frühen Morgenstunden Einheimische und Tourist:innen jeden Alters an. Dank Spielplätzen und gelegentlicher Live-Unterhaltung wird es auch dem Nachwuchs nicht langweilig. Ruhiger ist's Richtung Norden vorbei an den römischen Fischtanks bis zum Fähranleger. Und noch stiller ist es im historischen Ortskern mit seinen schmalen Gassen und steilen Treppen.

Sand zwischen den Zehen

Strandfreuden in der Stadt

Bessere Strände gibt's etwas weiter im **Osten** (S. 210), doch zur Not tut's auch der Stadtstrand von Sitia, falls man ein wenig die Sonne genießen möchte. An den meist gräulichen Sandstrand plätschert kristallklares Wasser – toll für Kinder. Der Strand erstreckt sich 2 km östlich vom Hafen und hier ist es nur selten voll; allerdings gibt es kaum Schatten und am Strand führt eine Straße entlang, die die Idylle etwas trübt.

Gedenken an Vitsentzos Kornaros

Der Schöpfer des Erotokritos

An der Promenade huldigt ein **Denkmal** dem berühmtesten Dichter Kretas, dem Renaissance-Schriftsteller Vitsentzos Kornaros, der 1553 hier in der Nähe geboren wurde – die Statue steht neben dem Thalassa Café. Kornaros' bekanntestes Werk, *Erotokritos*, ist eine Art gereimter Roman, der tief in der kretischen Psyche verwurzelt ist. Er spielt in einem fiktionalisierten Athen und erzählt von den Abenteuern und romantischen Verwicklungen zweier sich Liebender. Verfasst ist er in Paarreimen, sogenannten *mantinadhes*, die jeweils aus genau 15 Silben bestehen – dieser lyrische Stil ist bis heute beliebt. Und ja, die Geschichte endet glücklich, aber erst nach 10 012 Versen!

Das gemeinnützige Kulturzentrum **Stegi Vitsentzos Kornaros** *(vitsentzoskornaros.org)* hält das Erbe des berühmtesten Sohnes von Sitia lebendig.

AUSGEHEN IN SITIA: TOP TIPPS

Black Hole Music Bar: In dieser buchstäblich zeitlosen Bar mit Blick auf den Pier bekommt man jederzeit etwas zu trinken. *24 Std.*

Nouvelle Boutique: Die gemütlich-schicke lokale Lieblingsbar lockt Partyvolk mit funky Sounds sowie süßen und starken Drinks. *8–5 Uhr*

Wall Music Bar: Gechillter Ort für Drinks, dazu Burger, Pasta und andere Favoriten. Wie andere direkt am Meer in einem zeltartigen Pavillon. *8–1 Uhr*

Exo Lounge Cafe: Tische bis direkt ans Ufer und viele weitere in einer Art Glashaus. Stylishes Dekor, coole Klänge. *24 Std.*

Rund um Sitia

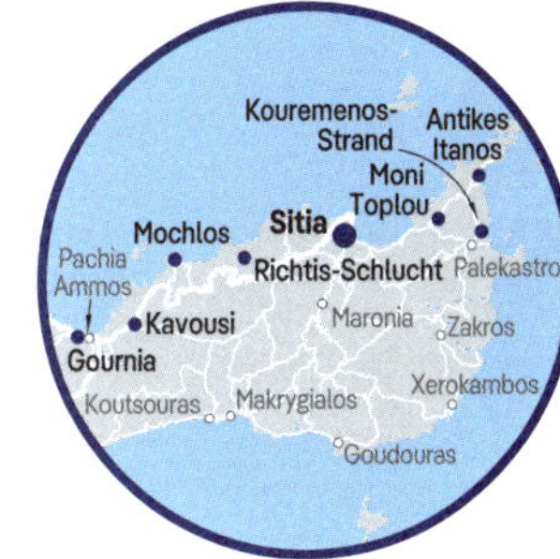

Die abgelegenen Berge und Küsten ganz im Osten Kretas bieten zahllose Highlights für Naturfreaks und Abenteuerlustige.

Im dünn besiedelten und weniger besuchten „Wilden Osten" Kretas lauert hinter jeder Kurve der Straßen, die sich über dem glitzernden Meer durch Hügel und Berge winden, ein Abenteuer.

Durch eine Schlucht, die in der Antike als Friedhof diente, geht's zu einem minoischen Palast, tief in einem Berg an der Küste lockt Kretas längste Grotte Höhlenforschende an. Umarme einen 4000 Jahre alten Olivenbaum, wandere in einer dschungelartigen Schlucht zu einem Wasserfall und lass dich an einigen von Kretas schönsten Stränden nieder, einer im Schatten eines auf der Insel einzigartigen Palmenhains, ein anderer in der Nähe antiker Ruinen. Der Hauptort ist Palekastro mit zwei großartigen Stränden: Chiona und Kretas Windsurferparadies Kouremenos.

Ziele

Gournia

DAUER AB SITIA: **1 STD.** 

Kretas größte minoische Stätte erkunden

Die spätminoische Siedlung **Gournia** *(gournia.org; 2 €)* umfasst einen kleinen Palast und Wohngebiete. Sie entstand zwischen 1600 und 1500 v. Chr., wurde 1450 v. Chr. zerstört und von 1375 bis 1200 v. Chr. erneut besiedelt. Zu sehen sind Straßen, Treppen und Häuser mit bis zu 2 m hohen Wänden. Sie gilt als die am besten erhaltene von allen minoischen Städten.

Haushaltsgegenstände, landwirtschaftliches Gerät und mehr lassen darauf schließen, dass Gournia recht wohlhabend war. Am besten fotografiert man die Übersichtskarte hinterm Eingang ab und folgt der schmalen, antiken Straße, die sich zu den Palastruinen hinaufwindet und unterwegs an Werkstätten und Lagerräumen vorbeiführt. In einem Raum wurde sogar eine Traubenpresse aus Lehm gefunden. Der Weg endet am zentralen Hof des Palasts, Stufen rechter Hand lassen vermuten, dass sich dort der Haupteingang befand. Auf der anderen (westlichen) Seite des Hofs führt eine kleinere Treppe zu einer aufrecht stehenden Steinplatte hinab, bei der es sich um einen „heiligen Stein" handeln mag. Ein paar einfache Infotafeln sind über das Gelände verteilt.

Man kann ohne Weiteres zwei Stunden in den Ruinen verbringen – je länger man bleibt, desto eher wird man sich mit etwas Fantasie die damalige Stadt ausmalen können.

UNTERWEGS VOR ORT

Wer tief im Osten Kretas auf Erkundung gehen will, benötigt auf jeden Fall einen Mietwagen, am besten einen mit genügend Power für die steilen, kurvenreichen Straßen. Für Holperpisten brauchst du ein Allradfahrzeug.

Mit dem Bus sind von Sitia nur Palekastro und Zakros zu erreichen. In der Nebensaison (Okt.–April) ist das Angebot dürftig. Im Sommer fährt auch ein Bus nach Vai.

UNESCO-GEOPARK SITIA

Der gesamte Osten Kretas ist als **Geopark Sitia** (S. 215) ausgewiesen und damit Teil eines weltweiten Bestands an Unesco-Geoparks. Diese sollen Gebiete mit einer besonderen naturräumlichen Ausstattung erhalten und erlebbar machen.

In Lassithi ist das vor allem die große Vielfalt an Strukturen wie Höhlen und Schluchten, die sich zu einer einzigartigen Landschaft zusammenfügen. Auch Fossilien spielen eine Rolle, wie jene der elefantenartigen Kreatur, die vor 8,5 Mio. Jahren durch diese Gegend streifte (S. 214).

Zudem wurde die Bedeutung der Feuchtgebiete, Dünen und Dutzender naturbelassener Strände entlang der Küste anerkannt. Zu den Highlights gehören hier der Palmenhain von Vai ebenso wie die mehr als 135 Arten von Zugvögeln (S. 242).

Kavousi

DAUER AB SITIA: **50 MIN.**

Über einen riesigen Olivenbaum staunen

An der Straße von Agios Nikolaos nach Sitia bietet sich ein Halt im blumengeschmückten Dorf **Kavousi** an für einen 2 km langen Spaziergang zu einem Olivenbaum, der vor rund 3250 Jahren in minoischer Zeit keimte. Mit seinem 5 bis 7 m dicken Stamm und seiner 10 m breiten Krone ist der Baum wirklich beeindruckend und gilt als einer der ältesten – und größten – Olivenbäume der Welt.

Mochlos

DAUER AB SITIA: **50 MIN.**

Unbekümmerter Strandort

Am Ende einer schmalen Straße, die sich an großen Gipsbrüchen (und einem riesigen Neubauprojekt am Strand) vorbeiwindet, steht **Mochlos** kurz vor seiner Entdeckung. In dem Fischerdorf auf einer Landspitze mahlen die Mühlen so langsam, wie die Wellen an den Strand aus grauem Sand und Kieseln rollen. Außer zu relaxen, die Ruhe zu genießen und sich in einem der Cafés oder Tavernen mit ihrem 270°-Meerespanorama ein ausgedehntes Mahl zu gönnen, gibt's wenig zu tun. Empfehlenswert ist z. B. die schlichte **Bar Raki**.

In der Antike war Mochlos eine blühende frühminoische Gemeinde – davon zeugen Funde von dem Inselchen 200 m vor der Küste. Wenn du es dir genauer ansehen möchtest, kannst du im Dorf herumfragen, ob dich jemand mit dem Boot hinfährt.

Richtis-Schlucht

DAUER AB SITIA: **30 MIN.**

Durch einen kretischen Dschungel trekken

Zwar ist ein Großteil Ostkretas trocken und bergig, doch bei der Wanderung durch die **Richtis-Schlucht** fühlt man sich zwischen Schmetterlingen und Singvögeln wie in einem tropischen Regenwald. Der gut beschilderte und unterhaltene Weg ab Exo Mouliana folgt einem Bach vorbei an einem Wasserfall zu einem einsamen Kieselstrand. Der Weg ist mittelschwer; an den schwierigsten Stellen helfen Holzbrücken weiter, jedoch muss man teils über Felsen und Äste klettern.

Eine üppige Vegetation aus Oleander und Bergahorn, Johannisbrot- und Feigenbäumen spendet unterwegs meist Schatten, doch dank der Feuchtigkeit kommt man schnell ins Schwitzen. Daher ist der Wasserfall auch so ein willkommener Anblick. Über moosbewachsene Felsen ergießt er sich 20 m tief in ein kleines Becken – toll für ein erfrischendes Bad.

Man kann an der Straße parken und 1,4 km hinunter zum Beginn des Weges gehen oder bis zum Bezahlkiosk an einer

ESSEN IM OSTEN VON LASSITHI: UNSERE TIPPS

Kath'Odon: Erstklassige Taverne in Mirsini mit weitem Sonnenuntergangsblick und köstlichen Speisen aus saisonalen Zutaten. *12.30–23 Uhr* €

Natural Taverna: Nahe am Abzweig nach Mochlos; grandioser Meerblick und große Portionen aus selbst angebautem Gemüse. *9–23 Uhr* €

Hiona Taverna: Reserviere einen Tisch auf dem Kliff in der tollen Fischtaverne am Chiona-Strand und probier die leckere Bouillabaisse-artige *kakavia*. *12–23 Uhr* €€

Vai Palm Beach: Fabelhafte regionale Küche mit Strandblick. Für die Gerichte kommen Erzeugnisse vom Moni Toplou zum Einsatz. *12–19 Uhr* €€

Richtis-Schlucht

Steinbogenbrücke aus dem 19. Jh. fahren und dort parken. Für die 1,8 km zum Wasserfall braucht man mindestens eine Stunde plus eine weitere halbe Stunde zum Strand. Die meisten Leute gehen an der Brücke los und vom Wasserfall wieder zurück. Oder man fährt auf einer schmalen, unbefestigten Piste 5,5 km zum Strand und geht von dort los.

Moni Toplou

DAUER AB SITIA: **20 MIN.**

Kämpferische Mönche, schöne Ikonen, fabelhafte Weine

In herrlicher Abgeschiedenheit steht auf einer windigen Hochebene das befestigte **Moni Toplou** aus dem 15. Jh., eins der historisch bedeutendsten Klöster Kretas.

Das Kloster überstand die Angriffe von Piraten, Kreuzrittern, Türken und sogar Nazis. Die architektonisch faszinierende Kirche besticht mit herrlichen Ikonen, u. a. dem wundervollen Werk *Groß bist du, unser Herr* des kretischen Künstlers Ioannis Kornaros: Es zeigt Szenen aus dem Alten und Neuen Testament, darunter die Arche Noah, Jona und der Wal und Moses beim Teilen des Roten Meeres. Schau dir auch die winzigen Mönchszellen mit ihren dicken Wänden an.

„Toplou" ist das türkische Wort für Kanone – damit hielten die Mönche in venezianischer Zeit Piraten in Schach. Zudem kämpften die Mönche leidenschaftlich für die kretische Unabhängigkeit. Unter türkischer Besatzung gab es hier eine geheime Schule; im Zweiten Weltkrieg betrieben Widerstandsführer im Kloster einen Radiosender. Ausstellungsstücke erläutern die bewegte Vergangenheit. Draußen erinnert ein Denkmal an die 27 Mönche, die durch die Türken ums Leben kamen, und die drei Mönche, die 1944 von den Nazis getötet wurden.

Heute lockt das Kloster nicht nur kulturaffine Besucher:innen an, sondern es ist auch der größte Landbesitzer der Gegend und produziert verlockende Weine und Olivenöle, die im **Verkostungsraum** in der einstigen Ölmühle probiert werden können.

VOGEL-BEOBACHTUNG AN DER OSTKÜSTE

Vai & Itanos: Wander- und Rotfußfalken ziehen ihre Kreise am Himmel in dieser Gegend, die einen **Dattelpalmenhain** (S. 211), **Ruinen** (S. 210) und ausgedehnte, leere Dünenlandschaften umfasst.

Palekastro: Die Feuchtgebiete am **Chiona-Strand** (S. 210) locken Wasservögel, u. a. Fitisse, Haubenlerchen und Regenbrachvögel, sowie Zugvögel (S. 242) an.

Zakros-Schlucht: Im Tal der Toten (S. 214) bestehen gute Chancen, Gänsegeier, Goldadler und Wespenbussarde zu erspähen.

Alatsolimni-Strand: Die Salzpfannen von **Xerokambos** (S. 216) sind im Winter Anlaufstelle für Reiher, Habichte und sogar den auffälligen und allseits beliebten Rosaflamingo.

DIE BESTEN STRÄNDE BEI VAI

Neben dem berühmten Strand von Vai bietet Kretas Ostküste Strände für jeden Geschmack. An den folgenden ist es relativ leer, allerdings fehlt ihnen auch weitgehend Infrastruktur:

Psili Ammos: Eine einfache Kraxelei über die felsige Landspitze, die sich am südlichen Ende des Strands von Vai erhebt.

Itanos: Eigentlich drei windgeschützte Buchten 2 km nördlich von Vai in der Nähe der Ruinen der antiken hellenistisch-römischen **Stadt**.

Kouremenos: Etwa 7 km südlich von Vai; ein 1,5 km langer, grauer Sand- und Kieselstrand mit guten Bademöglichkeiten in seichtem Wasser und den besten Bedingungen zum Windsurfen ganz Kretas.

Chiona: Ein stiller Streifen mit ausgezeichneten Fischtavernen an einem Ende und einem Küstenfeuchtgebiet mit Zugvögeln.

Skinias: Drei schattenfreie Buchten, zu erreichen über eine holprige Straße. Bietet totale Ruhe und gute Schnorchelmöglichkeiten.

TRABANTOS/SHUTTERSTOCK ©

Antikes Itanos

Antikes Itanos

DAUER AB SITIA: **30 MIN.**

Ruinen und Strände

Etwa 3 km nördlich von Vai erstrecken sich die Überreste des hellenistisch-römischen Hafens von Itanos oberhalb dreier Strände. Das **antike Itanos** *(odysseus.culture.gr; Erw./Kind 3/2 €)* war einst eine wichtige Stadt im Osten Kretas und wird von Homer in seinen Epen erwähnt. Im 7. Jh. v. Chr. war es ein bedeutender Posten für den Handel mit dem Vorderen Orient. Ein paar Jahrhunderte später lag die Stadt im ständigen Clinch mit lokalen Rivalen, bevor sie von den Römern besetzt wurde.

Erkunde die Überbleibsel zweier frühchristlicher Basiliken sowie einen Wachturm aus hellenistischer Zeit und Mauerfundamente. Viele der Steine sind in ausgezeichnetem Zustand. Die Basilikaruine auf einer Anhöhe zum Meer hin ist mit umgestürzten Säulen übersät. Besonders interessant ist ein mit kreisförmigen Motiven verzierter Steinsockel.

In der schattenfreien Stätte wird es mittags glühend heiß. Vor Ort gibt's wenig Details, also besser vorab informieren.

Kouremenos-Strand

DAUER AB SITIA: **25 MIN.**

Kretas Windsurfhochburg

Der beste Ort zum Windsurfen auf Kreta ist der eher ruhige **Kouremenos**, ein langer, breiter Sandstreifen zwischen zwei Riffen. Er gehört zum kleinen Geschäftszentrum Palekastro und ist dem Meltemi ausgesetzt, einem trockenen Sommerwind aus Nordwest, der in der ganzen Ägäis kräftig bläst. Zusammen mit einem örtlichen Trichtereffekt sorgt er für ideale Bedingungen zum Windsurfen für alle – von Neulingen bis zu Profis.

Freak Surf Crete und **Gone Surfing Crete Windsurfing & Wingfoiling Center**, zwei exzellente Anbieter in Palekastro, sind im Sommer direkt am Kouremenos-Strand vertreten. Ausrüstung und Unterricht mindestens zwei Monate im Voraus buchen. Die Hochsaison geht von Mitte Juni bis Mitte September.

TOP-ERLEBNIS

Der Strand von Vai

Der Strand von **Vai** wäre einfach nur ein weiterer Traumstrand mit weißlichem Sand, wäre er nicht gesäumt von einem Palmenhain, der einem das Gefühl vermittelt, direkt in die Tropen gebeamt worden zu sein. Dieses exotische Flair macht Vai trotz seiner abgeschiedenen Lage in der nordöstlichsten Ecke Lassithis zu einem der zauberhaftesten und beliebtesten Strände der Insel.

Strand von Vai

Europas größter Palmenhain

Die Dattelpalmen, eine endemische Art namens *Phoenix theophrasti*, stehen schon seit Tausenden von Jahren hier am Strand. Der Hain war viel größer, bis 1957 ein großer Teil durch umfassende Landgewinnungsmaßnahmen zerstört wurde. In den 1970er-Jahren ließen sich Hippies aus Matala auf der Suche nach einer neuen Bleibe im Schatten der Palmen nieder. Zelten ist hier mittlerweile verboten und ein Großteil des verbliebenen Walds ist heute eingezäunt.

Spazieren gehen

Jenseits des Wassers kannst du durch Palmenhaine, Dünen und die umgebenden Hügel mit Blick auf die kleinen Buchten rund um Vai wandern. Für die 4,7 km lange **Georoute 14** des Unesco-Geoparks (S. 208) braucht man keine zwei Stunden, doch es gibt viele der 50 heimischen Arten Kretas zu sehen.

Vai genießen

Im Sommer sind die Liegestühle oft schon um 10 Uhr alle belegt; kurz darauf röhren die Jetskis übers Wasser und die Tische der überraschend guten Restaurants sind bereits um 12 Uhr besetzt. Wer die Magie des Strands wirklich genießen möchte, kommt am besten frühmorgens oder spät am Nachmittag her. Meist muss man relativ weit vom Strand entfernt parken und ein Stück laufen.

TOP TIPPS

- Es gibt entlang der Ostküste viele weitere weniger besuchte Strände in der Nähe von Vai.
- Außerhalb des Sommers kann Vai zauberhaft sein. Dann kann man in Strandnähe parken und sein ganz eigenes ruhiges Fleckchen finden.
- Von Mai bis Oktober gibt's ein begrenztes Busangebot ab Sitia.

PRAKTISCHES

Der QR-Code führt zu weiteren Infos.

Zakros

ABGESCHIEDENE SCHÖNHEIT | LÄNDLICHER CHARME | LEERE STRÄNDE

UNTERWEGS VOR ORT

Zakros, der größte Ort Südostkretas, liegt 45 km südöstlich von Sitia und ist von dort mit dem Bus zu erreichen. Für die Fahrt von Zakros nach Kato Zakros oder Xerokambos braucht man ein eigenes Fahrzeug oder nimmt ein Taxi. Die Straßen sind normalerweise nicht stark befahren, aber sie sind hügelig und kurvenreich und dadurch für Gelegenheitsradler:innen herausfordernd.

Wer unsicher ist, ob sich die Fahrt auf kurvenreichen Straßen quer durch Lassithi bis nach Zakros lohnt, wird angesichts der herrlichen Aussicht auf karge Berge, die sich zum leuchtenden Libyschen Meer hinabziehen, eines Besseren belehrt.

Das Verwaltungs- und Geschäftszentrum Südostkretas mit 800 Einwohnern ist bekannt für sein ausgezeichnetes Olivenöl. Es gibt ein paar kleine Läden, Museen und Tavernen am Dorfplatz, doch die wichtigste Attraktion ist die schaurig-schöne Zakros-Schlucht.

Einer der Wege beginnt direkt im Dorf und führt schnurstracks hinab zum Strand des idyllischen Kato Zakros (Nieder-Zakros) mit ein paar vereinzelten Tavernen und Pensionen an einer hufeisenförmigen Bucht mit Sand-Kiesel-Strand vor den Ruinen eines minoischen Palasts.

An diesem entlegenen, stillen Fleckchen zu übernachten ist Balsam für die Seele. Und in der Nähe befinden sich noch einladendere Strände und eine bemerkenswerte Höhle.

Ein Vormittag in Zakros

Kaffee und Naturgeschichte

Morgens herrscht in Zakros eine charmante Betriebsamkeit, Lieferwagen parken in zweiter Reihe vor ein paar Alltagscafés und die Fahrer schauen kurz auf einen Plausch, für die letzten Neuigkeiten und einen Kaffee rein. Machs dir an einem Tisch auf dem Gehsteig bequem und lass dich auf den Rhythmus ein.

Später führt ein kurzer Spaziergang hinüber ins kleine **Naturkundemuseum Zakros** *(gratis)*, das sich dem Unesco-Geopark und der örtlichen Flora und Fauna anhand von einfachen Vitrinen mit Fossilien (S. 214), Mineralien und ausgestopften Tieren widmet. Nimm dir Infomaterial über den Park wie z. B. zu den Wanderwegen mit.

Bevor du den Ort verlässt, kannst du noch in einem der beiden ganzjährig geöffneten Supermärkte einkaufen.

TOP TIPP

Kaufe außerhalb des Sommers am besten für mehrere Tage ein, wenn du im Dorf Zakros bist, da die Öffnungszeiten in der Region dann unzuverlässig werden.

HIGHLIGHTS
1 Archäologische Stätte Zakros
2 Zakros-Schlucht

SEHENSWERTES
3 Alatsolimni-Strand
4 Argilos-Strand
5 Kato-Zakros-Strand
6 Mazida-Ammos-Strand
7 Naturkundemuseum Zakros
8 Xerokambos
9 Unterirdische Quellen

SCHLAFEN
10 Katerina Apartments
11 Terra Minoika Villas

ESSEN
12 Akrogiali Taverna
13 Coffee House
14 Cretan Sun Tavern
15 Nikos Platanakis
16 Nostos
17 Taverna Kostas
18 Xyloporta

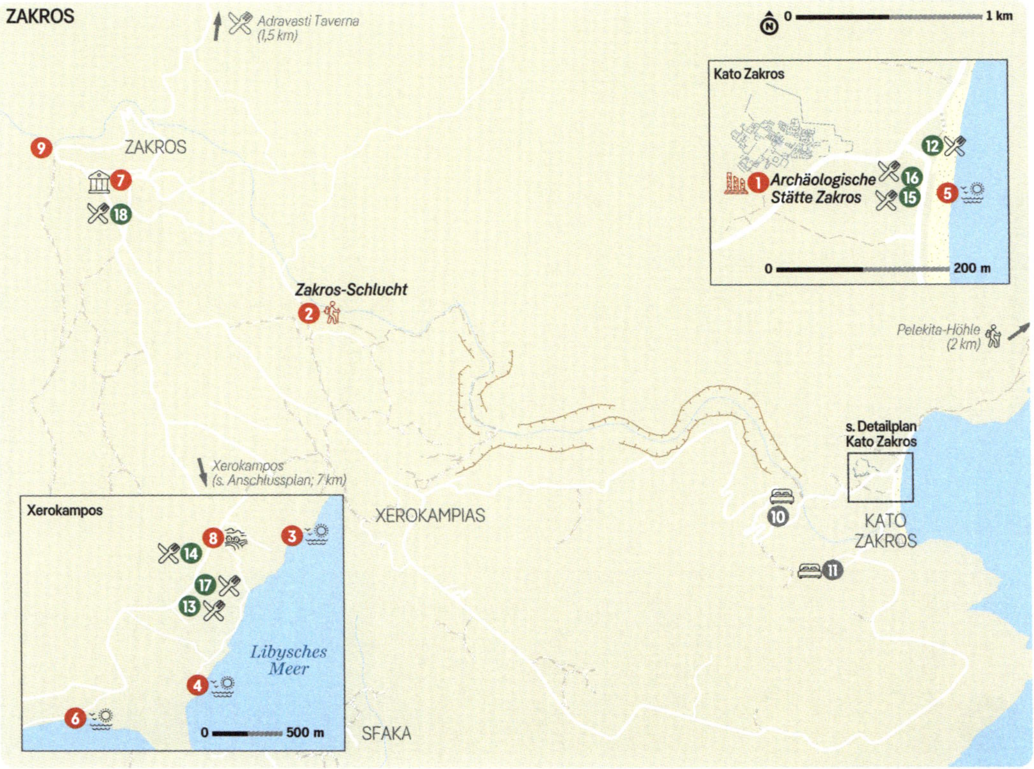

ZAKROS

Adravasti Taverna (1,5 km)
0 – 1 km
Kato Zakros
Archäologische Stätte Zakros
0 – 200 m
ZAKROS
Zakros-Schlucht
Pelekita-Höhle (2 km)
s. Detailplan Kato Zakros
Xerokampos (s. Anschlussplan; 7 km)
XEROKAMPIAS
KATO ZAKROS
Xerokampos
Libysches Meer
0 – 500 m
SFAKA

PRÄHISTORISCHE ELEFANTEN

Vor rund 8,5 Mio. Jahren streiften primitive Elefanten, komplett mit Rüssel und 1,3 m langen Stoßzähnen, durchs östliche Kreta. Versteinerte Knochen des gigantischen Tiers, des *Deinotherium giganteum*, wurden schon vor Ewigkeiten bei Kato Zakros und weiteren Weilern ausgegraben.

Der Name bedeutet „riesiges Schreckenstier": Es war über 4,5 m hoch, was zu faszinierenden Spekulationen verleitet: Könnte Ostkretas alter Elefant der mythische Zyklop sein? Der im Naturkundemuseum in Iraklion gezeigte versteinerte Schädel (mit Kopien in Zakros) hat vorne ein großes Loch – für den Rüssel, wie wir heute wissen. Doch die Menschen der Antike hielten es vielleicht für eine Augenhöhle.

Andere meinen, die Kreatur habe als Vorbild für die Mythen der Neaden gedient, gigantischer Ungetüme, von denen man glaubte, dass ihr Röhren Erdbeben auslöste.

Schöne Schluchtwanderung

Von Zakros nach Kato Zakros

Die schöne Wanderung durch die **Zakros-Schlucht**, wegen der minoischen Begräbnishöhlen in den Felswänden auch als Tal der Toten bekannt, ist einfach zu meistern und erfordert keine besonderen Fertigkeiten. Der Weg folgt dem im Sommer trockenen Flussbett, das aber teils noch bis in den Mai hinein Wasser führt. Die Wanderung bildet den letzten Abschnitt des Fernwanderwegs E4 auf Kreta.

Die meisten gehen von Zakros hinunter nach Kato Zakros. Man kann also wahlweise direkt im Dorf Zakros starten oder weiter unten bei zwei Zugängen abseits der Straße, die beide Orte miteinander verbindet. Nähere Infos bekommt man im Naturkundemuseum und im Café **Xyloporta** in Zakros.

Zum ersten Wegbeginn abseits der Straße (**Eingang A**) biegt man an dem Schild links ab und folgt dem asphaltierten Weg etwa 500 m zu einem Parkplatz. Bis Kato Zakros sind es 1½ bis zwei Stunden.

Etwas kürzer ist die Strecke vom **Eingang B** etwa 1 km weiter unterhalb. Geparkt wird an der Straße. Achtung: Der Weg startet links vom Bushäuschen, der Wegweiser zu der unbefestigten Piste ist falsch!

Wer der Piste folgt, der alten Straße von Zakros nach Kato Zakros oberhalb der Schlucht (schöner Ausblick), ist in einer Stunde am Strand.

Strandfreuden in Kato Zakros

Wähle eine Taverne und lausche dem Meer

Ob man über die Straße nach Kato Zakros kommt oder durch die Schlucht wandert, man wird einen weitgehend leeren, schmalen **Strand** an einer kleinen Bucht vorfinden. Unterhalb weitläufiger Hügel, die sich in Tarnfarben hüllen, liegen Olivenhaine, die eine landwirtschaftliche Tradition fortsetzen, die über drei Jahrtausende zurückreicht.

Tauche in der **Archäologischen Stätte Zakros** in die ferne Vergangenheit ein und entscheide dich dann zwischen einer Handvoll ausgezeichneter und einladender verschlafener Strandtavernen. Miete dir ein Zimmer und bleib ein Weilchen.

Antiker Machtsitz am Meer

Erkunde das Seehandelszentrum des minoischen Kreta

Die **Archäologische Stätte Zakros** *(odysseus.culture.gr; Erw./Kind 6/3 €)* – nach Knossos, Festos und Malia der viertgrößte minoische Palastkomplex – ist die bedeutendste archäolo-

ESSEN RUND UM ZAKROS & KATO ZAKROS: UNSERE TIPPS

Nikos Platanakis: Die jetzt von Nikos' Söhnen geführte Strandtaverne verarbeitet Gemüse aus dem eigenen Garten beim Minoerpalast. *10–23 Uhr* €

Nostos: Von der Freiluft-Familientaverne in Kato Zakros ist man in Sekunden am Strand. Außer Fisch liegt stets Lamm auf dem Grill. *9–23 Uhr* €

Xyloporta: Sozialer Mittelpunkt von Zakros, serviert beliebte Pizzas, Snacks und griechische Klassiker. Gute Kaffeespezialitäten. *8–23 Uhr* €

Adravasti Taverna: 3 km nördlich von Zakros; liebevoll zubereitete kretische Speisen und hausgemachte Erzeugnisse lohnen die Anfahrt. *12–21.30 Uhr* €€

GEORGIOS TSICHLIS/SHUTTERSTOCK ©

Kato Zakros

gische Stätte Ostkretas. Der Komplex lag an einem Hafen und man trieb wahrscheinlich Handel mit Ägypten und dem Vorderen Orient – darauf deuten hier gefundene Elefantenstoßzähne und Ochsenhautbarren. Zwar sind die Ruinen dürftig, doch wegen ihrer reizvolle Lagen zwischen Bergen und Meer einen kurzen Spaziergang vom Strand von Kato Zakros entfernt lohnt es sich, sie zu erkunden.

In minoischer Zeit befand sich der Haupteingang zum Palast im Nordosten mit Blick aufs Meer, heute betritt man die Stätte im Süden. Zunächst geht's an einigen **Werkstätten** vorbei, in denen vielleicht Keramik und Parfum hergestellt wurden. Dieser Pfad führt zum **zentralen Hof**, dem Dreh- und Angelpunkt des Palasts. Er misst 30 mal 12 m.

An der Westseite des Hofs befanden sich zwei elegante Hallen, der **Bankettsaal** und die **Zeremonienhalle**; in Letzterer wurde das Bullenkopf-Rhyton gefunden, ein zeremonielles Trinkgefäß, das inzwischen eine Attraktion im **Archäologischen Museum Heraklion** (S. 140) ist. Unter den kleinen Räumen westlich der Hallen ist das **Archiv**, in dem Registraturtafeln mit Linear-A-Schrift entdeckt wurden, sowie ein **Schrein**, ein **Lustralbad** und eine **Schatzkammer**, so genannt, weil sie Dutzende Krüge, Rhyta und andere Objekte barg.

Wer noch mehr sehen möchte, begibt sich in die vom Eingang aus entfernteste Ecke. Hier im Nordflügel befand sich die **Küche** und ein **Speisesaal im Obergeschoss**; man sieht noch immer die Säulensockel, die das zweistöckige Bauwerk trugen. Es wird vermutet, dass sich die **königlichen Gemächer** wie in anderen Palästen auch hier im Ostflügel befanden, dort stand ein Portikus.

Im Ostflügel ist die **Zisternenhalle** mit einem runden Becken zu finden, das von einer Säulenbalustrade umgeben war. Sieben Stufen führten zum Grund der Zisterne hinab – die vielleicht einst ein Pool oder ein Bad war. Die beiden Brunnen gleich südlich dienten möglicherweise der Versorgung mit Quellwasser.

DEN GEOPARK SITIA ERFORSCHEN

Das ostkretische Mosaik aus mächtiger Bergwelt und von Buchten gesäumter Küste ist seit 2015 als Geopark Sitia bei der Unesco gelistet. Er umfasst 517 km² und hat zahlreiche Superlative aufzuweisen, z. B. wurden auf ganz Kreta nur hier Fossilien von Säugetieren aus dem Pleistozän, von Flusspferden, Elefanten und Hirschen, gefunden.

Den Geopark durchziehen 20 Wanderwege (Georouten), oft durch Schluchten wie die **Zakros-** und **Richtis-Schlucht** (S. 208). Die Georoute 14 ist eine schöne Ergänzung zu einem Besuch des Dattelpalmenhains am Strand von Vai (S. 211). Details zu anderen Wegen gibt's auf der Website des Geoparks *(unesco sitesincrete.gr/en/ routes-siteia)*.

Die Berge im Park sind zudem von 170 Höhlen durchlöchert, viele davon sind für Erkundungen zugänglich.

Der QR-Code führt zu weiteren Infos.

WASSER: ELIXIER DER NATUR

Die Landschaft an der Südostspitze Kretas ist so trocken wie die Rückseite des Monds – bis man nach Zakros kommt, einer Oase mit stetiger Wasserversorgung aus unterirdischen Quellen. Die größte Quelle, **Mesa Mylos**, sprudelt gleich westlich vom Dorf. Mit dem Wasser werden die großen, teils Hunderte Jahre alten Olivenhaine hier bewässert. Aus den Früchten entsteht ein duftendes erstklassiges Olivenöl. Diese verlässliche lokale Wasserversorgung spielt schon seit minoischen Zeiten eine wichtige Rolle für das Leben vor Ort.

Wer sich die **Quelle** anschauen möchte: Sie liegt rund 200 m westlich des Naturkundemuseums.

Höhlenabenteuer

Reise in eine formenreiche Unterwelt

Kretas tiefste Grotte, die 310 m lange **Pelekita-Höhle**, ist nur zu Fuß oder per Boot zu erreichen. Von Kato Zakros führt ein schattenloser 3 km langer Weg parallel an der felsigen Küste entlang, mit großartigem Ausblick aufs Meer. Die Höhle weist Spuren jungsteinzeitlicher Besiedlung auf. Man betritt sie durch den 15 m breiten Eingang, kaum erkennbar inmitten all der Klüfte am Berg Traostalos; weiter geht's hinunter über einen oft rutschigen Pfad in eine Reihe von Kammern mit Pfeilern, Tropfsteinformationen und Stalagmiten, die auf herabgestürzten Felsbrocken wachsen.

Pelekita bedeutet „gehauen" und verweist auf das Gestein, das hier abgebaut wurde, um den minoischen Palast in Kato Zakros zu bauen. Bring eine kräftige Taschenlampe und Wasser mit und trage festes Schuhwerk.

Ausspannen in Xerokambos

Wunderbare Abgeschiedenheit

Südlich des Doppelorts Zakros versteckt sich in der südöstlichsten Ecke Kretas **Xerokambos**, ein Traum für Reisende, die mal alles hinter sich lassen wollen. An diesem zauberhaften Ort gibt's nicht viel mehr zu tun, als in den Dünen oder am Strand zu relaxen oder ein ausgedehntes Mahl in einer der Tavernen zu genießen.

Xerokambos hat kein richtiges Zentrum, Wohnhäuser, Ferienapartments und ein paar Minimärkte und Cafés liegen verstreut. Hauptattraktion sind die unberührten Strände, insgesamt über ein Dutzend, die sich wie Perlen an fast 5 km Küstenlinie aneinanderreihen. Außerhalb des Sommers sind viele menschenleer.

Am besten bleibt man ein paar Tage, um richtig runterzuschalten. Einer unserer Lieblinge, der **Argilos-Strand**, liegt vor einem Kliff aus mineralienreichem Ton, dem Heilkräfte nachgesagt werden. Einheimische brechen sich Tonstückchen ab, weichen sie im Meer ein und reiben sich den Schlamm dann auf die Haut.

Hinter dem **Alatsolimni-Strand** liegt ein Feuchtgebiet, das Vögel anlockt, die man prima beobachten kann, während am abgeschiedenen **Mazida-Ammos-Strand** eine lebhafte Brandung direkt aus Afrika aufläuft. Hier könnte man einen ganzen Tag damit verbringen, den Wellen zu lauschen.

Die 18 km lange Serpentinenstraße von Ziros hinab hierher ist eine der spektakulärsten Kretas.

ESSEN IN XEROKAMBOS: TOP TIPPS

Cretan Sun Tavern: Betriebsame, bei Locals und Besuchenden beliebte Taverne mit frischer, ausgezeichneter kretischer Kost. *8–23 Uhr* €

Akrogiali Taverna: Freundliches Lokal, ideal für ein deftiges traditionelles Mittagessen zwischen Sonnenbädern am Strand gegenüber. *9.30–23 Uhr* €

Coffee House: Schau zu, wie das Dorf aufwacht, oder nimm deinen Kaffee mit an den Strand. Den ganzen Tag leckeres frisches Gebäck. *8–18 Uhr* €

Taverna Kostas: Michalis und sein Team zaubern köstliche Gemüsegerichte sowie Fisch und Fleisch vom Grill. *9–24 Uhr* €€

Hier schläfst du gut

€ Budget €€ Moderat €€€ Gehoben

Agios Nikolaos KARTE S. 181

Havania € Schicker Komplex am Meer 3 km nördlich des Zentrums mit Pool und Gemüse aus dem eigenen Garten.

Hotel Port 7 €€ Schön restauriertes Hotel in Toplage im historischen Gebäude. Manche Zimmer mit Hafenblick.

Palazzo Arhontiko €€ Moderne Apartments oberhalb des Kytroplatia-Strands mit altmodischen Akzenten, Balkon und Frühstück unter freiem Himmel.

Minos Beach Art Hotel €€€ Ferienanlage am Wasser mit schicken weißen Bungalows und Ferienhäusern inmitten eines Gartens mit anregender Kunst.

Elounda

Corali Studios & Portobello Apartments € Gepflegte Strandapartments mit Balkon, blauen Möbeln und Pool mit Snackbar. Tolles Schnäppchen.

Kalypso Suites Hotel €€ Am Hauptplatz mit schick renovierten Zimmern, Prosecco im Kühlschrank und abends Gratis-Leckereien. Nah am Nachtleben.

Kritsa

Argyro Rooms € Die nette Pension beim Busbahnhof hat kompakte, moderne Zimmer mit weißen Möbeln und Fliesen.

Kritsa House € Das mit Antiquitäten bestückte Apartment im Unterdorf mit tollem Bergblick vom Balkon steht im Zeichen der Romantik. Überall gibt's kunstvolle Akzente.

Lassithi-Hochebene KARTE S. 193

Vasilikata € Zehn sorgsam restaurierte, warm und gemütlich eingerichtete Steinhäuser in Agios Konstantinos. Für kalte Nächte gibt's Kamine.

Argoulias € Apartments oberhalb von Tzermiado mit traditioneller Einrichtung und weitem Ausblick über die Hochebene.

Ierapetra KARTE S. 197

El Greco Boutique Hotel €€ Lokaler Charakter trifft in diesem Familienbetrieb am Wasser auf internationale Standards. Großzügiges Frühstück.

Coral Boutique Hotel €€ Toller Fund mitten im Herzen der Stadt nahe dem Ufer, mit Nachtleben gleich um die Ecke. Behagliche Zimmer, manche mit Aussicht.

Myrtos

Villa Mertiza € Stylishe Studios mit guter Größe und bequemen Betten, dazu ein Blumengarten, in dem man entspannen und andere Gäste treffen kann.

Big Blue Apartments €€ Studios für Selbstversorger mit Meerblick und Terrassen; moderne Ausstattung im traditionellen Stil, nah beim Strand.

Sitia KARTE S. 205

Hotel Elysee € Meerblick vom Balkon bietet das Stadthotel an der zentralen Promenade direkt beim berühmten Nachtleben der Stadt. Einfach und gemütlich.

Nereids Apartments €€ Bungalowkomplex für Familien mit nach Jasmin duftendem Garten und stylisher Loungebar gegenüber vom Strand. Südlich des Zentrums.

Mochlos

Petra Nova Villas €€ Zweigeschossige Steinhäuser mit jeder Menge Privatsphäre, schicker Einrichtung und Terrasse mit Meerblick über die Stadt.

Mochlos Mare €€ Geräumige Apartments mit Terrasse und netten Gastgeber:innen in weißem Gebäude mit rosa Bougainvilleen. Ein kurzer Spaziergang südlich des Orts.

Palekastro

Elia Studios € Grandiose Strandblicke von den Balkonen der Zimmer in ruhigem Gartenambiente mit großem Pool und Grillmöglichkeit.

Esperides Stone Houses €€ Steinrefugium mit traditionellem kretischem Flair und Terrassen mit Blick auf den Kouremenos-Strand. Schlummern bei Meeresrauschen.

Zakros & Kato Zakros KARTE S. 213

Katerina Apartments € Reizende steinerne Studios mit familiärem Ambiente in einem Garten am Hang nicht weit von Palast und Strand.

Terra Minoika Villas €€ Geräumige und kunstvolle Kubushäuser am Hang mit schickem rustikalem Mobiliar und Balkonen mit weitem Blick in die Natur. Nur den Hügel vom Strand rauf.

Xerokambos

Akti Rooms € Kompakte Apartments für Selbstversorger mit Balkon und Blick auf den wilden Mazida-Ammos-Strand. Prima für lange Spaziergänge und Einsamkeit.

Lithos Traditional Guest Houses €€€ Super ausgestattete Steinhäuser mit Kühlschränken, gefüllt mit Biowein und anderen Getränken. Hilfreiche Inhaber:innen, weiter Blick.

Kissamos (S. 87)

TOMS AUZINS/SHUTTERSTOCK ©

PRAKTISCHES

Die wichtigesten Informationen für die perfekte Reise nach Kreta im Überblick. Nützliche Tipps, Tricks und Hintergründe zur Orientierung und Vorbereitung.

Ankunft

Das Haupttor nach Kreta ist der Nikos Kazantzakis Heraklion International Airport (HER) 5 km östlich von Iraklion. Beliebt ist auch der Chania Airport Ioannis Daskalogianni (CHQ) 14 km östlich der Stadt. Sitias kleiner Flughafen fertigt ein paar Inlands- und Charterflüge ab. Die wichtigsten Fährhäfen mit Schiffen nach Piräus und zu anderen Inseln sind Iraklion, Sitia, Souda (bei Chania) und Rethymnon.

Einreise

EU-Bürger:innen benötigen für die Einreise einen Pass oder Personalausweis und können unbegrenzt bleiben. Bürger:innen der Schweiz dürfen ohne Visum drei Monate im Land bleiben.

ETIAS

2025 will die EU für Staatsangehörige der 60 Staaten, die bisher kein Visum benötigten, ein neues elektronisches Anmeldesystem namens ETIAS einführen; Details gibt's auf travel-europe.europa.eu.

Geldautomaten

Geldautomaten gibt's an Flug- und Fährhäfen und in den Städten und größeren Dörfern. Debitkarten werden weithin akzeptiert, Visa- und Mastercard in Städten und Touristenzentren, Bargeld wird oft bevorzugt.

Zollfrei

Einfuhr aus Nicht-EU-Ländern (ab 17 Jahren): 200 Zigaretten oder 50 Zigarren oder 250 g Tabak; 1 l Spirituosen über 22 % Vol. oder 2 l unter 22 % Vol.; 4 l Wein; 16 l Bier; Waren bis zum Wert von 430 € (150 € unter 15 Jahren).

Vom Flughafen in die Stadt

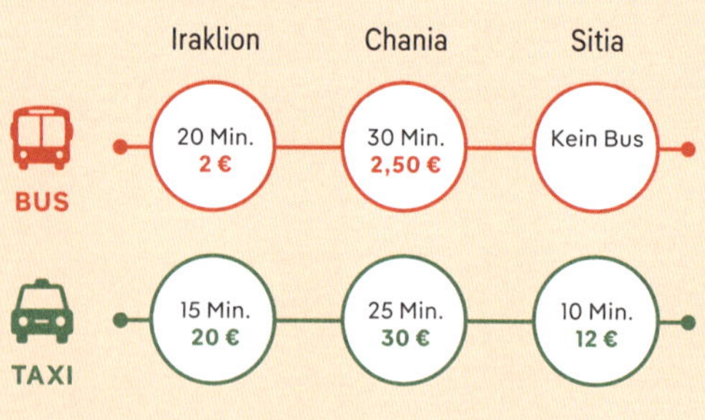

ANTIQUITÄTEN

In Griechenland ist es streng verboten, ohne Sondergenehmigungen des griechischen Kulturministeriums/Generaldirektion für Antiquitäten und Kulturelles Erbe *(gda@culture.gr)* Antiquitäten zu erwerben und zu exportieren. Bei Zuwiderhandlungen werden bisweilen drakonische Strafen verhängt – schon die Mitnahme einer Scherbe von einer Ausgrabungsstätte gilt als Straftat. Und Zeus' Rache will man auch nicht auf sich ziehen …

Unterwegs vor Ort

Zwar verfügt Kreta über ein umfassendes Busnetz zwischen den Zentren, doch für die Erkundung der meisten Regionen, vor allem der Berge, benötigt man ein Auto. An der Südküste der Provinz Chania fahren Fähren.

REISEKOSTEN

Mietwagen
ab 30 €/Tag

Benzin/Diesel
ca. 2 €/l

Taxi Chania-Samaria-Schlucht
ca. 100 €

Busticket Iraklion-Agios Nikolaos
8 €

Mietwagen

Die meisten Mietwagen haben eine Schaltung – Automatikautos sind selten und sollten im Voraus gebucht werden. Die internationalen Verleiher sind an den Flughäfen und in größeren Orten vertreten, billiger ist's oft bei lokalen Firmen. Abklären, ob die Versicherung auch für das Fahren auf unbefestigten Straßen gilt!

Straßen

Die Straßen sind in einigermaßen gutem Zustand. Die meisten sind geteert, aber oft schmal, kurvig und nicht durch Leitplanken gesichert. In ländlichen Gegenden sind viele Straßen ungeteert und nur für entsprechende Fahrzeuge geeignet. Einige der schönsten Strände sind nur über sehr holprige Pisten erreichbar.

TIPP

Lade vorab Kartendaten herunter, denn der Handyempfang verflüchtigt sich im ländlichen Kreta gerne mal, vor allem wenn man sich verirrt hat.

GEFAHREN

Die Hauptgefahr ist die heimische Fahrkultur. Die Verkehrsregeln werden gerne ignoriert und es ist kaum Polizei unterwegs. Also wird dicht aufgefahren, man wird angehupt, und wer zu langsam ist, wird oft aggressiv und illegal überholt. Auch in Kurven zu überholen ist an der Tagesordnung. Weitere Risiken sind schlechte Straßen, Steinschläge und Ziegenherden.

Verkehrsregeln

Auf Fernstraßen wird erwartet, dass langsame Fahrer:innen den Seitenstreifen nutzen, um den schnelleren Verkehr überholen zu lassen. In Kreisverkehren haben von rechts in den Kreisverkehr hineinfahrende Fahrzeuge Vorfahrt.

Busse

Busse zwischen den Bevölkerungszentren sind die einzigen öffentlichen Verkehrsmittel auf Kreta. Im Sommer verkehren sie regelmäßig zwischen den Städten, von Oktober bis März seltener, zu vielen Dörfern oder Stränden fahren gar keine. Fahrpläne: bietet http://e-ktel.com (Westkreta), ktelherlas.gr (Mitte und Osten).

Taxis

Außer in entlegenen Dörfern gibt's überall Taxis. Größere Orte haben Taxistände, wo eine Liste mit festen Preisen für Ziele außerhalb ausgehängt ist – so wird einem nicht zu viel abgeknöpft. Auf dem Land haben viele Taxis keinen Taxameter, sodass man vorm Aufbrechen einen Preis vereinbaren sollte.

UNBEDINGT BEACHTEN

Rechts fahren!

Die Höchstgeschwindigkeit liegt in Ortschaften bei 50, auf Landstraßen bei 90 und auf Teilen der Schnellstraße E75 bei 120 km/h.

Die Promillegrenze liegt bei 0,5.

Geld

WÄHRUNG: EURO (€)

Kredit- & Debitkarten

Große Resorts und Hotels sowie gehobene Geschäfte und Restaurants akzeptieren Kredit- und Debitkarten, Familienbetriebe, Dorftavernen und kleine Läden fast nie. Mastercard und Visa sind am weitesten verbreitet.

Bargeld

Cash is king, besonders außerhalb der Städte, also immer Bargeld dabeihaben! In Städten und größeren Orten gibt's Geldautomaten.

Trinkgeld

Hotels Gepäckträger bekommen 1 € pro Tasche, das Reinigungspersonal erhält 1 € pro Nacht.

Restaurants Auch wenn der Service inbegriffen ist, ist ein kleines Trinkgeld üblich. Den Betrag aufrunden oder 10 % geben, immer in bar.

Taxis Wird nicht erwartet, aber auf den nächsten Euro aufzurunden ist eine nette Geste.

WIE VIEL KOSTET ...

Liegestuhl & Sonnenschirm
12 €/Tag

Busticket Iraklion–Chania
15 €

Tauchgang inklusive Ausrüstung
60 €

Eintritt Archäologisches Museum Heraklion
12 €

WIE ... Ein paar Euro sparen

Kreta ist kein teures Reiseziel und es ist einfach, noch ein bisschen mehr zu sparen. Möglichst öffentliche Verkehrsmittel nutzen, auf Märkten einkaufen, zum Strand Handtuch und Schirm mitnehmen, statt einen Liegestuhl zu mieten, und in der örtlichen Taverne Gyros oder *mezedhes* essen. Studierende haben zu fast allen Museen und Attraktionen ermäßigten Zutritt.

DIE RECHNUNG BEZAHLEN

Im Restaurant muss man um die Rechnung bitten, zu der in traditionellen Lokalen Obst, etwas Süßes oder ein Schnaps aufs Haus gereicht wird. Besonders in abgelegenen Gegenden besteht die Rechnung in Tavernen oft nur aus einem Zettel mit dem Endbetrag. Zum eigenen Schutz kann man um eine detaillierte Rechnung bitten. In touristischen Gegenden werden Gäste leider auch mal übers Ohr gehauen, also immer auf der Hut sein. Manchmal werden einem unbestellte Getränke in Rechnung gestellt.

FEILSCHEN

Auf Flohmärkten und anderen Märkten ist freundliches Handeln okay, ansonsten zahlt man aber den ausgewiesenen Preis.

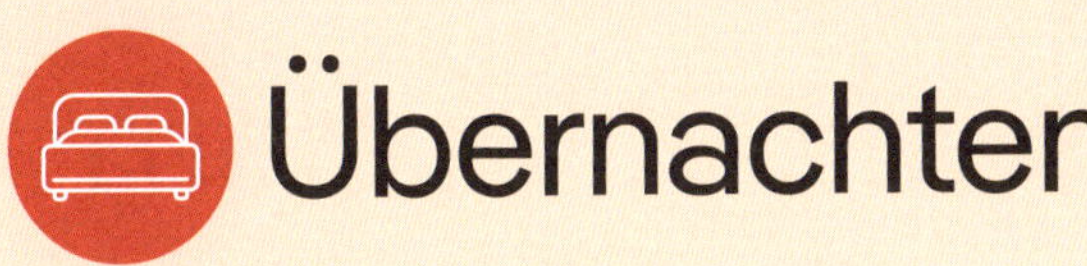

Übernachten

Hotels

Kreta beherbergt einige der besten Resorthotels Griechenlands, darunter noble Spahotels und einige mit Privatpools. In jeder Stadt gibt's zentral gelegene und günstige Mittelklassehotels. Vor allem in Chania und Rethymnon findet man zunehmend Boutiquehotels in wunderschön restaurierten venezianischen und anderen historischen Gemäuern.

Ferienwohnungen & -häuser

Für Leute mit Platzbedarf, Familien, kleine Gruppen und Reisende, die Wert auf Privatsphäre legen, sind Ferienwohnungen und -häuser eine tolle Sache. Die Einrichtung ist natürlich unterschiedlich, von traditionell bis minimalistisch-modern, doch alle sind sauber und oft an netten Orten. Die Kochgelegenheiten reichen von kleinen Küchen mit Mikrowelle bis zu komplett ausgestatteten Küchen.

Übernachten auf dem Land

Der Landtourismus boomt auf Kreta. Die traditionellen Pensionen, Häuser und Wohnungen in stillen Dörfern abseits des Küstenrummels sind manchmal Teil eines Biohofs, wo man an saisonalen Aktivitäten wie Schafe scheren, Raki brennen, der Olivenernte, dem Traubentreten oder der Käseherstellung teilnehmen kann. Teils gibt's auch Kochunterricht. Die Hellenic Agrotourism Federation *(agroxenia.org)* listet Unterkünfte auf ganz Kreta auf.

Bei Locals übernachten

Auf dem Land vermieten Einheimische oft Zimmer, Studios oder kleine Wohnungen. Früher lagen diese meist im Haus der Familie, doch heute sind es oft eigens errichtete Nebengebäude, zu mieten meist nur von April bis Oktober. Um die Sauberkeit ist es meist sehr gut bestellt; die Preise sind eher niedrig. Viele sind auf Airbnb oder Portalen wie booking.com zu finden. Auch nach Schildern wie „Rent Rooms" Ausschau halten!

WIE VIEL KOSTET EINE NACHT …

im Fünf-Sterne-Resort
ab 180 €

im Apartment
ab 45 €

im Hosteldorm
ab 15 €

Budget-Unterkünfte

Hostels findet man auf Kreta in betriebsameren Touristengegenden. Sie bieten häufig die Annehmlichkeiten eines Billighotels wie klimatisierte Privatzimmer mit Balkon und Bad, dazu Gemeinschaftsküche, Gemeinschaftsbereiche, Dachterrasse, Strandshuttle, Parkplatz und sogar Pools. Alle sind gut geführt und gesellig.

CAMPEN

Kretas Campingplätze sind privat geführt und reichen von staubigen Flächen in praller Sonne bis zu schattigen Anlagen im Resortstil mit Pools, Läden, Tavernen und WLAN. Teils werden auch Wohnwagen, Zelte und Häuschen vermietet. Die Saison dauert von Mai bis Oktober, doch ein paar Plätze sind auch ganzjährig geöffnet. Die Panhellenic Camping Association *(greececamping.gr)* verzeichnet ihre Mitgliedsplätze samt Einrichtungen und Öffnungszeiten. Mitbringen sollte man eine Isomatte, eine wasserfeste Hülle für den Schlafsack und Insektenschutzmittel. Außerhalb der Zeltplätze zu zelten, z. B. am Strand, ist verboten.

Reisen mit Kindern

Kreta ist nicht ganz so kindgerecht aufgestellt wie manche andere Reiseziele, doch Kinder sind überall gern gesehen. Griech:innen machen gewöhnlich ziemlich viel Wirbel um Kinder, die oft beschenkt und verwöhnt werden. Und wenn die Kids ein paar Brocken Griechisch können, gibt's kein Halten mehr!

Essen gehen

Kinder sind fast überall willkommen und die meisten Restaurants servieren gern Kinderportionen. Bestellt man ein paar *mezedhes* (Häppchen), können die Kleinen die kretische Küche probieren und ihre Lieblingsspeisen herausfinden. Hochstühle sind jedoch selten, also vielleicht eine aufblasbare Sitzerhöhung oder einen Stoffsitz zur Befestigung an der Stuhllehne mitnehmen.

Gut zu wissen

Wickeltische sind sehr selten – Windelauflage und Händedesinfektionsmittel mitnehmen! Mit öffentlichem Stillen haben die Kreter:innen meist keine Probleme. Säuglingsnahrung, frische und H-Milch sind in Supermärkten erhältlich. Für das allgegenwärtige Kopfsteinpflaster und die steilen Hügel eignen sich Baby-Tragetuch oder -Rucksack besser als ein Kinderwagen.

TIPPS FÜR KIDS

Acqua Plus (S. 170)

Kretas größter und beliebtester Wasserpark sorgt für gute Laune.

Cretaquarium (S. 172)

Eine vergnügliche Einführung in die Unterwasserwelt des Mittelmeers.

Dikti-Höhle (S. 192)

In der unheimlichen Höhle, in der angeblich Zeus geboren wurde, in die Mythologie eintauchen.

Agia Marina Donkey Sanctuary (S. 164)

Mit süßen geretteten Eseln Freundschaft schließen.

Kirkór (S. 137)

Bougatsa spachteln, ein leckeres Gebäck mit Puddingfüllung.

Weitere Ideen siehe S. 55 und S. 136.

Unterwegs vor Ort

Im Auto besteht vorn und hinten Gurtpflicht. Kinder unter 11 Jahren oder 1,35 m Größe müssen hinten in einem Kindersitz sitzen. Bei der Automiete nach Firmen Ausschau halten, die Kindersitze haben, und diese dann selbst einbauen.

Ermäßigungen

Die meisten schönen Orte in der Natur wie Strände, Höhlen und Wanderwege sind kostenlos. Der Eintritt für Knossos und andere antike Stätten und Museen ist für alle unter 18 Jahren gratis oder kostet die Hälfte (zur Sicherheit Ausweis mitnehmen).

MAGIE DER MYTHOLOGIE

Etwas über die Geschichte zu lernen erscheint den Kids vielleicht wie eine Horrorvorstellung, doch die Vergangenheit Kretas ist voller Mythologie mit Geschichten von Göttinnen, Monstern, Helden und verrückten Wesen wie dem Minotauros – das befeuert die Fantasie. Vielleicht liest man vorab griechische Sagen und nimmt in Iraklion die Kids mit ins **Archäologische Museum Heraklion** (S. 140): Es bietet kostenlose Broschüren, die Kindern berühmte Exponate näherbringen. Ist die Fantasie erst mal angeregt, dann ist eine Fahrt nach **Knossos** (Foto, S. 144) wie ein Krimi in 3D (es werden auch Privatführungen für Kinder angeboten).

Sicher reisen

VERSICHERUNGEN

Eine umfassende Reiseversicherung, die Diebstahl, Schäden und medizinische Probleme abdeckt, ist sehr zu empfehlen. Manche Verträge klammern riskante Aktivitäten wie Sporttauchen, Motorradfahren oder sogar Wandern aus; das Kleingedruckte lesen! Reisende aus der EU mit Europäischer Krankenversicherungskarte haben im Notfall einen Anspruch auf kostenlose medizinische Versorgung.

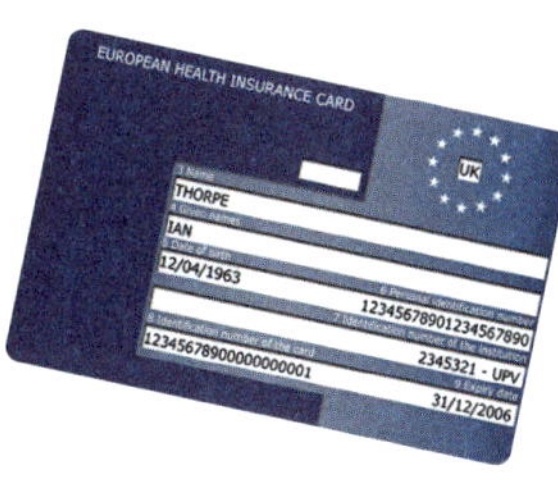

Gefahren

Die größte Gefahr auf einer Kretareise stellt wahrscheinlich die Hitze dar – es weht meist ein Wind, sodass man sich schnell zu stark der Sonne aussetzen kann, ohne es zu merken. Vorsicht auch an abgeschiedenen Stränden und Buchten, wo es starke Strömungen geben kann. Wer mit Kindern unterwegs ist, sollte an antiken Stätten ohne Absicherung durch Geländer Vorsicht walten lassen.

Kretas Winde

Starke Winde sind etwas, mit dem man auf Kreta immer rechnen muss, besonders von Mai bis September: Dann bläst oft tagelang der Meltemi, ein trockener Nordwind. An der Nordküste können dann hohe Wellen ein Problem darstellen, während einem an der Südküste der Sand ins Gesicht bläst.

FRAUEN UNTERWEGS

Kreta ist für Frauen sicher, auch für solche, die solo unterwegs sind. Allein in Cafés und Restaurants zu gehen ist völlig normal.

SICHER SCHWIMMEN

Rote Flagge Gefahr, schwimmen verboten

Gelbe Flagge Schwimmen auf eigene Gefahr

Weiße Flagge Schwimmen gefahrlos möglich

Cannabis

Die griechischen Drogengesetze zählen zu den strengsten Europas. Der Freizeitgebrauch von Cannabis ist illegal; die medizinische Nutzung hat die griechische Regierung legalisiert, mit streng kontrollierter Rezeptpflicht durch griechische Ärzte. Auch der Anbau für medizinische Zwecke ist erlaubt. Besitz und Gebrauch von Cannabis wird mit Geldstrafen und/oder Haft bestraft.

TOURISTENPOLIZEI

Die Touristenpolizei arbeitet mit der regulären griechischen Polizei zusammen; es gibt sie in Städten und an beliebten Touristenzielen. In jedem Posten der Touristenpolizei spricht mindestens eine Person Englisch. Wer sich über Hotels, Restaurants, Taxis, Guides und andere Tourismusanbieter beschweren möchte, kann dies bei der Touristenpolizei (Tel. 171) tun, die dann nachforscht.

Essen, trinken & feiern

Wann?

Die Kreter:innen sind keine großen Frühstücksfans, vielen reicht ein Kaffee und ein süßes Stückchen aus der Bäckerei. Das Mittagessen ist eine wichtige Mahlzeit, vor allem sonntags, und wird nicht vor 14 Uhr eingenommen. Auch zu Abend ist man spät, Restaurants füllen sich oft erst gegen 22 Uhr. Wer früher Hunger hat, kann jederzeit in einer Taverne ein Getränk und *mezedhes* bestellen.

Wo?

Kafeneio Kaffeehaus und kulturelle Institution.

Mayirio Restaurant, das auf *mayirefta*, vorgekochte Hausmannskost wie Eintöpfe und Aufläufe, spezialisiert ist.

Mezedhopoleio & Ouzerie Servieren viele verschiedene *mezedhes* (kleine Gerichte zum Teilen).

Rakadhiko Serviert zu jeder Runde Raki zunehmend raffiniertere *mezedhes*, besonders beliebt in Rethymnon.

Taverna Einfaches, zwangloses, familiengeführtes Lokal, meist mit Wein vom Fass, Papiertischdecken und traditionellen Gerichten. Spezialisierte Varianten: *psarotaverna* (Fisch und Meeresfrüchte) und *hasapotaverna* oder *psistaria* (gegrilltes Fleisch).

Zaharoplasteio Kreuzung aus Konditorei und Café.

KULINARISCHES

Gedeck Für Brot und Butter zahlt man meist 1 oder 2 €.

Mezes oder Mezedhes Warme oder kalte kleine Speisen wie Tsatsiki, *saganaki* (gebratener Käse), *dolmadhes* (gefüllte Weinblätter) und *dakos* (Zwieback mit Tomaten) als Vorspeisen, die man sich mit anderen teilt.

Salate Vielleicht mit Grillgemüse oder gekochten Bergkräutern, neben dem Klassiker *choriatiki* (Bauernsalat).

Vom Grill Fleisch vom Grill wie Souvlaki (Spieße) oder Lammkoteletts.

Traditionelle griechische Gerichte Oft *mayirefta* (vorher zubereitete Speisen) wie Moussaka, *stifadho* (Eintopf) und *pastitsio* (Nudelauflauf).

Fisch Am besten ist der Tagesfang, verkauft nach Gewicht, dann gegrillt und als Ganzes serviert.

Pasta Neben Klassikern wie Spaghetti Bolognese auch griechische Varianten wie *lazania*.

WIE … Essen gehen

Man kann es nicht oft genug sagen, auf Kreta wird spät zu Abend gegessen, und zwar gegen 22 Uhr. Anderswo mag 20 Uhr spät sein, hier falten die Kellner um diese Zeit noch die Servietten für den Abend.

Einen Tisch zu reservieren ist nicht unbedingt notwendig, außer im Sommer in beliebten Lokalen. Dann mag das Meer von Terrassentischen endlos wirken, doch um 22 Uhr wird jeder einzelne besetzt sein und Leute werden herumstehen und auf einen Tisch warten.

Gibt's in einer Taverne um 22 Uhr lauter freie Tische, während andere Lokale voll besetzt sind, ist sie entweder nicht gut und/oder auf früh essende Tourist:innen ausgerichtet.

Wer unsicher ist, ob eine Reservierung sinnvoll ist, geht mittags oder am Vorabend bei dem Restaurant oder der Taverne vorbei und fragt nach. Damit hinterlässt man immer einen guten Eindruck beim Gastgeber.

Sonntagmittags sind Tavernen voller Familien.

WIE VIEL KOSTET ...

Bauernsalat
5–7 €

Bougatsa
4 €

Frappé
2,50 €

Souvlaki
1,50 € pro Spieß

Glas Hauswein
2,50 €

Mittagessen in einer Taverne
8–15 €

Glas Bier (0,5 l)
4–5 €

3-Gänge-Abendmenü in gehobenem Restaurant
ab 50 € mit Wein

WIE ... Essen wie die Locals

Stell dich auf die kretischen Essenszeiten ein – in einem Restaurant, das um 19 Uhr noch leer war, kann es um 22 Uhr voll sein.
Für gehobene Restaurants Tische reservieren, für Tavernen meist überflüssig.
In Tavernen ist es üblich, vor der Bestellung einen Blick auf die *mayirefta* hinter der Theke zu werfen.
In Tavernen ist legere Kleidung okay, in besseren Restaurants eher nicht.
Für Brot und Knabbereien wird meist ein kleiner Obolus erhoben.
Oft wird den Gästen nach der Mahlzeit gratis Obst oder etwas Süßes bzw. ein Raki aufs Haus gereicht.
Das Abendessen ist ein ausgedehntes Ritual. Wer mit Einheimischen isst, hält sich am besten zurück, da immer noch mehr auf den Tisch kommt.
Wer die Rechnung teilen will, sollte das unter sich ausmachen.
Die Kreter:innen sind großzügige Gastgebende. Wer z. B. zu einem Kaffee eingeladen wird, sollte nicht ablehnen – es ist eine Geste der Gastfreundschaft.
Wenn man in ein Lokal eingeladen wird, zahlt normalerweise der/die Einladende.
Das Rauchen in öffentlichen Gebäuden ist verboten; das gilt auch für Restaurants und Cafés. Auf Terrassen darf geraucht werden.

Trinkgeld

Trinkgeld ist kein Muss, aber die Griech:innen runden die Rechnung meist auf oder geben für guten Service ca. 10 % Trinkgeld.

KRETISCHER WEIN & RAKI

Wein Auf Kreta gibt es drei Weinbaugebiete. Das größte, die Weinregion Iraklions (S. 150), produziert etwa 70 % des kretischen Weins. Um zwei Zentren, Peza/Archanes südlich von Iraklion und Dafnes etwas weiter westlich, wird hauptsächlich Kotsifali, Mandilaria und Vilana angebaut. Das kleinste Weinbaugebiet ist Lassithi weiter östlich. Dort verteilen sich die Weinberge vorwiegend rund um Sitia und sind auf Liatiko-Reben spezialisiert. Das wichtigste Anbaugebiet in Westkreta liegt westlich von Chania und kultiviert in erster Linie Romeiko-Reben.

Raki Der kretische Tresterbrand Raki (auch *tsikoudia* genannt) ist fest in der Inselkultur verwurzelt. Ein Gläschen des feurigen Kurzen gibt's praktisch zu jeder Tageszeit und allen Anlässen. Destilliert wird der Schnaps aus Resten der ausgepressten Trauben. Im Oktober beginnt die Brennsaison; dann produzieren Brennereien überall auf Hochtouren, begleitet von Trinkgelagen und Festessen. Wer durch ein Dorf kommt, das Raki brennt, wird vielleicht zu einem Gläschen eingeladen.

Guter Raki hat ein mildes Aroma ohne Brennen im Abgang und sollte keinen Kater verursachen. Er enthält keine Kräuter und wird pur genossen. Kleine Familienbrennereien füllen ihr Feuerwasser in Wasserflaschen aus Plastik ab, die man in Lebensmittelläden, Tavernen und am Straßenrand kaufen kann.

Ouzo Der bekannte griechische Anisschnaps spielt auf Kreta keine so große Rolle.

Nachhaltig reisen

Reisen & Klimawandel

Die negativen Folgen des Reisens lassen sich nicht leugnen; Lonely Planet bittet alle Reisenden dringend, sich mit ihrem CO_2-Abdruck zu beschäftigen, der vor allem durch Flugreisen wächst. Zwar gibt es häufig keine Alternative, doch Reisende können versuchen, die Zahl ihrer Flüge zu minimieren, mit neueren Flugzeugen fliegen und vor Ort saubere Verkehrsmittel wie Züge benutzen. Klimagasemissionen auszugleichen macht leider die Auswirkungen einzelner Flüge nicht ungeschehen. Da viele Reiseziele jedoch in absehbarer Zeit ohne Fliegen kaum erreichbar sind, ist momentan die beste Option, über Land zu reisen, wo immer es möglich ist.

Der **Emissionsausgleichsrechner der UN** zeigt, wie sich Fliegen auf die Emissionen eines Haushalts auswirkt.

Der **CO_2-Ausstoßrechner der ICAO** ermöglicht die Analyse des durch konkrete Verbindungen erzeugten CO_2.

Alternativen zum Touristentrubel

Zu den vollen Top-Attraktionen und -Stränden gibt's unbekanntere, aber ebenso tolle Alternativen. Statt Vai bieten sich andere **Strände an der Ostküste** (S. 210) an, statt durch die Samaria- geht's durch die **Imbros-Schlucht** (S. 67) und statt der Dikti-Höhle erkundest du die abgelegene **Pelekita-Höhle** (S. 216).

Marktfreuden

Kretas saisonales Obst und handwerkliche Produkte kauft man am besten direkt bei den Erzeuger:innen. Ein tolles Angebot haben auch die Märkte von **Iraklion** (S. 139), **Agios Nikolaos** (S. 183), **Mires** (S. 166), **Rethymnon** (S. 103) und **Chania** (S. 57).

Eselhof

Im **Agia Marina Donkey Sanctuary** (S. 164), einem Gnadenhof für Esel bei Matala, kann man die geretteten Vierbeiner füttern und streicheln.

Öko-Unterkünfte

Entschleunige, indem du in Unterkünften mit Nachhaltigkeits-Anspruch übernachtest, wie dem solarbetriebenen **Aspros Potamos** *(asprospotamos.gr)* bei Ierapetra, **Kahimis Farm** *(kamihisfarm.gr)* in Zaros, wo Kerzen und Öllampen für Licht sorgen, oder im gehobenen Pionier **Milia Mountain Retreat** *(milia.gr)* bei Vlatos.

Traditionelles Dorfleben

Ein besseres Verständnis ländlicher Traditionen auf Kreta vermittelt das **Lychnostatis Freilichtmuseum** (S. 170) bei Chersonisos. Es bietet Webworkshops, Vorführungen im Töpfern und Färben mit Pflanzen und mehr.

Schildkröten schützen

Die **Sea Turtle Protection Society of Greece** *(archelon.gr)* kann man beim Schutz der bedrohten Unechten Karettschildkröten an den Stränden von Chania, Rethymnon und Kommos unterstützen.

Tourismus und Landwirtschaft belasten Kretas Wasserhaushalt, Experten warnen bereits. Gleichzeitig haben Klimawandel und geringere Niederschläge zu einer verlängerten Waldbrandsaison geführt, die jetzt von April bis November dauert.

Bei praktischen Kochworkshops in Chania *(soul cookingworkshops.com)* enthüllen Locals die Geheimnisse traditioneller kretischer Küche, z. B. wie man *kalitsouni*-Gebäck, Gyros oder einen kretischen Brunch zubereitet.

Ein Tag in der Landwirtschaft

Manche Bauernhöfe heißen Gäste willkommen. Auf ganz Kreta bieten sie die Möglichkeit, anhand von traditionellen Aktivitäten in ein vorindustrielles Leben einzutauchen, z. B. **Agreco Farm** (S. 108), **Enagron** (S. 127) und **Dalabelos Estate** (S. 112).

Klassische Töpferkunst

Die kretische Tradition der Töpferei reicht bis in minoische Zeit zurück. In **Thrapsano** (S. 152) bei Iraklion kann man Werkstätten besuchen, die noch immer große Tongefäße von Hand herstellen. Ein weiteres Töpfereizentrum ist das kleine **Margarites** (S. 107) bei Rethymnon mit über 20 Geschäften und Werkstätten.

Handgemachte Leckereien

Leute, die altbewährte Traditionen am Leben erhalten, werden immer seltener. Suche Held:innen des Handgemachten auf, wie **Yiorgos Hatziparaskos** (S. 102), einen der letzten Blätterteigmeister in Rethymnon, oder den Kräuterladen **Botano** (S. 165) in Listaros.

Lass das Auto stehen und steige wann immer möglich auf Kretas komfortable, klimatisierte Busse um.

Besuche **Vamos** (S. 61), **Kapetaniana** (S. 167) oder **Anatoli** (S. 199) und erlebe, wie sterbende Dörfer wieder zum Leben erweckt wurden.

Grüne Power

Kretas erster Windpark entstand 1993 bei Sitia. Heute stammt rund ein Viertel der gesamten Energieerzeugung der Insel aus erneuerbaren Quellen: 200 Megawatt von Windparks, 100 Megawatt von Solarparks.

WEITERE INFOS

discoveronfoot.com
Veröffentlicht eine exzellente Reihe von Wanderführern, leitet Touren an und bietet eine Fülle von kostenlosen Informationen.

ecotourscrete.gr
Kretischer Ökotouranbieter.

eepf.gr
Website der Griechischen Naturschutzgesellschaft.

LGBTQIA+

Im Vergleich zu Athen oder Mykonos hat Kreta kaum eine offene queere Szene. Das heißt nicht, dass hier nichts los ist – vor allem in Iraklion, Chersonisos und Chania bieten sich durchaus Ausgehmöglichkeiten. Laut der Lobbygruppe ILGA-Europe hat Griechenland in Sachen LGBTQIA+-Rechte erhebliche Fortschritte gemacht, 2024 wurden gleichgeschlechtliche Ehen legalisiert. Die Sorge, nicht akzeptiert zu werden, ist auf Kreta unbegründet.

Party Time

Iraklion, Chersonisos und mit Abstrichen auch Chania haben die queerfreundlichste Partyszene Kretas, obwohl es keine Bars und Clubs nur für LGBTIQ gibt. Ein typisches Beispiel ist das **YOLO** in Chersonisos, das einen guten Ruf als schwuler Treff genießt, aber jede:n willkommen heißt. Geselligkeit von morgens bis abends bietet der **New York Beach Club**, ebenfalls in Chersonisos. In Iraklion ist **La Brasserie** die wichtigste Adresse für die Community; die **Ababa Bar** in Chania ist ein trendiger Laden mit Latino-Flair.

EINE MÜTZE SCHLAF

Hinweise auf queerfreundliche Hotels gibt's auf travelbyinterest.com. Privatunterkünfte bei schwulen Gastgebern listet **MisterB&B** *(misterbandb.com)* auf, mit nützlichen und aktualisierten lokalen Informationen.

BEACHTIME

Es gibt zwar keine reinen LGBTIQ-Strände auf Kreta, doch einige sind beliebte Kennenlern-Spots. Der wahrscheinlich schwulste Strand ist der Sarandaris in Chersonisos, an dem auch gern hüllenlos gebadet wird. Andere queerfreundliche malerische Flecken sind **Kommos** (S. 163) bei Matala, **Macherida** und **Kavros** bei Chania, der palmengesäumte **Vai** (S. 211) im Nordosten und die Strände westlich von **Tertsa** (S. 199).

Mentalität

Für die Einstellungen der Kreter:innen spielt die Kirche noch immer eine große Rolle und manche ältere Einheimische auf dem Land sehen Homosexualität kritisch. Doch in den letzten Jahren hat die Akzeptanz zugenommen.

LGBTQIA+ IN DER GRIECHISCHEN MYTHOLOGIE

Die griechische Mythologie strotzt vor Geschichten über gleichgeschlechtliche Beziehungen. Die Idee einer festen sexuellen Orientierung scheint unbekannt gewesen zu sein und es herrschte mehr sexuelle Freiheit als vielerorts heute. Herkules verkleidete sich als Frau, Patroklus war der junge Liebhaber von Achilles, die Göttin Artemis stand Athene nahe, Apollon hatte viele männliche Liebhaber, u. a. den sterblichen Hyakinthos, und Hermaphroditos war das Zwitterkind von Aphrodite und Hermes.

Blogs & weitere Infos

Nomadic Boys *(nomadicboys.com/crete-gay-guide)*
Travel Gay *(travelgay.com/destination/gay-greece/gay-crete)*
Spartacus International Gay Guide *(spartacus.gayguide.travel)*

Barrierefrei reisen

Menschen mit eingeschränkter Mobilität haben es auf Kreta nicht leicht. Die meisten Hotels, Museen und Attraktionen sind nicht rollstuhlgerecht; enge Straßen, hohe Bordsteine und zugeparkte Gehsteige – alles problematisch. Auch auf Personen mit Seh- oder Hörbehinderungen ist man kaum eingestellt.

Beachtime

Für Mobilitätseingeschränkte geeignete Strände sind z. B. **Plaka** (S. 186), nördlich von Agios Nikolaos, die Stadtstrände von **Sitia** (S. 206) und **Ierapetra** (S. 196) sowie **Platanias** und **Agioi Apostoli** bei Chania. Auf completely-crete.com/accessible-beaches.html stehen weitere Optionen.

Flughäfen

Die Flughäfen Iraklion und Chania sind mit Aufzügen, Rampen, Behindertentoiletten und -parkplätzen sowie einem speziellen Wartebereich recht behindertengerecht. Wer beim Ein- oder Ausstieg Hilfe benötigt, wendet sich an die Fluglinie.

Übernachten

Neue Hotels und Apartments müssen laut EU-Verordnung über Aufzüge und Zimmer mit extrabreiten Türen und barrierefreien Bädern verfügen. Große Ferienanlagen sind meist die beste Wahl. Blindenhunde werden überall akzeptiert.

INFOS

Limitless Travel *(limitlesstravel.org/disabled-holidays/crete)* Britischer Reiseveranstalter mit Pauschalreisen für Menschen mit Behinderung.

Disabled Accessible Travel *(disabledaccessibletravel.com)* Bietet Touren nach Knossos, Chania, Rethymnon und zu anderen Zielen.

Best Crete Transfer *(bestcretetransfer.com)* und **B&S Luxurious Tours & Transfers** *(crete-taxi-service.com)* Bieten rollstuhlgerechte Taxitransfers und Privattouren.

ERMÄSSIGUNGEN

Personen mit Behinderung haben kostenlos oder ermäßigt Eintritt zu den meisten Museen und Sehenswürdigkeiten und können ermäßigt Bus fahren – falls sie den Einstieg bewältigen.

Kretas Busse

Für Mobilitätseingeschränkte stellen öffentliche Verkehrsmittel auf Kreta ein Problem dar – die Busse haben hohe Stufen und keine Lifte.

Sehenswürdigkeiten & Touren

Top-Attraktionen wie das **Archäologische Museum Heraklion** (S. 140) und das **Historische Museum von Kreta** (S. 138) haben Rampen, Aufzüge, barrierefreie Toiletten und kostenlosen Rollstuhlverleih.

UNTERSTÜTZUNG VOR ORT

Eria Travel *(eria-travel.gr)*, ein Reisebüro mit Sitz in Chania, bietet Dienstleistungen für Personen mit besonderen Bedürfnissen, wie Rollstuhl- und Ausrüstungsverleih und medizinischen Service. Es betreibt auch das speziell für Reisende mit Behinderung entworfene **Eria Resort** in Maleme.

Kopfsteingepflasterte Altstädte und Dörfer auf Hügeln: Ein großer Teil Kretas ist für Menschen mit eingeschränkter Mobilität schwierig. Von den großen Städten sind Rethymnon und Chania leichter zu bewältigen als andere wie Agios Nikolaos mit seinen vielen Treppen.

Kretische Lebensart

Kreta mag Teil des modernen Griechenland sein und zeitweise voller ausländischer Besucher:innen, doch sein besonderer Charakter ist trotzdem überall zu erkennen. Während du über die Insel reist, werden dir ein paar Eigenheiten auffallen.

Gastfreundschaft & Tourismus

Die Kreter:innen sind zu Recht für ihre Gastfreundschaft bekannt und dafür, dass sie Fremde wie hoch geschätzte Gäste behandeln. Sie sind stolz auf ihr *filotimo* (Ehrgefühl) und ihre *filoxenia* (Gastfreundlichkeit). In Cafés und Tavernen ist es üblich, einer Gruppe von Freunden oder auch Fremden eine Runde Getränke auszugeben. (Achtung: Sich umgehend zu revanchieren gehört sich nicht – das macht man lieber ein anderes Mal.) Diese tief sitzende Tradition macht die Inselbewohner selbstredend zu ausgezeichneten Café- und Tavernenbetreibern.

Fingerübungen

Man kann noch immer Männer sehen – in der Regel ältere in den Dörfern – die sie in der Hand halten und kunstvoll mit ihnen herumspielen. Die Rede ist natürlich von der handschmeichelnden Perlenschnur namens *komboloï*, eine Kombination aus den Worten *kombos* (Knoten) und *leo* (sagen). *Komboloïa* (Plural) sehen zwar aus wie Rosenkränze, haben aber keine religiöse Bedeutung, sondern dienen einfach nur dem Spaß und der Entspannung: Irgendwie scheint es eine beruhigende Wirkung zu haben, an den Perlen herumzufummeln. Manche verwenden sie auch, um mit dem Rauchen aufzuhören.

Traditionell wurden *komboloïa* aus Bernstein hergestellt, aber auch Koralle, Perlen, Halbedelsteine und Kunstharz sind sehr gebräuchlich. Und natürlich billiges Plastik. Hochwertige und individuelle gefertigte Versionen gibt's im **Workshop Worry** (S. 100) in Rethymnon.

Schießfreudig

Die Kreter sind berühmt-berüchtigt für ihre Kämpfernatur (schließlich mussten sie sich jahrhundertelang mit Invasoren herumschlagen) und für ihre besondere Beziehung zu Schusswaffen. Schätzungen zufolge besitzt jeder zweite Kreter eine Schusswaffe. Andere Beobachter gehen davon aus, dass es über eine Million Waffen auf der Insel geben könnte, also mehr als Einwohner:innen.

Bei kretischen Hochzeiten und Feierlichkeiten werden gerne mal ganze Salven von Schüssen abgefeuert. Manche Musiker weigern sich, in bestimmten Gegenden zu spielen, sofern ihnen nicht zugesichert wird, dass die Gäste keine Waffen tragen. Heute sind von Kugeln durchsiebte Straßenschilder das erste Anzeichen, dass man die Gebirgsregionen erreicht hat, die von jeher Hochburgen des kretischen Widerstands waren. Das gilt vor allem für die Sfakia (Chania) und Mylopotamos (Rethymnon).

FRAUEN ARBEITEN, MÄNNER SPIELEN ...

Männer vermitteln gern den Eindruck, dass sie die Hosen anhaben, und drängen sich in den Vordergrund. Doch sind es oft die Frauen, die den Laden zusammenhalten, ob zu Hause oder in den Familienbetrieben. Auf dem Lande bewegen sich Männer und Frauen noch immer in verschiedenen Sphären. Wenn sie sich nicht um Vieh oder Olivenbäume kümmern, trifft man Männer meist plaudernd im *kafeneio*, beim *tavli* (griechisches Backgammon), Kaffee oder Raki an. Frauen erledigen derweil alle übrigen Arbeiten.

Kurz & knapp

ÖFFNUNGSZEITEN

Die Öffnungszeiten variieren im Verlauf des Jahres und zwischen Stadt und Land. Die folgenden Zeiten gelten in der Hochsaison (Juli und August), in der Nebensaison sind sie kürzer und im Winter sind manche Einrichtungen komplett geschlossen.

Banken Mo–Do 8–14.30, Fr 8–14 Uhr

Bars & Clubs Bars 20 Uhr–open end; Clubs 22 Uhr–open end

Cafés 9–24 Uhr

Postämter Mo–Fr 7.30–15 Uhr, in der Stadt auch Sa 7.30–14 Uhr

Restaurants 12–16 & 19–23 Uhr, viele Tavernen ganztägig

Geschäfte Mo–Sa 9–15 Uhr; Di, Do & Fr auch 17.30–20.30 oder 21 Uhr; in Stadtzentren und Ferienorten ganztägig

Rauchen

Rauchen ist in allen geschlossenen öffentlichen Räumen wie Restaurants und Bars verboten.

GUT ZU WISSEN

Zeitzone
OEZ (MEZ +1), +1 Std. im Sommer

Ländervorwahl
+30

Notarzt/ Feuerwehr
166/199

Bevölkerung
630 000

FEIERTAGE

Banken, Postfilialen, öffentliche Einrichtungen, Museen und antike Stätten sind an gesetzlichen Feiertagen geschlossen. Kleine Geschäfte, vor allem in Touristenorten, sind eventuell geöffnet. Auf Kreta geltende Nationalfeiertage:

Dreikönigstag 6. Januar

Erster Sonntag der Fastenzeit Februar

Griechischer Unabhängigkeitstag 25. März

(Orthodoxe) Ostern April/Mai

Tag der Arbeit (Protomagia) 1. Mai

Pfingstmontag (Agiou Pnevmatos) 50 Tage nach Ostersonntag

Mariä Himmelfahrt 15. August

Ochi-Tag 28. Oktober

Gewichte & Maße

Griechenland nutzt das metrische System. Dezimalstellen werden per Komma, Tausender per Punkt markiert.

Wasser

Leitungswasser kann man trinken.

Strom

230 V / 50 Hz

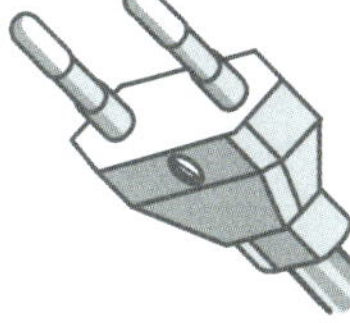

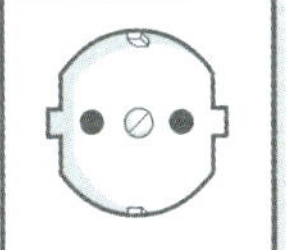

Sprache

Wer ein bisschen Neugriechisch spricht, versteht besser, wie die griechische Sprache die westliche Kultur beeinflusst hat. Auch wer nur ein paar Brocken lernt, hat mehr von der Reise.

Nützliches

Hallo. Γειά σας. *jas*·sas (Sie-Form)
Γειά σου. *jas*·su (Du-Form)
Guten Morgen. Καλημέρα. ka·li·*me*·ra
Guten Abend. Καλησπέρα. ka·li·*spe*·ra
Auf Wiedersehen. Αντίο. an·*di*·o
Ja./Nein. Ναι./Οχι. nä/*o*·chi
Bitte. Παρακαλώ. pa·ra·ka·*lo*
Danke. Ευχαριστώ. ef·cha·ri·*sto*
Entschuldigung. Συγγνώμη. ßig·*no*·mi
Ich heiße ... Με λένε ... me *lä*·ne ...
Sprechen Sie Englisch/ Deutsch? Μιλάτε αγγλικά/γερμανικά? mi·*la*·te an·gli·*ka*/jer·ma·ni·*ka*
Ich verstehe (nicht). (Δεν) καταλαβαίνω. (dhen) ka·ta·la·*wä*·no

Unterwegs

Wo ist ...? Πού είναι ...? pu *i*·ne ...
Wie ist die Adresse? Ποια είναι η διεύθυνση pia *i*·ne i dhi·*äf*·thin·ßi
Können Sie es mir (auf der Karte) zeigen? Μπορείς να μου δείξεις? (στο χάρτη) bo·*ris* na mu *dhik*·sis (sto·kar·ti)

Schilder

ΕΙΣΟΔΟΣ **Eingang/Einfahrt**
ΕΞΟΔΟΣ **Ausgang/Ausfahrt**
ΠΛΗΡΟΦΟΡΙΕΣ **Information**
ΑΝΟΙΧΤΟ **Geöffnet**
ΚΛΕΙΣΤΟ **Geschlossen**
ΓΥΝΑΙΚΩΝ **Toiletten (Frauen)**
ΑΝΔΡΩΝ **Toiletten (Männer)**

Uhrzeit & Datum

Wie spät ist es? Τι ώρα είναι? ti *o*·ra *i*·ne
Es ist (2 Uhr). Είναι (δύο η ώρα). *i*·nä (*dhi*·o i *o*·ra)
Es ist (10 Uhr) dreißig. (Δέκα) και μισή. (*dhe*·ka) kä mi·*ßi*
heute σήμερα *ßi*·me·ra
morgen αύριο *aw*·ri·o
gestern χθες chthes
Morgen πρωί pro·*i*
(heute) Nachmittag (αυτό το) απόγευμα (af·*to* to) a·*po*·jew·ma
Abend βράδυ *wra*·dhi

Notfall

Hilfe! Βοήθεια! wo·*i*·thia
Geh weg! Φύγε! *fi*·je
Ich habe mich verlaufen. Εχω χαθεί. *ä*·cho cha·*thi*
Es hat einen Unfall gegeben. Εγινε ατύχημα. *ä*·ji·ne a·*ti*·chi·ma
Ich bin krank.
Είμαι άρρωστος. *i*·me *a*·ro·stos (m)
Είμαι άρρωστη. *i*·me *a*·ro·sti (w)
Ich bin allergisch gegen (Antibiotika). Είμαι αλλεργικός/αλλεργική (στα αντιβιωτικά). *i*·me a·ler·ji·*kos*/a·ler·ji·*ki* (sta an·di·wi·o·ti·*ka*) (m/f)

Essen & ausgehen

Was empfehlen Sie mir? Τι θα συνιστούσες? ti tha ßi·ni·*stu*·ßes
Das war köstlich! Ηταν νοστιμότατο! *i*·tan no·sti·*mo*·ta·to

ZAHLEN

1 **ένα** *ä*·na
2 **δύο** *dhi*·o
3 **τρία** *tri*·a
4 **τέσσερα** *tes*·se·ra
5 **πέντε** *pen*·de
6 **έξη** *ä*·xi
7 **επτά** epp·*ta*
8 **οχτώ** och·*to*
9 **εννέα** en·*nä*·a
10 **δέκα** *dhä*·ka

AUS DEM GRIECHISCHEN ÜBERNOMMEN
Anarchie, Astronomie, Demokratie, Drama, Kosmos, Logik, Politik ...

AUSSPRACHE

Die Aussprache des Griechischen ist nicht allzu schwer, der größte Unterschied zum Deutschen sind die aus dem Englischen bekannten th-Laute.

Lesen & Schreiben

Das griechische Schriftsystem wurde 1982 vereinfacht: Die alten Akzente und Behauchungszeichen (die zeigen, dass ein Laut behaucht ausgesprochen wird) wurden abgeschafft.

Geschlecht

Im Griechischen stehen die Adjektive wie im Deutschen gewöhnlich vor dem Nomen. Je nach Geschlecht, Maskulinum, Femininum und Neutrum, haben sie unterschiedliche Endungen.

Auf dem Weg zum Strand

Wo ist der ... Strand? Πού είναι η ... παραλία? pu *i*·ne i ... pa·ra·*li*·a

beste καλύτερη ka·*li*·te·ri
nächste κοντινότερη kon·di·*no*·te·ri
öffentliche δημόσια dhi·*mos*·si·a

Wo ist der FKK-Strand?
Πού είναι η πλαζ γυμνιστών?
pu *i*·ne i plas jim·ni·*ston*
Müssen wir bezahlen?
Πρέπει να πληρώσουμε?
pre·pi na pli·*ro*·ßu·me
Wann ist Flut/Ebbe?
Τι ώρα είναι η παλίρροια υψηλή/άμπωτις?
ti *o*·ra *i*·ne i pa·*li*·ri·a i·psi·*li*/*am*·bo·tis
Kann man hier tauchen/baden?
Είναι ασφαλές να κάνω βουτιές/κολυμπήσω εδώ;
i·ne as·fa·*les* na *ka*·no wu·ti·*es*/ko·lim·*bi*·ßo e·*dho*

WO WIRD GRIECHISCH GESPROCHEN?

Griechisch ist die Amtssprache Griechenlands und eine der Amtssprachen Zyperns; außerdem wird Griechisch von migrantischen Communitys in der Türkei, Australien, Kanada, Deutschland und den USA gesprochen. Insgesamt gibt's weltweit mehr als 13 Mio. griechische Muttersprachler:innen.

DAS KRETA-

STORYBOOK

Mit vier Reportagen tief in den kretischen Alltag eintauchen

Tänzerinnen in traditionellen Kostümen, Iraklion (S. 129)

DIE GESCHICHTE KRETAS IN 15 ORTEN

So schön die kretische Landschaft, so bewegt ist seine Geschichte. Die von den Minoern in die Geschichtsbücher katapultierte Insel war seitdem heiß begehrt und wurde immer wieder neu besetzt. Daher ist Widerstandsgeist ein Wesenszug der Kreter:innen. Das heutige Kreta ist ein verführerischer Mix aus Tradition und Moderne.

KRETAS OFT TURBULENTE Geschichte hat überall ihre Spuren hinterlassen – von alten Palästen und römischen Städten bis zu byzantinischen Kirchen, venezianischen Festungen und osmanischen Moscheen. Kretas wichtige Rolle in der Weltgeschichte geht rund 4000 Jahre bis auf die Minoer zurück, die erste Hochkultur Europas. Neuere Ausgrabungen haben ergeben, dass schon vor mindestens 130 000 Jahren Menschen auf der Insel siedelten.

Dank seiner strategischen Lage an der Kreuzung dreier Kontinente lockte Kreta immer wieder Eindringlinge an, von den Mykenern, Dorern und Römern bis zu den Sarazenen, Venezianern, Osmanen und schließlich den Deutschen. Der jahrhundertelange Kampf gegen Invasoren hat den Kreter:innen einen ausgeprägten unabhängigen Geist, ein Misstrauen gegenüber Obrigkeiten und wenig Respekt vor dem Staat beschert. Der Respekt vor der orthodoxen Kirche ist jedoch weiterhin groß.

Kreta spielt außerdem eine wichtige Rolle in der griechischen Mythologie. Hier gebar Rhea Zeus und hier herrschte Zeus' legendärer Sohn Minos. Von Kreta hoben Ikarus und Dädalus zu ihrem verhängnisvollen Flug ab, während Theseus von Athen nach Kreta segelte, um im berühmten Labyrinth den Minotauros zu besiegen.

1. Plakias

KRETAS ERSTE SEEFAHRER

Bei Ausgrabungen 2008 und 2009 entdeckten Archäolog:innen bei Plakias und beim nahen Preveli mindestens 130 000 Jahre alte Steinwerkzeuge. Diese waren der erste Beweis dafür, dass schon vor so langer Zeit Seefahrt betrieben wurde. Die Vorstellung, dass die ersten Kreter viel früher als angenommen per Boot angekommen waren, hatte fundamentale Folgen für das gesamte Wissen über den Menschen: Man war immer davon ausgegangen, dass die ersten Menschen von Afrika über Land nach Europa gekommen waren. Die Ausgrabungen dauern an.

Mehr zu Plakias siehe S. 122

2. Dikti-Höhle

GEBURT EINES MYTHOS

Es gibt nicht den kleinsten Beleg dafür, dass Zeus, oberster Gott der griechischen Götterwelt, je auf dieser Erde wandelte. Was die Griechen nicht daran hindert, reale Orte mit seiner mythologischen Vita in Verbindung zu bringen. Als unbedingt besuchenswert gilt die Dikti-Höhle, wo Zeus als Kind von Rhea und Kronos zur Welt kam – falls das nicht doch in der Idäischen Grotte (S. 116) am Psiloritis passierte. Jedenfalls verliebte er sich als Erwachsener in Europa, entführte sie und schwamm in Matala (S. 156) mit ihr an Land, um sie im nahen Gortys unter einer Platane zu schwängern (S. 162). Merkwürdigerweise gibt's für den eigentlich unsterblichen Gott am Berg Giouchtas (S. 149) auch eine Begräbnisstätte.

Mehr zur Dikti-Höhle siehe S. 192

3. Archäologisches Museum Archanes

MINOISCHE KUNST

Die Minoer erbauten nicht nur imposante Paläste, Abwasserkanäle und religiöse Stätten, sondern sie schufen auch herrliche Kunst. Bunte Fresken mit Darstellungen von Vögeln, Delfinen, Lilien, Iris, Bankettszenen, Spielen, Ritualen oder Stiersprüngen zierten Wände, Decken und Böden ihrer Komplexe. Die sehr lebhaften Fresken entstanden in einer Al-fresco-Malerei genannten Technik: Dabei saugt der feuchte Kalkputz die Farbe auf, die nicht verblasst. Unter den außergewöhnlichen Exponaten im winzigen archäologischen Museum von Archanes befinden sich Gefäße mit getrockneten Resten der vor rund 3500 Jahren genutzten Farbe. Die schönsten Originalfresken gibt's im Archäologischen Museum Heraklion (S. 140), Nachbildungen in Knossos (S. 144).

Mehr zu Archanes siehe S. 147

Agios-Titos-Kirche (S. 133)

4. Gortys

HAUPTSTADT DES RÖMISCHEN KRETA

Als strategisch wertvollste Insel des Mittelmeers befand sich Kreta schon seit dem 3. Jh. v. Chr. im Visier der Römer. Doch erst nach der Invasion unter dem Konsul Metellus bei Kydonia (Chania) fiel Kreta 67 v. Chr. in die Hand der Römer. Jahrzehntelang bauten diese ihre neue Eroberung aus; im 1. Jh. v. Chr. wurde Gortys schließlich zur mächtigen Hauptstadt der Insel. Sie wurde mit opulenten öffentlichen Gebäuden, Amphitheatern, Tempeln und Bädern bestückt. Zur Blütezeit soll Gortys 100 000 Einwohner gehabt haben.

Mehr zu Gortys siehe S. 162

5. Agios-Titos-Kirche

ANKUNFT DES CHRISTENTUMS

Das Christentum kam 63 n. Chr. mit dem hl. Paulus selbst nach Kreta; begleitet wurde er von seinem Schützling Titus, dem heutigen Schutzpatron Kretas. Bevor Paulus zu anderen Missionen aufbrach, ernannte er Titus zum Bischof, auf dass dieser den Insulaner:innen das Evangelium predige. Titus' sterbliche Überreste wurden im 6. Jh. in der Basilika von Gortys (S. 162) beigesetzt. Doch vor der Zerstörung durch die Sarazenen, Araber aus Spanien, im Jahr 824 konnte nur sein Schädel gerettet werden. Dieser landete in einer Kirche in Iraklion, wurde aber nach Venedig in Sicherheit gebracht, als Kreta an die Osmanen fiel. Nach längeren Verhandlungen kam der Schädel dann 1966 zurück in die Agios-Titos-Kirche.

Mehr zu Iraklion siehe S. 132

6. Festung Koules

SARAZENISCHES BOLLWERK

Die Festung Koules am Hafen von Iraklion wurde im 16. Jh. von den Venezianern an einer Stelle erbaut, die schon von den Sarazenen befestigt worden war, die Kreta ab 824 eroberten. Von Iraklion (damals Chandax) gingen die Sarazenen auf Eroberungszüge in der Ägäis. Aus dieser Zeit gibt's kaum noch Zeugnisse. Die Byzantiner versuchten mehrmals, Kreta zurückzuerobern, waren aber erst erfolgreich, als Nikiforos Fokas 961 Chandax belagerte und Kreta befreite.

Mehr zur Festung Koules siehe S. 133

7. Panagia-Kera-Kirche

BYZANTINISCHE MEISTERWERKE

Die griechische Malerei erreichte ihre erste Blüte in byzantinischer Zeit, grob vom 4. Jh. v. Chr. bis zum Fall Konstantinopels 1453. Ein Großteil der byzantinischen Kunst wurde im 13. und 14. Jh. bei Aufständen zerstört, jedoch nicht die herrlichen Fresken der dreischiffigen Panagia-Kera-Kirche in Kritsa. Obwohl einige Werke verblasst oder beschädigt sind, gelten sie als die besterhaltenen byzantinischen Fresken auf Kreta. Neben allerlei Heiligen sind hier Szenen aus dem Leben Christi dargestellt, darunter ein besonders lebendiges Abendmahl.

Mehr zu Kritsa siehe S. 186

8. Altstadt von Chania

DIE GEBÜNDELTE GESCHICHTE KRETAS

Die Altstadt von Chania ist wie ein 3D-Lehrbuch zur Geschichte Kretas. Mit ihrem Gewirr aus autofreien Gassen ist die von den Venezianern erbaute Altstadt, die sich um den Hafen schmiegt, Herz und Seele der Stadt und strotzt vor stimmungsvollen Cafés, Tavernen und Läden. Darüber thronen die venezianischen Festungsanlagen, die die Türken bis 1645 abhielten. Es gibt auch ein paar osmanische Hinterlassenschaften; die älteste ist die Hassan-Pascha-Moschee am Hafen. Dazu kommen ein Museum mit einer herrlichen byzantinischen Ikone, die Etz-Hayyim-Synagoge und die Städtische Kunstgalerie mit aktueller griechischer Kunst.

Mehr zu Chanias Altstadt siehe S. 58

9. Frangokastello

RÜCKKEHR DER SEELEN DER REBELLEN

Frangokastello ist eine venezianische Festung aus dem 14. Jh., wo 1828 rund 400 kretische Rebellen in einer der blutigsten Schlachten des griechischen Unabhängigkeitskriegs verzweifelt Widerstand leisteten. Etwa 800 Türken kamen mit den Rebellen ums Leben. Es heißt, man könne an jedem Jahrestag der Schlacht die Geister der Aufständischen, die *drosoulites*, am Strand entlangmarschieren sehen. Einer Theorie zufolge handelt es sich bei den „Geistern" um eine optische Täuschung, die sich besonderen atmosphärischen Bedingungen verdankt. Der Name stammt vom griechischen Wort *drosia* (Tau) und könnte sich auf die Morgenfeuchte in jenen Stunden beziehen, in denen die Geister erscheinen sollen.

Mehr zu Frangokastello siehe S. 68

10. Moni Arkadiou

MASSAKER IM KLOSTER

Moni Arkadiou ist ein bewegendes Symbol des Unabhängigkeitskampfes und tief in die kretische Seele eingraviert. Die Kirche aus dem 16. Jh. samt Kreuzgang, auf einer Hochebene gelegen und von steinernen Mauern eingefriedet, erscheint idyllisch. Doch 1866 griffen rund 2000 türkische Soldaten das Kloster an, in das sich Hunderte kretische Frauen, Kinder und Aufständische geflüchtet hatten. Statt sich zu ergeben, jagten die Eingeschlossenen ihr Schießpulvermagazin in die Luft – alle außer einem kleinen Mädchen kamen zu Tode. Das Kloster ist noch immer ein Ort der stillen Kontemplation und im sanften Abendlicht besonders stimmungsvoll.

Mehr zu Moni Arkadiou siehe S. 105

11. Flughafen Chania

ERINNERUNG AN EINEN KRETISCHEN HELDEN

Der zweitgrößte Flughafen Kretas ist nach Ioannis Daskalogiannis benannt, einem kretischen Rebellen, der 1770 einen Aufstand gegen die osmanische Herrschaft anzettelte. Zwar schienen die Aufständischen zunächst die Oberhand zu gewinnen, doch bald wendete sich das Blatt und Daskalogiannis musste sich verstecken. Schließlich ergab er sich den Türken in der Festung Frangokastello (S. 68) und wurde nach Iraklion gebracht, wo er einen grausamen Tod erlitt: Er wurde gefoltert, gehäutet und zu Tode geschlagen. Statuen von ihm zieren viele Plätze auf Kreta, u. a. in seinem Geburtsort Anopoli. Auch eins der beliebtesten *rizitika* (alte patriotische Lieder aus Westkreta) ist ihm gewidmet.

Mehr zu Chania siehe S. 46

12. Chora Sfakion

DER GEIST DER REBELLION

Unter venezianischer und türkischer Herrschaft war Chora Sfakion ein wichtiges Seehandelszentrum und zusammen mit der Regionalhauptstadt Anopoli eine Keimzelle des kretischen Unabhängigkeitskampfes.

Chersonisos (S. 168)

Im 19. Jh. bestraften die Türken die Bewohner der Stadt mehrmals hart für ihre Widerständigkeit; daraufhin verlor sie bis zum Aufkommen des Tourismus vor einigen Jahrzehnten an wirtschaftlicher Bedeutung. Im Zweiten Weltkrieg spielte Chora Sfakion eine wichtige Rolle: Von hier wurden nach der Schlacht um Kreta Tausende alliierte Soldaten ausgeschifft. Heute steht am östlichen Ufer ein Denkmal für die letzten evakuierten britischen, australischen und neuseeländischen Soldaten.

Mehr zu Chora Sfakion siehe S. 64

13. Theriso

EINHEIT MIT GRIECHENLAND

Theriso ging in die Geschichte ein als das Dorf, in dem Eleftherios Venizelos – der als einer der größten Helden des Landes gilt – 1905 eine Versammlung einberief, die griechische Flagge hisste und die Einheit mit Griechenland verkündete – mit Unterstützung von bewaffneten Einheimischen. Die Union mit Griechenland wurde 1908 noch einmal offiziell erklärt, doch selbst mit Venizelos als Premierminister ließ der griechische Staat erst nach dem Ersten Balkankrieg (1912) kretische Abgeordnete im Athener Parlament zu. Mit dem Vertrag von Bukarest wurde Kreta 1913 endgültig zu einem Teil Griechenlands.

Mehr zu Theriso siehe S. 76

14. Andartis-Denkmal – Partisan des Friedens

FRIEDENSENGEL

Mitten auf der Nida-Hochebene hoch oben am Psiloritis ist die große Landschaftsskulptur der deutschen Künstlerin Karina Raeck von 1991 zu sehen: Sie erinnert an die kretischen Partisanen des Zweiten Weltkriegs, die Andarten. Die Kreter versteckten Tausende alliierte Soldaten in Höhlen und Klöstern und verhalfen ihnen zur Flucht übers Libysche Meer. Gleichzeitig trafen alliierte Agenten ein, die bei der Koordinierung und Bewaffnung des Widerstands halfen. Die Repressalien gegen die kretische Bevölkerung seitens der Deutschen waren brutal. Das Denkmal selbst besteht aus Steinen, die so arrangiert sind, dass sie von oben wie ein Engel aussehen.

Mehr zur Nida-Hochebene siehe S. 116

15. Chersonisos

GEBURT DES MODERNEN TOURISMUS

Als der amerikanische Schriftsteller Henry Miller 1939 nach Kreta reiste, waren Tourist:innen wie er ein seltenes Phänomen. Das änderte sich dramatisch in den 1970er-Jahren, u. a. dank der Fertigstellung der Nationalstraße E75: Wo vorher Fischerdörfer gewesen waren, entstanden Ferienorte wie Chersonisos. Die Entwicklung der Touristenzahlen zeugten vom wachsenden Bedürfnis der Nordeuropäer:innen nach Urlaub in der Sonne: Von 1971 bis 2023 stiegen die Ankünfte sprunghaft von 150 000 auf 6 Millionen an. Heute bildet der Tourismus – zusammen mit der Landwirtschaft – das Rückgrat der Wirtschaft Kretas und macht rund ein Viertel der Einnahmen aus dem Tourismus in ganz Griechenland aus.

Mehr zu Chersonisos siehe S. 168

Samaria-Schlucht (S. 74)

TRABANTOS/SHUTTERSTOCK ©

DIE NATUR KRETAS

Die natürliche Pracht der Insel prägt ihre Seele. Von Ryan Ver Berkmoes

KRETA IST EINE INSEL voller landschaftlicher Kontraste – du kannst morgens schwimmen und nachmittags durch Schnee wandern. Zu Höhlen, Schluchten und Hochebenen gesellt sich auf Kreta eine umwerfende Vielfalt an Pflanzen und Tieren, von Vais Palmen bis zu den Ziegen in der Samaria-Schlucht.

Dramatische Geologie

In der Region rund um Kreta treffen mehrere tektonische Platten aufeinander: die Afrikanische, die Ägäische und die Eurasische. Das Ergebnis ist ein geologisch und geografisch unruhiges Gebiet, Schauplatz plötzlicher Ereignisse wie der vielen Vulkanausbrüche von Santorin.

Kreta wurde schon von zahlreichen Erdbeben heimgesucht, u. a. einem vor sehr langer Zeit, bei dem die gesamte Südküste angehoben wurde – zu erkennen anhand der schieren Felsen, die steil ins Meer abfallen. Von längerfristigen geologischen Effekten zeugen die bis zu 2400 m hohen Berge, die über der Landschaft thronen. Durchschnitten wird die Bergwelt von dramatischen Schluchten wie der Samaria-Schlucht. Diese tiefen Einschnitte sind beliebte Ziele für Wandernde. Auf der ganzen Insel zeugen wilde Wirbel auf Felswänden von den enormen Kräften aufeinanderprallender Erdplatten.

Die Geologie Kretas ist tief im Wesen der Insulaner:innen verankert. Um sich auf dem felsigen Terrain durchzuschlagen, braucht man schon einiges an Standfestigkeit. Für die Festlandsgriech:innen hatte man hier schon immer einen gewissen Spott übrig, da sie dank ihrer fruchtbaren Ebenen angeblich ein leichtes Leben führten. Die Unabhängigkeit der Kreter:innen verdankt sich auch der Tatsache, dass sie vor Bedrohungen oft in die Berge flüchten konnten, ob vor Piraten, Osmanen oder Nazis.

Tapfere Tiere

Zwar ist Kreta bekannt für seine vielen Schafe und Ziegen, doch es gibt auch endemische Hasen-, Kaninchen- und Wieselarten sowie eine eigene Unterart des Dachses. Auch Scharen von Fledermäusen, Insekten und Schnecken sind auf der Insel zuhause; Letztere werden auch gern verspeist.

Auch wenn Besucher:innen sie nicht unbedingt zu Gesicht bekommen, beherbergt Kreta eine Reihe von Reptilien wie die Leopard-, die Würfel-, die Europäische Katzen- und die Peitschennatter.

Von Mai bis September kommen Weibchen der Unechten Karettschildkröte zur Eiablage an die Sandstrände bei Chania, bei Rethymnon und an der Bucht von Messara. In Höhlen an der Südküste gibt's au-

ßerdem eine kleine Population der seltenen und bedrohten Mittelmeer-Mönchsrobbe.

Vor der steilen Südküste Kretas lebt die bedeutendste Pottwalpopulation des Mittelmeers. Das ganze Jahr über versammeln sie sich in dieser Gegend, gehen auf Nahrungssuche und vielleicht paaren sie sich auch hier. Es wimmelt hier nämlich von Tintenfischen, der Hauptnahrung der Riesen. Außerdem kann man nach verschiedenen Delfinen und nach Cuvier-Schnabelwalen Ausschau halten. Vor Paleochora werden im seichten Wasser bei der Insel Gavdos häufig Große Tümmler gesichtet.

Kreta ist ein tolles Ziel für Vogelfreunde, denn die Insel liegt an den Hauptrouten der Zugvögel zwischen Afrika und Europa. Weit über 400 standorttreue wie auch wandernde Arten wurden auf Kreta gezählt. Während des Vogelzugs im Frühjahr und Herbst machen u. a. verschiedene Reiherarten an den Küsten Zwischenstation.

In den Bergen sind viele interessante Vögel heimisch wie Blaumerlen, Bussarde und der große Gänsegeier. Dazu kommen Alpensegler, Schwarzkehlchen und Amseln.

Kretas berühmtestes Tier ist die *kri-kri* oder *agrimi*, eine Wildziege mit großen Hörnern, die schon in der minoischen Kunst häufig dargestellt wurde. Von ihr sind nur rund um die Samaria-Schlucht sowie auf den Inseln Agioi Theodoroi vor Chania und Dia vor Iraklion ein paar Exemplare übrig geblieben.

Vielleicht erspäht man in der Samaria-Schlucht oder über der Lassithi-Hochebene einen Lämmergeier, einen der seltensten Raubvögel Europas. Auch Steinadler und Habichtsadler wurden hier, aber auch anderswo auf der Insel gesichtet, etwa in der Umgebung von Kato Zakros.

Robuste Pflanzen

Kreta blüht im wahrsten Sinne des Wortes: Schätzungsweise 1750 Pflanzenarten gibt es auf der Insel, von denen etwa 170 nur hier vorkommen. Die Schluchten der Insel sind botanische Gärten im Kleinformat, deren Abgeschiedenheit das Überleben vieler Arten begünstigt.

An der Küste blühen im August und September die Dünen-Pankrazlilien. Im April und Mai stehen an der westlichen Küste die Flockenblumen in Blüte – ihre purpurnen und violetten Blüten leuchten als hübsche Farbtupfer an den Sandstränden. Die Strände im Osten Kretas sind zur selben Zeit von knallroten Mohnblumen gesäumt, vor allem rund um Sitia.

An vielen Stränden auf ganz Kreta spenden die im Frühjahr blühenden Tamarisken willkommenen Schatten.

Kreta zählt über 200 Arten wilder Orchideen, u. a. 14 endemische Arten sowie die berühmte *Ophrys cretica*, die ihr insektenartiges Aussehen dafür nutzt, männliche Insekten anzulocken. Die Lassithi-Hochebene ist ein Wunderland der Orchideen und Wildblumen (S. 195). 2023 kündigte die EU Fördergelder zum Schutz von Kretas üppigen Dattelpalmenhainen wie jenen in Preveli und in Vai (S. 211) an.

Naturschutz auf Kreta

Die natürliche Schönheit Kretas ist stets bedroht durch touristische Erschließung und die Ausbeutung natürlicher Ressourcen. Viele Organisationen setzen sich für den Umwelt- und Naturschutz ein.

Internationale NGOs Greenpeace und World Wildlife Fund sind auf Kreta aktiv. Zusammen erzielten sie 2022 einen wichtigen Erfolg, als der französische Konzern TotalEnergies nach jahrelangem internationalem Widerstand seine Pläne aufgab, vor Kreta nach Öl und Gas zu bohren.

Hellenic Society for the Protection of Nature Griechenlands älteste Naturschutzgruppe (eepf.gr) hat auf Kreta verschiedene Projekte, u. a. eins zum Schutz der *kri-kri*.

Cretan Sperm Whale Project Das Pelagos Cetacean Research Institute (PCRI; www.pelagosinstitute.gr) überwacht die Walpopulationen; zusammen mit Greenpeace und dem WWF bekämpfte es auch die Pläne von TotalEnergies.

Archelon Die griechische Organisation (www.archelon.gr) widmet sich dem Schutz der Schildkröten an Kretas Stränden. An den Häfen von Chania und Rethymnon sind im Sommer Infobuden aufgebaut.

Blaue-Flagge-Strände Bei den jährlichen Auszeichnungen mit der Blauen Flagge schneidet Kreta immer sehr gut ab. Über 110 kretischen Stränden wird die begehrte Auszeichnung meist verliehen; Kriterien sind u. a. Wasserqualität, Sauberkeit und Anstrengungen in Sachen Umwelt- und Naturschutz.

KRETAS MINOER

Vor viertausend Jahren beherbergte Kreta eine Kultur, von der wir noch heute lernen können. Von Ryan Ver Berkmoes

DIE MINOISCHEN PALÄSTE waren kunstvoll verziert: Die Gemälde, Skulpturen, Mosaiken, Keramiken und Schmuckstücke an archäologischen Stätten und in Museen überall auf Kreta belegen die außergewöhnliche Kunstfertigkeit der Minoer. Und das ist nur eine der Hinterlassenschaften dieser reichen Kultur, die an Gleichberechtigung, friedliche Koexistenz und den Wert wissenschaftlicher Erkenntnisse glaubte.

Die Minoer sind geheimnisumwittert: Wir wissen nicht einmal, wie sie sich selbst nannten. „Minoer" nannte sie der Archäologe Arthur Evans zu Ehren des vielleicht mythologischen Königs Minos.

Funde deuten darauf hin, dass sie ein friedliches, gut organisiertes und wohlhabendes Volk mit internationalen Handelsbeziehungen, großartiger Architektur und Kunst sowie mit gleichen Rechten für Männer und Frauen waren. So sind Frauen in der minoischen Kunst bei Spielen, der Jagd und allerlei Festen dargestellt.

Außerdem besaßen die Minoer eine weit entwickelte Landwirtschaft, Bewässerungssysteme und hydraulische Abwassersysteme. Ihre exquisiten Keramik- und Kunststücke haben bis heute überdauert; bunte Fresken wie die in Knossos (S. 144) zeigen Landschaften voller Tiere, Meeresszenen mit Fischen sowie Bankette, Spiele und Rituale. Die idealisierten Figuren von Männern, Frauen und Kindern wären heute ein Instagram-Hit.

Symbole

Das Doppelaxtsymbol auf Fresken und den Palastwänden von Knossos war ein heiliges Symbol der Minoer. Häufige religiöse Symbole in der minoischen Kunst waren auch der mythische Greif und Gestalten mit Menschenkörper und Tierkopf. Man geht davon aus, dass die Minoer die Toten verehrten und an irgendeine Form von Leben nach dem Tod glaubten.

Auch der Stier war ein bedeutendes Symbol der Minoer. Eine seltsame Sportart der Minoer war der Stiersprung, bei dem akrobatisch veranlagte Draufgänger den Stier von vorn bei den Hörnern packten und einen Salto über seinen Rücken schlugen. Solche Darstellungen erscheinen auf Fresken und Keramiken und als Skulpturen.

Stiere waren auch wichtig im Leben von Königin Pasiphae, der Ehegattin von König Minos. Als Strafe der Götter für ihre Liebe zu Stieren gebar sie den berüchtigten Minotauros, halb Stier, halb Mensch. Erst der leidenschaftliche Erfinder Dädalus schuf ein Gefängnis, das sicher genug war, das Ungeheuer, das die Kraft einer ganzen Armee besaß, zu bändigen – er baute das Labyrinth, ein endloses Wirrwarr aus Gängen.

Spaß & Spiele

Die Minoer wussten auch sich zu amüsieren – sie spielten Brettspiele, boxten, rangen und vollführten mutige Akrobatik wie z. B. das Stierspringen. Der minoische Tanz war im gesamten antiken Griechenland berühmt.

Kunst & Literatur

Auf Kreta sind die minoischen Malereien die einzigen Kunstwerke aus der Antike, die überdauert haben. Große Skulpturen verschwanden in Naturkatastrophen wie dem Tsunami, der 1450 v. Chr. von Thira (Santorin) herüberschwappte. Die minoische Kunst inspirierte die eindringenden Mykener und ihr Einfluss verbreitete sich bis nach Santorin und darüber hinaus.

Das rätselhafte minoische Hieroglyphensystem der Linearschrift A ist ein weiterer Hinweis auf eine sehr hoch entwickelte Kultur. Das bedeutendste Beispiel der Schrift findet sich auf dem 3600 Jahre alten Diskos von Festos, der, seit er 1908 gefunden wurde, viele Rätsel aufgibt. Die Scheibe mit einem Durchmesser von etwa 16 cm ist mit 242 frühminoischen Piktogrammen bzw. „Wörtern" beschriftet, die in einer Spirale verlaufen. Bislang wurde die Schrift nicht entziffert.

Mehr ist über die Linearschrift B bekannt, geritzt auf in Knossos ausgegrabenen Tontafeln. Die Entzifferung dieser Schrift durch den englischen Architekten Michael Ventris 1952 lieferte den ersten greifbaren Beweis dafür, dass Griechisch als Schriftsprache schon viel länger existierte als bis dahin angenommen. Linear B ist eine archaische Form des Griechischen und 500 Jahre älter als Homers ionischer Dialekt. Bei den Tontafeln aus Knossos handelt es sich hauptsächlich um Inventarlisten und Aufzeichnungen von Handelstransaktionen aus dem 14. und 13. Jh. v. Chr. Die Tafeln gestatten einen Einblick in eine recht komplexe und gut organisierte Kultur, Beispiele gibt's im Archäologischen Museum Heraklion (S. 140).

Kretas seltsames Paar: Minos & Dädalus

Minos, der legendäre Herrscher Kretas, war das Kind von Zeus und Europa und bestieg den kretischen Thron mithilfe von Poseidon. Oder vielleicht auch nicht. Homer beschreibt ihn und sein Land in der Odyssee: „Kreta ist ein Land im dunkelwogenden Meere, fruchtbar und anmutsvoll und rings umflossen. Es wohnen dort unzählige Menschen, und ihrer Städte sind neunzig ... Ihrer Könige Stadt ist Knossos, wo Minos geherrscht hat, der neunjährig mit Zeus, dem großen Gotte, geredet." Ob König Minos tatsächlich existierte, bleibt ungeklärt. Aber egal – all die Legenden, die sich um ihn rankten, wären ein toller Stoff für eine Streaming-Serie.

Minos' Schicksal war eng verwoben mit dem des genialen Erfinders Dädalus. Als dieser aus Athen fliehen musste, nachdem er seinen Neffen ermordet hatte (weil der noch erfinderischer war als er selbst), suchte er auf Kreta Asyl. Minos machte sich seine Talente zunutze und beauftragte ihn mit dem Bau des Palasts von Knossos. Es heißt, Dädalus' Statuen seien so lebensecht gewesen, dass man sie anketten musste, damit sie nicht davonliefen. Der Name Dädalus stammt vom griechischen Verb *daedalo*, „kunstfertig arbeiten", und teils wird ihm die Erfindung der Säge, der Axt, des Bohrers und zahlreicher anderer Werkzeuge zugeschrieben, was ihn heute zum Helden der Heimwerkerszene machen würde.

Mit Knossos als Basis eroberte Minos den gesamten ägäischen Raum, kolonisierte viele Inseln und vertrieb die Piraten. Auch seine Erfolge zur See werden oft dem Erfindungsreichtum des Dädalus zugeschrieben, der u. a. den modernen Schiffsbug entwarf.

Als Dädalus und sein Sohn Ikarus Kreta ohne seine Erlaubnis verließen, geriet Minos in Wut. Auf der Flucht flog Ikarus bekanntlich zu nah an die Sonne heran, wodurch das Wachs seiner Flügel schmolz (S. 126). Minos verfolgte Dädalus' Spur bis zur Stadt Kamikos auf Sizilien. Aus alldem entwickelte sich nichts Gutes, besonders für Minos, der bei einem Badeunfall verstarb. Nach seinem Tod fuhr der kretische König in die Welt des Hades, die Unterwelt, hinab. Manche Legenden behaupten, Dädalus habe noch weiter als Ingenieur in Ägypten gewirkt.

Antikes minoisches Grab

KRETAS STOLZE KULTUR

Auf den Straßen tanzen – das ist Kreta! Von Ryan Ver Berkmoes

KRETA IST EIN wahres Kraftpaket in Sachen Tanz, Literatur und bildende Künste, und das schon seit Jahrtausenden. Von minoischen Skulpturen bis zu Epen mit 10 000 Versen, die die höfische Liebe feiern: Die Insel hat ihre eigenen Weisen entwickelt, durch die Kunst zu leben, zu lieben und zu klagen.

Kunst

Die Kunst der Minoer (ca. 3500–1100 v. Chr.) ist außergewöhnlich (S. 140). Später, während einer kurzen Phase der künstlerischen Wiedergeburt im 8. und 7. Jh. v. Chr., perfektionierte eine Gruppe von Bildhauern, die Dädaliden, eine neue Technik für gehämmerte Bronzeskulpturen.

Vom 13. bis zum frühen 16. Jh. wurden überall auf Kreta Kirchen mit Fresken ausgeschmückt: In der Kuppel zeigten sie vor blauem Hintergrund Christus, in den Ecken die vier Evangelisten und in der Apsis Maria mit dem Jesuskind. Die besterhaltenen byzantinischen Fresken Kretas sind in der Panagia-Kera-Kirche (S. 187) in Kritsa zu sehen.

Nach dem Fall Konstantinopels 1453 wurde Kreta zum Zentrum griechischer Kunst, da viele byzantinische Künstler auf die Insel flohen. Zugleich stand die italienische Renaissance in voller Blüte und viele kretische Künstler studierten in Italien. Das Ergebnis war die „Kretische Schule" sakraler Malerei, die technische Brillanz mit Üppigkeit kombi-

Im Uhrzeigersinn von oben links: *Alexis Sorbas* (1964), *Die Taufe Christi* (S. 139); Tanzszene auf einer kretischen Vase; byzantinische Fresken in der Panagia-Kera-Kirche (S. 187)

nierte. Die Künstler ließen sich sowohl von westlichen als von auch byzantinischen Stilen inspirieren. Beispiele hierfür sind heute in Kirchen auf ganz Kreta zu finden.

El Greco (Domenikos Theotokopoulos), eins der Genies der Renaissance, stammte von Kreta. Er kam 1541 in Iraklion zur Welt, in einer Phase reger künstlerischer Aktivität nach der Ankunft diverser Maler, die aus dem osmanisch besetzten Konstantinopel geflohen waren. Diese Maler übten einen prägenden Einfluss auf den jungen El Greco aus.

Da Iraklion damals eine venezianische Stadt war, bot es sich für El Greco an, sich in Venedig weiterzubilden, mit Anfang 20 arbeitete er dort im Atelier von Tizian. Doch erst nachdem er 1577 nach Spanien weitergezogen war, konnte er sich als Maler richtig entfalten. Sein emotionaler Stil kam bei den Spaniern gut an; bis zu seinem Tod 1614 lebte er in Toledo. Dort hängen auch viele seiner berühmtesten Werke. Zwei weniger bedeutende Werke aus seiner Zeit in Venedig hängen in Iraklion im Historischen Museum von Kreta (S. 138): *Die Taufe Christi* (1569) und *Blick auf den Berg Sinai und das Katharinenkloster* (1570). Beide zeigen die für El Greco typische düstere Perspektive.

Obwohl El Greco erst berühmt wurde, nachdem er die Insel verlassen hatte, wird ihm auf ganz Kreta gehuldigt: Straßen, Tavernen und Hotels sind nach ihm benannt, die Platia El Greco in Iraklion ziert eine weiße Marmorbüste des Malers. Im Dorf Fodele 30 km westlich von Iraklion erinnert in einem Haus, in dem er als Kind gelebt haben soll, ein kleines Museum (S. 143) an ihn.

Literatur

Kreta verfügt über eine reiche literarische Tradition, die der kretischen Vorliebe für Lieder, Verse und Wortspiele entsprang. Im späten 16. und frühen 17. Jh. erlebte die Insel unter venezianischer Herrschaft eine enorme literarische Blüte. Das größte Meisterwerk dieser Zeit war der epische *Erotokritos* von Vitsentzos Kornaros, verfasst im kretischen Dialekt. Das über 10 000 Zeilen lange Versepos gilt als bedeutendstes Werk griechischer Literatur der Frühen Neuzeit und viele seiner Verse klingen auch heute noch in der kretischen Volksmusik an.

Griechenlands bekanntester und meistgelesener Schriftsteller seit Homer ist der Kreter Nikos Kazantzakis (S. 151). Er wurde 1883 in Iraklion geboren und verbrachte seine frühe Kindheit in einer Zeit gärender politischer Unruhen. 1897 zwang ihn der Aufstand gegen die türkische Herrschaft, Kreta zu verlassen und anderswo zu studieren.

Kazantzakis selbst hielt seine *Odyssee* (1938) für sein größtes Werk, ein modernes Epos aus 33 333 jambischen Versen, das sich an die antike Odysseus-Geschichte anlehnt. Erst viel später wandte er sich dem Schreiben von Romanen zu. International berühmt machten ihn Werke wie *Die letzte Versuchung* (1955; 1988 verfilmt von Martin Scorsese) und *Freiheit oder Tod* (1953) über den kretischen Aufstand gegen die Osmanen.

Sein berühmtestes Buch ist jedoch *Alexis Sorbas* (1946). Damit schuf er das Klischee des freigeistigen griechischen Mannes, das der in Mexiko geborene Anthony Quinn dann im Film von 1964 unsterblich machte.

Kazantzakis' Grab befindet sich an Iraklions alter Stadtmauer (S. 137), Myrtia (S. 151) widmet ihm ein tolles Museum.

Odysseus Elytis (1911–1996) erhielt 1979 den Nobelpreis für Literatur. Eins seiner Hauptwerke ist *Axion Esti – Gepriesen sei* (1959), ein komplexes Gedicht über existenzialistische Fragen, bis heute eins der bekanntesten Gedichte Griechenlands.

Der Roman der zeitgenössischen kretischen Autorin Rhea Galanaki (geb. 1947) *Das Leben des Ismail Ferik Pascha* (1989) beschreibt den Zusammenstoß von Christentum und osmanischem Islam auf Kreta.

Tanz

Seit den frühen Anfängen des Hellenismus ist der Tanz Bestandteil des Lebens auf Kreta. Tänzer:innen schmücken antike griechische Vasen und schon Homer pries die kretische Tanzkunst.

Die beliebtesten kretischen Tänze sind der anmutige, langsame *sirtos* und der *pentozalis*. Von ihm gibt's auch eine schnellere Version, die sich bis zur Raserei steigert, wobei der führende Tänzer Sprünge und Fantasiebewegungen vollführt. Ebenfalls populär ist der *sousta*, ein hüpfender Paartanz mit kleinen, präzisen Schritten.

Gut zu tanzen ist für Kreter:innen Ehrensache und die meisten Tänzer:innen übernehmen abwechselnd die Führung, um ihr Können zu zeigen. Die beste Gelegenheit, kretische Tänze zu sehen, bietet sich auf Festivals und Feiern.

REGISTER

Karten **000**

Karten **000**

L

M

Karten **000**

MITWIRKENDE AN DER ORIGINALAUSGABE

Redaktion Daniel Bolger

Produktion Will Allen

Buchdesign Jo-anne Riddell

Kartografie Anthony Phelan

Redaktionsassistenz Peterjon Cresswell, Andrea Dobbin, Charlotte Orr

Titelbildrecherche Kat Marsh

Dank an Ronan Abayawickrema, Sofie Andersen, Kate Chapman, Gwen Cotter, Karen Henderson, Alison Killilea, Jenna Myers, Darren O'Connell, Kathryn Rowan

Am langen und breiten Strand von Livadi (S. 116) herrscht Tag und Nacht Partystimmung. Wer Badeurlaub mit einem Soundtrack aus House Music mag, wird sich hier wohlfühlen.

Das schöne Chania (S. 46) ist voller Überbleibsel venezianischer und osmanischer Architektur. Alte Stadthäuser wurden in stimmungsvolle Restaurants und Boutiquehotels umgewandelt.

VON LINKS: SINA ETTMER PHOTOGRAPHY/SHUTTERSTOCK ©, CHASDESIGN/SHUTTERSTOCK ©

ÜBER DIESES BUCH

Lonely Planet Global Limited

Digital Depot, Roe Lane (off Thomas Street)

Digital Hub

Dublin 8, D08 TCV4

Ireland

Verlag der deutschen Ausgabe:

MAIRDUMONT
Marco-Polo-Str. 1
73760 Ostfildern

www.lonelyplanet.de, www.mairdumont.com, lonelyplanet-online@mairdumont.com

Kreta

7. deutsche Auflage Juli 2025, 978-3-575-01211-1,

übersetzt von *Crete*, 9th Edition, Mai 2025, Lonely Planet Global Limited

Deutsche Ausgabe © Lonely Planet Global Limited, Juli 2025

Fotos © wie angegeben 2025

Printed in Poland

Redaktion und technischer Support: Bintang Buchservice GmbH (Katharina Grimm, Oliver Kiesow)

Übersetzung: Katharina Grimm

An der Übersetzung früherer Auflagen hat mitgewirkt: Gunter Mühl

MIX
Papier | Fördert gute Waldnutzung
FSC® C018236

Dieses Buch wurde auf FSC® zertifiziertem Papier gedruckt. FSC® ist ein internationales Zertifizierungssystem für nachhaltigere Waldwirtschaft. Das Holz für diese Papier kommt aus Wäldern, die verantwortungsvoller bewirtschaftet werden.